丝路百城传

特立,不独行

"丝路百城传"丛书编委会和编辑部

编委会

主　任：杜占元

常务副主任：陆彩荣

副主任：刘传铭

委　员：（按姓氏笔画排序）

丁　方　万俊人　马汝军　王卫民　王子今
王邦维　王守常　吕章申　邬书林　刘文飞
齐东方　李敬泽　连　辑　邱运华　辛　峰
张　帆　张　炜　陈德海　胡开敏　徐天进
徐贵祥　诺罗夫（乌）　黄　卫　龚鹏程
阎晓宏　彭明哲　葛剑雄　谢　刚

编辑部

主　任：马汝军　胡开敏

副主任：邹懿男　文　芳

委　员：简以宁　蔡莉莉　陈丝纶

出版说明

2013年，中国国家主席习近平向世界提出共建"一带一路"的倡议。自提出以来，"一带一路"倡议深刻影响世界，逐渐从理念转化为行动，从愿景转变为现实，建设成果丰硕，得到国际社会热烈响应。

古丝绸之路打开了各国各民族交往的窗口，书写了人类文明进步的历史篇章。新时代共建"一带一路"的实践，为沿线国家和地区相向而行、互学互鉴提供了平台，促进了不同国家和地区、不同民族、不同文化、不同文明的深入交流。

城市是人类文明的结晶。"一带一路"沿线的城市中，蕴藏着人类千年的历史、多元的文化和无尽的动人故事。我们希望通过出版"丝路百城传"，展现每座城市独一无二的历史和性格，汇聚出丰富多彩、生动可感的"一带一路"大格局，增进文化交流和文明互鉴。

这是一次前所未有的出版探索，我们虽竭尽全力，也深知有诸多不足。期待这套丛书能够得到读者的喜欢，也期待更多的读者、作者、专家、学者等各界朋友对我们的出版工作给予指正。

"丝路百城传"丛书编辑部

绿意勃发的武威

武威白塔寺

鸠摩罗什寺

天梯山石窟

凉州攻鼓子

凉州社火

凉州贤孝（国家级非物质文化遗产）

红崖山水库

铜奔马

骆驼成群结队走过沙漠

芍药花海

武威繁荣的葡萄酒产业

丝路百城传

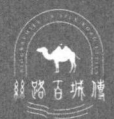

WUWEI
THE BIOGRAPHY

中国旅游标志之都

武威传
WU WEI

陈玉福 程 勰——著

CIPG 中国国际出版集团 新 星 出 版 社 NEW STAR PRESS

图书在版编目（CIP）数据

武威传：中国旅游标志之都 / 陈玉福，程魆著. —— 北京：新星出版社，2023.9
（丝路百城传）
ISBN 978-7-5133-5297-0

Ⅰ.①武… Ⅱ.①陈…②程… Ⅲ.①文化史 – 研究 – 武威 Ⅳ.① K294.23

中国国家版本馆 CIP 数据核字 (2023) 第 151865 号

出版指导	陆彩荣
出版策划	马汝军　简以宁

武威传：中国旅游标志之都

陈玉福　程魆　著

责任编辑	简以宁	责任校对	刘　义
责任印制	李珊珊	装帧设计	冷暖儿
内文排版	魏　丹		

出 版 人	马汝军
出版发行	新星出版社
	（北京市西城区车公庄大街丙 3 号楼 8001　100044）
网　　址	www.newstarpress.com
法律顾问	北京市岳成律师事务所
印　　刷	天津图文方嘉印刷有限公司
开　　本	660mm×970mm　1/16
印　　张	31.5
字　　数	480 千字
版　　次	2023 年 9 月第 1 版　2023 年 9 月第 1 次印刷
书　　号	ISBN 978-7-5133-5297-0
定　　价	89.00 元

版权专有，侵权必究。如有印装错误，请与出版社联系。
总机：010-88310888　　传真：010-65270449　　销售中心：010-88310811

总　序

如果说丝绸之路研究让我们洞见了一部全新的世界史，一定会有人表示惊讶与质疑；

如果说城市的创造是迄今为止人类文明进程中最伟大的事情，则一定会得到人们普遍的支持与认同。

"丝路百城传"丛书的策划正是发轫于这样一个历史观的文化叙述：

丝绸之路是一条无路之路；

丝绸之路是一条既古老又年轻，"不知其始为始，不知其终为终"的漫漫长路；

丝绸之路是一条历史时空里时隐时现，变动不居，连点成线，连线成网的超级公路；

丝绸之路是点实线虚，点变线变，点之兴衰即线之存亡的交通形态，那些关山阻隔，望洋兴叹的城市，便如一颗颗璀璨的明珠镶嵌在路；

丝绸之路是一个文化概念，叠加其上的影像曾被不同国家不同民族的人们呼作：铜铁之路、纸张之路、皮毛之路、黄金之路、朝贡之路、宗教之路；

丝绸之路是中西文明交流与传播、邦国拓展、民族融合之路，也是西

方探秘中国、解码东方之路,更是我们反躬自问:"我是谁?我从哪里来?我向何处去"的寻根之路、回家之路;

丝绸之路是今日中国走向世界的新起点、新思路,是"一带一路"中国倡议走向人类命运共同体的未来之路……

无可否认,一个世纪以来,丝路研究之话语为李希霍芬、斯文·赫定、斯坦因、伯希和、大谷光瑞、于格、橘瑞超、芮乐伟·韩森、彼得·弗兰科潘等东西方人所主导。然而半个世纪以来的大国崛起,正在使"夫唯不争"之中国快速走向文化振兴。我们要将《大唐西域记》《真腊风土记》的传统正经补史、继绝往圣、启迪民智、传播正信,同时也将丝绸之路城市传文学以实为说、以城为据、芳菲想象、拒绝平庸的创作视为新使命、新挑战。让"城市传"这样一个文学体裁开出新时代的鲜花。

凭谁问:昆仑巍峨、河源滔滔、玉山储秀、戍堡寂寞;

凭谁问:旌节刻恨、驼铃悠远、琵琶起舞、古调胡旋;

凭谁问:秦汉何在、唐宋可甄、东西接引、前路正新;

凭谁问:八剌沙衮今何在?罗马的钟声谁敲响;

凭谁问:撒马尔罕的金桃今何在?帕米尔上的通天塔何时建成、何时倾倒;

凭谁问:伊斯兰世界的科学造诣何时传到了巴黎和伦敦;

凭谁问:鉴真大师眼中奈良和京都的樱花几谢几开;

凭谁问:乌拉尔河上何时传来了伏尔加河的纤夫号子;

凭谁问:杭州湾的帆樯何时穿越马六甲风云……

诗人说:这条路是唐诗和宋词的吟唱,是太阳和月亮的战争;

军人说:这条路是旌旗卷翻的沙漠,是铁骑踏破的血原;

商人说:这条路是关涉洞开的集市,是金盏银樽的盛宴;

僧侣说：这条路是信仰鲜花盛开的祭坛，是生命涅槃的乡路……

一个个城市的前世今生，一个个城市的天际线风景，一个个城市的盛衰之变，一个个城市的躁动与激情，一个个城市的风物淳美与人文精彩，一个个城市的悲欢离合，一个个城市的内动力发掘与外开拓展望，一个个城市的往事与沉思，一个个城市的魅惑和绝世风华……

从长安到罗马（大陆卷）和从杭州湾到地中海（海洋卷）是卷帙浩繁的"丝路百城传"系列丛书的框架结构，也是所有参与写作的中外作家和编辑们共同绘制的新丝路蓝图。《尚书·舜典》有"浚咨文明"之句，孔疏曰："经纬天地曰文，照临四方曰明。"《论语·雍也》曰："质胜文则野，文胜质则史，文质彬彬，然后君子。"又《易经·贲卦·象辞》曰："刚柔交错，天文也；文明以止，人文也。观乎天文，以察时变；观乎人文，以化成天下。"故文化乃"人文化成"而以文教化"圣人之教也"。"周虽旧邦，其命维新"，丛书编纂与出版岂非正当其事、正当其时也！

读者朋友们，没有踏上丝路，你的家就是世界；踏上丝路，世界才是你的世界、你的家园……唯祈丛书阅读能助君踏上这样一段段奇妙无比的旅程。

丝绸之路从远古走向未来，我们的努力也将永无休止。

刘传铭
戊戌谷雨前五日于松江放思楼

序一：凉州印象 / 1

序二：为中国旅游标志之都喝彩 / 6

第一章　凉州

　　武功军威 / 11

　　古台遗踪 / 18

　　传奇张义堡 / 26

　　凉州三明 / 40

　　佛国凉州 / 57

　　五凉之都 / 78

　　五凉文化 / 87

　　西凉乐舞与凉州词 / 94

　　七城八景二十四门楼 / 108

　　支撑了大唐门面的和亲公主们 / 123

　　党争牺牲品才子李益 / 134

　　先于李益有阴铿 / 144

　　万里长城永不倒 / 154

　　凉州会盟 / 169

　　两大王碑中的凉州故事 / 176

　　西夏碑与张澍 / 184

　　陇右学宫之冠——武威文庙 / 195

埋没于历史风尘中的凉州杨家将 / 209

武威茶屋文化 / 223

河西酒廊 / 231

凉州贤孝与凉州宝卷 / 240

凉州社火与凉州民歌 / 251

别开生面的武威方言 / 263

三套车及武威传统美食 / 274

凉州风俗知多少 / 290

石羊河母亲河 / 297

四十里堡红色往事 / 310

第二章 民勤

民勤物阜瓜果飘香 / 327

骆驼客 / 337

瑞安堡 / 344

苏武故事在民勤 / 353

沙乡美食 / 361

绝不让民勤成为第二个罗布泊 / 372

第三章 古浪

绿色誓言 / 383

八步沙新愚公 / 391

传承悠久的古浪县 / 399

红色古浪 / 407
　　古镇大靖 / 414

第四章　天祝
　　别样天祝 / 423
　　今古乌鞘岭 / 433
　　天祝古寺 / 444
　　乌岭十八寨 / 453

武威大事记 / 458

参考书目 / 475

后记：青春作伴好还乡 / 477

凉州战役纪念馆

序 一

凉州印象

陈玉福同志是我在甘肃工作时从北京引进的特殊人才。近年来他在文学上取得了可圈可点的成绩。尤其是三年前"深扎"张掖后，他先后出版发表了《八声甘州之云起》《张掖传》《张掖访山记》等影响较大的作品。没想到《张掖传》出版后不久，《武威传》又即将出版。我在欣喜之余，认真读完了这部近四十万字的打印稿，感觉一下子把凉州拉到了我的眼前。

凉州，古有雍州之称，作为上古夏禹王分封的九州之一，从来都是华夏民族赖以生存延续的沃野厚壤。九州方圆，四海一统，是初分九州的意义与理想。凉州，要晚于雍州之名很多年，至西汉时期才有雍凉地的统称。而凉州露脸史册，开端便是汉代十三州的行政区划，其中至关重要的一件大事，毫无疑问要属河西四郡的建立。打通河西走廊，扬大汉军威，张国之臂掖，品醇香甘醴，启煌煌盛世，丝绸之路从此连贯东西。武威，张掖，酒泉，敦煌，河西四郡由此而始。

河西四郡中，每一座城市都有自己的故事与气质，或深沉敦厚，或奔放热情，既有疏阔清朗辽远粗犷，亦不乏江南气韵水润婉约。武威，从得名伊始便充满杀伐之气、跃马之势，屹立走廊东端颇有领袖风采，是诸地市的龙头"大哥"。千百年来，武威的称谓都象征着大汉军民守土卫疆"虽远必诛"的决心和勇于主动探索交流、广迎四方宾朋的胸襟气度，更是盛唐包容开放、胡汉

1

相亲的见证与荣耀。奔马回眸,瞬间成为永恒,穿越两千年依旧笑对春风,城市的气质里自然而然就有一份豁达乐观。沧海桑田日月轮转,丝路古道上留下了太多传奇故事,大漠烽烟、瀚海阑干、横笛杨柳、冷月边关……种种属于河西走廊的物象在唐诗宋词里氤氲发酵,酿成一杯香飘万里的葡萄美酒,醉了山川风月,醉了红尘岁华,中华文化在诗意里便自带酒香,愈陈愈有味道。

我与河西走廊有着深厚的渊源,八年前曾在甘肃省委工作过,亲自策划参与纪录片《河西走廊》的拍摄,对河西诸地市算是如数家珍了。大浪淘沙,古丝绸之路行经百余座城市,绵延数万里之遥,很多古镇城池早已在兵锋狼烟里毁于一旦,彻底覆灭在黄沙下,而河西四郡挺立至今,如同明珠一般镶嵌在丝路之上,武威依然还是那个"带头大哥",风华绝代,耀目闪光。

所有的历史典籍中都有一句相同的记叙:武威郡治姑臧。武威,因汉武帝彰显军威而有了这个霸气的名字,却并没有关于姑臧取名的寓意记载。只说姑臧乃匈奴休屠王所筑,音从盖臧而来。不管是盖臧,还是姑臧,城池名寓意着什么都已经无从考证。姑臧城,亦由原址逐渐东移,终于在汉代固定落脚于如今凉州城的位置。从这个意义来看,姑臧之称是早于武威郡的,也早于凉州,更领先天下十三州的区划。在那之前的姑臧城及整个河西走廊,于中原王朝而言,只是"蛮夷之地",还是一个肥得流油的"待宰羔羊"。

武帝下决心攻取河西,与张骞西域之行有直接的因果关系,没有张骞塞外淹留十年蹉跎,汉王朝从来都认为天圆地方唯我独尊,西域之外就是天地的尽头,刘氏皇族的终极仇敌也不过是那个敢于向吕太后寄出小黄文的匈奴挑衅者。七代帝王厉兵秣马,中原王朝积蓄起与匈奴一战的实力,汉武帝的理想不仅仅是雪耻,还有彻底铲除卧榻畔猛虎之祸的一劳永逸。年轻的将军与他的士兵们是汉王朝射向匈奴的千万支利箭,翻越祁连山而来轻骑取胜,当休屠王被浑邪王砍下头颅以作投名状的那一刻,匈奴注定了将与河西再无死生契阔的纠缠,姑臧与休屠太子一并纳入大汉怀抱,成就了位极人臣的秺侯一世英名。天之神山的祁连,再度傲然雄起于中华版图,圆满了河图洛书的神话传奇。

没有神话的文明不能长久,没有英雄的民族不能雄立。中华大地上到处都有神的传说,越是历史悠久、沉淀丰富的地域,神话故事也越是多姿多彩,而且深入人心。西王母的昆仑圣墟，洪崖先生仙蜕之地，老子化胡为佛，以及玄奘西游诸多神怪演绎，无不说明雍凉之地从上古时期开始就是诞生神与神话的灵山宝地。谷水源自昆仑，一座圣山滋养了一方生灵，雍凉地繁衍着最早的灵长类动物，撇捺端方，人主宰了这个世界，同时也被天地所主宰。祁连山的挺拔赋予凉州以骨骼，这片土地上的人们骨子里便有了山的劲拔沉稳，谷水河丰腴了城垣阡陌，凉州人的血管里便充斥着奔放激越。

凉州，注定了与温柔怯弱无缘，天马载乘英雄的狂想一路飞奔而来，马背上那道身影与生俱来就是为战斗而生。因此，凉州出将，以武见长。五凉更迭，改换的是朝代王侯，不变的是刀剑如梦。于卷帙浩繁的故纸堆中寻觅探求，凉州半点不凉，马鸣萧萧、战旗猎猎才是她的底色，热血丹心，黄沙百战，阳关内外长城相连的故事里，凉州是最厚实的那墩烽燧。

无数铃声遥过碛，应驮白练到安西。丝绸飘荡一路西去，凉州迎来了佛的圣光，佛道儒冲突磨合，适应相融，你中有我，我中有你，凉州文化的积淀成型是偶然之中的必然。天梯古雪、莲花壶天、文笔三峰、罗什倒映、大云晓钟、金塔晴霞，凉州内外八景中，佛光普照处太平祥和，凉州于雕鞍劲旅的戎马倥偬里，溢出立地成佛的慈悲，城市的气质里便多出一份向善包容，青山绿水也便就此蕴藉了灵气通透，城市蓦然幽雅，万千红尘里的佛国净土涤荡着帝王将相的尔虞我诈，布施着升斗市井的三荤五味。鸡鸣犬吠便是人生，凉州因此繁盛。

姑臧一度媲美长安，凉州盛景在十三刺史部的名册中是高大上的代表。唐王朝李氏皇族中近半人口出自"姑臧大房"，贾氏、阴氏、段氏等以"姑臧郡望"为根脉传承。自西汉武帝时期，至五代十国的后唐，"姑臧"荣耀了整整一千年。生逢汉唐，哪一个武将不想在凉州建功立业，哪一篇诗词歌赋缺失了凉州元素便失却了家国情怀，凉州因此辉煌了两千年。

地处偏西，五凉都府，故曰西凉。姑臧也就有了另一个别称。垆头酒熟，马足春深，沙场归来，孤城北望，纵然在琥珀杯前酣然大醉，也必须怀有雄心一片，西凉是梦想的开始，亦是横刀立马的圆满。苍劲壮阔，威武豪迈，月氏王的头盖骨里一朵鲜花秾艳盛放，匈奴王族的城池便强横地垒砌于谷水河畔，长安城头汉皇君臣眺望西极，一匹马御风而来，涉流沙降外国，四夷臣服雄姿英发，一个大写的汉字铸就永恒的中华丰碑，一尊青铜马定格了历史，在两千年后惊艳世界。

凉州大马横行天下，延展千余里疆域的臂膀中，与西域三十六国一并纳入的还有异域风情、美人、水果与乐曲。葡萄美酒夜光杯，欲饮琵琶马上催。西凉的宝马驮着胡姬乐舞，在长安的宫廷夜宴上名动天下，一曲征服唱响大唐盛世，霓裳羽衣引领风尚。靡靡中西凉英雄曾经叱咤三国风云，一场场精彩博弈既是历史，也是史诗。马超的马，在陈一马沾满泥浆的手上筋骨嶙峋，在金帆马庄的展厅里梦回草场。一匹马与一只鸟到底经历了什么？从雷台地下的不见天日，到凉州城繁华的闹市街头，表情戏谑笑对岁月。它是谁的坐骑？谁又是它的勇士？斑驳锈蚀只此青绿，历史与传奇一体两面，理不清剪还乱，或许扑朔迷离才更符合凉州的气质。西凉以战歌开幕，却以儒学成名。蓬莱文章建安骨，中州板荡而史不绝书者唯有凉州，多士之邦的卧龙城大启文化融合之胸怀，底蕴就此沉淀。

灵钧台遗世独立，苍茫的河西大地上，姑臧七城巍然耸立，夯筑了凉州人的脊梁。铜雀台是建安文学的发祥地，灵钧台又何尝不是五凉文化的摇篮曲。前不见古人，后不见来者。登台远眺，河山历历，季节更替人世沧桑，太多的故事让一方古台何堪其重。于是，凉州城里的台由粗犷走向精致，东岳台、皇台、雷台拔地而起。积土筑四方高台，与诸神无限接近，传统哲学思想与人文精神相结合，在中国传统建筑发展的历程上，凉州从未缺席。凉州曾经盛极一时，中国王都鼻祖、石窟艺术鼻祖、夜市鼻祖……包容开放胡汉一家，城市让人趋之若鹜的不外乎经济发达、生活从容，文有根脉、武安天下，而凉州做到了。文庙畅达，武庙兴盛，昭武门涌入了士子文尊，也一并接纳来自大槐树下的三教九流，一座古老的城市愈加丰满，相对于人的寿命，他还是风采不减当年，青春绽放，芳华未艾。

凉州，从汉风唐韵里栉风沐雨一路铿锵，经得起刀光剑影，也耐得住万马齐喑，不管是汉家城阙，还是胡属辅都，尽皆付之一笑。和番公主们的血泪晕染透天香阵，那一抹红、一缕香、一滴泪、一阕词，是钩织华丽丝绸的金梭、银梭。和平的背面是残酷,繁荣大梦一朝破碎,凉州几易其手,有些历史被埋没,有些故事成绝响。时隔七百年,当那个赋闲在家的学者力排众议启出清应寺封存的石碑时,西夏的文字终于得以昭示,似是而非中到底隐藏了多少秘密?史学家为此薅发捻须。

世人乐于猜谜者毕竟少数,凉州人还是喜欢煌煌然磊落坦荡,直白如杨府巷、达府街,见证和记录了边城名将喋血沙场、保家卫国的一腔忠勇。杨家将后裔戍守凉州两百七十年,史书留白无传无记,却在凉州人心上铸起一座无字碑,他们的功绩无须史记撰述,凉州的山川河坝、街巷阡陌都能证明。杨嘉谟,一个闪光的名字,在鼓点声里依旧充满杀伐果敢,那是大明王朝最后的殚精竭虑,一代忠良至死坚守的不变信念。这一抹红像一粒种子,深埋地底数百年,终于等来了一次彻底的荼蘼,红旗漫卷,百废更新,凉州不会忘记黎明与胜利是什么颜色。那是太阳的光芒啊!跃出东山遍洒神州,天地就真的在我们的怀抱里尽情舒展了。

"天下要冲,国家藩卫""梦幻凉州,西北首府""五凉京华,河西都会",历史终究没有辜负这座城市。凉州,武威,姑臧,风云激荡数千年,也曾黯然神伤,也曾迷茫彷徨,依旧不改初心。放眼城市景致,感触城市品格,凉州的现在以及未来,充满希望,大有作为。绿野遍布、青山翠围的大凉州风姿绰约,继往开来,她气血丰满,活力四射,对抗风沙遮蔽昂首挺立河西走廊,从来不肯屈服,只知逆风而行。这就是凉州印象,凉州人眼里、心里的家乡。

心怀青云志,飞越千重山。凉州一直在路上,我们也在路上……

是为序。

连辑
2023 年 6 月 22 日

(连辑,中共甘肃省委原常委、宣传部长)

序 二

为中国旅游标志之都喝彩

十年前，习近平总书记提出"一带一路"倡议，开启丝绸之路文化交流、文明互鉴的崭新篇章。十年后的今天，总书记再次发出"全球文明倡议"：以文明交流超越文明隔阂、文明互鉴超越文明冲突、文明包容超越文明优越，携手促进人类文明进步，就是要推动建设你中有我、我中有你的人类命运共同体，共同创造人类的美好未来。实现"一带一路"文化文明的"各美其美，美人之美，美美与共，天下大同"，甘肃丝路文化是绕不过去的话题，河西走廊理所当然成为最重要的基地和桥头堡。

中国外文局在"一带一路"沿线一百多个国家和地区精选一百多座代表性城市，请国内外优秀作家为其树碑立传，是一个传承、弘扬丝路文明的重大创举。河西走廊目前已有张掖、敦煌、武威、兰州四座城市列入其中，彰显其在中华文明史上的重要地位。河西走廊，自两千多年前"列四郡、据两关"成为丝绸之路千古不变的通道后，一直是中国向西开放的前沿，国家政治、经济、军事、文化的战略据点，其在中华文明形成发展史、交流史和中华民族共同体意识形成中的重要作用，怎么描述也不为过。因此，为河西名城立传，意义就格外重要。

"丝路百城传"之《张掖传》《武威传》等大型城市传记的出版发行恰当且很好地担负起了文化使命，为文化走出去做出了模范表率。我与玉福相识已久，他是一位把生活根植于基层的高产出、重质量的作家。他"深扎"河西走廊以来，《八声甘州之云起》《张掖访山记》《张掖传》等作品相继问世，特别是《张掖传》在各大国际书展上相继展出受到欢迎，英文版已启动翻译即将出版，而今《武威传》也出版在即，可喜可贺！

城市与城市之间，作家与作家之间，存在许多差异。城市的历史沿革、人文素养、精神品质风格迥然，作家的文风、运笔、思想也各不相同，城市模式不能套用，同样，作家的思想也不可复制，为城市写传就只能凭借自己对城市的认识理解与思考看法去下笔。这便要求作家必须具备独立的思考，客观理性的见解，还要有相对丰富的文化历史知识积累。这是非常具有挑战性的一次创作。《武威传》全书四十多篇文章、五十余万字，每一篇均各有韵味，一样的深思。玉福展现了精湛的创作功力。这是宣传我们甘肃文化旅游的一部力作，我们有义务给予帮助和支持。

武威曾与张掖、酒泉、敦煌构成河西四郡，都是中国历史文化名城。武威位居河西走廊最东端的锁钥咽喉，北倚龙首、南望祁连，"通一线于广漠，控五郡之咽喉"，沿石羊河流域形成河西走廊最东端的富饶绿洲，享有"金张掖，银武威"之誉，自古就是"凉州七城十万家""人烟扑地桑柘稠"，今天依然是河西走廊人口最多的城市。一座城市的底蕴首先是文化的沉淀，武威就是这样一座传承两千多年历史的文化古城。她是中国旅游标志铜奔马的出土地，中国最早的石窟发源地，也是"五凉"都城、凉州词的重要渊薮，西藏回归祖国的见证地。"凉州不凉米粮川"，武威同样也是全国重要的商品粮基地。今天的武威已然是河西走廊旅游的第一大站，一座了解河西、触摸历史、品味文化、游历山水、感受风情的历史古城。

城市是有生命的。武威古城的生命依附在历史长河中，记录在文物古迹中，书写在凉州诗词中，传承在非遗说唱中。《武威传》的文学魅力也在于此，这是武威古城过往历史的文学表达，河西都会两千年的历史记录。丝绸之路，河西走廊，瀚海驼铃，飞天乐舞……种种关于河西走廊的传奇，曾经是文人墨客笔下的情怀，是乐师舞姬丝竹间的迤逦，是商队僧侣脚下的远方，更是无数人一生都难以企及的梦想。唐砖汉瓦铺就过的华章盛世，金戈烽烟铸就过的民族魂魄,黄沙热血酿造过的葡萄美酒,河西大漠埋没过的冷月边关,尽在这部城市传记中。

驼铃古道丝绸路,胡马犹闻汉唐风。河西走廊仍然保留着浓浓的汉唐风韵,这里是人一生值得一去的地方。不到河西走廊,对深度认知中华文明的交流史终将是一种缺憾。甘肃在深度挖掘历史文化、推动文旅深度融合中持续发力,让地域文化走出去,让广大游客走进来。河西走廊就是一张王牌、硬牌,相信《武威传》和《张掖传》一样,会成为你了解河西走廊的一把钥匙,一本文学味的文化旅游向导。

辉煌的过去昭示着更加灿烂的未来。河西走廊曾经非常辉煌,今天也在迅速再度崛起。让我们共同努力,讲好甘肃故事,弘扬甘肃文化,让河西走廊上一个个丝路明珠焕发出应有的光彩。

是为序。

何效祖

2023 年 8 月 10 日

(何效祖,甘肃省文化和旅游厅党组书记、厅长)

WUWEI
THE BIOGRAPHY

武威传

第一章
凉州

武功军威

武威的历史源远流长，史册中有正式文字记载却是从汉武帝在此设郡开始的。在那之前，虽然草场肥美、人烟繁茂，却是匈奴人的领地，追溯到更早时期，还有乌孙、月氏、戎、狄等民族先后统治。因为文化的差异化发展，很多少数民族没有修史概念，甚至连文字都没有，匈奴就是其中之一。没有自己的文字，当然也不会有自己的史书。因此，武威乃至整个河西走廊的文字历史，就要从河西四郡建立说起。

攻取河西，是历代中原王朝共同的心愿，而在汉武帝之前，每一个朝代都未能实现，大多只是采取怀柔与交好来处理胡汉关系。就连一代雄主秦始皇嬴政，对关外强敌也只能被动防守，不惜劳民伤财修筑万里长城，对于主动出击没有半点胜算。匈奴击败月氏称霸河西，一度还曾威胁到中原王朝的政权稳固，冒顿单于公然挑衅汉朝皇室，刘邦刚死就写信给吕雉要纳其为妃，言语之间轻佻傲慢充满浓浓的调戏意味。冒顿单于之所以大张旗鼓侮辱吕后，就是匈奴强盛不将汉王朝放在眼里。当初刘邦亲率四十万汉军征讨匈奴都不是对手，刘邦死后匈奴自然更毫无顾忌，哪怕汉室一再退让，送公主和亲，用大量金钱与财物来换取和平，也依然满足不了匈奴日益膨胀的野心。

匈奴胃口越来越大，到汉武帝时再次兴兵来犯，武帝当时仍受窦太后掣肘，虽对匈奴行径早有愤慨，但被匈奴多年以来的淫威所慑，朝臣们纷纷上书建议沿用老办法继续求和。这一次，武帝没有妥协，他自信经过七代帝王的励精图治，汉王朝已经具备了亮剑的实力。结局正如武帝所料，汉军在卫青带领下完成"龙城大捷"。这场战役是汉帝国对抗匈奴的第一场胜仗，也是彰显大汉武功军威的开始。龙城战役给了汉王朝君臣无比信心，匈奴也意识到了汉廷已不同往昔，接连吃了几次亏后总算消停了几年。在此期间，著名的"张骞出使西域"事件登上历史舞台。

武帝派遣使臣出使西域，是为了寻求同盟，彻底解除祸患，目标便是深受匈奴荼毒的大月氏。当年，匈奴攻陷河西，斩杀了月氏王并用其头盖骨做酒具，这是何等深仇大恨？然而，当张骞十年隐忍摆脱匈奴桎梏，千辛万苦找到月氏时，月氏人早已锐气尽失，他们不愿再遭受战争的洗礼，情愿蜗居一隅以求自保，匈奴的强大加之月氏人根深蒂固的恐惧思想，月氏对汉王朝提出的战略构想不抱任何期待。张骞黯然离开月氏，但他仍心有不甘。回到长安，已历时十三年。他的西域之行，所见所闻，让大汉君臣开了眼界，原来西域如此肥沃！从少年天子到盛年帝王，十余年间与匈奴的数次交锋中，武帝已然看到战必胜的光明前景，他要拿下西域，而前提必然是驱逐匈奴。

河西之战不可避免地展开了，年轻的骠骑将军挥戈西进一战成名，祁连山下，那场名垂千古的战役永载史册，以匈奴永久退出河西走廊、汉王朝设置四郡、疆域向西拓展一千多公里完美落幕。至于后来的细君公主与解忧公主和亲乌孙，那又是另一个故事。武帝对和亲深恶痛绝，但还是派遣两位宗室女封了公主远嫁西域，最终目的也不过是为了扩张疆土，把西域三十六国尽数收入囊中。在这个宏大的目标下，追击匈奴彻底解除边患依然非常重要，而大汉需要帮手来结成同盟。乌孙王主动上书请求和亲，与匈奴恃强被迫和亲有本质上的区别，所以武帝欣然答应，且和亲公主刘氏细君，并非随意拉个人充数的无名氏，而是拥有皇室血统的宗室女。

史书记载，这位细君公主在乌孙的日子其实尚属优渥，即便乌孙王是个垂垂老矣的七旬老头，对细君公主还是以上邦公主尊着宠着。奈何乌孙王古稀之龄难以消受美人恩，细君公主嫁过去才两年他便无疾而终了。按照乌孙风俗，夫死子继，细君公主要改嫁新任国君，也就是她名义上的孙子。少数民族怪诞的婚嫁风俗，令深受中原汉文化熏陶的细君公主大为忧愤，她曾上书请求汉武帝为自己主持公道，但武帝一心只考虑如何"断匈奴右臂"，不但没有提出质问，还反过来劝说细君接受命运入乡随俗。对于一个饱受汉家儒学文化影响的贵族女子，这样的结果自然是无法接受的，细君公主抑郁成疾香消玉殒，死时年仅二十岁，正是花样年纪。这位公主为汉王朝换来不到四年的乌汉交好，其间河西走廊作为汉王朝直通西域的桥头堡，逐渐安定下来，先后设置的武威、张掖、酒泉、敦煌四郡，已是汉家疆域图上牢不可摧的军事重镇，代表着大汉的实力与不断进取之意。

巩固河西出击西域，都离不开同盟支持。此时的大汉或许尚缺宝马良驹、能臣武将，但最不缺的就是公主。继细君之后，解忧公主嫁到乌孙，为君解忧担负起维系同盟收拢西域诸国的重任。作为和亲公主，汉代解忧公主得到了历代史学家的盛赞，称她的影响范围和历史作用是中国古代外交史上最为成功、贡献最大的人物，即使后来颇具传奇色彩的四大美人之一王昭君都无法与之相比。史书记载，解忧公主先后嫁给三个乌孙王，生育四子两女，她的长女还嫁给了龟兹王为后，令抗击匈奴的联盟体系更加牢固。解忧公主十八九岁和亲，直到七十岁才重返长安，她在西域生活的半个多世纪里，正是西汉王朝逐步统一西部的重要时期，这位拥有卓越政治才能的公主，积极活跃于西域诸国，配合汉朝遏制匈奴，努力加强和巩固汉王朝与乌孙的友好关系，并以此为基点联络和组织了西域其他国家一致对抗匈奴，实现了西域各族与汉族的联合，对民族团结国家统一作出了极大贡献。在汉昭、宣二帝接替之际，面对匈奴兴兵乌孙危亡时刻，解忧公主凭借高超的智慧与勇气，稳定西域局势，反败为胜，驱逐匈奴，牢牢守住了伊犁地区，为后汉版图的延伸立下不世功勋。不仅仅是解忧公主本人，她身边的女官冯嫽也是一位通晓经史精明多智之人，她辅助解忧公主持汉节奔走于西域诸国，深受各族人民爱戴推崇，是中国有史以来第一位女外交家。

西汉开辟丝绸之路，各国使臣与商旅们得以建立外交、互通商贸，保证丝路畅通繁荣，西北边疆安定是首要条件。综观汉唐以来中西交往历史，河西走廊在其中占有绝对分量，而武威处于走廊东段的要隘位置，一直都是中原王朝的屏障与缓冲地带。即便在没有纳入大汉版图时期，丰美肥沃的谷水流域也是草原民族争相抢夺的重要领地，《史记》《汉书》中记载，匈奴右方王将河西地区划分给浑邪王、休屠王、折兰王、卢侯王等七八个王。武威一带是休屠王的领地。休屠王在今民勤县、凉州区交接地带的四坝乡三岔村筑休屠城作为王宫，即原始的姑臧城，又叫旧城。霍去病大败匈奴于河西后，浑邪王杀死摇摆不定的休屠王，率部众四万余人归附汉朝，就连休屠王的继承人也被当作投名状一并敬献给了汉武帝。休屠王世子金日䃅后来成为汉室股肱之臣，以忠直大义流芳千古，成就一段忠君佳话，不知道浑邪王有没有悔不当初？

彼时，姑臧城虽然经过战争的洗礼，但武帝下令移民充边的举措，保证了姑臧繁盛依旧。《汉书》记载："武威郡，故匈奴休屠王地。汉武帝太初四年开。户万七千五百八十一，口七万六千四百一十九。"七万多人口的一座城市，在当时算得上大城市了，要知道同期的京都长安城人口也才不过二十多万。姑臧隶属武威郡，是郡治所在，而武威郡隶属凉州刺史部，武威郡领姑臧、张掖、武威、休屠、揟次、鸾鸟、扑擐、媪围、苍松、宣威共十县，以姑臧为治所。西汉时城址为姑臧旧城，到东汉搬迁到今凉州城的位置。对此历代史书均有记载，《后汉书·光武帝记》注释："武威郡，故城在今凉州姑臧县西北，故凉城是也。"《明一统志》记载："姑臧废县在（凉州）卫东北二里。"清乾隆《武威县志》记载："故城在县东北二里。"从以上史料中可以看出，凉州城从很早时期就已经由四坝迁到了现今位置。

关于新城布局和规模更有说头。姑臧城被誉为中国皇都鼻祖，其建筑风格与布局在洛阳城和南京营建时皆为借鉴参考的范本。《资治通鉴》记载："河西兵马使盖庭伦与武威九姓商胡安门物等，杀节度使周泌，聚众六万。武威大城之中，小城有七，胡据其五，二城坚守。支度判官崔称与中使刘日新以二城兵攻之，旬有七日，平之。"唐代武威郡已经具有相当规模，内城有七，人口稠密，繁荣程度仅次于长安。这个记述来自盛唐时期，而将凉州城增扩为七城的却是前凉张轨。

张氏家族称霸凉州奠定了五凉文化的基石，虽存世仅有七十六年，却在九世凉王的努力下，于乱世之中完成了凉州城的营建，为后世树立了皇城建造的基本模范,从传统建筑学的发展角度来评价,具有深远意义。对此,史学家也有明文记载,如胡三省所著《资治通鉴音注》里注释曰:"武威郡,凉州,治姑臧,旧城匈奴所筑,南北七里,东西三里。张氏据河西,又增筑四城,厢各千步,并旧城为五。余二城未知谁所筑也。"《晋书·索靖传》亦载:"先时,靖行见姑臧城南石地曰:'此后当起宫殿。'至张骏,于其地立南城,起宗庙,建宫殿焉。"可见,凉州城规模化建筑的确起于前凉,在历史上一直都是繁华之地。东晋时,前凉、后凉、南凉、北凉都曾建都于此。七座城连接起来,建有二十二门,街衢相通,规模宏伟,气象万千;城内宫阁台榭,设计精巧,装饰华丽。张氏家族在城中建有左右前后四率官,缮南宫;"永和二年(346)张重华即位,尊母严氏为太王太后,居永训宫;生母马氏为王太后,居永寿宫……"。这些记叙中无不说明,那时的凉州城便是西北首府,王都宫阙不外如是。

不只是规模建制,凉州王都的奢华,在史书中也可追溯。段龟龙《凉州记》记载:"吕纂明光宫在渐台西,以金玉珠玑为帘箔。"表明凉州城的王宫建造不亚于任何帝王规格,甚至有过之而无不及,其奢华富有处以金玉为珠帘,足可说明当时的凉州有多富庶。同样的记载还出现在《三辅录事》卷二中:"未央宫渐台西有桂宫,中有明光殿,皆金玉、珠玑为帘箔,处处明月珠,金陛玉阶,昼夜光明。"五凉时期,凉州王城的建筑有国王和王后处理政务与居住的宫、殿、寝;有举行大典、宴请宾客和作为书斋用的堂、坊;有用于宗教信仰的观、寺、塔;有祈求平安、供浏览观赏的楼阁、池、台等,想来应该是兼具了精美典雅与富丽堂皇的高端建筑了。可惜,书中所描述的临渊池、闲豫池、灵泉池、万秋阁、紫阁、逍遥园早已荡然无存,唯有保存下来的灵钧台遗址、海藏寺、罗什寺、大云寺等建筑,依稀可寻昔日古建筑的特色。

武威的设置与得名,固然与战争和军事有关,历史上从古代到时隔不远的百余年前,也曾发生过无数次战争,惨烈时尸横遍野,血染黄沙,数千年深陷战火烽烟不休。武功军威听来豪迈激昂,可对于普通大众而言,没有谁愿意活在朝不保夕的战争岁月里,攻城略地的战争是帝王将相成就英名的利器,若有选择,将军与士兵们肯定也不想马革裹尸。尽管古代的武威从来都与铁马冰河、刀光剑影相捆绑，可人民期盼和平安宁、安居乐业的美好生活与我们当下都是一样的。事实上，武威历史上也有过短暂的世外桃源的祥和过往，那就是五凉时期，史称"魏晋南北朝五胡十六国"。

　　自东汉末年中原大乱，原本处于荒凉边塞的凉州因为政治上相对稳定，反而成了逃避兵祸偏安一隅的地区，史书称"于时天下丧乱，秦雍之民死者十八九，唯凉州独全"。凉州刺史张轨治下的武威一带，是当时天下乱世中的"避难之国"，由中原前来凉州避难的人民之多撑起了一个政权的建立，在张氏政权数代经营下，凉州总共享受了长达六七十年的和平，这段岁月相当珍贵。之后，前凉于376年被前秦苻坚所灭，武威郡再次陷入战火，人民在战争与短暂和平间惶惶然无所适从，快速交替的五凉政权令人眼花缭乱。武威一边经受战争，一边努力寻求安定，在这个特别混沌的朝代，还能缔造出影响深远绵延两千年的五凉文化委实算得上奇迹了。

　　武威郡设置于西汉，历经多个朝代，城市也是几易其名反反复复、来来回回地换了许多次，地域辖领更是忽大忽小变化不定。北魏时因地理因素，改凉州为敦煌镇。太和十四年（490）复置凉州。西魏时分凉州西部置西凉州，即张掖，故张掖亦有西凉之称。北周时因处于西域的军事要地中，设置凉州总管府于此，武威郡治城市依旧叫作姑臧。隋唐时期，"州"已经渐渐成为二级行政区划，而不是汉代的一级行政区了。这个时候凉州地区的建制在"凉州"和"武威郡"之间不断变化，北宋天圣六年（1028），这里改为西凉府属西夏版图，还被当作西夏辅都来经营。元代时设永昌路。到了明代，凉州只是一个卫，隶属于甘肃镇治下，相当于县的建制。清雍正二年（1724）废凉州卫置凉州府，改凉州卫为武威县。民国初，全国废府，置河西道，后改称甘凉道。凉州这个地名开始消失了一阵，一直到2001年5月9日，撤销武威地区和县级武威市，设立地级武威市。原武威市设立凉州区，"凉州"一名才重新出现。

　　武威，是甘肃省辖地级市，甘肃省人民政府批复确定的丝绸之路经济带甘肃段重要节点城市、国家历史文化名城，河西走廊中心城市。武威地处中国西北地区，甘肃省中部，河西走廊东端，东接兰州，南靠西宁，北临银川和内蒙古，西通新疆，是国务院命名的对外开放城市，甘肃省确定的区域中心城市、西部重要的交通隘口城市。武威名胜古迹众多，自然景观与历史文化交相辉映，先后被命名为国家历史文化名城、中国优秀旅游城市和中国葡萄酒城。2014年，武威保税物流中心获国家部委联合批准设立，成为甘肃省第一个海关特殊监管区；同年12月，中欧班列"天马号"开通运营；2016年，甘肃省委省政府决定举全省之力加快建设甘肃（武威）国际陆港，甘肃（武威）国际陆港建设上升到全省对外开放和发展外向型经济的战略层面。

  现在的凉州，就是武威市，更狭义一点划分则指凉州区，但是武威人已经习惯了把武威和凉州等同起来。褪去昔日光环，历经贫苦艰辛，如今的武威再也不是那个梦里号角长鸣、马背驰骋黄沙滔天、说起历史一言难尽的古旧城市了。新时代里，天马故里重展雄姿奋起直追，以崭新的姿态昂扬向前跃马驰骋，成了一百多万武威人值得骄傲的美丽家园，也吸引着国内外大批游客前来观光览胜。国家繁荣富强，人民幸福安康。武功军威，汉武帝当初的傲视群雄、睥睨天下，如今才算是切实得到了彰显，"武威"的意义正在于此。

古台遗踪

"万里悲秋常作客，百年多病独登台。"这是诗圣杜甫的千古绝句，作于夔州高台之上。文人雅士登高望远，抚今追昔，有感而发，便留下绝世美篇，其中亭台楼榭不仅是具象的事物，还是意境与象征。陈子昂《登幽州台歌》，内中无一"台"字，却仍然传唱千古引人共鸣，这就是"台"赋予人的意义与感受。高台怀古、家国情愁，文人志士但凡登上高台总能感慨万端，仿佛借此就可以叩问天地通灵得悟。因此，高台在古代是人与天地沟通的媒介，也是古人敬畏天地、崇拜神灵的感情寄托和人们俱怀逸兴思考人生的地方。更有如铜雀台那样用于彰显身份地位，兼具祭天祭祖功能，精美壮阔宫阙楼阁以供居住的高台。"东风不与周郎便，铜雀春深锁二乔。"一场旷古大战与乱世佳人的传奇演义，为高台更添情致，美人衬托英雄，也映衬雄主霸业，台便也随之风华绝代了。

高台建筑和筑台的行为，本身就蕴含着一种思想观念。古人认为台能通灵，因此早期的台又称灵台。《诗经·大雅·灵台》云："经始灵台，经之营之。庶民攻之，不日成之。经始向巫，庶民自来。"就是歌颂周文王修建灵台，得到民众的支持，很快建成的经过。神话里天是神灵居住的，遥不可及，修筑高台可以更接近天空，意味着与神的靠近，古人甚至觉得在平地上筑台还不够高，要将台筑于山上的不在少数。所以，在古人心目中，筑台是一件崇高的事

乌鞘岭长城

情,有了灵台就能够望天对话,得到神灵的力量。这种观念的形成,从远古时期就存在了,《山海经·大荒西经》记载:"有轩辕之台,射者不敢向西射,畏轩辕之台。"远古时,高台就使人敬畏,可见"台文化"真是源远流长,且是源自西部渐向中原流入的有力证明。

武威是河西走廊存在古台最多的城市,不论是过去还是现在,"台历史"与"台文化",都是武威区别于河西其他地市的一种独特的地域标识。

正是受到筑台文化的深远影响,武威作为河西都会一度也曾兴起筑台热潮,其中以世人皆知的皇台为史料载入最早的台。皇台只是简称,它的全称是皇娘娘台,听起来十分女气,还与皇权有所瓜葛。其实,皇台的前身与娘娘无关,而是事关充满铁血杀伐之气与民族正义的一个人物。即两汉交替之际,坐镇武威力保河西免于战乱的汉代名臣窦融。

史家记叙,窦融任张掖属国都尉和河西五郡大将军期间,苦心经营河西,使河西走廊"仓库有蓄,民庶殷富",并培养了一批精兵强将来守护官民,于

19

中原地区战乱不休民不聊生的苦难局势下，营建出一方"世外桃源"。直到东汉立国刘秀称帝，窦融力排众议主动归汉，还襄助汉军消灭了割据势力，对国家统一、西北安定作出了巨大贡献。因其功绩受封凉州牧，"窦融归汉"也成了后世著名典故。武威在王莽新朝被改称张掖郡，原张掖改为设屏，酒泉易名辅平，王莽还与金日磾的后人联姻，金氏一族颇得重用。王莽朝存在时间不长总共只有十五年，但这期间所谓的"托古制"改名，让河西走廊诸郡在地名上产生了很大混淆，尤其是武威和张掖及张掖属国之间让无数人感到迷惑，以至于两地的文史爱好者在谁统领过谁的历史问题上扯皮至今。

闲话休提，言归正传，继续说窦融。因其有功于武威，官民自发倡议修筑高台以纪念窦融的功德，并以其姓氏名讳冠名曰"窦融台"史家考证窦融台的修筑应在公元前16年至公元62年之间。窦融台后来的沿革和考古发现，让这座历史悠久的高台与武威一起成了凉州历史与文化的新地标。窦融台始置于西汉末年，历经汉魏数百年风雨沧桑岿然耸峙，至十六国时期结束了它前半生的荣耀，继而迎来一位名气更大的人物——尹夫人。

西凉王李暠遭北凉灭国，王后尹氏成为北凉的俘虏，据说这位夫人秀外慧中才名远扬，还是曾经饮誉陇西的大美女。李暠在世时曾多次公然夸耀："我不止得一西施王嫱，我得一诸葛耳。"尹夫人的才干在当时的河西地区备受尊崇。西凉国破时尹夫人风韵犹存，北凉王沮渠蒙逊颇有垂涎之意，但尹夫人宁愿以死殉节也不肯答应，沮渠蒙逊不忍杀害，只得将其软禁于窦融台的殿阁中。尹夫人的气节令武威人民折服，慢慢就有人将她幽居的窦融台叫作"尹夫人台"。直到后来隋王朝一统南北朝，又被李唐王朝所取代，李渊祭祖昭告天下，追封他的六世祖李暠为皇帝，尹夫人也从西凉王后变成了大唐的故先皇后，并在尹夫人曾经居住的高台上修建了"尹台寺"以供人们祭拜。于是在民间，"尹夫人台"顺其自然就有了新的名称——皇娘娘台。

皇台这个名称一直叫到了现在，曾经与茅台并驾齐驱，被赞誉"南有茅台北有皇台"的"皇台"系列白酒，正是出自此。唐代边塞诗人岑参驻留武威时还曾登上此台，作有《登凉州尹台寺》一诗："胡地三月半，梨花今始开。因从老僧饭，更上夫人台。"《大明一统志》《大清一统志》的记载，皇台还有过"刘林台"的别称，乃是为了纪念明代洪武年间抗元义士刘林的忠烈而称，但这个称呼更多时候存在于史书，民间依旧习惯了"皇娘娘台"或"皇台"的称呼。至于"女娲台"及其相关传说也仅限于史料杂谈，并不见于群众口语，一笑而过也就是了。

在武威，历史最为悠久的古台非皇台莫属，但论壮观堂皇则是灵钧台。史载，灵钧台始建于前凉张茂时期，321年动工，历时两年完成筑台，后陆续在台上修筑了殿阁宫室，是前凉达到鼎盛的代表性建筑。灵钧台的规模见诸史册："周轮八十余堵，基高九仞"，据此推算高度达十五米以上，于当时的建筑工艺而言，规模宏大壮阔堪称西北高台之最，与同时期的中原古台建筑相比也不遑多让。可惜，历经风雨沧桑、天灾人祸，灵钧台没能保存下来，致使它的始筑地都令相关学者们困惑不已。可以说，灵钧台是武威古台建筑中最具争议的一座。关于此台原址，学界有三种说法，徘徊在"雷台""东岳台""海藏寺高台"三者之间没有定论。古台已毁，其踪渺渺，即便考证出一个答案又能如何？终究不能复其原貌了。纵然可以高仿还原，但外形类似内涵皆无的仿古建筑还少吗？与其沉湎纠结于一幢早已消失在岁月长河里的古建筑，不如把握当下，珍惜眼前，创造属于这个时代的新事物。我们要的是以古为鉴、继承发扬，并非仿古复制、刻舟求剑啊！

武威古台有史可查的不下十座，名气最大者莫如雷台，以出土铜奔马而蜚声四海。雷台台高约八点五米，南北长一百〇六米，东西宽六十米，因台上道观内供奉道教神仙雷祖而得名，却因发现汉墓将其历史往前推进了一千年。查阅史料可知此道观始建年代无从追溯，只有立于清乾隆三年（1738）的《雷台观碑记》可以证明，此台在明代天顺年间（1457—1464）曾因"冰雹伤禾，敕建重修"。至于重修之前什么样，出于何种意义而修建等疑问一概无解。雷台在汉墓发现之前，只是单纯一间道观名声不显。1969年当地农民修建沟渠时的偶然发现，才让这里与众不同起来。在雷台下掩藏的东汉晚期大型砖室墓，出土了包括后来被定为中国旅游标志铜奔马在内的二百三十一件文物，"雷台汉墓"从此闻名于世。雷台墓主身份成谜，铜奔马超越时空的铸造技艺，以及本身蕴含的艺术价值与考古价值，都让雷台变得神秘莫测，一直以来令无数人为之着迷，令这座古台充满了梦幻色彩。

海藏寺高台，是目前呼声比较高的被认为是灵钧台遗址的所在，位于海藏寺内。寺内古台高约九米，长、宽各约五十米，台基为土质夯筑结构，上面修建有殿阁，匾额显示"天王殿"与"无量殿"，据说是之前寺院藏经阁的前身，看起来十分具有年代感。同时，无量殿也是海藏寺内现存最早的一座古建筑。无量殿前有药王泉，民间传说这眼泉水与西藏布达拉宫的龙王潭相连，当年萨班还曾在这泉边诵经施法驱赶妖龙，并用泉水治好了凉王阔端的恶疾，凉州百姓崇尚佛法，凡来寺里礼拜者都会逗留此处取水而饮，寓意百病不生。天王殿前额处高悬"灵钧古台"的横匾，以示此处乃前凉张茂所筑的灵钧台，匾额与殿阁晚于高台很多年，但依旧古色古香，一眼看去庄严肃穆感扑面而来，具有十分鲜明的岁月痕迹。台上还立有清光绪三十四年（1908）安肃兵备使者摄甘凉道事延栋所立的《晋筑灵钧台》碑刻，亦在佐证这里就是灵钧台无疑。清代诗人张翔曾有"姑洗云低塔，灵钧树拥台"的诗句，从此可以得知在清代此台就是绿树环绕、松柏苍翠的清幽之地，与清应寺内的姑洗塔交相辉映，构成一副白云绕塔、绿树拥台的灵秀意象。只是清应寺与姑洗塔毁于民国十六年的大地震，现在只剩海藏高台孤守一方尽显落寞了。

以上古台，包括颇具争议的灵钧台在内，都是现存可见的古建筑，还有一部分古台永远消失在历史长河中全无遗踪了。比如入围凉州古八景之一"狄台烟草"的狄青台。《大清一统志》载："狄台，在武威县东五里，相传为宋狄青所筑。"狄青何许人也？史书有载为北宋仁宗朝名将，字汉臣，汾州西河（今山西汾阳）人。狄青成长于杨家将衰落、西夏崛起之际，他骁勇善战，在与西夏作战中屡建战功。据传他曾在武威一带与西夏交战，建高台做点将之用，原名"招讨台"，顾名思义，应是招降征讨西夏之意。后狄青离去，此台便以其为名称作"狄青台"或"狄台"。武威地方学者王其英所著《武威金石录》中考证所录，狄台遗址在今金羊镇窑沟村。但狄青是否来过武威，很多史学家表示质疑，狄台毁损殆尽，真假更是无从考证。不过，明代以来的文人墨客对狄台多有诗咏，其能入选凉州八景，证明这方高台的确存在过。洪武年间被贬凉州的诗人丁昂曾作《狄台》一首，有"招讨台荒四百年，凉州风月几凄然"的诗句；清代武威文人张玿美《凉州八景·狄台烟草》："千载勋名存面具，九层遗迹在边陲"等诗句。武威有关文献中描述狄台尚存时附近草木茂盛水汽氤氲，常似笼罩着一层烟雾，别具一番景色，遂有"狄台烟草"之名，可惜今人已经无缘得见了。

  同样只能在史籍里凭吊的还有玉女台。这座高台为隋大业时期李轨所筑，原址在原武威师范（今十八中）院内。李轨，为姑臧豪族，地道的武威人。隋炀帝复改凉州为武威郡，郡置鹰扬府，设有郎将、副郎将、长史、司马等职务。李轨凭借已然小有才名谋到了鹰扬府司马的职位，这个官职大约相当于今天县公安局局长的职级。李轨担任武威郡鹰扬府司马期间广交朋友，积极拉拢势力，在昭武九姓胡人的支持下以武威为中心建立了胡汉结合的河西地方割据政权"大凉"，成为"五凉古都"构成最晚的一个地方政权，也是存在时间最短的一个，从起兵到灭亡仅有三年。大凉国破，李轨被俘押送至长安受审，被唐高祖斩首。《唐书·李轨传》记叙，李轨兵败后自知下场惨烈便携妻儿登上玉女台置酒告别，大叹："人心已失，天亡我也！"此处的玉女台就是他效仿前人修筑的一座高台。李轨受胡巫蛊惑怂恿修筑高台，胡巫告诉他有此高台"上帝将遣玉女从天来"，李轨言听计从，修建了玉女台来迎接天上仙女。可惜高台修好并没有迎来天女散花，倒是断送了他的性命与前程。筑玉女台劳民伤财耗费巨大，致使大凉国内怨声载道，时值战乱时期，河西本已民不聊生，甚至还发生了人吃人的惨剧，李轨的举动不得民心，加速了大凉政权与自己的灭亡。加之李轨不擅治国，更不会用人，麾下臣僚相互攻讦，他只一味偏听偏信，导致君臣离心，最后遭遇反叛，枉送了性命。

  据说李轨之后，玉女台被毁，不久在此台址上复建一台，取名"凤凰台"。《武威文物概况》有这样一段记载："凤凰台与神鸟县：县城西南隅（今武师内），有土石堆积之丘形，俗呼凤凰台。按《南史》太极东堂画凤凰鸟，是凤凰有神鸟之称。唐高祖武德三年（620），于姑臧城内设神鸟县，与姑臧分理，姑臧理东，神鸟理西，凤凰台或神鸟县之遗址，亦未可知，兹故录之，以凤凰台与神鸟县之参考。"由此看来，玉女台毁坏时间很早，跟大凉国国君、筑造者李轨一样，生命短暂恍如流星，只在悠久深厚的武威历史上留下了磨痕浅淡的一笔。

东岳台，疑似灵钧台原址之一，其位置在今武威市城北第十陆军医院后。东岳台的始建年代不详，一说为前凉张骏的点将台。清康熙年间《改建东岳台增创庙貌碑记》记载，康熙年间，将东岳庙由城内改建于此台上，故台称东岳台。东岳庙内主祭泰山东岳大帝，1952年文物普查时台上还有塑像，后毁于1958年。有地方学者撰文论证，称东岳台应为"凉造三台"之一，认为此台与雷台和灵钧台，都由前凉时期建造，是张氏家族的陵园与祠堂，受到部分人认可。然古台毁之殆尽，也没有留下可以确定的文史记载来佐证，是与非终究只成空谈。

除了这些比较有名气的古台，武威历史上还有几座就连史家都不能断定是否真的存在过的高台，如新台和李陵台。新台相传为北凉王沮渠蒙逊所建，但只有《晋书·沮渠蒙逊载记》中有所记叙，曰："蒙逊寝于新台，阉人王怀祖击蒙逊，伤足，其妻孟氏擒斩之。"从这简单的话语中分析，新台应为沮渠蒙逊的一处住宅。除此之外新台的字眼并没有在其他史书中出现过，有可能是北凉王为寝宫取的名称，或以现成的高台建筑换了个名称为己所用也未可知。

李陵台，史书同样没有记载，但清代武威诗人张翔与陈炳奎的诗文里均有提及。张翔《凉州怀古》（三）中说："碧草春留苏武泽，晴烟晓护李陵台。"陈炳奎《凉州怀古》亦有："苏武看羊空贻泽，李陵牧马独登台"之句。李陵乃"飞将军"李广之孙，武帝时率兵出征匈奴，战败后降于匈奴，是否曾在武威停留并没有可靠佐证，至于台子修建时间与其他相关信息更是一字未着，真真假假难以定论。

传说中的古台还有北极台、梓潼台、大云寺台、喇嘛台等，皆由地方学者撰述而来，与新台和李陵台一样没有确凿的史料为证，至今全都不见半点踪影，无法考证，不做详解。

中国高台建筑起源很早，是原始社会向封建社会转变中生产力发展的产物。最初高台建筑往往是为了达到防潮、避水、稳定等的实用性功能，在后来的发展演变中，逐渐融入了更多的思想观念和美观意识。高台建筑在战国到秦汉时期十分盛行，一直发展到明、清仍有所见。早期广泛运用在宫室、别馆中，以气势宏伟、高大华丽、视野开阔、适合宫殿建筑为主流，代表着当时社会的生产力和物质文化的发展水平，也是统治阶级炫耀财富地位的象征。秦汉时期是高台建筑发展的典范时期，丝绸之路大兴之后，传统建筑技艺随着佛教传入受到西方建筑影响，人们开始摒弃工程量浩大的筑台建设，转向更为轻巧并能同时展现奢华富丽的木制塔楼建筑，高台修筑的风气开始衰落。唐宋时期，随着中西方更为广阔的接触与相互影响，中国传统建筑业得到革新，建筑技艺也在大幅度提高，古典园林建筑模式日益成熟，作为园林中一种独特建筑的"台"渐渐丧失其个性，为高楼重阁及亭榭等替代。"观四方而高"的高台，演变为临水厅堂向外空间延伸的平台，原有的高瞻远瞩的意义基本失去，高台建筑越发少见，只有在建筑物的地基中得以窥见一二。尽管如此，台以其深厚的文化底蕴和丰富的艺术表现力，在中国古典园林中始终拥有着不可或缺的重要价值。

高台建筑是长达千年的历史文化长河中不朽的存在，这一建筑形式背后蕴藏的是中华民族不断进取、突破自我的精神凝练和追求美好生活的具象呈现。高台建筑在古代综合了政治、经济、文化、制度等各方面因素，或多或少地影响着人们的行为观念，其丰富的内涵一直以来影响着中国人的世界观、人生观、价值观，是中华传统文化构成的一部分。

武威因其地理位置的优势，一直以来都是丝绸之路上重要的节点城市，集政治、军事、文化、经济为一体，承担着河西都府的历史使命。武威的古台，既是河西都会的地位象征，也是历史文化底蕴的体现。利用和汲取"台文化"的丰富意蕴，挖掘其文化内涵，充分展现丝路古城的形象与历史文化价值，古台应有一席之地。

传奇张义堡

"漠漠青冥不可梯，梯山高出辟层蹊。朝天有路风云合，隐雾何人竹不栖。玉塞万年凭作障，泉源六出各成溪。振衣千仞曾寻梦，一览青川绿树低。"这是清代诗人笔下的天梯山，位于凉州以南的群山体系之中，属于祁连山支脉。

天梯山所在区域，行政区划为凉州区张义镇，武威人俗称"张义堡"，距离武威市区约五十公里。这里是一个神奇的地方，是曾经的张掖县治地，又因天梯山石窟而蜚声河西。张义的历史可以追溯到非常悠久的年代，但见于文字记载依然要从汉武帝君臣"凿空西域"说起。鲜少有人知道，张义便是最早时候的张掖，更准确一点说，张掖的建制从一个县开始，先有张掖县，后有张掖郡，而张义盆地正是汉置张掖县所在。

根据《汉书·地理志》《大清一统志》等史书记载，汉武帝元狩二年（前121），汉武帝在河西走廊正式设置了"武威""酒泉"两郡。几年后又从武威郡析出"张掖"，从酒泉郡分出"敦煌"二郡，"河西四郡"正式形成今天我们熟知的地域区划。但四郡之中武威郡与张掖郡的建制时间一直存有争议，有关史籍当中也多有出入，导致两郡孰先孰后未有定论。诸多争议之中，双方公认的一个事实却是，不论建制时间迟早，行政区划谁隶属过谁，张掖最初的确位于今凉州区张义镇，这是毋庸置疑的。张掖市史志办平台转发的文章，以及张掖、武威两地史志文献当中对这一建制沿革都有着相同而详细的解读。

位于凉州区张义堡镇的黄羊河水库

来自张掖地方志的记录节选如下：

　　汉武帝元狩二年（前121），汉王朝为了赶走匈奴，统辖河西，远通西域，从而使整个河西走廊纳入西汉版图。汉武帝为了实施完全控制河西的宏略，于汉元鼎元年（前116）派数万人渡黄河修筑了令居塞（今永登县西北）及以西的长城，并从中原迁来数十万汉民散居河西，开始大规模屯田。接着又于翌年（前115）选定走廊中部浑邪王故地觻得城，设立了汉王朝统管河西的第一个行政建制——酒泉郡。郡辖河西走廊全境。汉武帝元鼎六年（前111），汉王朝对残留河西的匈奴穷追不舍，又派大将赵破奴率万骑从令居出发，对匈奴进行了最后扫荡，彻底消除了河西匈奴对汉王朝的威胁。在疆域扩大，移民骤增的情况下，于是在酒泉郡空旷的东部，也就是今武威市，设立了张掖郡，郡治在汉武帝元狩二年（前121）设置的张掖县（今凉州区东南六十公里处的张义堡）。辖域为东到黄河，西至焉支山。

汉宣帝地节三年（前67），在驻今凉州区境内的张掖郡又分置武威郡，郡治武威县（今民勤县东北）。汉元帝建昭三年（前36），西汉王朝在今永昌县南者来寨设置骊靬县后，对河西各郡的区域作了调整，郡治亦做了变动。酒泉郡治由今甘州区西城驿靬得县城移驻今肃州区城区的禄福县城；张掖郡治由今凉州区境内的张掖县城移驻角乐得县城；武威郡治由今民勤县东北的武威县城移驻今凉州区驻地的姑臧县城。区划变动后，武威郡辖姑臧、张掖、武威、休屠、揟次、鸾鸟、扑擐、媪围、苍松、宣威十县；张掖郡辖觻得、昭武、删丹、氐池、屋兰、日勒、居延、番和、显美、骊靬十县。此期的"张掖"之称同时存在两处，即东面今凉州区张义乡的是"张掖县"，西面今甘州区境的是"张掖郡"。觻得县于西晋初改为永平县，隋文帝开皇十七年（597）又改为酒泉县，隋炀帝大业二年（606）改为张掖县。西晋初，武威郡的张掖、休屠、鸾鸟三县被撤并，由原十县减为七县。从此，武威郡管辖的张掖县从西汉设立到西晋初，经三百七十多年之历，便从其走廊东部的版图上消失了，把"张掖县"的"帽子"从东边拿过来戴在中部张掖郡管辖的酒泉（觻得改永平，永平改酒泉）县的头上。"酒泉"之称又送给西部的福禄县。这样，就统一了在同一条走廊同时存在两个"同姓同名"的"张掖"之称了，也便解除了张掖郡所辖十县中没有张掖县，而武威郡所辖十县却有张掖县的蹊跷。

来自武威地方志的记录则是这样的：

在整个河西走廊只设一个酒泉郡，维持了三年之后，汉王朝于汉武帝元鼎六年（前111），在酒泉郡东、西部的空旷地区各增设一郡，西部是敦煌郡，东部是张掖郡。张掖郡的郡治在今武威市凉州区城东南六十公里沿山地区的张义堡，位于祁连山北麓。郡辖十二县：张掖、姑臧、武威、休屠、揟次、鸾鸟、扑擐、媪围、苍松、宣威、令居、枝阳。管辖区域相当于今西从凉州区，北到民勤，东至景泰，东南达永登。汉昭帝始元六年（前81），在今兰州地区增设金城郡，张掖郡东部的令居、枝阳二县被析出划给了金城郡。

汉宣帝地节三年（前67），汉王朝为了防御曾被赶出河西、逃往漠北的匈奴，从张掖郡析出北部几县另置武威郡，郡治武威县（今民勤县东北），汉武帝太初四年（前101），匈奴浑邪王在此地杀掉休屠王，以其众降汉，置此县。这样，在前张掖郡的南、北就各置一郡。此状运行三十二载之后的汉元帝建昭三年（前36），在今永昌县南的者来寨又增设了一个"骊靬县"，也就是西汉王朝在河西设立最迟的一个县。此县设立后的当年，王朝即对河西各郡的行政区域进行了大规模调整。调整结果是：酒泉郡治由今甘州区"黑水国"之址的觻得城迁移到今肃州区治之地，张掖郡治由今凉州区张义堡迁移到今甘州区"黑水国"之址的觻得城，武威郡治由今民勤县东北迁移到今凉州区治的姑臧城。三郡移治后，领县从根本上作了调整，原张掖郡辖县交由武威郡管，原酒泉郡辖县交由张掖郡管。调换后的状况是，酒泉郡辖属九县：禄福、表是、乐涫、天、玉门、会水、绥弥、池头、乾齐；张掖郡辖属十县：觻得、居延、昭武、氐池、屋兰、删丹、日勒、番和、显美、骊靬；武威郡辖属十县：姑臧、张掖、武威、休屠、揟次、鸾鸟、扑𨠢、媪围、苍松、宣威。

以上两地史志虽有建制时间与归属的差异化表述，但对于张义原为张掖县旧地的记载完全相同。事实正是如此，在三郡郡治迁移后，河西走廊中段到东段的三百多公里内，同时存在两个"张掖"之名，即从东段移治于中段今张掖市甘州区"黑水国"北城遗址的"张掖郡"，以及东段今武威市凉州区张义镇从西汉就设立的"张掖县"。东段的"张掖县"与中段的"张掖郡"从公元前111年起两名同时并存。西晋初年，因晋王朝调整区划，撤并了武威郡的张掖、休屠、鸾鸟三县，"张掖县"历时三百七十年方从武威郡的区划序列上消失。

张义，虽然不再称为张掖，但依旧保留了十分接近的称谓。李鼎超著

《陇右方言》中特别做了研究，称："武威城东南百廿里有张义堡。张义，即汉武威郡之张掖县。'掖'从'夜'声，'夜'从'亦'声，'亦'音近'义'而借用耳。"1997年兰州大学出版社出版梁新民著《武威史地综述》中也说："张掖，治所在今武威市张义堡。"清朝官修的地理总志《大清一统志》中也有相应的记载：张掖废县，在武威县南，汉置，属武威郡。考虑到武威市张义镇当地的土语和口语发音习惯，张义的名称大概率是"张掖"的谐音和转音无疑了，这样的地名还颇有"藕断丝连"之感，不愧是位列张义传奇故事中首屈一指的话题。

张义，如今惯称张义堡。以墩、堡、寨为地名的传统，大多皆为明代卫所制与屯垦移民相结合的特色产物，从汉时的张掖县到明代的张义堡，中间历时千余年，风云变幻沧海桑田，造就了这方土地太多的神奇，也滋养了万物生灵，张义也便沉淀了深厚的历史和文化底蕴，成为人杰地灵、山清水秀的人间乐土。

凉州区张义堡地处张义盆地，按照现在的叫法这里是山区，但在古代却是易守难攻的兵家必争之地。张义东接古浪，西、南两面均与天祝藏族自治县相连，北面则与武威黄羊镇（古代的靖边驿）接壤。由此向南，则为天祝哈溪镇，再南为双龙沟，从双龙沟翻过祁连山的雪山梁（即金龙岭），便可达青海的门源，并可直通乐都和西平（即西宁市）等地，为五凉时期的姑臧直达乐都和西平等地最重要的捷径小路。武威市区通往张义堡的原始小路至今仍有迹可循，古道蜿蜒，或依山而开，或顺河而上，部分改建成了柏油马路连通山内外，一部分深山里的小道还有古旧遗迹保留。

张义堡是一个既封闭又开放的小盆地，在历史上也随着凉州的兴盛沉淀了极其辉煌的文化。说其封闭是因为这里山大沟深，地处群山包围之中；开放则因为张义从古至今都是对外敞开怀抱、信息交流十分畅通的地区。历史上武威乃至省内外为官、做学问的张义籍人士为数不少，很多本地大姓家族都有家学渊源，拥有记录着本家族延续脉络和家族历代大事件家谱的人家比比皆是。而在张义堡以姓氏为村组，家族式聚居的村落也非常普遍，如张家大庄、梁家庄子、麻家庄子、王庄、刘庄等。自然，村庄有了姓氏，山川也应该有所归属,张义堡便又有了朱家大山、郭家垴、杨家洼、赵家树窝子、李家湾子……

张义人健谈,随意走访攀谈,但凡稍有年纪的老人谈到本地历史都有说不完的话题,识文断字的老人更是滔滔不绝,在这里可以听到土味版"上下五千年",很多历史事件与民间传说相互穿插别有解读,听来意味无穷,令人大有茅塞顿开之感,不禁感叹这方天地真是灵气十足。

特列选一位八十多岁老人讲的故事与诸君分享,事关商纣亡国与妲己祸君的另类传说,姑且看作《封神榜》别传来听吧。

商汤传国十七代,到了纣王帝辛时已是第三十一位君主。纣王生于安乐并不了解民间疾苦,一味只知安享富贵,此时的商王朝经过历代积累已是国库充盈十分繁荣。俗话说饱暖思淫欲,国家太平君主闲适便难免无事生非。时值一年一度女娲宫祭祀大典,纣王一如往常带领群臣去拜祭圣母,这当然不是纣王第一次来此祭祀,定规定例走走过场也就是了。也是合该有事,拜祭进行到了最后,眼看就结束仪典打道回宫了,偏巧一阵清风吹来,当着纣王的面吹落了女娲雕像覆面的轻纱,往常从不暴露在人前的女娲娘娘塑像的容颜被纣王看了个一清二楚。这一看不得了,女娲娘娘风姿无双气质超群,瞬间惊艳人间君王,遂题诗一首:凤鸾宝帐景非常,尽是泥金巧样妆。曲曲远山飞翠色,翩翩舞袖映霞裳。梨花带雨争娇艳,芍药笼烟骋媚妆。但得妖娆能举动,娶回长乐侍君王。这首诗出自《封神演义》,格律严谨对仗工整,一看就不是商纣王那个年代能做得出来的,大约也是后来人编排纣王而作了,但无风不起浪,纣王虽不见得文采风流,但说过或做过轻薄女娲像的事应该是有的。纣王题诗女娲宫后回去,对女娲娘娘的风华绝代刻骨铭心,再看自己的王后妃嫔,原本也算佳丽美人,可与女娲娘娘相比简直不堪入目,竟致茶饭不思精神恍惚有了相思病的苗头。臣下有擅于察言观色的谄媚之人深知纣王心思,便趁机建议选美,势必要从天下女子中选一位容貌堪比女娲的来侍奉君王。纣王闻言正中下怀,他不信凭着自己的身份地位,在自己执掌的偌大地盘上还选不出一个真正的美人来。

后来发生的事情大家都知道了,女娲娘娘愤怒于纣王胆大妄为拿淫诗亵渎自己,又碍于人类始祖的身份不屑于对纣王出手惩治,便打发座下一名狐妖去教训狂徒。事情顺理成章，狐妖下凡正赶上人间君王选美，她化身苏妲己入宫，以倾城之貌博得纣王宠爱，然后搅得商王朝腥风血雨，纣王沦为暴君，民心尽失，自焚于鹿台，商汤彻底亡国被周取代。故事就从这里有了不一样的解读，在张义人的传说里，狐妖被姜太公擒获押上斩妖台，行刑前狐妖大喊冤枉，声称是受女娲娘娘托付前来祸乱商汤江山，给纣王一个教训的。监斩官一听狐妖来头这么大不敢轻举妄动，便去向姜子牙汇报。事涉人祖圣母，姜子牙也不敢随意处决，只得开坛做法祷告上天，祈请女娲娘娘亲自处断。女娲娘娘显了法相，听闻姜子牙陈述一番顿时发了怒，呵斥狐妖胡说八道，当日嘱咐你闹断他的肝肠，令其痛不欲生也就罢了，谁让你造了那么多的杀孽，搅得人间不得安宁了？狐妖一听不服，你老人家明明说的是闹乱他的朝纲，我做的那么多恶事不都是为了给你出气？商汤江山稳固，能臣贤良不杀掉，朝纲怎么能乱？现在你老人家给的目标任务完成了，不能翻脸不认人、卸磨杀驴啊！狐妖一通牢骚连喊带叫，让女娲娘娘当众下不来台不禁恼羞成怒，虽说纣王咎由自取，但到底狐妖是她授意下凡，造成人间冤魂无数，这个责任得有人来承担。毫无疑问，唯有拿狐妖来给人间一个交代了。女娲娘娘当即下令让姜子牙依法办事，斩妖台上斩杀狐妖以平民愤，自己依旧回到天上当神仙去了。

故事到此结束，一场人间浩劫起因于纣王色胆包天，结局也是大快人心，该封神的都封了神，一切似乎都是命中注定。但中间却因为"闹断肝肠"与"闹乱朝纲"的乌龙，让整个故事充满轻松的调侃意味，使人更容易记住这段演义。此段故事，除张义之外从未在别处听闻，一手谐音梗玩得十分漂亮，偏还入情入理颇具逻辑，实在是有趣的改编，想来这或许就是张义的底蕴吧！

张义堡地处群山之间一洼盆地，藏于深山钟灵毓秀。正所谓：山不在高有仙则名，水不在深有龙则灵。张义堡的仙灵之气，因为天梯大佛而殊胜一方，因为黄羊水库而风致无双。大道劈山而开，进山口为张义盆地的制高点，称为大坡顶。站在大坡顶俯瞰张义，眼前豁然开朗，远处是连绵起伏的迤逦山势，近处碧波粼粼水光玲珑的就是黄羊水库。雪峰耸峙凉意习习，盆地西面常年积雪覆盖的巍巍数峰正是祁连余脉磨脐山，当地人素有"张义堡水湖滩，大佛爷手指磨脐山"的歌谣。盆地南面亦有陡峭如削的一段山峰，除此，东北两边山势与前截然不同,都是那种敦厚圆润挤挤挨挨的山包集合之势。跟张义人打交道久了就会明白,原来两种不同的山势正如此地人的性格,锋芒显露峥嵘挺拔固然有之,但亦不乏敦实质朴温暾憨厚。

天梯山石窟开凿于北凉时期,由北凉王沮渠蒙逊聘请西域高僧昙无谶设计修建,是五凉文化中的佛教代表性建筑。北凉灭亡后,昙无谶亲传弟子昙曜受北魏皇帝拓跋焘裹挟带往国都平城(今山西大同),昙曜主持开凿了云冈石窟,"昙曜五窟"规模宏伟、雕饰瑰丽,象征着中国石窟技艺达到成熟的艺术水准。随后,北魏迁都洛阳,开凿了震古烁今的龙门石窟。洛阳也曾是王城京都,龙门石窟从北魏起直至明清还在陆续开凿和营建。而唐代还在愈加成熟的造像基础之上,又建成了顶天立地的乐山大佛。昙曜学成于昙无谶,最早跟随昙无谶开凿天梯山石窟,积累了丰富的石窟修筑技艺,才有后来的云冈昙曜五窟,延及龙门石窟群,直至反流集大成于敦煌莫高窟。因此,史学界公认,中国石窟文化的源头来自天梯山,将天梯山石窟誉为"石窟鼻祖"。只是可惜,作为鼻祖的天梯山石窟却并没有得到完整保存,武威地区的数次大地震,导致山体震动垮塌,天梯山石窟亦遭毁损。据有关专家学者考证研究,现存天梯山大佛是唐代兴建,洞窟虽有五凉印记,但北凉时期的古老佛像已经十不存一了。

值得肯定的一点是,唐代为中国封建社会中最重视佛教发展的王朝之一,于北凉古旧洞窟中新建佛像,既是唐人对佛教与佛法的推崇,也是对前人技艺与审美的一种承继,很有可能至唐时天梯山石窟中的北凉佛像已有毁损,因而新建补替。佛像为佛法的直观呈现,承载着万千信士僧侣对世界、生命和价值观念的个人解读,还有人们对富贵荣华与安宁平和的向往与诉求,既是心灵归属,又是人生慰藉。天梯山大佛不管营建于哪个年代,对于张义堡和武威人民来说都是历史遗留的宝贵财富,否则少了大佛对磨脐山的那一指禅定,这方水土想必也将会失却很多意趣。

沮渠蒙逊当年营建天梯山石窟时还曾发生过一件灵异之事。这位来自传奇义渠君的后裔,与匈奴之间剪不断理还乱的卢水胡英豪,在称王割据后空前热烈地迷上了佛法,为此还不惜代价半掳半请地邀了西域僧人昙无谶到国都,据传沮渠蒙逊辣手灭西凉，与此人亦有莫大干系。野史中曾有一鳞半爪的记载，说昙无谶身上藏着一个大隐秘，事关国家兴亡、百姓繁盛。野史之语不足采信，但昙无谶初到楼兰，入关后被西凉国主奉为上宾，后至北凉得封国师，在他受到沮渠蒙逊猜忌被暗杀后，北魏拓跋氏一族还为之愤愤不平，一心要置沮渠蒙逊于死地，最后这几个小国相继灭亡，西域的楼兰亦未能逃脱灭国厄运，说不得就真跟昙无谶有点什么渊源也未可知。

话说，昙无谶在凉州主持营建石窟期间，沮渠蒙逊派儿子出去打仗失败被杀，他把战事失败和失去儿子的罪责归咎于佛，认为是佛失信于人，没有好好护佑他的儿子。沮渠蒙逊蓦然翻脸，从一开始的佛教虔诚信徒变成了一个誓要灭佛的暴君，命人捣毁佛像封禁寺院，拘捕和处死了很多僧侣，一时间北凉国中人人自危，谈佛色变。面对国君盛怒，谁也不敢上前劝解，重任落到了国师昙无谶身上。昙无谶当时刚刚完成了沮渠蒙逊母亲北凉太后的佛像雕刻工作，天梯山石窟就被迫停工了，工匠们自是各自彷徨无所适从。一日晨起，有工匠急匆匆来报，称太后造像双目流泪不止。昙无谶闻言惊骇不已，亲自赶去一瞧，果然那尊造像硕大的眼眶里有水迹潺潺而下，形同双目流泪。正愁无处化解沮渠蒙逊灭佛暴行的昙无谶瞬间跪地叩拜喜极而泣，之后他进城面见国君告知此灵异之象。沮渠蒙逊原本不想搭理，但那尊雕像是他亲自下令为生身之母所造，并非其他神佛，便随昙无谶到窟中去验看。

千余年岁月流逝，无数次斗转星移，时至今日我们已经无从考证石像流泪的灵异事件，其中到底存在何等隐秘了，但在当时的确凭此取信了一代君王。沮渠蒙逊在亲眼看到他母亲的雕像双目垂泪后，顿感罪孽深重，遂即取消了灭佛命令，并重新迎请僧侣到凉州讲经说法，恢复寺庙禅堂，其虔诚礼佛之心更胜从前。一场灭佛惨剧就此罢手，天梯山石窟才得以继续修造。历史上有五次灭佛运动，但北凉沮渠蒙逊这一次并不在列，大约是因为北凉势力不大影响力也小，并且及时收手，造成的损失程度也不大。《西游记》中曾描述过几个灭佛的故事，有车迟国、灭法国和玉华州，与剧中类似情形相比，北凉灭佛事件委实不值一提，但从佛教传入中国开始，沮渠蒙逊可是第一个敢于灭佛的国君，而天梯山石窟也差点沦为君王挑战佛法的牺牲品。

张义堡的古迹很多，传说也很多，历史文化底蕴更是深厚。

1972年，考古工作者于张义堡发掘出了大量文物，有印章、陶器和一些丝织品等，本次发掘属于考古学的正常研究保护，没什么特别值得记载的珍奇文物，但在整理出土文物时，其中一截奇怪的小竹管却引起了众人注意。小竹管长约十五厘米，如成人小拇指粗细，特别之处在于它一头平，一头尖，尖头的一段中间还有个缝隙，形成两个瓣状，与我们现在用的钢笔非常神似。几千年前的古物竟为当代钢笔造型，这是古人超前了还是今人穿越的杰作？穿越之说太过玄幻，自是没有什么说服力的，那结果只有一个，属于古人的超前发明。

其实，在这支竹管发现之初，谁也不敢确定它就是书写工具，只是根据其外形来推测它可能是一种笔。众所周知，中国古代的主流书写工具是毛笔，谁会用这样奇怪的笔？最后还是请了权威老专家来做鉴定。经过深入研究，学术界和考古界统一了意见，十分确定它确实是一种笔，学名：汉代硬笔。根据这支汉代硬笔的外形，又将其命名为双瓣合尖竹管笔。经此发现，证实了中国书法的源头来自硬笔，而不是我们传统认知里的毛笔。因为，最早殷商人刻甲骨文用的就是硬笔，然后周代金文，以及之后春秋战国时期的竹简，大多是用硬笔书写出来的。

张义堡遗址出土的双瓣合尖竹管笔，并不是最先发现的古代硬笔。早在1906年，国外的探险家就在新疆的米兰发现过芦苇管的硬笔；1913年，又在新疆的麻扎塔格遗址发现了红柳硬笔。除了发现硬笔之外，硬笔书写作品自然也少不了。在敦煌文书中，保存有两万多页硬笔写本，包括绢本和纸本两种形式，内容包罗万象，有佛经、文学典籍与书信；更有汉文、西夏文、梵文等文字种类；文体囊括行书、楷书、草书。中国古代就有如此灿烂辉煌的硬笔书法，有力还击了"硬笔出自西方"之说，令我国人扬眉吐气大赞国威。古代硬笔的发现，丰富了我国的书法文化，补足和确定了中国书法源流，又为张义堡平添了一份传奇，成为当地人茶余饭后津津乐道的故事之一。

张义堡过去人烟稠密，东西两山沟沟岔岔里到处都有村庄，山川之间鸡犬相闻、田地相衔，川地河水潺潺绿树环绕，山地上的庄稼虽然贫瘠要靠天吃饭，但漫山遍野翠盖葱茏，张义景致从来都赏心悦目。因地处深山收入微薄，进入新世纪，山里人家年轻力壮者大多外出务工，张义人民又成了武威市最大的劳务输出群体，大江南北，湖广川黔，都有张义人的身影。许是得了这方山水的禀赋，张义人勤劳踏实肯吃苦，又兼聪慧灵秀，不论是精细的工种还是全凭力量的苦力，他们都能任劳任怨游刃有余，后来慢慢就有了"凉州犹太人"的戏称。国内兴起打工热的那些年，张义人实实在在代表着武威形象走出凉州，在全国各地奔忙务工，甚至还远赴国外去打工，很多人因此安定下来留在了外地不再回张义堡。

他乡容不下灵魂，故乡容不下肉身。这是无数打工人的心声。家中上有老下有小，却不能陪伴左右，每年短暂的相聚，转眼又要背上行囊奔赴千里之外。过去的武威车站，一场场泪眼相送终日上演，孩子们的撕心裂肺令年轻的父母心碎而无奈，泡在泪水与汗水里的农民工谈何选择？不过只剩咬牙狠心假装坚强罢了。一家人相守的天伦之乐，对于张义人来说曾经是奢望。

如果说"凉州犹太人"的外出定居是无奈之举，那武威施行移民搬迁政策，则是解决山区贫苦落后局面的切实利惠了。近十多年来，在脱贫攻坚的大战略、大扶持下，张义堡东西两山人民整村搬迁走出大山，走向平原，带着张义的山川灵秀之气在广阔的凉州平原上安家落户，终于摆脱了"老天爷赏饭吃"的桎梏，用自己辛勤的双手和聪慧的头脑开启崭新的新农村生活，彻底结束了千百年来靠山吃山的穷困面貌，可以甩开膀子全身心去奋斗未来了。一家人朝夕相守，能够承欢父母膝下，又可以亲自教养儿女成长，再不必背井离乡去打工就已经是人间满足，灵魂与肉身皆可安放处才是真正的家乡。

张义堡风景绮丽山明水秀，四季景致各有不同。"天梯古雪"作为凉州八景之一，与石窟群和大佛共同成为武威市文旅打卡必选景点，是河西走廊上一道亮丽的风景线。春有百花秋有月，夏有凉风冬有雪。古人笔下最自在美丽的桃花源也不过如此。

夏秋两季的张义堡风光尤其引人入胜，进山口处一泓碧波倒映蓝天白云，赭红色的天梯山下凿壁临水，内中大佛端坐慈和安祥。绿树葳蕤，阡陌纵横，大小村庄远近疏淡掩映其中，犹如一幅天然画卷，青绿山水无须雕饰就已令人沉醉其中。溯公路蜿蜒入山，所见自有推陈出新的惊喜感，或乡间小道之曲径通幽，或农人耕作之三五身影，抑或溪水潋滟之不急不缓，无不显露出一种山野乡里的随性闲适。充斥着泥土芳香与草木清新之气的凉风迎面入怀，全身的毛孔都不由自主舒张开来，仿佛被这空灵毓秀的山川所催发，身心欣然任性自我地完成了一次吐故纳新。

这里是武威人的母亲河——石羊河流域的源头地，来张义堡看山看水看大佛只是旅行的第一站，追寻河流源头还需深入盆地跋山涉水。一路领略山乡风光顺路而行，目力所及处黛色的山体便是祁连余脉。天气晴好时，苍茫雪峰遥遥在望，巍峨耸峙于天地间，挺拔身姿凌然清傲，宛如大地刺向苍穹的问天之剑，在日光下晶莹耀目神圣不可侵犯。比土地和山体颜色还深的是原始森林，青松耐寒不惧风霜，在雪峰底下长出自己的气势，一个山坡连着一个山坡，郁郁葱葱全都成了松树的领地。从行政区划上分，雪峰与松林处并不属于张义堡辖地，山路尽头松洼里高海拔地区是天祝藏族自治县哈溪镇的辖地。山川不似人类，非要分出个你我归属。撇开行政区划不论，哈溪镇一直都是张义盆地构成的重要一分子，深山高原上生活的乡民除保留了藏族同胞的一些特有风俗，衣食住行都与张义堡人民一般无二。两个乡镇毗邻而居也早已亲如一家，相互联姻古来有之。

要论行路方便、距离远近，从张义堡走哈溪要便捷许多，以故进山的道路命名为"黄哈公路"。黄，指黄羊镇；哈，即哈溪镇。前往张义堡在黄羊镇岔道而入，不管东来西往进山唯此一道，公路修筑得非常便利，只是弯道多，坡度大，特别考验驾车技术。当然，还有循黄羊河进山的另一条道，经水峡口溯流而上也可到达，却没有黄哈公路走着平顺安全，沿途都是过去修建黄羊水库时用过的便道，顺山势开辟窄而险，山上落石悬垂，一侧还有深涧沟壑，行走期间颇为压抑，时感惊心动魄。

黄哈公路的尽头，即是张义盆地的尽头。到了哈溪镇再要进山就没有现代化的公路了，古旧的土石道路夹杂水泥村道直通雪峰底下、大山深处。随着海拔升高，汽车爬行在盘山路上缓慢而吃力，燃油不能充分燃烧排出的废气也是一种污染，对松林和空气就成了负担。为了保持环境不受破坏，哈溪镇在唯一的山口处设有卡子，用以劝阻进山林旅游野炊的游人，这十分有必要。

大佛手指的磨脐山，一直都有神话流传。

传说磨脐山由十八盘金磨组成，有十八匹金马拉着，一年三百六十天不停地转呀转呀，把一颗颗金小麦磨成金粉，贮藏在山下的金柜里。只要有人能找到打开金柜的金钥匙，就能取出金粉富可敌国……传说里磨脐山富有矿藏，黄金取之不尽用之不竭，不知此说最早流传于什么年代，有多少人曾经为之而疯狂，但掘金梦终结于千禧年之前却人尽皆知。二十世纪九十年代前，群峰深处的"双龙沟"一直都是淘金者的梦中天堂，有人在这里一夜暴富，也有人长眠矿坑粉身碎骨。

清代甘肃巡抚、宁远大将军岳钟琪成立"黄金部队"深入双龙沟掘金有史可查，岳钟琪祖上是抗金名将岳飞，清康熙二十五年（1686）岳钟琪生于凉州府平番县（今永登县）。一个土生土长的凉州人，对"十八盘金磨"的传说自然不会陌生。岳钟琪调拨部队掘金，并在双龙沟筑建了将军行营，对外代号"十六号院子"。岳钟琪亲自监督军兵开采黄金，史书中说部队掘金是为了补给军费平定西北叛乱，此间功过无从评说，但自这次大规模掘金开始，此后几百年双龙沟再无宁日是真的。当年的"十六号院子"到底淘走了多少黄金呢？书面上记载的数字是"三十八万两"，还有一块重达"三百四十两的狗头金"。据传，岳钟琪将这块狗头金敬献给雍正皇帝，曾使"龙颜大悦，京城轰动"。三百八十万两黄金，多报了还是少报了谁也说不清楚，但此分量便沉得令人喘不过气了。

山本寓龙，大河更是青龙之姿，双龙为名可见此地山川气势不同凡响。大自然是公平的，有掠夺就要付出相应代价，那些年的私采滥掘下双龙沟几乎被掏空，太多人殒命其中，让金脉变成了吞噬生命的猛兽，人们的无尽贪婪终于惹怒了山川。双龙沟不再允许开采，总算让大山得以休养生息。淘金人用双脚踩出的小道，于满眼苍翠的草原上逶迤远去，正如一幅风景画遭到的破坏，那些痕迹斑驳丑陋，割裂了山川的美好，却也见证了岁月的变迁。

相对于十八盘金磨的财富神话，武威人更喜欢的则是七辆草车的故事。磨脐山海拔四千一百四十六米，是祁连山在武威市天祝县境内最高峰卡哇掌大雪山海拔四千八百七十米的阿尼岗嘎尔向东延伸的一支山系。磨脐山的藏语名称是南木加匝丹，俗称阿尼南迦，是哈溪地区的第一大神山。藏传佛教故事里阿尼南迦（磨脐山），是大雪山的两大护法之一，是阿尼玛卿的儿子。阿尼南迦黄脸黄须，披黄甲黄袍，使黄金枪，骑黄骠马，手牵一条青龙，而追随他的七名小神在人间的化身就是"七辆草车"。阿尼南迦带领他的小弟们共同守卫大雪山，维护世间和平。也许正是有这样的一群守护神，亿万年来大雪山才不至于遭到破坏，生活在这片土地上的生灵才得以繁衍生息，人类的文明也才能继承发展。

群山耸峙对出，一道河流奔泻而下，山脚下宽阔的河道里流淌着的，是山川赐予这方土地和这土地上所有生灵的甘美乳汁。一代又一代，滋养出张义堡秀雅朴实的山乡气质，也养育着凉州沃土上的亿万生灵。水是生命之源，山是精神支柱。除了珍惜感恩，我们要做的就是善加利用，不辜负山水所赐，山水才会万古长青。

凉州三明

武威历史的传奇与恢宏,以两汉时期作为开端,在史书上勾勒出浓墨重彩的一笔,令武威人引以为豪的本土人物亦由此而始。凉州三明,就是代表。

研究历史的人大约都有这样一种共识,即河西走廊归汉前,这里是没有文字遗留的一片"蛮荒之地",强盛如大月氏、匈奴等草原民族虽然也效仿中原政权筑城垒墙管理部族,生活习性和语言交流不受影响,但他们终究没有自己的文字。没有文字,本族文化的传承便无从谈起,历史就无可避免地成了空白。我们甚至可以想象得到,河西四郡建立之初的若干年,汉王朝花费了多么大的精力去改变和普及汉文化,才能让归降后的原始民族学会读写汉字。因此,尽管河西走廊从汉武帝时就归入了中原版图,但西汉时期河西四郡的人们还在学习汉语的路途上跌跌撞撞前行,那些选择留下来没有西迁远遁的河西走廊原住民,其中即使曾有过英豪般的领军人物,也会因为文字的缺失注定了没办法记叙逸事载入史册,口口相传若干年后散佚尘烟无从追寻者在所难免。

翻阅武威史志人物传可见,有详细史料记载的本土籍人士,是以金日䃅为首,往后大约两百年的西汉晚期,才再次出现了人物志传。公元前后那段历史中,武威貌似没有出类拔萃的大人物出现。事实真是如此吗?非也。合理的解释应该是,这一阶段处于汉文化的推广期,很多人物事迹没有来得及被收录记载,因而导致了西汉时期河西走廊本土籍人物的整体空白。武威籍古代名人

巍巍祁连山 皑皑云雪峰

有史可查是从东汉，且偏向于东汉末期，以凉州三明为承继而开始的。

凉州三明，是指在东汉晚期古凉州对羌战争中，涌现出的三位杰出将领。他们守卫了西北边境的安宁，所组建与带领的军队能征惯战，成为后来董卓称霸一世的西凉铁骑的基础。这三位名将就是皇甫规、张奂、段颎。皇甫规字威明，张奂字然明，段颎字纪明，因为这三人的表字中都有一个"明"字，而且同样是凉州人，故被称为凉州三明。

两汉开始，以及后来的很长一段时间内，凉州并不单指武威郡，那时，包括河西走廊在内的西北大部分地方统称凉州。三明之中的皇甫规史载为安定郡朝那县人士，即今宁夏回族自治区省会城市固原南部的彭阳县，与甘肃平凉接壤。史学界对于皇甫规的祖籍朝那县存有争议，一说为今甘肃灵台县，因为朝那古城不存，当时的建制规划与地域归属也几经变迁，朝那到底是彭阳县还是灵台县，一直无有定论。但不可否认的一点却是，两汉时期的朝那县上隶凉州刺史部，皇甫规才会位列"凉州三明"之一。除皇甫规籍贯存有争议，其他二位则是甘肃人，祖籍同为河西走廊。张奂乃敦煌郡渊泉县人，即今酒泉市安西县，古称瓜州；只有段颎是武威郡姑臧人士，是地道的武威人。凉州三明彪炳史册，主要的功绩皆来自对羌作战、维稳西北。

东汉中晚期，由于朝廷变故丛生，疏于对边疆地区的约束管制，生活于西北地区的游牧民族势力再一次发展壮大，重新具有了与汉朝廷分庭抗礼的实力。经过几百年的繁衍融合，西北游牧民族渐渐脱却月氏、匈奴传承，在古羌人的基础上与新旧各族融合形成了新的部落族群，泛称羌族。羌人秉承游牧民族勇武善战的一贯习性，与中原王朝展开了长达数百年的拉锯争斗，使得西北地区一度出现分裂态势。东汉中晚期虽朝政纷繁皇权跌宕，但总体国力与军事实力依旧不容小觑，依然有能力调度军队往西用兵镇压平乱。凉州三明就是这一时期相互接续，在凉州进行平羌卫国战斗的杰出将领。

贤者皇甫规

皇甫规出身将门世家，还是一名学者，他的祖父获封度辽将军，父亲曾任三辅都尉，自幼耳濡目染熟谙兵法韬略，成年后多次指挥了对羌战斗，在缓和汉羌矛盾安抚民心上亦颇多建树，官至护羌校尉、大司农等重要文武职位。皇甫规一生经历异彩纷呈，早年怀才不遇，宁可当教书先生也不愿为官，只因看不惯外戚执政皇权旁落。十四年教书生涯，熬到梁太后一派倒台，专横跋扈的大将军梁冀被诛杀之时，皇甫规已经是名满天下的贤士。当时朝廷曾五次请他出仕为官，都被他傲然推拒了，直到泰山郡暴乱，朝廷第六次以最高礼遇征召，皇甫规才出山就任泰山郡太守，然后凭借过人的才能很快平息了叛乱。次年羌人开始在关中作乱，皇甫规特地上书朝廷自荐，但没有受到重视。

在与羌人对阵中，原护羌校尉段颎获罪导致军中无得力主帅，羌人接连覆灭西北几大城池，朝廷为之忧虑，这才任命皇甫规为中郎将统领关西军对羌作战。皇甫规的才华得以施展，东羌诸胡战败后转而非常敬服其为人，十余万人尽皆归降汉庭。翌年，西羌起兵攻陷张掖、酒泉等地，霸占河西走廊，致使商路不通，归顺后的东羌亦蠢蠢欲动，皇甫规率兵征讨，而军中突发瘟疫。根据史料所载，当时皇甫规带领的部队因瘟疫死伤接近半数，基本丧失了战斗力。而皇甫规不畏生死，深入感染疫病的士兵中间进行探视开导，还亲自送药问疾，军中上下对他敬佩不已。此后开战，汉军一鼓作气击败了数股羌敌，东羌不敢再有异心，二次乞降归顺，诸羌亦息战臣服，河西商道得以恢复畅通，保证了通商安全。

　　因功累积，皇甫规入朝为官拜为议郎，朝廷论功行赏，人人皆以为皇甫规凭借赫赫战功定然能够封侯。在汇集皇甫规功劳资料时，负责这一项工作的宦官集团见缝插针想要借此索贿，却遭到皇甫规拒绝，索贿不成的宦官自是恼羞成怒。得罪了这个群体的结果就是皇甫规被恶意诬陷招致下狱，罪名定的很有讲究，说他平定羌人的战术来自贿赂羌人部族首领用金钱买卖招降。皇甫规的官属知道宦官构陷冤狱的目的，准备拿钱赎人向宦官低头，皇甫规听说后大为光火，在狱中痛斥宦官贪婪腐败，誓死不答应贿赂自赎。如此清正的做派得到士人推崇，公卿人等向来厌恶宦官专权，皇甫规此举博得士族好感，遂发动太学生联名上书救援，从者三百余人。在强大的民意面前，宦官集团也要忌惮三分，皇甫规因此得以赦免，但他的封侯事宜也就此作罢，只封他为度辽将军专司西北军务。到任数月后，皇甫规发现麾下中郎将张奂是个将才，便举荐张奂代替自己来做"一把手"，他愿意退居二线辅佐张奂。朝廷准了皇甫规所请，以张奂为度辽将军全督西北军务，而皇甫规的官职降为使匈奴中郎将，负责与已经归顺东汉的南匈奴打交道，算是一个比较闲散的职位。三年后，张奂升任大司农，皇甫规官复原职又被任命为度辽将军，但他为人谨慎多谋，自觉连任高位会引人嫉恨，遂决定急流勇退不再为官，并多次上书称病辞官，均未获得朝廷准许。

　　党锢之祸爆发后，天下有名望的士人多被牵连，抓捕的抓捕，流放的流放，不乏被杀害的。皇甫规自认亦是士人，但他一直于军中任职，在宦官集团眼里当属武将而并非士人，所以没有受到迫害。但是，这样的优待在皇甫规而言却是莫大的耻辱，他以西州名士自居，没有被针对便觉得是自己的声望不够，认为宦官集团瞧不起自己，便主动上书请求入狱。东汉时期，数次党锢之争中士人均落败于宦官集团，但当时的社会气氛空前良好，并不影响士人在人们心目中的地位，反而随着这一群体在政治上的劣势拥有了更多支持与民心，人们对清正的士人多是敬重爱惜的。皇甫规自请入狱的举动，在当时而言是何等光风霁月！他因此受人爱戴，时人皆称其为贤者，因其名望还高升入朝担任了尚书。

东汉时，一切政务悉归尚书台负责处理，尚书令下有五名尚书分管天下政事，是一个具有相当权威的高级职务。时下党锢之祸闹得更为汹涌，皇甫规上书桓帝为士人说情，未得桓帝看重，又一次得罪了宦官集团。不久后，皇甫规被外调弘农郡任太守。也许是桓帝觉得这样做有些过分，毕竟皇甫规平羌有功，在诸羌部族中拥有很高声望，对安定西北边疆还有大用，便赐封其成亭侯的爵位以示安慰。皇甫规此时已经对朝廷失望透顶，遂推辞了封爵，转任护羌校尉，从此远走河西主领西羌抚绥事务，又干回了他的老本行。史书上说皇甫规最终在毂城离世，享年七十一岁。毂城在哪里有多种说法，但按照皇甫规平生际遇来分析，应该是在西北某地，皇甫规也算是落叶归根了。

皇甫规一生的最大功绩是招抚羌人，安定羌变，缓解东汉朝廷与羌人之间的矛盾。他反感对羌人一味镇压杀戮，而采用招抚政策，上书奏免了一批多杀降羌、不遵法度的官员，羌人由是感慕，前后归降者逾二十万口，这对汉羌之间的融洽十分有利，更使边疆地方得以安宁。皇甫规一生清正，廉洁奉公，刚直不阿，不畏权奸，曾数次遭权幸奸党的陷害，但仍毫无畏惧，刚正不渝。他爱才惜才，荐贤委位，年迈时即举荐才略兼优的张奂代替自己的职务。后张奂不负其望，在安定羌变中亦有殊功。皇甫规开设学馆十四年，以《诗》《易》教授门徒，阐述了"百姓是水，君主是船"的一系列概念，很有警世意义。后得蔡邕等人极高评价。

儒将张奂

张奂接任度辽将军前，在西北已有不小的名气，他的父亲张惇曾任汉阳太守，亦算得上名门出身。彼时的汉阳，应该指现在张掖境内山丹县一带，那里有霍去病一手筹建的皇家军马场。张奂少年时期远赴三辅地区长居求学，师从太尉朱宠研习《欧阳尚书》。张奂本为文士学者，后来投笔从戎成为一代名将，这与当时的国情有关。受西汉"隔绝羌胡"国策影响，匈奴西迁后羌人得到汉王朝优抚，不但没有对他们用兵还各种倾斜式扶持，鼓励羌人发展以对抗匈奴。到东汉晚期，羌族人口众多，分布地域广泛，西北各地均有羌人部族生活，有的还担任了朝廷高官。羌人势力大增，意欲脱离汉庭统治独立建国，于是在西北兴起规模不等的各种叛乱。

张奂才华横溢，在朝中为官时多有才名。永寿元年（155），张奂调任安定属国都尉，从议郎到属国都尉无疑是荣升了，且有了实权。汉代属国都尉品级与郡太守差不多，但手中的权力要大于郡太守，政务、军务一肩挑，是真正的实权派。张掖属国都尉窦融就是例证。张奂到任安定后不久，南匈奴实际统治者起兵反汉，进攻单于王庭美稷，东羌亦闻风而动，出兵响应，进攻张奂的驻地。张奂任职的安定属国驻地在安定郡三水县，即今宁夏回族自治区同心县附近，南匈奴单于王庭美稷为今内蒙古准格尔旗西北，两地相距甚远一时难以相互救援。最要命的是，张奂驻地营垒中仅有二百多名士兵，与数千人的叛军对阵不啻为鸡蛋碰石头，部下们纷纷做好了逃战准备，张奂却下令出兵正面迎敌。以寡敌众，这可把一些军吏吓坏了，叩头劝阻张奂保命为上，但张奂不为所动，坚持出战，率兵进屯长城御敌。

张奂此举当然不是鲁莽赴死，他一面调集就近兵将来援，一面派人招降东羌，晓之以理动之以情外，承诺给予东羌更大优惠利好政策。羌人受到招安倒戈相向，辅助汉军反攻南匈奴叛军，并不断取得胜利。匈奴叛将见反叛不成遂率众乞降，重新归附了汉王朝统辖，安定郡得以和平，南匈奴单于也十分佩服张奂的军事才能，上书汉朝廷对其一番褒扬。当时南匈奴单于一派王权旁落，单于基本没有能力控制有能力的部族首领，朝廷委派张奂为使匈奴中郎将进驻美稷，代表中央政府统管匈奴事务。同年，南匈奴诸部果然兴兵反汉，与乌桓、鲜卑联合攻掠沿边九郡，大有继续南下侵汉之势。匈奴联合军火烧度辽将军驻曼柏的军门，屯兵前线与张奂率领的汉军直面挑衅。两军烟火相望，随时准备兵戎相见，不少汉军将领畏战，认为不可能打赢联军。

越是这种时候越能体现出主帅有无真实本领，面对势如破竹一路得胜的匈奴联军，张奂云淡风轻安坐帐中，若无其事地与弟子讲诵儒家经典。军中将领看主帅如此大为心安，都觉得张奂早已胸有成竹。事实亦然，张奂长久研究边疆各族，深知联军内部不可能团结一心，便依旧采用老办法派人去游说劝降，这一次他的目标是乌桓。乌桓本就势弱，每次动兵皆因南匈奴与鲜卑胁迫而为，听闻张奂许诺战后不予追究，还将给予很大扶持，当即便同意归降。解决了乌桓，张奂调兵对南匈奴诸部叛军进行逐个围歼，杀伐作战中不忘恩威并施，使得那些反叛思想不甚坚定的匈奴部族更加不愿参战，叛军首脑失去部族支持孤掌难鸣，很快便被汉军击败诛杀，匈奴余部见状尽皆投降。平定了匈奴部众，张奂又率军支持匈奴单于打败了袭边的鲜卑军，迫使鲜卑龟缩漠南深处，汉王朝的北部沿边地区得到安定，南匈奴单于趁机在张奂的帮助下整肃内部重新掌握王权，匈奴各部恢复平静皆愿受汉王朝统辖，张奂的名望在继羌人部族之后，于南匈奴诸部也受到尊崇，成为当时名动天下的一代儒将。

按理说这样一位文武双全的大将，理应受到朝廷重用，官运当是扶摇直上的。但是天有不测风云。延熹二年（159），桓帝不满外戚专权，依靠宦官集团助力清除了梁冀的势力，皇权回到皇帝手中。桓帝清算梁冀霸权，曾经依附或亲近梁冀的一大批故吏、幕僚遭到打击，被罢免官职贬黜追究者多达三百余人，张奂因曾在大将军府中做过属吏，不可避免地被揪了出来，列入免官禁锢的官员名单。在这次的朝政大清洗中，很多无辜之人被下狱，张奂虽有故交好友仍在朝中为官，但没有人敢站出来为他说一句话。眼看仕途无望，张奂对自己的处境只能无奈嗟叹。此时，改变他后半生命运的重要人物出现了，就是后来与他同称"凉州三明"的皇甫规。时任度辽将军的皇甫规惜才爱才，先后七次上书为张奂鸣不平，并向朝廷举荐他出仕为官，甘愿让出自己的职位给张奂。

张奂起复了，因为皇甫规的极力举荐，他先是被任命为武威太守，而后顺利接替皇甫规成为度辽将军总览西北军务。皇甫规甘心情愿做助手，在中郎将的位置上一坐就是三年，直到张奂升任大司农位列九卿，才又任回度辽将军。张奂做武威太守的时间虽然不长，但他在任期间实行了平徭均赋，减轻了武威人民的赋役负担，同时还革除了流传在武威民间的一种残酷陋习。彼时，武威民间深受邪教毒害，凡是出生于二月和五月，又与父母生辰为同月的孩子，都会在出生那一刻就被扼杀。张奂到任后严加制止，一面对百姓晓之以理，指出这种行为的不科学，一面立法对此事进行赏罚，继续残害初生婴儿的严厉惩治，愿意摒除邪恶抚养孩子的给予奖赏。于是，民间妖风恶俗得以根除，很多百姓感念太守恩义，为其立生祠叩拜。

进驻曼柏担任度辽将军时期，张奂代表朝廷周旋于乌桓、鲜卑、匈奴之间，调停民族关系，优抚降汉人士，数年间幽、并二州再无战事，北方边境一片祥和。这全是张奂斡旋的结果。后来张奂调任大司农进入京都洛阳为官，边疆各族便没了忌惮。尤其是鲜卑，在张奂坐镇期间不敢有所动作，等他调离立即不安分起来，煽动各族群起而反，开始攻掠汉朝边境城池，杀害掠夺边境汉民，并联合羌人共同兴兵。羌人善战好战，铁骑肆虐，河西四郡陷落，百姓深受其害。朝廷无奈，只得仍然以张奂为护匈奴中郎将出征西北。有赖于张奂在任时与南匈奴和乌桓首领之间结下了深厚友谊，他率领大军刚到前线，二族首领便率众归降。原来南匈奴与乌桓本无意与汉朝为敌，这次又是受鲜卑威逼胁迫。张奂组织军队主攻鲜卑，诛杀了二族中勾结鲜卑的首脑，对降众依然宽待优抚，唯独鲜卑望风而逃远避塞外，张奂驻守曼柏防范鲜卑再来。

北方的鲜卑败退，但西北羌人却在骑兵优势下一路过关斩将直抵关中进逼三辅地区。张奂还在曼柏处理民族事务，只得派遣麾下司马董卓、尹端率兵进击。董卓大破羌人，就此扎下牢固基础，后来的成就皆来自此战树立起的威望。三辅安定则汉王朝门户可守，朝廷论功行赏，破例准许张奂的申请，张氏一族由边郡敦煌渊泉县搬迁到了弘农华阴县这等富庶的地方。建宁元年，张奂处理好了北方事务率军回京，以他的战绩本该封侯，但与皇甫规一样，他们都不屑向宦官送钱送礼。对宦官敬而远之的结果便是在仕途上的受挫，张奂没有得到职位上的晋升，朝廷用几筐铜钱打发了他。

张奂带兵在外远离朝政，并不清楚当时的深宫里风云诡谲的形势，他还在洛阳近郊的兵营里等待皇帝召见，而刚刚登基年仅十二岁的灵帝，在宦官与外戚的较量中形似傀儡。大将军窦武早就有心清除宦官势力，趁新帝初登大宝之际，联合太傅陈蕃谋划铲除在朝的宦官曹节等人。不料事机泄露，曹节一伙借近身伺候皇帝之便，篡改圣旨发动政变，要先行除掉窦武和陈蕃。两下里势同水火，宦官势力矫诏而为在名义上属于正派，而窦武被下令拘捕就成了反派，身边仅有数百亲信追随，显见得已然处于劣势了。曹节生怕窦武再生变数，想到张奂还带着军兵在京师，便以皇帝的名义诏令他带兵进城围剿窦武，对外的说辞自然是窦武谋反。张奂的麾下那可是上过战场经受过血与火洗礼的真正的军人，围剿几百人完全不在话下。面对张奂的精兵强将窦武没有还手之力，在围困中窦武和陈蕃饮恨自杀，窦太后也被宦官集团幽禁南宫，皇宫沦为宦官的天下。

政变过后，公卿以下凡为窦武、陈蕃所举荐者，以及二人的故交、门生等都遭到免官禁锢，数百官吏倒在了这场邪能压正的政变风云下，而张奂因为立功被提拔为少府尉，又拜大司农，位列九卿，成功封侯。此时张奂才明白，他干了一件让自己悔恨终生的错事，在士人的冷眼嘲讽与百姓的唾骂中，他的愧疚追悔毫无价值，也无从辩解。张奂恼恨曹节狡诈欺骗了自己，上书坚决辞让封侯，曹节冷笑连连不予准辞。辞官没成，又与宦官结下了仇怨，这下子闹了个里外不是人，张奂的郁闷可想而知。

此后，张奂逮着机会就上书为窦武、陈蕃平反，明里暗里救助那些受到牵连的官吏和家眷，还与尚书台联名推荐党锢之祸时被免官的李膺、王畅入朝主政，并不畏惧曹节等人如何飞扬跋扈。灵帝屡次被张奂说服，又一次次被宦官左右挑拨，不论是窦武的平反，还是李膺的起复都没能实现，并深深得罪了宦官集团。宦官党羽王寓时任司隶校尉，野心勃勃想要入列三公，朝中大臣都忌惮他后台强硬，纷纷表示会全力举荐。唯有张奂对其深恶痛绝，拒绝为王寓举手，惹得这厮怒火中烧。随后，王寓搜罗证据构陷张奂结党营私，将他送进了大狱。朝上尽皆以宦官意志行事，多的是落井下石之人，张奂的结局便是免官致仕。

无官一身轻，回家时张奂已是白发丛生年过花甲的老人了。从此，他赋闲在家致力于著书立说，门下弟子过千，倒也算得桃李满天下。张奂在七十八岁时寿终正寝，人生七十古来稀，在那个时代，这是高寿中的高寿，临终遗命务必薄棺简葬。张奂晚年时期依然对当年枉杀窦武、陈蕃之事耿耿于怀，大约是没有一天真正开心过的，如此才会在遗命中还考虑到"或许可以没有罪咎"

的问题，可见这是一位身具道德洁癖的完人，只可惜被奸人所累，一世英名有了污点。

张奂的名气其实远不如他的三个儿子。草圣张芝、亚圣张昶都以草书而闻名天下，成就了中国书法的草书流派，影响至今并将继续流传下去。他的三儿子张猛官至武威太守名留青史，在整个河西走廊都有关于他的史传，武威雷台汉墓中那个超出墓葬规制的神秘墓主，就有无数人认定是张猛。可见，张奂及其子孙在武威人心目中的地位是何等超然了。

话说回来，在东汉时期，文士清流基本都具备这种特质，他们能够严于律己、一心为公，对有才华的年轻人也能做到提携举荐，发现和留住人才为国家多做贡献，这种胸怀与操守是后来的所有封建王朝都不具备的，即使魏晋之风下熏陶出来的士人也难望其项背。这其中两汉举孝廉的人才选拔机制起到了很大效用。举孝廉起源于汉武帝设立的察举制考试，意在选拔忠孝正直的人士为官，并确定了独尊儒术的基本国策，当时选拔人才尤其注重品德操守。举孝廉制度虽然后来为世家大族所垄断，难免任人唯亲，但总体来说还是对当时的人们品德修养有很大影响力，特别是想入仕为官的年轻人，从小就开始有意识地培养道德观，让他们德才兼备。所以汉代的文官基本都是清流，为官者大多品行高洁能够正直处事，在以孝廉为基本行为准则的大环境洗礼下，沉淀下了丰厚的汉文化底蕴。汉文化的精髓之所以能够深入人心一直影响中华民族至今，东汉士人的道德精神是起到垂范作用的。

战神段颎

凉州三明中最具有传奇色彩也最受争议的人莫过于段颎。这个被后世称为"汉代最后的名将"的人，他的身上充满励志精神，也折射着每一个底层奋斗者逆行而上的勇气与挣扎。

与皇甫规和张奂的出身名门不同，段颎祖上虽能追溯到郑国共叔段一脉，但他最显赫的关系也就是堂曾祖父段会宗了。段会宗曾任西域都护、光禄大夫。堂曾祖父这种关系，放到任何时代也算不上亲近，尤其是在那个交通不便信息传达严重滞后的年代。所以，到段颎这一代时，段家早就没落与平民无异了。史书上说段颎是靠着举孝廉才出头的，可以想象在当时的孝廉制下，一个家境贫寒没有靠山的平民子弟，得有多么出类拔萃的实力才能脱颖而出得到郡县举荐，用千军万马争过独木桥来形容一点都不为过。段颎被举为孝廉后第一份工作是宪陵园丞，也就是东汉第八位皇帝顺帝刘保的陵园守墓人头头儿，负责定时祭拜，打扫园区卫生的工作。

帝陵守墓人还是守墓人，名头上好听罢了，世家子弟断然是看不上也不必去担任的一个末流职位。但对段颎而言，这却是他告别田园走入仕途的象征，哪怕依旧贫寒也令他感到欣喜，段颎此时踌躇满志。通过勤奋踏实的努力，他从宪陵小吏调任阳陵，任职地也从洛阳近郊转战到了陕西咸阳，当上了汉景帝陵墓园区的"一把手"，也算是得以升迁了。段颎当然不满足于帝陵守墓人的身份，曾经那么努力地付出，绝不是为了来为皇家看坟，他有非常远大的理想要实现。

底层奋斗上来的人都有一个特质，就是特别擅长与人结交，他们懂得审时度势，善于寻找机遇并抓住机遇。段颎年少时便胸怀游侠之风，后来为了竞争孝廉举荐才潜心古学刻苦钻研，东汉时郡县每年度只有一个举荐名额，能落到段颎头上可不是偶然，学问品行固然重要，但若没有长袖善舞的交际手腕，也不可能跻身举荐名单。从这一点来看，段颎的交际能力一定有过人之处，否则也不可能在随后的短短几年便从帝陵守墓人快速晋升为辽东属国都尉。辽东属国远在今辽宁省西部大凌河中下游地带，是东汉王朝东北边境前沿阵地，当初西汉元帝时期为安置管理内附汉廷的乌桓人而设。属国都尉在属地享有最高权力，名义上受郡守调遣，但实际权柄与郡守相等，独立执掌属国兵马调度防务，手握重兵有生杀予夺大权。段颎这段升迁历史在史书中没有详细记载，仿佛是不经意间就成长起来突然提升了一样。但我们联系实际去设想一番便不难理解，他是经过了怎样的奋斗才能得到一个真正的官位，而从帝陵守墓人一跃成为属国都尉，肩负镇守边疆之重任，这里面的辛酸苦难怕也只有当事人自己清楚了。段颎仕途的升迁固然有自身才华因素，但他走了捷径是无可否认的，这一点从他后来沦为宦官集团打手的具体行动上尽能体现，其过程用"钻营"

这个颇具贬义的词汇来形容应该是符合实际的。

我们不能苛求段颎像皇甫规和张奂那样去保持清贵高傲，因为他的身世不允许，当时的社会制度也不会容忍平民出身的一介小吏那样做。世家子弟能够心无旁骛埋头书案，是他们知道自己背靠大树不会被埋没，但段颎没有这等先天优势，他只有不停地表现自己，于小心翼翼中争取一切可以出头的机会。

段颎最终坐上属国都尉的宝座，成为实权派，接下来就是他军旅生涯中缔造传奇的开始。段颎出任辽东属国都尉时，边境时常受到鲜卑袭掠，鲜卑人不但自己向汉境出兵，还一直挑拨乌桓反汉，境内人心惶惶。段颎见状心生一计，他要彻底解决内忧外患。于是，当鲜卑又一次侵犯边境时，段颎假造了一张退兵诏书，大约是用萝卜还是什么材料伪造了皇帝玺印，以此来麻痹敌人引他们上当。鲜卑人果然中计，认为汉军真的退军内缩了，便发兵来追击。岂知，段颎派小部分人伪装撤退，大队兵马在沿路设伏，等鲜卑追兵进入包围圈，他带头亲自剿杀全歼了这支鲜卑部队，大大震慑了鲜卑，也彻底断绝了辽东属国境内那些心存幻想欲投靠鲜卑的乌桓人摇摆不定的心思。

这一仗打出了汉军的气势，打出了汉军的威风，然而段颎伪造诏书的事情也瞒不住了。按照当时的律法这是杀头的重罪。朝廷念段颎有功，虽然没有杀他，但都尉一职却就此丢失，被罚到更为偏远的边境去戍守赎罪。段颎又成了一文不名的小兵卒。但他的贬谪并不是坏事，有勇有谋全歼敌军的事迹，与他伪造诏书的大胆行为一起传遍了军营，反倒为其挣得美誉，兵将人等都非常佩服他过人的胆识，在贬谪期间受到许多照顾和优待。在此期间，段颎发挥自己过人的交际手段，赢得一帮子铁杆粉丝，暗中默默地观望静待起复时机。

当时有泰山郡东郭窦与琅琊郡公孙举二人联手聚众起义，从者达到三万余人，朝廷派兵镇压数年都不能平息，这让桓帝十分头疼。永寿二年（156）汉桓帝下令在全国境内选举有才之士挂帅去平乱，时任三公之一的司徒尹颂向皇帝举荐了段颎。此时的段颎因为上一战中的表现已在皇帝面前有了深刻印象，桓帝遂征召段颎回京任命他为中郎将，率兵去镇压山东暴乱。对于段颎来说，这将是他重返仕途难得的机会，自然不能错失。因此，在征讨东郭窦与公孙举的战斗中，大小战役他都视为背水之战并身先士卒，在他的带领下，汉军节节得胜捷报频传。东郭、公孙二首脑被段颎斩杀，追随者万余亦人头落地，剩余残兵逃散的逃散，投降的投降。山东暴乱得到全面解决，段颎凭此一战封侯，皇帝赐他银钱五十万，还额外加封他的一个儿子为郎中。段氏以赫赫战功跻身上流社会，成为当时炙手可热的人物。要知道，便是世家出身的张奂在之后守护三辅、安定曼柏载誉归朝后，也只得了赏银二十万，再无其他封赏。

由于汉武帝君臣"凿空河西"计划的实现，到东汉时匈奴已经构不成对汉王朝的威胁，南匈奴甚至要依附汉廷才能生存，此时汉王朝最大的敌人是西北的羌人和国内其他反动势力。羌又分东西两脉，陇西以东到陕西境内的一脉称为东羌，陇西往河西走廊直至西域诸地的羌人称为西羌，内中还细分为数十部族，在汉书中统称羌胡。延熹二年（159），正是张奂受到梁冀牵连被免官禁锢的当口，段颎却风头正盛。西羌反汉，烧当、烧何、当煎等八个部族（真是拗口的名称，应该为羌语音译而来）数万人攻占金城进抵陇西，汉廷以段颎为护羌校尉率兵出击，因为他就是河西人，熟谙西北地形地貌和风土人情。段颎欣然受命，率领部众征讨西羌取得阶段性胜利，西羌渡河南逃，其中一部向西撤退至河西一带据守。段颎向来推崇以战代和，乘胜追击一鼓作气消灭了南逃的羌人余部，斩杀首领以下两千余人，俘获一万余部众，打了一个漂亮的大胜仗。按照时任度辽将军的皇甫规做派，此战之后就可以转为安抚了，让那些存有异心的羌人部落臣服又能换得几年太平。但段颎不赞成这样做，他继续向羌人用兵，誓要杀得他们胆寒，再也不敢轻易来犯。段颎的对羌态度首次与皇甫规有所对立，也埋下了其后他与张奂的种种政治冲突，以致威震后世的"凉州三明"关系并不亲近，甚至随着政见不合而形同宿敌。

次年春天，西撤的羌人余部又与烧何大帅率军侵犯河西走廊诸郡县，攻陷巨鹿坞，杀害张掖属国的官吏百姓，并召集其他一千多个羌人部落，集中兵力向段颎的部队施行偷袭。此次战事双方军力相当，段颎亲自参与厮杀，战斗从半夜持续到第二天中午，段颎的刀因为杀敌太多刃卷而折断。羌人被迫撤退，汉军算是惨胜。段颎受不了这份惨淡无味的战果，他稍事修整便组织部队追击，一路边战边追，白天黑夜不停地战斗，史书中形容这场追敌过程的艰辛与不懈时用了一个词语：割肉吞雪。颇有壮志饥餐胡虏肉，笑谈渴饮匈奴血的气势。持续追击四十多天,至黄河的源头积石山,段颎出塞二千余里,终于斩杀了烧何大帅,斩俘五千多人。接着分兵攻石城羌,杀死溺死一千六百人。烧当羌九十多人被杀怕了,赶紧投降段颎才保住了性命。又有羌人部族驻扎白石,段颎派兵进击,斩首俘虏三千多人,杀得诸羌部族闻风丧胆,一听段颎的名字都禁不住浑身打冷战。这场战役史称"积石大捷",历时一年,段颎斩敌不下万余,俘获人口、牲畜无数,令羌人胆寒,也令主张招抚为主的朝臣对其多有质疑,也为他的冤狱之劫埋下了伏笔。

积石大捷后羌人不甘心失败,于延熹四年(161)冬,生活在上郡的沈氏、陇西的牢姐、乌吾等羌族联合侵犯并、凉二州,段颎受命率部征讨。彼时,凉州刺史郭闳想要与段颎共享战功,而段颎也想再立战功,故而婉拒了郭闳。此举惹恼了郭闳,他故意提供假消息拖延阻止段颎进军,使军队不得前进。而段颎麾下骑兵主力来自湟中义羌部族,跟随段颎征战了很久,都思念家乡故旧,想要回家了。羌人利用湟中义羌思乡之情,煽动义羌反叛,造成军中哗变。郭闳阴谋达成把所有罪责都推到段颎身上,撇清了自己,段颎因此被捕入狱。没有段颎坐镇河西,羌虏更加猖獗,接连攻陷汉军营坞扰乱各郡,皇甫规等军中将领疲于奔命,安抚招降也收效甚微,不得不报请朝廷增援。京师吏民为段颎申诉者数以千计,都去大狱门口为段颎喊冤,桓帝于是下诏详查段颎一事。

段颎长袖善舞的交际本领又一次得以体现,他只字不提受郭闳陷害的实情,只管请罪谢恩,态度极为恳切,京师吏民称赞他有担当,都称其为长者。段颎得到赦免,再拜议郎,升任并州刺史,派他征讨并、凉二州的羌人。段颎沉冤得雪正要找人撒气,与他作对者自是前途堪忧。他亲率大军一路势如破竹,所到之处羌人非降即逃,残部退守到河西走廊,又在武威、张掖、酒泉等地劫掠百姓,河西走廊一度陷落。朝廷见势也不再执着于招抚,再任段颎为护羌校尉,令他收复河西四郡。

从延熹七年(164)开始,之后的五年中,段颎辗转河西诸地镇压羌人,先后杀退或收降羌人万余部族,战斗中死于他率领的部队刀枪下的羌人累积接近七万之数,世人皆称其为"杀神"。据史料记载,段颎击败西羌的战争中,共斩首二万三千级，俘获数万人，马牛羊共八百万头，一万多部落投降。朝廷论功封其为都乡侯，食邑五百户。永康元年（167），当煎羌诸部又反，集合四千多人，想进攻武威，段颎追击至鸾鸟，彻底击败他们，斩杀其主帅，斩首三千余级，西羌从此平定。

打完了西羌，朝廷看到段颎确实有才，便想将东羌也一并征服。东羌先零等部族自从大败征西将军马贤以后，朝廷便无力征讨，三辅地区经常受到侵扰。后来度辽将军皇甫规、中郎将张奂连年招降，总是投降了又反叛，朝廷对其也是头疼久矣。如何对东羌作战，朝臣中主战者与主和者各有不同意见，桓帝也难以决断便召段颎询问。段颎在与羌人长期交战中早有一套自己的见解，他从容应对，向桓帝陈述羌人优劣和战争的前景，认为羌人不可怕，汉军一定能取胜，由此说服桓帝下决心用兵，这就是著名的历史事件"上言东羌"。

战事正如段颎所预见的，建宁元年（168）春，段颎带兵与先零羌诸部战于逢义山，汉军以少胜多获得胜利，共斩首羌敌八千余级，获牛马羊二十八万头，受到窦太后特别嘉奖，并赐金钱二十万增助军费，加封段颎为破羌将军。同年夏，段颎率部又取得洛川之战和泾阳之战的大胜，桓帝君臣一片叫好。正当满朝文武兴高采烈庆贺之时，张奂上书请求休战，他认为东羌是暂时残败，主张穷寇莫追尽量招降，并评价段颎性情轻浮，再打下去难免吃败仗。桓帝信任段颎，也因为受够了东羌的气，对张奂的谏言有些反感，便下诏书于段颎使他知晓。

段颎正是意气风发之际，见张奂给自己告黑状不由恼恨，认为这是嫉贤妒能故意使坏，便上书桓帝陈述当前对羌局势，极力否决招降。桓帝选择相信段颎，依然命他继续征讨，并给予他临阵专断的权力，认可了段颎奏疏中所提到的"将在外君命有所不受"的观点。段颎再无掣肘，又用了一年时间彻底平定了东羌，斩其主帅以下一万九千人，获牛马骡驴毡裘庐帐什物不可胜数。据史书所载，段颎自征讨东羌以来，共历经一百八十战，斩敌首三万八千六百余级，获牛马羊骡驴骆驼四十二万七千五百余头，用费四十四亿，军士战死四百余人。朝廷改封段颎新丰县侯，食邑万户，升任司隶校尉，成为一方大员。然而，因为对羌政见的不同，段颎与张奂和皇甫规之间结下了化不开的仇怨，皇甫规此时已经垂垂老矣，又因为党锢之祸中为士人出头而得罪了宦官，对段颎已经没有威胁，他便将一腔恨意全部对准了张奂。

故事到这里，凉州三明的交集也到了尾声。张奂自从上当受骗误杀了窦武、陈蕃而立志要为其平冤昭雪，不久被宦官集团嫉恨构陷，落得个免官回家的结局。而此时的段颎仕途一片光辉灿烂，身边从者无数，就有人建议"棒打落水狗"，劝段颎趁张奂落难杀了他解恨。段颎功成名就的确有些飘了，也想杀了张奂泄愤。这种时刻，又是人与人之间差距体现的时候，张奂到底是官宦人家出身，自小耳濡目染对官场人心那一套拿捏得十分准确，知道段颎不会轻易放过自己，便写了一份情真意切的长信给段颎，内中深刻检讨了过错，又放低身段说了不少好话，一通彩虹屁把段颎哄得身心熨帖，委实不忍心杀害张奂了。张奂因此逃过一劫，安全回到家里继续做他清傲的学者，得以安享晚年。

反观段颎，在事业巅峰期入朝，两度出任太尉位极人臣，但他的结局却不得善终，令人不禁唏嘘。段颎入朝后与宦官沆瀣一气，捕杀太学生迫害士人，充当了权宦王甫争权夺利的先锋利刃，被官民唾骂。光和二年（179），宦官王甫被另一个宦官曹节联合司隶校尉阳球斗倒，段颎因而受到牵连获罪下狱，在狱中饮鸩而死，一代战神殒命官场尔虞我诈之中，葬身于宦官乱政的拼斗之下，身后还落得一世骂名，属实可惜。

后世人评价段颎多谴责他依附宦官以求富贵，其实这么说有失偏颇。段颎的出身限制了他的行为，命运注定他不可能像皇甫规和张奂那样有所依仗，世家子弟获罪后可以免官回家，而段颎这等没有背景的人一旦获罪必然性命难保。段颎自小的生活环境也注定了他没有能够耳提面命教授官场政治的引路人，一切的权谋要靠他自己一点一滴去摸索总结，这个过程是残酷的，撞了南墙还有回头的余地，而一旦站错了队伍，等待他的将是死亡。世人唾弃他依附宦官，没有出淤泥而不染的品行，但可曾认真研究过他的生平？不论是古代还是现在，寒门出贵子都是充满了辛酸与艰难的，鸡窝里飞出金凤凰不难，但凤凰未来该怎么存世却没有人关心在意，"凤凰男"踏入社会后如何生存，他们是否具备正确的三观，谁又来为他们指引教导如何应对纷繁复杂的人际关系？这些都是现实存在的问题。

段颎能够取得远超皇甫规与张奂的成就，就证明他不是一个庸才，相反，底层平民全靠自己奋斗到三公的高位，最起码双商完备，且超过普通人。究其原因，无非是时势所迫罢了，他没有底气，也没有勇气与宦官为敌，只能依附权臣来自保，他的一切荣耀与富贵得来也不似世家子弟轻松，他是实打实杀出来的，是无数次沙场驰骋用敌人的鲜血与人头堆砌起来的。对于这份来之不易的成就，段颎势必要倾尽全力去维系，没有先天背景，就要找一个足够强大的后台去依附，也是人之常情。

而在东汉时期，整个士人群体都有着集体道德洁癖，他们不怕得罪宦官，反会因为受到宦官迫害不能为官而感到荣耀。皇甫规主动上书请求入狱就是最好的证明。但是，段颎做不到。在世家大族轮流主政掌握着官员选拔任用的时代，他与士人群体格格不入，士人们想必也看不起他的出身，没有人接纳一个毫无底蕴积累的人，哪怕他位极人臣，在世家子弟面前也矮一头。所以，留给段颎的路只有向宦官靠拢，他在依附王甫期间捕杀太学生，或许也有为了泄恨的因素，报复士人看不起他以此来彰显自己超然的地位。人性就是这么经不起推敲。

凉州三明，牵涉着太多的东西，包括东汉当时的国策、政局、军事、民族问题、仕宦矛盾……细细研究这三位的生平故事，就会触摸到立体真实的东汉王朝末期的发展轨迹。贯穿东汉时期的羌乱问题，连接起凉州豪杰英雄的恩怨情仇，他们在战斗中崛起，又在战斗中倒下，缔造着属于凉州的传奇，也丰盈着凉州的历史，让这片土地更加迤逦多姿、摇曳生辉，而他们的故事也将永远流传下去，成为凉州历史文化厚重底蕴构成的一分子。

佛国凉州

"南朝四百八十寺,多少楼台烟雨中",这是出自唐代诗人杜牧的经典诗句,诗文借古喻今,隐晦地讽刺了宪宗皇帝痴迷佛教劳民伤财,不惜为此贬谪名臣韩愈一事。抛却讽刺意味只看表面就能得知,佛教的兴盛在南北朝时期就已经蔚然成风,佛寺数量也非常可观了。唐代佛教本土化之后,在统治者的模范带头作用下,全民信佛已成大势,风头甚至盖过了一直以儒家思想来治国理政的主流文化。儒释文化相互冲突,便有了韩愈的《谏迎佛骨表》,也就有了他的被贬和杜牧打抱不平的诗句。

佛教从两汉时期通过丝绸之路传到中原,然后在华夏大地上遍地开花,构成了中华文明重要的组成部分。史料统计,至唐宪宗时正式登记在册的寺院多达四千多座,民间自发修建,以及豪门自建的庙宇还不在其列,佛寺建筑可谓盛况空前。正因为历代封建王朝或出于政治目的,或因自身信仰对佛教的推崇,给我们遗留下来了许多的禅刹古迹与观光胜地。特别出名的那些古寺庙宇,至今依旧香火旺盛僧侣云集。作为佛教东进的第一站,河西走廊最先接受佛法洗礼,也保留了最早的佛寺建筑遗迹,是中原佛寺营建风格可循可依的源头。而作为河西走廊的中枢城市,五凉古都的武威是河西诸地市中佛教文化最为集中,且保存古寺最多的城市。

武威历史上修建时间最早的佛寺公认为凉州城区内的大云寺。

大云寺是武威历史最为久远的寺院，始建于东晋十六国时期前凉王张天锡时期，位于武威市凉州区东北隅，原为前凉国王张氏的宫殿，占地面积约一万平方米，历史悠久，规模宏伟，是闻名遐迩的佛教古刹，全国重点文物保护单位。佛教典籍中说，大云寺是印度阿育王所建八万四千宝塔之一的地方，原名"宏藏寺"。唐时改宏藏为"大云"，更是武则天创两京诸州所置的大云寺之一。大云的名称，来自《大云经》，是一卷讲述女性听闻佛法后获得殊胜果报成了女皇故事的佛经。正是借由这部经书给了武则天敢于冲破世俗枷锁登基为女皇的精神力量，亦是她以此作为获得国民支持的舆论基础。武则天本是佛教徒，她抓住了当时全民信佛的宗教思潮，把自己塑造成弥勒佛降世来拯救世界的英雄，借此获得民众支持，最终登顶最高权位，成为中国历史上唯一的女皇帝。在她称帝后，还命工匠以自身原貌塑造佛像供奉于佛窟圣地，即龙门西山石窟群中的卢舍那大佛。这尊佛像是龙门石窟中艺术水平最高、整体设计最严密、规模最大的一座造像，以神秘微笑著称，被誉为"东方蒙娜丽莎"，有"世界最美雕像"的极高评价。

　　龙门石窟的源流是凉州天梯山石窟，因为武则天改名的大云寺也在凉州，这似乎就是冥冥中自有缘法了。随着寺院的改名和唐代对佛教的大力推崇，大云寺在唐时修筑了一座钟楼，特别铸造铜钟一口悬置其内，俗称大云铜钟。《武威市志》等相关书籍中对钟楼和大云钟有详细记载，曰：钟楼为二层重檐歇山顶，高十二米，下层面阔三间，进深三间，外檐用重翘五踩斗拱，内悬唐钟一口。唐钟合金铸成，兽头钮，覆钵状，敞口，钟边出六牙花。通高二点四米，下口径一点四五米，厚十二厘米，重约五吨。钟体上饰有图案，分上、中、下三部分，每部分又分六格。最上层饰飞天，头戴花冠，耳饰明月，上身袒露，下着长裙，彩带缠身，手托果盘，作翩翩飞翔状，线条丰满流畅；中层饰天王力士，威武有力，手持武器各异，头戴搭耳帽，身穿盔甲，骑坐夜叉，旁立两个小鬼，赤身短裤，神态各异，生动传神；最下层饰龙，五彩云纹，现已磨损不全。此钟体积较大，声音洪亮，形状古朴精美，是罕见的古代铸造艺术珍品，从钟体造型和所饰图案分析，为唐代遗物。

　　大云寺古钟楼为大云寺建筑的重要组成部分，为清代重建，建于砖砌墩台上，周围绕廊，重檐山顶，五踩斗拱。乾隆二十五年（1760）《重修大云寺碑记》称此钟"若铜、若铁、若石、若金，兼铸其中，真神物也。如响震之，则远闻数千里，发人深省，为郡脉之一大助也"。大云钟是凉州人心目中的神钟，每逢农历传统节日如正月十六、五月端午，众多游人登上古钟楼，放眼凉州全景，敲击神钟，祈求五谷丰登，国泰民安。每逢日出时分，朝霞初升，抬头仰望大云钟楼，此时巨钟沐浴在灿烂的霞光里，通体呈现出灿若明霞的色泽，霭霭瑞光耀目生辉，令人不禁沉醉。待得铜钟轰然敲响，浑厚质朴的钟声响彻云霄，武威人平凡而忙碌的一天便就此开始了。

大云寺和古钟楼相伴相生，至西夏天祐时，李乾顺重新加以修葺，并改寺名为护国寺，寺院中又添一塔名为感通塔，即后来享誉世界的《凉州重修护国寺感通塔碑》（西夏碑）的发现处。大云寺在元末毁于兵祸，后于明洪武年间日本僧人沙门志满募捐重修，这是中日友好关系的见证，亦是佛法无边信众不分国界的历史遗迹。重修后的大云寺在明清两朝香火更为兴盛，白云苍狗晨钟暮鼓，伴随了武威人几百年，终在1927年凉州大地震中毁于一旦。地震中护国寺与感通塔均遭到致命性毁坏，只有重建于明代的古钟楼巍然独存，楼上悬挂的"大云晓钟"也幸运地保留下来，成为著名的"凉州八景"之一，这口古钟是国内不可多得的唐代文物，具有十分重要的历史文化价值和考古价值，其精湛的铸造技艺代表着中国古代冶炼技术的超高水准。

大云寺修筑于前凉，辉煌于盛唐，明代重修，却在清朝后期再次翻红，之所以著称于世，是因为武威籍著名学者张澍在寺内发现了《重修护国寺感通塔碑》，也就是闻名遐迩的"西夏碑"。

张澍祖籍甘肃武威，他少年博学，十四岁就中举，十九岁就考中了进士。但这位大学者博通经史却不会当官，由于性情耿直，仕途并不顺利，很早就辞官回乡了。张澍致仕后寓居西安，1804年，回到阔别已久的家乡扫墓。就是这次，他晚年唯一一次回武威，偶然中发现了西夏碑。关于西夏碑的发现过程，武威相关书籍中都有翔实记载，在张澍的著作中也有记录，不过西夏碑到底是从大云寺发现，还是清应寺启出，仍存在争议，我们姑且以张澍自己的记录为准。

话说这一天，张澍和一位朋友到清应寺游玩，两人一路谈笑，不觉走到寺院深处，突然看到眼前有一个四面被人用砖泥砌封得严严实实的亭子。这个亭子为什么要砌封起来呢？寺里的和尚告诉张澍，这是一个被诅咒的亭子，封在这里已有几百年了。当地流传着一种说法：凡是打开封砖的人，都会遭到可怕的天灾报应。所以几百年来，没人敢靠近这亭子一步，而里面究竟藏着什么，也没人知道。张澍对民间所谓的报应一说向来不以为然，他提出要找人来打开砌封看个究竟，寺里的和尚赶忙劝阻，不同意他这么做。和尚越是阻拦，张澍便越是想要一探究竟，他郑重其事地承诺，亭子开封后如有任何灾祸，骂名全由他一人承担绝不连累别人。在张澍的一再坚持下，和尚总算答应了。随着封砖被一点点凿开，一块高大的黑色石碑显露出来。碑身呈半圆形，四周刻忍冬花纹，碑文的正面，密密麻麻地刻满了工整的楷体字。当张澍靠近石碑，看清楚上面的文字后，不由得大吃一惊：这些乍看上去好像全都认识的文字，仔细看却没有一个认得。这究竟是文字还是什么特殊的符号呢？张澍立刻叫人把亭子四周的封砖全部拆除，虽然这块被诅咒了几个世纪的石碑全部显现出来后，传说中的天灾报应并没有应验，但是接下来所发生的事，却给这位学者带来了更大的震撼。石碑的另一面刻着汉字，碑文内容正是修建护国寺感应塔及寺庙的情况，与同类石碑相比并没有什么特别之处。然而，再往下看，一行小字立即引起了张澍的极大兴趣，建碑的年款一行赫然写着："天祐民安五年岁次甲戌十五日戊子建。"张澍知道"天祐民安"是西夏年号，他由此断定，碑上那些奇怪的文字竟是已"绝迹"了几百年之久的西夏文字。

这块石碑就此重见天日，被称作"天下绝碑"。西夏碑的发现不仅拉开了西夏学研究的序幕，还让一个"被遗忘的王朝"——曾经辉煌一时的西夏，由此拂去历史的尘埃，渐渐在世人的面前清晰起来。张澍是自西夏文消亡后第一个识别出它的学者，他把这一重要发现记在《书西夏天祐民安碑后》一文中，于1837年收入《养素堂文集》中刊出，他也因此成为乾嘉时期西北史地与西北文化研究的领军人物。张澍在发现《西夏碑》后，曾写了《书天祐民安碑后》一文，收入他的《养素堂文集》卷十九中。文中详细记载了西夏碑的发现经过，说他于嘉庆甲子年（九年，1804），在武威城内北隅清应寺中发现了西夏碑。此外，他还写了《偕同游至清应寺观西夏碑》七律四首，收入《养素堂诗集》卷十，但在诗序中说发现西夏碑是"庚午秋"，即嘉庆十五年（1810）。不知道什么原因，发现西夏碑的时间有了1804年和1810年两种说法，但地点统一的都是清应寺。

后来，有学者提出清应寺中根本没有西夏碑，而是从大云寺的碑屋中发现，当今武威学界也公认西夏碑是在大云寺发现。那么，这里就有一个疑问，清应寺在哪里？为何会出现争议？

根据现有文史资料记载和相关学者考证，清应寺的确存在，而且也是一座历史悠久的佛教寺院，紧邻大云寺而辟，在明以前叫北斗宫，寺内有一塔曰姑洗塔，最初创建于前凉王张轨曾孙张重华时。晋穆帝永和二年（346）张重华继王位，他舍其姑藏故城在当阳门内九宫后院空地，创立了北斗宫与姑洗塔。自晋至元，历经千年有余，中间几经兴废，于元末至正年间被战火所焚。到明朝永乐年间，又在北斗宫的废墟上，"敕建为清应寺。殿宇巍峨，廊楹绘绚，世称古刹"。之后，历经多次修葺、补建、彩绘，使殿宇宽敞、绚丽，焕然一新。直至1927年的凉州大地震中，与很多建筑一起被毁为废墟，今已了无痕迹。

现存有关清应寺的文字资料，仅有清代的两篇碑文，一为镇守陕西甘肃等处地方总兵官孙思克所撰，一为凉庠生李如荫撰，记载了清应寺的规模及修建过程。后北洋政府高级官员林竞1919年2月到武威调查西北经济，写了一篇《日记》，叙述了所看到的清应寺情况，但记载的内容和孙思克的碑文有出入。孙思克说，清应寺本名北斗宫，清应寺塔又名姑洗塔。但林竞却说，大云寺亦名北斗宫，有塔曰姑洗。专家们认为，孙思克为驻守本地的官员，不至于弄错清应寺的沿革。而林竞只是途经武威参观，有些材料可能是听寺旁小学教员口头介绍，未必可靠，所以前者应该是准确的。

从这一论证可以知道，清应寺与大云寺是两座相邻的寺院，在"凉州八景"中更有文笔三峰，分别为：罗什塔、姑洗塔、感通塔，姑洗塔在清应寺内，而感通塔在大云寺，把清应寺等同于大云寺显然是错误的。大云寺和清应寺之本源，均源远流长、历史久远，二寺之面貌与名号也几经更改，中间的兴废沿革都没有详尽记录，到底如何相互混淆了我们已经不得而知，因此给今天留下了许多未解之谜。

鸠摩罗什寺

在武威众多寺院中，要论规模最大是哪家，那必定是鸠摩罗什寺了。同时，罗什寺也是建成至今从未改名的寺院。原因无他，只缘这间寺院是专为纪念西域高僧鸠摩罗什在武威弘扬佛法、翻译经典的功绩而建造的，寺内宝塔下埋葬着鸠摩罗什的舌舍利，因而备受尊崇。

鸠摩罗什寺地处武威市北大街，坐落于市区中心闹市地带，占地面积一百多亩，主体建筑有罗什寺塔、大雄宝殿、观音殿、大经堂、罗什法师纪念堂、鸠摩罗什图书馆、佛教文物展室、佛教书画展室、客堂、云水堂等，是西北地区规模最大的佛教活动中心。整个寺院最引人注目的建筑当属罗什塔，即鸠摩罗什葬舌之地。现存的罗什塔总高三十二米，为八角十二层塔式建筑，塔底周长二十五米，塔刹为葫芦式铜制宝瓶。罗什寺塔最早建于后凉（386—403），塔及寺院在唐代时大力扩展，明、清皆有修葺。1927年，武威发生八级大地震，凉州的名胜古迹被毁坏殆尽，城内的罗什寺、大云寺、清应寺无一幸免，全被毁为瓦砾之地，号称"文笔三峰"的罗什寺塔、大云寺塔、清应寺塔均被摇倒，唯罗什寺塔残存半截。1934年，国民政府在原址上重修了罗什寺塔，主体保存至今，新中国成立后亦多有修缮维护。

鸠摩罗什是中国佛教史上四大翻译家之一，是中国佛学史上第一个系统深入地用汉语传播佛经的人，开辟了译经史上的新纪元。玄奘，也就是我们俗语中的唐僧西天取经，要晚于鸠摩罗什两百多年，在佛经翻译方面鸠摩罗什是泰斗级人物。资料记载，鸠摩罗什从小研习佛法，对佛经禅理造诣很深，被龟兹王奉为国师。传说每当罗什讲经，王公贵族都常跪座侧，让罗什踩背而登座，在西域诸国声望极高。

381年，佛教高僧释道安和鄯善王、前部王劝前秦王苻坚迎鸠摩罗什入辅中国，恰好苻坚也有用兵西域的意图，于382年派骁骑将军吕光、陵江将军姜飞等率兵七万,进军西域。386年,吕光征服西域三十余国得胜东归,带鸠摩罗什到凉州。因苻坚在淝水之战中大败,被部属杀害,吕光无意继续东进便驻兵河西,遂建立后凉国,定都姑臧。从此,鸠摩罗什就在凉州讲经,大兴佛教,客居达十七年之久。为了安顿他的身心,吕光下令招募各地能工巧匠,大兴土木修建寺院,建好后直接以鸠摩罗什的名字命名,让其住在寺中研习佛法。

东晋隆安五年(401),后秦国主姚兴攻伐后凉,亲迎鸠摩罗什入长安,以国师待之,并在长安组织了规模宏大的佛经翻译项目,请罗什主持译经。之后八年,鸠摩罗什悉心从事佛经翻译工作,所译经文多达三百余卷,译经的同时他还时常为信众开坛说法,门下并有弟子三千,声誉甚至超过了久已成名的襄阳高僧释道安。姚兴虽给予了罗什物质上的尊荣,但此人并不是一个虔诚的佛教徒,对佛法并没有他表面上伪装出来的那般敬畏。罗什身居长安后,姚兴为了防备罗什离开他,便强行勒令罗什娶妻,一次性强塞十名女子给罗什,还假惺惺地对罗什说是担心其绝高的才情无人继承。对此,罗什感到十分痛苦,但面对国主的威逼又无可奈何,除非他放弃自己的译经事业,或者被姚兴处死。罗什再一次屈服了,因为在此之前,身在姑臧时他就曾受后凉王吕光胁迫,娶了龟兹国公主破过一回戒了。

鸠摩罗什两次破戒,都深受当权者威逼并非他本人意愿,所以他尽管破戒了,信众们不但没有抵制还对其遭遇大为不忿。被誉为千古一僧的鸠摩罗什,明明是出家人一生却拥有两位夫人十个小妾,其中后娶的夫人还为他生下了两个儿子,当真做到了"不负如来不负卿"。据传,当时很多僧人看到罗什能够娶妻生子,便纷纷动了心思也想效仿。于是罗什召集众僧到跟前,严肃地告诫他们学习佛法必须静心。他还准备了一碗针当着众僧人的面全部吞下,面色如常地对僧人们说有谁能跟自己一样吞得下一碗针,那他也可以破戒。众僧人见状惊异万分,从此再也不敢有多余的心思,都一心一意修习佛法了。

在外人看来鸠摩罗什娶妻生子享尽了天伦之乐,但酸甜苦辣只有当事人最清楚。初到长安不久,罗什的师父佛陀耶舍亦东来姑臧寻找罗什,而此时罗什已在长安,罗什听闻师父东来便劝说姚兴也将其迎至长安,师徒二人在长安相聚，联手诵译《昙无德律》《长阿含》等经典。佛陀耶舍在长安留居时间要比罗什更长，至弘始十五年（413）方才返回故国，那个时候鸠摩罗什已经圆寂四年了。有关书籍上记载，佛陀耶舍回国后曾于西域某地"寻得《虚空藏经》一卷，寄贾客传与凉州诸僧"。可惜这部经书后来不知所踪，有无此事也无从考证了。

　　罗什圆寂前自知身染沉疴不久于世，终将内心苦闷向其师尽数倾诉，作为一个出家人身边妻妾成群，虽说是因为弘扬佛法的大志向和受时局所迫，但到底已是违反了佛门清规戒律，鸠摩罗什为此耿耿于怀，自感业障深重。在他开坛说法时也曾公开劝教其他僧人，将佛法比作出淤泥而不染的莲花，而自己只是一堆臭泥。这样的说法，其实也有他对自己处境的感慨和内心里对佛法的无比崇敬，身在红尘俗世，哪怕陷落泥淖弄脏了外表，但心里有佛坚持理想便能出淤泥而不染。鸠摩罗什临终前发下宏愿："如所译经典无误，死后焚身舌不烂。"并留下遗嘱，火化后如能应验就将他的舌头葬于姑臧罗什寺。409年鸠摩罗什逝世，遗体火化灰飞烟灭，唯有舌头在烈火焚烧中依然不腐不朽，果真应验了他的生前誓言。遵照遗嘱，鸠摩罗什的舌舍利运回武威故居，他的信众和弟子们在原罗什寺内修建了宝塔来恭迎舍利，将鸠摩罗什的舌舍利埋葬于塔下。鸠摩罗什选择了姑臧作为他的魂归之地，可见对这片土地有着深深的依恋，已经把这里当成了自己的故乡，而武威也没有辜负这位高僧，遍经朝代更迭战火纷飞，罗什寺依然被保护得很好。而且，因为鸠摩罗什在佛教事业上的成就，历代君主与地方官对罗什寺也多有修缮维护，在其他寺院随着君主喜好被多次改名时，罗什寺依旧还是原名，一千多年来坚守不变，跟宝塔下埋葬的舌舍利一样殊胜。

　　鸠摩罗什寺自建成后备受尊崇。唐贞观四年（630），大将军尉迟敬德统兵远征西域，行至凉州地界，忽然看到城内一座古塔顶上金光熠熠宛若千佛降世，祥云生处花雨飞舞。他相信这一奇观是某种神示，于是前往礼拜。敬德见到罗什寺塔后大生敬仰，遥想罗什法师功德，于是下拨饷银，召能工巧匠，亲任监工，经一年多时间，寺塔完工。为彰此德，他在塔下立石碣为记，此碑至今仍完好保存。据《敬德碑》记载，"罗什地基，四址临街"。寺院规模宏大，有上中下三院，前有牌楼、山门、过殿（天王殿）。主要建筑有大雄宝殿、华严三圣殿、拜殿、两廊。还有观音、罗汉、金刚和三十六代祖师殿，并藏有御赐《大藏经》。后历遭兵灾人祸，唯罗什舌舍利塔保存完整。唐朝天宝元年（742），地处凉州闹市的罗什寺成为往返丝绸之路的西域使节、各国僧侣荟萃交流的地方，对中西方宗教文化和思想交流贡献巨大，意义深远。

明朝后期，修葺完备的罗什寺被朝廷钦定为陕西凉州大寺院。明英宗正统十年二月十五日，朝廷为罗什寺颁发《大藏经》，并下了圣谕，圣谕中说："刊印大藏经，颁赐天下，用广流传，兹以一藏，安置陕西凉州大寺院，永允供养。"此谕现完整保存于武威市博物馆。

清朝康熙二十八年，罗什寺又有过一次大型的修缮，据《重修罗什寺碑记》记载，经过这次重修的罗什寺"前后三院，焕然一新，乃五凉之福地；壮丽改观，诚河西之胜地也"。鸠摩罗什寺，是丝绸之路上中西文化交流的见证，是研究五凉文化、汉传佛教、西域佛教的珍贵遗存。

海藏寺

凉州大地上的每一间寺院都有其独特的传奇经历与文化意义。就拿海藏寺来说，位于武威市区西北二点五公里处，官方数据占地面积达到了一万三千四百六十平方米，是中国西北保存较完整的古建筑之一，有"西北梵宫之冠"的称誉，亦是全国重点文物保护单位。海藏寺创建年代不详，其历史沿革没有明确记叙，根据清乾隆五十四年碑记载："建寺当在宋元之间"；南宋淳祐九年（1249）海藏寺扩建；元朝时藏传佛教萨迦派第四代祖师萨班到凉州，捐资扩建修缮了海藏寺等凉州四寺，海藏寺由此成为藏传佛教寺院；明成化二十三年（1487）奉敕建造，总建筑面积一千六百余平方米；清同治年间，寺遭兵燹，唯后殿及山门未受损害，光绪时又加修葺，恢复旧观。如此看来，这又是武威历史上诸多谜团中的一分子。

当地人口语中把海藏寺的"藏"读作（zàng），但真正的发音根据寺名考证，很大概率上应该是海藏（cáng），而官方正式的寺名则应是"清华禅寺"。

清华禅寺的名称来自明宪宗所赐。清朝时，康熙皇帝的亲家孙思克题写寺名海藏禅林。海藏寺是武威和河西走廊，乃至西北地区都非常有影响力的佛教活动道场，对研究甘青地区古代建筑史、建筑技术、建筑文化具有重要价值。就是这样一座声名显赫的寺院，其始建年代和得名之由来却众说纷纭争议不断，为海藏寺平添了几分神秘感。

据凉州文化研究院刊文总结，关于海藏寺名称的来历有三种说法。

第一种说法见诸官方信息，广而告之人人可查，说因为海藏寺四周树林茂密，泉水遍布，寺院坐落在其中，犹如"海"中藏寺，故而得名。有人甚至撰写了一副"海里藏寺寺藏海，林间涵湖湖涵林"的回文对联，用作寺名印证。从这个解释中可知，海藏寺的读音当为海藏（cáng）寺比较准确。

第二种说法来源于明成化二十三年（1487）立的《重修古刹海藏寺劝缘信官檀越记》碑，石碑上有这样的记载："相传，灵钧台原为水中小岛，寺建于台上，故名海藏寺。"也是藏寺于海的意思。考证古籍可知，武威在古代是水草丰茂的地方，甚至整个河西走廊在千余年前都是不弱于江南的多水之乡，遍地都有湖泊河流。笔者在创作《张掖传》时曾深入研究过当地史志文献，也采访过很多张掖人，莫说千余年前，便在百余年前，甘州城周边亦是湖水连着湖水满目碧波荡漾，人们出行走亲戚还会划船来往。武威毗邻张掖，一段时期还曾同属一个城市区划，可谓你中有我，我中有你，人情世故、地缘地貌相差无几。既然张掖号称塞上江南，武威又如何会差？从历史渊源分析，千余年前在凉州城郊建造寺院，藏寺于海并非不可能。自然，这里的海，大约指的是海子，一种泛称还可以彰显寺院内涵何乐而不为呢！至于说海藏寺是以灵钧台为基建造的说法，那又是另一个问题了，上文已经有过解读此处暂且忽略不提。同时，海藏寺是藏传佛教寺院，藏语中称之为香嘉措岱，汉语的意思就是北部大海寺，似乎暗合了寺院取名的由来，究竟是否如此还有待考证。

第三种说法认为"海藏"是佛教用语，相传佛教大乘经典藏在大海的龙宫中，故称"海藏"。唐代文学家张说在《唐玉泉寺大通禅师碑铭》中写道："海藏安静，风识牵乐。不入度门，孰探玄要？"唐代李德裕在《赠圆明上人》诗中也写道："远公说《易》长松下，龙树双经海藏中。"另一位诗人皮日休也有"取经海底开龙藏,诵咒空中散蜃楼"的诗句,都是用的这个典故。而"海藏"在汉语词典中的基本解释,就是传说中大海龙宫的宝藏。此说与前面两种截然不同,从佛教典故去阐述寺名得来,比从地理地貌原因探究更有说服力,却又在侧面印证了与地理位置的重要性,殊为难得。藏寺于海,海中宝藏。莫非武威人称之海藏(zàng)寺,竟是早早就悟得了三宝真谛?倒教无数凡夫俗子纠结迷惑了许多年。

海藏寺历代有高僧在此讲经说法。据《安多政教史》记载,萨迦班智达在海藏寺讲经说法,大转法轮。萨迦班智达是藏传佛教萨迦派第四代祖师,也是西藏第一位班智达。萨迦班智达原名萨迦·贡嘎坚赞,班智达意为精通大小五明学识渊博的大学者。1246年萨迦班智达来到武威,与阔端确认西藏归属问题而流芳千古,缔造了"凉州会盟"的卓越功绩,深受藏汉各族人民敬重。会后,他在武威定居并主持修建"凉州四部寺",还时常到海藏寺讲经说法,海藏寺因而被称为当时的圣地之门,具有佛法加持的水井"甘露井"也随之一并殊胜。相传这眼水井和西藏布达拉宫的龙王潭相通,喝了井水能够消灾解难,甘、青等地佛教信众凡来朝礼者必饮井水祛病除邪,此俗保留至今。

明代海藏寺重修后,还曾延请高僧主持,兴盛之景一直到清代。清初寺院毁于战乱,至乾隆年间才再次重建。乾隆碑记:"寺僧明彻印勤于梵修,赴京请藏经全部,中途遭凶变,际善踵而成之。善才思横绝,为主持时,乡恶慑伏不敢动,数十年之间,诸务毕集,间启禅关,延访善知识为打七参禅之事,以故僧俗仰服,称颂不置。"碑文所载,可见当时海藏寺的兴盛程度和宗教地位。

海藏寺现存建筑主要包括牌楼、山门、大雄宝殿、三圣殿、地藏殿、灵钧台、天王殿、无量殿等。其中绝大多数殿阁都是民国地震后重建而成。寺前牌楼为木质结构,为四柱三间庑殿顶,上有"海藏禅林"题记。这副题字是孙思克的墨宝,其书行笔流畅圆润,入围中华名匾行列。寺内保存有《海藏寺藏经阁记》和《修葺碑记》两块石碑,并有一座古台遗迹,疑似前凉王所筑的灵钧台。海藏寺内外多有古树老柳围绕点缀,每到春季来临,柳枝舒展迎风款摆,一派苍翠葳蕤。若逢雨天,烟雨霏霏、杨柳依依,别有一番美景,当真是

"烟柳如画笼青瓦，又添春色三分新"。海藏烟柳，因此成为古刹神奇绝妙气氛的营造者，以缥缈雅致入选凉州八景之一。

近些年来，以海藏寺为景点拓展修建的海藏公园，也延续了烟柳如画的美好景致。公园占地总面积六百亩，园内人工湖面积就达四十二亩，旨在还原藏寺于海的古寺景观。而刚刚修建的武威湿地公园，则是在海藏公园的基础上继续向东、南、北三面扩展延伸，把湿地纳于城市怀抱。古刹连接公园，湖水潋滟，草木苍郁，海藏寺与其周边连为一体，成了武威市集文化、湿地、休闲、观光、旅游为一体的标志性城市公园。工作之余、闲暇之时，游湿地，理佛事，雅俗共有，老少皆宜，是个不可多得的好去处。

白塔寺

上文提到萨迦班智达在海藏寺讲经大受欢迎，武威历史上与这位高僧牵绊最深的寺院却并不是海藏寺，而是凉州城外的白塔寺。白塔寺，藏语称夏珠巴第寺，位于凉州城东南二十公里的武南镇白塔村，为藏传佛教凉州四寺之一、全国重点文物保护单位、全国民族团结进步教育基地、国家ＡＡＡＡ级旅游景区。

凉州四寺分别为幻化寺、莲花寺、海藏寺、金塔寺，分布在武威东南西北四个方向。在白塔寺的建寺史料中称，凉州四寺都是在阔端大力支持下，由萨迦班智达主持修建的。这个说法存有争议，因为莲花山寺始建年代要早于元朝很多年，最早可以追溯到秦汉时期，至曹魏嘉平三年（251），高僧佛图澄大规模扩修具有了很大影响力。后凉吕光时期译经大师鸠摩罗什寓居凉州十七年，每年还要定期去莲花山寺主持水陆法会。海藏寺虽然没有确切修建年代，但至迟在元代，也不排除宋代的可能，说不得还是西夏哪位信奉佛教的显宦所建。毕竟，整个两宋时代，武威都不归宋王朝统辖，史官恐怕也说不清西夏历史，漏记了也很正常。四寺之中，唯有金塔寺和幻化寺由萨迦班智达主持修建，而海藏寺和莲花山寺是用来凑数的也未可知，很大可能是在原寺基础上进行了翻修、增减。所以说，现有资料中关于萨迦班智达修建凉州四寺是个囫囵吞枣的错误说法。造成这样的错误，武威本地文史学者难辞其咎。

白塔寺是后来的叫法，最早修建的时候就叫幻化寺，为萨迦班智达远赴凉州会谈而建。萨迦班智达在凉州圆寂后，为了安放他的遗体才建造了白塔，因此塔才有了白塔寺的名称。白塔在藏传佛教和西藏地区有着特殊的意义，是佛的象征，佛教中称为"浮屠"。没错，俗语中我们熟知的那句"救人一命胜造七级浮屠"中的"浮屠"说的就是白颜色的塔，而奇数在藏传佛教中代表着清白与崇高，以七层佛塔等级最高，就是"七级浮屠"。相传这种白塔的起源是为了安葬释迦牟尼的舍利，由孔雀王朝的第三代君主兴建，当时佛祖的追随者们一共修建了八万四千座佛塔，用来收藏供奉释迦牟尼的舍利子。白塔寺的白塔遵循藏传佛教中塔式建筑形式，具有代表性的覆钵体与白灰涂色，以及塔身上诸多图文雕刻，都象征着人们对佛的信仰和图腾。

白塔寺始建于元代，距今已有七百五十多年的历史。1247年，为解决西藏归属问题，西藏萨迦派宗教领袖萨迦班智达·贡噶坚赞（简称"萨班"）与蒙古汗国皇子、西路军统帅阔端在武威白塔寺举行了著名的"凉州会谈"并颁布《萨迦班智达致蕃人书》，西藏从此正式纳入中国版图，白塔寺也因此成为西藏正式纳入中国版图的历史见证地。1251年萨班圆寂，西凉王阔端为他举行了盛大的悼祭活动，并修建了高约四十二点七米的藏式喇嘛灵骨塔一座，用以安放萨迦班智达的遗体。白塔寺至此有名。

至于百塔之名，则是后来陆续营造的佛塔形成的塔林景观。2000年时曾一次性修建三十座白塔，与萨迦班智达灵塔一起凑成了整整一百座，白塔寺也就有了百塔寺的别称。认真研究过藏传佛教的人都应该清楚，白色的塔和一百座塔是两个观念，而佛教中以奇数为尊，哪怕修建数占到九十九，都不会硬性去凑整百，然后再根据其数量为寺院命名。所以，白塔并不等于百塔，强行改名于理不合，更是对佛法与佛教习俗的曲解。

白塔寺主要景点有塔林、白塔寺遗址、萨班灵骨塔、凉州会谈纪念馆等。纪念馆里陈列着很多价值非凡的文化珍品，其中称为蒙古新字的八思巴文堪称奇珍，是当时元朝的国文，主要应用在官方文件和钱币铭文上，为蒙元文化发展起到了积极推动的作用。八思巴是萨迦派第五代祖师，继萨迦班智达之后主持凉州幻化寺日常事务和藏传佛教萨迦派事务，并创建了萨迦政权，成为第一任萨迦法王。元宪宗三年（1253），八思巴为还是宗王的忽必烈施灌顶礼，被奉为上师，二人因此有了师生牵绊。忽必烈即位后，八思巴顺理成章封为国师，统领天下佛教徒，所以也是元朝第一位帝师。

八思巴是萨迦班智达的侄子，十岁时随同萨迦班智达来到凉州，在十七岁时接任伯父职位成为凉州幻化寺住持，一并继任了萨迦派首领之位。八思巴在凉州度过了青少年时期，直到二十岁时离开凉州回藏，后一直追随忽必烈从蒙古到北京，中间经历了元朝皇室残酷血腥的帝位更迭，忽必烈与其弟阿里不哥的夺位大战中，八思巴尽心辅佐助其成功，忽必烈投桃报李，在即位后钦封八思巴为国师，当时八思巴年仅二十八岁。八思巴身上发生过许多有趣而传奇的故事，金庸先生武侠名著"射雕三部曲"中所提到的全真教，就曾与之有所交集，且在佛道二教中产生了很大影响。真实的历史故事主角是以藏传佛教萨迦派首领八思巴为首的佛教僧众，与中原传统道教分派全真教为首的道士群体；故事的核心是佛道辩论赛；辩论主题为《老子化胡经》。

全真教是当时北方人普遍信仰的道家教派，其最杰出的掌门人正是"射雕"中有过重要戏份的全真七子之一长春子丘处机。金庸先生笔下将全真教塑造为武林泰斗级别的江湖门派之一，我们广为熟知的经典角色郭靖、杨康、小龙女、杨过等人物都与全真教和丘处机有着莫大渊源。历史上，丘处机真有其人，并且为道教发展作出过很大贡献。他与成吉思汗数次会见，据说二人之间还有深厚友谊。全真教在丘处机任职掌门的时候，曾受到成吉思汗极力推崇，丘处机本人被册封为天下道教第一人，天下信众以道为尊。依照当时情形，用不了多久道教就能正式受封为国教，信道的成吉思汗却溘然长逝了，随后丘处机也驾鹤西归，此事不了了之。继任的蒙古新皇帝窝阔台及后面两位大可汗都不如成吉思汗对道教的尊奉，到蒙哥时期更是对全真教表现冷淡，甚至暗中打击道教。

由八思巴直接参与的佛道辩论赛，正是这位大汗蒙哥一手策划召集的，据说在辩论前他还亲自召见八思巴，暗示其对道教不必留有情面。在蒙哥汗的幸灾乐祸中，两教辩论赛再一次以道教落败而收场，年仅二十二岁的八思巴引经据典舌战群道，辩得道教代表队哑口无言自愧不如。辩论会后，有十七名道士当即削发为僧改弦易辙，部分道观也随之改造成了佛门寺院，八思巴一辩成名，蒙哥对其十分赏识，藏传佛教开始在蒙古族中快速流行，取代全真教成为北方各族新的宗教领主。全真教在丘处机去世后本就不断在走下坡路，经过这次打击一蹶不振，从此再也没能兴盛起来，整个北方和西藏地区成了藏传佛教的天下。

八思巴与他的萨迦派崛起于忽必烈时代，萨迦派从八思巴开始，历代首领都受到册封出任国师一职，为皇室灌顶尊奉为帝师者也都是萨迦派高僧，这在派系林立的藏传佛教中堪称辉煌。正所谓木秀于林风必摧之，风光显赫权倾藏地的萨迦派难免受到其他派别嫉恨，一代传奇帝师八思巴正当壮年便遭遇了毒害，四十六岁死于非命，随着他的离世，八思巴文也被取缔淘汰，最终沦落为"死文字"而失传。八思巴加封帝师的称号极尽奢华，为：普天之下，大地之上，西天佛子，化身佛陀，创制文字，护持国政，精通五明班智达帝师，又称帝师大宝法王。在他身遭毒害圆寂后，忽必烈哀其不幸，感其功勋，又赐封为：皇天之下，一人之上，开教宣文，辅治大圣，至德普觉，真智佑国，如意大宝法王，西天佛子大元帝师。如此崇高的尊号，在藏传佛教史上当真做到了前无古人，可见忽必烈对八思巴的爱重。

八思巴文已成历史传说，当今很多人甚至都没有听说过这种文字，也很少有人知晓背后的故事。值得庆幸的是，在武威白塔寺"凉州会谈纪念馆"里存有珍藏，让我们有机会近距离领略这种神奇的文字，一起缅怀为古中国和平与统一作出过贡献的萨迦班智达与八思巴，共同追寻那段充满佛光的传奇岁月。

1992年9月22日，国务院发表了《西藏的主权归属与人权状况》白皮书，提出武威白塔寺是西藏纳入中国版图七百五十多年的历史见证，是西藏正式纳入中国版图成为中国不可分割的一部分的历史实物见证。

金塔寺

凉州四寺的最后一寺是金塔寺，位于武威西南十五公里的金塔村。与白塔寺一样，这个地方的村落也以佛寺有塔而得名。金塔寺在藏语中称洛昂格岱，意为"南部大自在寺"或"大灌顶寺"，在凉州四寺中具有重要意义。

相对于四寺之中的其他三座，金塔寺是规模最小、影响力也较小的一座寺院，自然，也是四寺之中最晚修建的一座。取名金塔寺的寺院全国各地都有，隔壁城市张掖肃南县的金塔寺甚至享誉国际，而凉州金塔寺相比较而言还真是名不见经传。这间寺院很多武威人都不知道，名气远不如其他，在武威名胜古迹榜上排名十六，甚而还没有排名十二位地处城北的松涛寺令人熟悉。金塔寺原寺院所拥有的佛塔，即吉祥佛塔毁于1927年的大地震，其余诸多佛殿、佛像、佛经多毁于二十世纪六七十年代。现存寺貌为西藏那兰扎寺格西·堪布，藏传佛教萨迦派法脉传人，西藏自治区藏医院主任医师，天文历算研究所研究员慈成坚赞大师及弟子筹资重建，面阔二百八十平方米的大殿内供奉铜质镀金法轮、宝幢、祥麟宝瓶、藏式唐卡壁画，主位供奉高一点六米的铜质镀金萨班坐像。坐像内装有阿底峡尊者亲手制作的印塑佛塔、萨班的法衣等珍贵圣物。为重现历史遗迹，供众人瞻仰、追思前辈的光辉业绩提供了可去之处。

松涛寺

与金塔寺有所不同的是，武威城北的松涛寺虽然也是藏传佛教寺院，却是格鲁派在凉州的传教地。格鲁派是继萨迦派实现了政教合一，并将藏传佛教发扬光大并延续至今的佛教门派。格鲁派代表着藏传佛教的体系化大成圆满，久负盛名的班禅和达赖两系活佛就是出自格鲁派的两大宗教领袖。松涛寺始建于明朝初年，明正统时期重建，清雍正九年（1731）再次重建，与海藏寺一衣带水，在武威享有一定声名。

史料记载，松涛寺原名观音堂，门面不大，规模也小，清代状元王杰来此时非常喜欢这里的幽静禅韵，便更名为松涛寺，取其四周苍松环绕，微风拂过涛声在耳之意。与城区内历史悠久的鸠摩罗什寺不能相提并论，也没办法与凉州四寺相比较，更与西藏纳入中国版图的历史见证地白塔寺难望项背，这间小小的寺院在平凡而低调中一直存续至今。近年来随着文旅热，松涛寺因为距离城区只有不到五公里的优势地位和僻处乡间绿水花红的天然景观深受当地人青睐，成为武威人避暑游玩的好去处。每到炎炎夏季，松涛寺周围林泉茂密，花树成荫，城市里困守于钢筋水泥车水马龙的人们就会蜂拥而至，在这里垂钓、烧烤、玩闹，颇具"采菊东篱下，悠然见南山"的惬意闲适。

武威拥有"佛国凉州"的盛誉，不止体现在城区内外众多的佛寺建筑，还有两大圣山的加持。这两大圣山分别为天梯山与莲花山。天梯山曾建有一座广善寺，后来因有石窟大佛俗称大佛寺。关于天梯山石窟前文已有详细解读，此处一笔带过不做赘述，我们去看一看莲花山。

莲花山，古称姑臧山、紫山、孤臧山。位于谷水源头，祁连山国家公园内的冷龙岭一脉，海拔两千七百米，山底海拔是一千八百米，距离市区十三公里，位置在凉州区松树镇科畦村三组刘家沿沟境内，山势雄伟，奇峰环列，层峦叠嶂，四面险峰从远处望去，宛如一朵盛开的莲花。莲花山已有两千多年的历史，是西北唯一修在海拔一千八百米高山上的文化古迹，始建于西汉，兴盛于新朝、窦融、曹魏、五凉各朝以及后来的各个朝代均有规模不等的修缮。据史书讲，莲花山曾有古树十万零八棵，山上的大多景观建筑与古树草木皆毁于民国时期至二十世纪六七十年代。

莲花山雍凉大寺，一度曾是西北最大最有名的寺院之一，是研究西域佛教、汉传佛教、藏传佛教的见证，汉传佛教融合的历史见证。从隋唐时扩建，到明朝还保留有完好的佛教寺院和道教道观七十多座一千多间，供奉有古印度佛像、藏传佛教佛像，有成庞大体系的佛道诸神诸佛庙宇，气势恢宏，为西北之首。

唐朝总章元年（668），高僧道世所著《法苑珠林》载，佛祖舍利有十九所在中国，莲花山的凉州姑臧故塔，又名镇魔塔，就是其中之一，其内供奉有释迦牟尼佛的真身舍利，传说为佛祖舍利镇压妖魔的所在。

莲花山与其山寺建筑历代都有增修，在唐代尤其受到重视，与数位名臣、名将都有佛缘，且被多次写入诗文，具有了佛光与文脉相兼容的独特文化气质。唐开元二十四年（736），被誉为"诗佛"的著名诗人王维调任监察御史，后奉命出塞，担任凉州河西节度幕判官，到武威后游历莲花山作《凉州郊外游望》一诗，题曰："野老才三户，边村少四邻。婆娑依里社，箫鼓赛田神。洒酒浇刍狗，焚香拜木人。女巫纷屡舞，罗袜自生尘。"这首唐诗，是莲花山历史上现存时代最为久远的一首，因而十分珍贵。唐天宝十一年（752），诗人高适秋冬之际，于凉州河西节度使哥舒翰幕府任掌书记，驻足武威与朋友窦侍御游览莲花山，作《和窦侍御登凉州七级浮图之作》一首："化塔屹中起，孤高宜上跻。铁冠雄赏眺，金界宠招携。空色在轩户，边声连鼓鼙。天寒万里北，地豁九州西。清兴揖才彦，峻风和端倪。始知阳春后，具物皆筌蹄。"此诗意境与名气和王维的前作各有千秋，一并传唱后世。此外，唐朝天宝五年（746），颜真卿任监察御史奉命巡查河西节度，也曾游历凉州莲花山，对山寺景观甚为赞许。

1247年，西凉王阔端以汗国名义颁发诏书，邀请西藏高僧萨班来凉州会谈，举行了举世瞩目的"凉州会盟"。萨班之妹索巴让姆跟随而来，选择在莲花山出家修行，圆寂后将其灵骨舍利装入用生铁铸成的佛像里，供奉于殿内。元朝延祐七年（1320），元仁宗下诏，在全国各路建造八思巴帝师殿，凉州莲花山遂造八思巴帝师殿。

明朝洪熙元年（1425），广西参政戴弁作《咏塔诗》一首："不省何年结构功，一峰突兀白云中。高临北极天光回，低压南山地势雄。风送铃声归碧落，雨落虹影入晴空。安能平步丹梯上，尽日徘徊兴莫穷。"其描写莲花山气势宏伟之景象，情景交融，画面感十足，亦是难得之佳作。

莲花山自古以来就是佛道共存的圣地，山上寺庙道观和谐并存，僧尼道士相互照拂各自修行，其自然景观与山寺规模，在河西走廊乃至西北大地上皆屈指可数。

1937年，一代画师大家张大千来武威，还曾携妻子两次登临莲花山，赞美山势雄奇壮观，并画有《莲花山飞瀑图》一幅。其画题跋云："莲花山飞瀑。穷源春书意，到此瀑其心。凉州西南莲花山梵宫琳宇，犹多之元明结构，一览之胜，两登绝顶，此大痴樵，方家法写之，用作游记，乙酉七荷月。爰。"此画于2005年8月1日在北京拍卖，后不知所踪。

1941年，张大千第二次莅临凉州莲花山，观赏莲花山风景后，挥毫泼墨作《莲花山图》，款识：凉州城南莲花山善应寺，境绝幽邃，高崖悬瀑，梵宇出云，南中诸胜或且不逮，况此边徼耶！予游河西，两止其地，晨夕瞻眺，良豁美襟。爰用山樵法写此，以代游记。癸未秋日，大千张爰。先流失台湾由台湾私人珍藏，2013年4月6日在香港被保利香港拍卖，成为收藏家的私人珍品，外界已经很难睹其风采了。

莲花山作为凉州佛国中两大圣山之一，其规模与历史沿革见诸武威各类文史资料，在佛教文献中亦多有记载。《佛说十二游经》描述莲花山建筑规格云："为佛作精舍，作十二佛图寺、七十二讲堂、三千六百间屋、五百楼阁。"莲花山上的寺院，始建于西汉末，到唐周时共有寺院、道观两千多间，到明清时期，只剩七十二处，亭榭楼阁、僧房塔舍等建筑九百九十九间。不仅如此，莲花山上建庙立寺，就近取材，很多木材来自山上或山下。可想而知，当时的莲花山不仅人声鼎沸，而且林木茂密，生态环境优美。

山上原有寺院名灵岩寺，元改名为正光寺，明时改为善应寺，善应寺即莲花寺。塔侧拉强沟里有一眼清泉，称药王泉，泉水清凉。农历五月十三日的庙会，数万人畜上山，均饮用此水，传说水能治病。泉边有一磐石，相传此处原无水，是索巴让姆用脚踏动了磐石后，出现了泉水，石上留下她的足迹。

史书记载莲花山原建筑集合儒释道三家各等规模的殿阁庙院。

佛教有：善应寺即莲花寺、莲花殿、雍凉大寺、达摩庵、极乐宫、东大寺、西大寺、西竺寺、药师佛殿、弥勒殿、燃灯古佛殿、准提殿、无量殿、观音殿、眼光殿、转轮殿、大势至殿、三圣殿、韦驮殿、百塔寺、大观音殿、小观音殿、大悲阁、白衣洞、佛塔殿、接引寺、文殊洞、普贤洞、小须弥洞、五百罗汉殿、比丘殿等。

儒家有：大成殿、文昌宫、紫山书院。

道教有：玉皇阁、紫山观、崇禧万寿宫、德佑观、神鸟观、长生大帝阁、天皇大帝殿、北极太皇大帝殿、后土地祇殿、五龙宫、上台子殿、药王殿、华陀殿、南斗六星殿、三教殿、牛王马祖殿、三皇殿、三山五岳殿、雷部殿、火部殿、瘟部殿、北极四圣殿、玄坛真君殿、四大天王殿、三宫殿、孤魂殿、四海龙王殿、雷祖殿、娘娘殿、七星殿、土地殿、十二元辰殿、鬼王殿、土地祠、黑虎财神殿、三星殿、油駞殿、春秋阁、痘部殿、木帮殿、三霄殿、新百子阁、旧百子阁、文昌宫、魁星阁、云台阁、麒麟阁、五方五老殿、王母殿、无生老母殿、地母殿、分水将军殿、灵宫殿、老君洞、功德殿、三官大帝殿、凌烟阁、四大天师殿、八仙阁等。另有上朝阳洞、下朝阳洞、哼哈二将殿、上天桥、玉带桥、关煞洞、头天门、二天门、上天门等设施建筑。

据说在1950年，莲花山上的建筑物仍保持原有数量。到了1960年前后，人为拆除，导致各种建筑毁于一旦。现山上遗留的药王殿、观音殿、财神殿、接引寺等，都是后来重新修建的。

武威人有农历五月十三日朝莲花山的习俗，有人说是从西汉就开始了，也有人说是在唐周时就有此风俗。不论起源于何时，农历五月十三日朝莲花山已经成为一个固定节日，每逢此日莲花山都会举办盛大庙会，十里八乡的人纷至沓来，也有从外地驱车而来的信众和旅游观光者参与其中，有拜佛烧香的、求子还愿的、玩耍游览的、打点生意的……人们摩肩接踵挤挤挨挨，构成莲花山一大盛景。

偏居凉州一隅的莲花山，是佛道儒三教共有的胜地，承继了我国名山大刹的风格，山上许多景点名称亦与泰山一致，其格局也颇为相似。而且，莲花山下有一牌坊，格局与"下天祝（竺）"同，名曰"上天祝（竺）"，每年农历五月十三日莲花山举行朝山会，这是人们必走的道路，所以这条道被称为"圣道"。

莲花山下有一道山坡，据说有七里长。此坡因为红沙怪石遍布草木不生，故名旱滩坡。1972年，九十二枚医药汉简在这里出土，考古学中就有了旱滩坡的名字。旱滩坡发掘的汉简是国内最早的有关医学著作的原始文物。汉简上隽永的书法和所刻的内容，昭示着中华文明的一大进步。1974年，当写有文字的纸从旱滩坡出土后，武威又为我国造纸的历史提供了新的佐证。旱滩坡，每出土一件文物都会给武威的文明增添新的内容。据武威耆老讲，旱滩坡有一自然景观，叫罗汉坟，旱滩坡有多大，罗汉坟就有多大。罗汉仰体而躺，头、脖子、胳膊、指头、肚脐等依稀可辨。据传，看罗汉坟需在早晨八点钟左右，选一合适的角度，此时的罗汉慈眉善目若隐若现，堪称奇观。可惜，这样的奇景笔者一直无缘得见，只能在文字里描摹想象了。

佛教文化深入人心绵延不绝，两千多年来影响和改变了无数人的命运，也慰藉了无数迷茫的灵魂，给予人精神意义上十分积极的引导作用，因此才会被世人广泛接受。

凉州文化的构成中，佛教文化必然占有相当重的分量，佛国凉州与文化凉州在武威这块土地上凝结而生、相伴而生，为我们留下了博采众长又风格独特的武威风貌，沉淀在武威的历史文化底蕴里，也浸润在武威人的血脉中，并将永久流传。

五凉之都

武威的历史过往丰富多彩，还有很多别称，"凉州"是人人皆知的一个，"姑臧"也很有名，历史粉知道的居多。还有"五凉古都"之称，对于当代人来说可能比较陌生。因为，五凉所处的五胡十六国时期，是中国古代史上混乱分裂时代，其时天下大乱，国家分裂动荡数百年，华夏文明数度面临断裂危机。所以，对于这一时期的历史梳理略显杂乱，难倒了很多人。

作为丝绸之路必经通道的河西走廊，在历史的大变革大迁移中，各民族相互影响，相互融合，共同继承并弘扬了华夏文明，在关键时刻肩起了延续文明薪火相传的重任，在为中西经济文化交流持续作出应有贡献的同时，于乱世之中还开创了辉煌灿烂的五凉文化。著名学者陈寅恪先生在他的《隋唐制度渊源略论稿》一书中评价河西走廊在特殊时期的重大贡献时曾盛赞："……其文化上续汉、魏、西晋之学风，下开（北）魏、（北）齐、隋唐之制度，承前启后，继绝扶衰，五百年间延绵一脉……"

了解五凉文化的渊源，就必须从五凉之国说起；而厘清五凉，则要先梳理五胡十六国和魏晋南北朝这两个历史时段，以及中间发生与形成一系列历史政治事件和朝代更迭的相关脉络。

五凉国在浩瀚的中国古代史中犹如沧海一粟，只是位于河西走廊的五个小小的割据政权。在五凉先后割据前，整个中华版图还是西晋司马家的天下，

武威大云寺

河西走廊也不例外。西晋"八王之乱"致使古中国陷入异常混乱的局面，也加快了西晋灭亡的脚步。西晋的腐败让始终觊觎中原的匈奴再次崛起，先攻破洛阳掳走晋怀帝，316年又趁乱攻陷长安，西晋政权存世仅五十一年便宣告灭亡。司马睿在江南重建晋室，史称东晋，历史步入东晋十六国时代。地处江南的东晋与多个北方少数民族政权同期存在，五胡十六国形成了早期的南北朝对峙。

五胡十六国分别是成汉、前赵、后赵、前凉、前燕、前秦、后燕、后秦、西秦、后凉、南凉、西凉、北凉、南燕、北燕及胡夏。因为其中主要政权是由匈奴、鲜卑、羯、氐、羌五个少数民族所建，故称五胡。十六国（304—439）前后延续一百多年，在这期间，北方的战乱基本上就没消停过，你方唱罢我登场，建立国家、称王称帝的频率简直跟小孩子过家家一样随意。而所谓十六国只是北方比较大、比较有影响力的十六个小国，实际上还有其他更小的政权没有算在内，当时整个北方各种大小势力相互攻伐兼并，可以想象是何等混乱了。

有些史书上把这一时期称为东晋十六国，有些叫两晋南北朝，还有叫魏晋南北朝和三国两晋南北朝的，多种叫法难免使我们对这段历史产生混乱，还容易与后来的五代十国混淆，的确是古代史上最令人晕头转向的一段过往。提及它们之间的关系，现在仍然有好几种看法。

西晋八王争权致使五胡瓜分中原，东晋在江南复兴，又为南朝建立创造了条件，著名的历史事件"衣冠南渡"就是指东晋建立，士大夫阶层集体大规模迁移南方的事情。东晋比起西晋存续的时间要长，有一百年出头，同时期北方正是十六国时代，相对于北方小国间的战乱连绵，南方的东晋要安定平稳许多，这也是后来南朝四国持续繁荣富庶的根本原因。再之后，东晋灭亡，十六国相互兼并，南北朝正式登上历史舞台。

五凉即两晋十六国时代的五个政权，分别为：前凉，后凉，北凉，南凉，西凉。五凉政权主要活动在河西走廊和青海河湟地区，后专指甘肃一带。唐张九龄《益州长史叔置酒宴别序》："前拜小司马，兼拥旄于五凉。"唐岑参《题金城临河驿楼》诗："古戍依重险，高楼见五凉。"《送李别将摄伊吾令充使赴武威，便寄崔员外》："马疾飞千里，凫飞向五凉。"这些诗句中的五凉，指的就是河西走廊。

前凉，作为十六国中的强盛大国之一，史学界认为是由汉族人张轨所建。历九主，共七十六年。即从晋永宁元年（301）张轨出任凉州刺史至秦建元十二年（376）悼王张天锡被迫出降前秦止，是十六国中享国最久的国家。也有反对意见说张轨任职凉州刺史时并未称帝，前凉历史应该从张祚正式称帝算起。事实上，晋惠帝时张轨出任凉州刺史兼护羌校尉，而后大筑姑臧城（武威）又铸五铢钱通行境内的举动，已经充分说明此时的张轨就具有了称霸本质。张轨执掌凉州时延用当地有才干的人共同治理凉州，课农桑，立学校，阻击入侵的鲜卑部，保境安民，抚定地方，多所建树。永嘉之乱中天下分崩，独张轨贡使不绝，并遣将北宫纯勤王赴难。洛阳沦陷（311）后，中原和关中地区士子文人大量流入凉州寻求庇护。张轨于姑臧西北置武兴郡，分西平（今青海西宁）郡界置晋兴郡，以处流民。愍帝即位长安时，张轨又遣将宋配助卫京师。

314年张轨病死，长子张寔继任凉州刺史，晋愍帝司马邺任命寔为都督凉州诸军事、凉州刺史、西平公。西晋亡后，张氏世守凉州，长期使用晋愍帝的建兴年号，虽名晋臣及向数国称臣，但实为独立的割据政权，并不属于东晋的地方政权。张骏、张重华父子统治时，前凉达于极盛，境内分置凉、沙、河三州，设西域长史于海头，在今吐鲁番地区设置高昌郡，其疆域"南逾河、湟，东至秦、陇，西包葱岭，北暨居延"。353年张重华死后，王位落入张祚之手，354年张祚称帝，改元"和平"。张氏此前并未称帝，但事实上已然拥有独立主权，具备了立国条件，"前凉"起始由此算是合理的。此后张氏宗室内乱不绝，凉国大姓也起兵反抗。十年争权夺位的斗争，使国势大衰，到张天锡时已失去今甘肃南部。376年，前秦主苻坚以步骑十三万大举进攻，张天锡被迫出降，前凉灭亡。张天锡后来到了东晋，得了个官，死后被"封"为归义侯。

张氏子孙世代保守的凉州，是当时中国北部较为安定的地区，都城姑臧更是西北地区政治、经济和文化中心。河西走廊原是通往西方的陆路交通要道，商业繁荣，农业和畜牧业生产也较发达。西晋灭亡后，内地流亡人民相继到来，劳动力增加，生产经验传播，凉州的社会经济更有发展。当时的凉州还是中国北部保存汉族传统文化最多和接受西域文化最早的一个重要地区。

后凉的建立颇具传奇性，由十六国时期略阳（今甘肃平凉地区庄浪县）氐族人吕光建立。吕光同前秦国主苻坚同为氐族，其父吕婆楼在苻坚还未成为前秦国主时就是苻坚最忠心的部下，在苻坚篡位称王的过程中，更是全力相助一路追随，位居太尉之职，成了前秦的开国重臣。吕光从小生长在官宦之家学就文武双全的本领，青年时期便以深沉、持重、喜怒不形于色而得到前秦朝臣重视。苻坚麾下的著名谋臣王猛发现吕光是个人才，便把他推荐给苻坚。吕光初出茅庐就出任了美阳（今陕西武功）县令，后逐步被提拔为鹰扬将军。吕光不负王猛和苻坚的厚望，他追随苻坚南征北战，在战争中大显身手，赢得了前秦大臣的交口称赞。

382年9月，苻坚在统一了北方大部分地区后，又想经营西域。于是，命吕光为特使持节、都督征讨西域诸军事、安西将军、西域校尉。组成了一支由七万步兵，五千骑兵，号称十万大军的西征大军，准备统一西域。吕光的西征大军阵容强大，仅将军一级的高级官员就有姜飞、彭晃、杜进、康盛等。另外，陇西、冯翊、武威、弘农等郡有名望的人物如董方、郭抱、贾虔、杨颖等也作为助手参加了西征军。

383年1月，淝水之战前，吕光告别苻坚，离开长安。在淝永之战进行的同时，吕光也在龟兹和西域联军鏖战。两年后，当吕光统一西域全境，用两万匹骆驼组成的浩大驼队载满千余种珍奇的西域货物，并带回一万多匹西域骏马和数千西域乐工时，苻坚已在淝水之战中惨败，羌族人姚苌趁乱杀主夺位。而吕光所效忠的前秦，也由姚苌所建立的后秦取代。故主不在，家国无存，吕光满心焦虑中率军东归，心里大约也是七上八下的。

失去苻坚压制中原大乱，很多之前慑于前秦强盛的小国又开始了互殴模式。当时前秦旧臣高昌太守杨翰等人唯恐吕光回朝篡权，建议凉州刺史梁熙尽早下手伏击吕光于关外高昌谷口，但梁熙犹豫不决。吕光风闻杨翰等欲对自己不利，也不敢贸然往前，在关外徘徊不定。吕光麾下将军杜进等都是能征惯战之人，见此情形鼓动吕光把握时机，趁对方意见尚未统一举兵攻占凉州，先站稳了脚跟再做打算。吕光此时别无他选，也只有夺取凉州这一条路还算前景光明，便听从部将建议直取凉州。吕光所率军队乘胜而来锐不可当，敦煌太守姚静不战而降，为吕光东进河西走廊大开方便之门。梁熙后知后觉，听闻吕光入关急忙组织人马抵挡，但已经来不及了，两军在酒泉交锋吕光大胜，附近胡夷各部纷纷归降。武威太守彭洛见大势已去，活捉了刺史梁熙，迎接吕光大军入驻姑臧城。吕光自此据姑臧为主，自称凉州刺史、护羌校尉。

史书中记载，吕光占领姑臧时还不知道苻坚被害的消息，直到一年后苻坚的死讯才传到姑臧。吕光与苻坚并不单纯是君臣关系，还是很要好的朋友，听闻苻坚遇害悲痛难抑，遂下令所部为苻坚披麻戴孝举行国丧，隔空吊唁早已死去多时的旧主，并改元大安，尊苻坚为文昭皇帝，自封大将军、凉州牧、酒泉公等一系列称号。

吕光落脚姑臧后的日子并不好过，他先后遭到前凉残余势力及地方小政权攻击，以及自己的部下相继反叛等糟心事，河西走廊那段时间到处都是战争，吕光只得四处征战，历时数年才平息乱军统一了凉州，于386年称王。之后十年是吕光励精图治、拓展疆域的奋斗积累期，待到396年6月，吕光升号为天王，建国大凉时，后凉达到全盛，统治疆域同前凉略同。吕光政权史称后凉，共存在十八年。

北凉，是颠覆吕光后凉的一个新政权，先期由吕光旧部建康太守段业反叛而建，后被匈奴支系卢水胡族的沮渠蒙逊所篡取。史学界对北凉建国持两种看法，一种以蒙逊堂兄沮渠男成拥立段业称凉州牧，并改元神玺为立国之始（397）算起，另一种则从沮渠蒙逊夺位称张掖公时以为开始（401）。后凉的建康在今张掖市高台县，段业时任太守，在沮渠男成支持下反叛吕光，后沮渠蒙逊离间堂兄与段业的关系，段业中计斩杀男成，蒙逊反以此为借口纠集族人攻灭段业，夺得兵政大权正式称王。

北凉初建都张掖，412年迁都姑臧（今甘肃武威），统辖张掖至武威两郡，并与建国稍晚一些的西凉与南凉互不服气，时常发生战争。沮渠蒙逊于433年去世后，由其子沮渠牧犍继位。439年北魏攻打姑臧，牧犍被迫出降，北凉亡国。蒙逊另一个儿子沮渠无讳率领残部西行出关至高昌，建立高昌北凉，一般认为高昌北凉已脱离五胡十六国时代范围，很多史料中并不承认其为北凉政权延续。460年高昌北凉为柔然所攻灭，无讳弟沮渠安周被杀，高昌北凉亦亡之。北凉共存世三十九年，算上高昌北凉也仅有六十四年。沮渠蒙逊在位的二十二年里，却创造了辉煌灿烂的河西石窟文化，天梯山石窟公认为中国石窟文化鼻祖。

400年，汉飞将军李广后裔李暠建立了西凉王朝。西凉政权是十六国时期为数不多的由汉人建立的小王国。李暠家族世为凉州豪姓大族。《晋书·凉武昭王传》载："暠，字玄盛，陇西成纪人，姓李氏。汉前将军广之十六世孙也。……世为西州右姓。"北凉段业时，李暠曾任敦煌太守。庚子元年（400），自称凉公，改元建初，成为西凉的开国皇帝。传说，李暠身高丈二，膊阔四围，豹头虎眼，每餐储粮一斗，蒸豚二肘，酒量如沧海，力拔山，气盖世，戏剑钺二百斤如举一羽。他生性聪敏，待人宽和，还通涉经史，尤善文义，对武艺、兵法也颇有研究。

当时，段业叛吕光，建立北凉，任李暠为敦煌太守等职。汉族大地主宋繇系李暠异父同母弟弟，在宋繇等人的极力支持下李暠于敦煌称凉公宣告独立，史称西凉。西凉政权先建都敦煌，后来迁都酒泉，与北凉并立河西走廊。李暠所建的西凉，称臣于东晋，李暠本人接受东晋的封号，设侨郡安置江淮和中州来到境内的中原流民。李暠在位期间，很注意发展农业，史载："年谷频登，百姓乐业。"他还在玉门、阳关一带屯田，势力远及西域。西凉所辖的河西半壁江山，与沮渠蒙逊统领的北凉一度出现共同繁荣彼此安定的和平局面。李暠被臣民尊奉为兴圣皇帝。

西凉政权历两代三王，共存世二十一年。李暠死后，其子李歆、李恂先后继位，在位时间都不长，并且都没有李暠那样治国安民的本领，也不具备其父威望，反倒奢靡残暴，不顾百姓困苦大修宫室，严刑峻法，致使"人力凋残，百姓愁悴"，统治极不稳定。420年，李歆被北凉沮渠蒙逊杀掉，次年沮渠蒙逊又率兵来攻，李恂据城而守。沮渠蒙逊用大水灌城，西凉都城陷落，李恂自杀，妻女俱成俘虏，被沮渠蒙逊掠至武威。后来，西凉亡国公主嫁于北凉太子沮渠牧犍为妃，因为一场情感纠葛抑郁而死；原西凉皇后囚禁于窦融台终身不改气节，受到武威人民尊敬，窦融台因此还改称皇娘娘台，其名存留至今。

南凉，是与北凉和西凉并存过一段时间的十六国之一，由河西鲜卑族秃发乌孤所建。都城乐都今属青海境内，在北凉迁都姑臧前，也曾占据过武威，强盛时控有今甘肃西部和宁夏部分地区。南凉存在时间为397年至414年，历三主，共十八年，受西秦偷袭灭国。学界认为，秃发即"拓跋"的异译，而导致南凉灭国的最主要原因却是来自北凉的连续打击，让西秦捡了个便宜。五凉起起落落的恩怨情仇是另一个故事，此处不做赘述，读者朋友感兴趣可去《张掖传》中寻找答案。

武威一直被誉为五凉都会，二十世纪八九十年代还有一个白酒品牌叫"五凉春"的，世人皆以为然。到了近几年，有人提出质疑，反对武威"五凉都会"的称号，秉持理由是认为西凉都城并不在武威。然而，很多人并不知道，隋末唐初的武威还存在过一个以"凉"为国号的政权，那就是大凉。

大凉存在于617年至619年间，由凉州雄豪李轨占据凉州后建立。凉朝安乐元年（618），李轨正式称皇帝，立儿子伯玉为太子，设置百官史称大凉政权，外通好吐谷浑，结援于突厥，稳定凉州，成为西北第一霸主。隋朝末年，军阀割据四方，民不聊生，全国各地农民起义此起彼伏。此时的武威郡鹰扬府司马李轨也召集本郡知名人士曹珍、梁硕、安修仁等共商大计。大家共推李轨为首领，准备反叛。

隋朝大业十三年（617），七月上旬，安修仁趁着夜色率领众多胡人进入内苑城，李轨在城外聚众响应，以助声势，叛军抓住了隋虎贲郎将谢统师、郡丞韦士政，占据了州城武威，结束了隋朝在凉州的统治。

凉朝安乐元年（618），李轨称王后，声威大震，称雄一方；金城秦兴帝薛举见李轨自立，遂遣兵进攻凉州，李轨派兵阻击于昌松（今古浪县），全歼薛举之兵，并乘胜追击，先后攻克了张掖、敦煌、西平（今青海西宁市）、罕（今临夏市）等地，河西五郡尽归大凉政权。同年六月，李渊派遣使者招抚李轨，李轨派遣其弟李懋赴长安入朝觐见通好，唐高祖李渊授予李懋大将军之职，随后又令鸿胪少卿张侯德持节册拜李轨为凉州主管，封凉王，赐给羽葆鼓吹一部；唐朝使者到达凉州时，李轨已经称帝，遂拒绝唐朝封号，称臣不归附。

次年，隋朝旧吏虎贲中郎将谢统师、西秦柱国奚道宜等人，并不感念当初被俘、凉安乐帝李轨不但不杀反而重加委任的恩德，心怀不轨，经常与群胡相勾结，引进朋党，排斥凉安乐帝李轨的故旧，致使凉安乐帝李轨亲信故旧逐渐被疏远，君臣离心。唐高祖李渊第二次派遣使臣安兴贵前往凉州，说服凉安乐帝李轨降唐，李轨依旧不答应，安兴贵遂同其弟安修仁起兵政变，围攻武威，五月，安氏兄弟攻克武威，擒拿凉安乐帝李轨，将其押解长安，被唐高祖李渊下令斩首，大凉灭亡。

大凉政权虽然与五凉相隔两百年，建国时间又短，但国号一致，都城俱在武威，即便不算西凉在内，也当得起"五凉古都"称号。毕竟，李轨与五凉国的所有君主们一样，是位列历代帝王名录，得到历史认可的国君，不能因为朝代存续时间短就否定其存在。

再来看五凉统治疆域。前凉强盛时据有今甘肃、新疆及内蒙古、青海各一部分。后凉失守河东至三辅一带，但往西却远辖西域诸国及中亚细亚一部分地域。西凉以酒泉为东边境线，继承的后凉疆域广及西域。北凉最强盛的时候控制今甘肃西部、宁夏、新疆、青海的一部分，是河西一带继前凉之后拥有土地面积最多，整体实力也最强的政权。南凉后定都乐都，盛时控有今甘肃武威一带和宁夏部分地区。

五凉共有十九个国主，其中，前凉张轨、张骏，北凉沮渠蒙逊，西凉李暠在历史上均有褒扬，正是他们的倡导和亲为，五凉文化才得以发扬，成为晋室衣冠南渡后北方文明繁荣延续的有力保障。

五凉文化

五凉文化，即五凉政权在其发展阶段所创造的文化，在河西走廊历史文化积淀中具有不可替代的地位，也是武威历史中最具有代表性的文化现象。在乱如一团麻的十六国时代，五凉政权与五凉文化延续了中华文化根脉，并使其在凉州大地上繁荣昌盛，于中原动荡分裂文明几近湮灭的危亡时刻，还有大幅度提升弘扬，为保留中华文明作出了杰出贡献。

五凉文化的兴起，源于西晋永嘉之乱，即八王之乱。西晋灭亡后，中原士族迁居江南，始有衣冠南渡的历史事件。其时，北方因为少数民族占据，汉学遭遇灭顶之灾。而地处河西走廊的五凉政权的统治者们却在兴邦立国、为王称霸的前提下，谨修内政，保境安民，同时大量接受来自中原地区的士人名流，并给予他们庇护礼待，尽其所能地提供士人著书立说的人文环境，并不失时机地倡导各族人民发展经济，促进文化。正因为五凉君主们对汉学的推崇与支持，使得河西走廊，尤其是几朝都城所在地武威在百年之内以兴旺发达著称，从而开创了在历史上独具一格、史不绝书、上承建安、下启隋唐的"五凉文化"。

五凉文化评价如此之高，我们不禁要问，五凉文化究竟是什么？又有哪些具体特征呢？我们讲文化，都习惯性地套用模式，用一些空泛的概念性词语去总结陈述，看似有物实则没有具体所指，让人总有模棱两可之感。关于五凉文化的论证与阐述也存在相似的问题，而且近些年来还有一部分学者，把五凉文化囊括进敦煌文化范畴来看待，甚至把河西走廊文化、丝路文化、佛教文化、游牧文化等文化式样都通通按进敦煌文化一锅烩，我认为这是一种不负责任且十分偏激的观点。

且不论五凉文化的形成发展期早于敦煌文化数百年，单从学术概念中的从属关系来看，敦煌文化也涵盖不了河西走廊文化生态区的诸多文化式样。正如当代文化研究学者所说："河西走廊文化生态区的文化式样包括有敦煌文化、长城文化、丝绸之路文化、石窟文化、简牍文化、五凉文化、西夏文化、边塞军旅文化以及现代工业和科技文化等。"这一观点，指出了各种文化的具体形式与各自具有的特点，不同的历史时期有不同的文化特色，不同的文化主体有别具一格的文化形态，敦煌文化与五凉文化并非从属关系，也非母子关系，而是在不同的历史时期中各自发展，又兼容并蓄，保留了自我，并求同存异的两种甚至多种文化特质经过互相借鉴、相互融合，分别发展出来的文化式样。如果非要给各种文化式样划一个圈子来框定，不能是五凉文化包含敦煌文化，也绝不是敦煌文化囊括五凉文化，更不会是任何一种文化式样对另一种文化式样的兼容。强行拉上从属关系，是对文化的刻意窄化行为，未免狭隘。我们应该认识到，丰富多彩的各种文化形态，都是在河西走廊宽广厚实的怀抱里发芽生长、开花结果的，它们更像兄弟手足之间的血浓于水，而非家族子孙间的一脉单传，区别只在于各种文化存在的历史时期不一样罢了。所以，文化式样这样的表达是最科学、最贴切的准确答案。

另外，文化与文明也是大有区别的。德国学者伊里亚斯在《文明的进程》这本书中提出，可以把"文化"和"文明"做一个界定和区分，即"文化"是使民族之间表现出差异性的东西，它时时表现着一个民族的自我和特色，因此，它没有高低之分。而"文明"是使各个民族差异性逐渐减少的那些东西，表现着人类的普遍的行为和成就。换句话说，就是"文化"使各个民族不一样，"文明"使各个民族越来越接近。

复旦大学历史系资深教授、学者葛兆光先生也曾有过相关论证，他说：伊里亚斯指出，"文化"是一种不必特意传授，由于耳濡目染就会获得的性格特征和精神气质，而"文明"则常常是一种需要学习才能获得的东西，因而它总是和"有教养""有知识""有规则"等词语相连。虽然"文化"是让你随心所欲表现自己特色的，但"文明"是给你一些限制和规则的。如果这样理解"文明"和"文化"，我们就不必对全球化和现代秩序恐惧，也不必担心我们的文化会被侵蚀，问题在于，我们如何在普遍的文明和规则中，守护好独特的文化和传统。"文化"与传统有关，它是特殊的，而"文明"与未来有关，它是普遍的。如何在一个普遍文明规则下，保存好特别的文化，同时在现代文明的时代，客观理解文化在历史中的合理性，是我们当下要考虑的问题。

根据以上观点可知，不论是文明还是文化，都需要放在特定历史当中去评价，历史是变动不居的，所以文化就会因此具有差异性。我们必须认清一个事实，就是丝绸之路开通后，所有自西而来的文化，都在河西走廊经过初步汉化之后才传到中原地区。这一事实充分说明，在外来文化与中国文化逐渐兼容和谐统一的过程中，前提是已经实现了汉化，而河西走廊作为外来文化进入中国的第一站，在其中充当的角色不仅仅是搬运工，更多倾向于粗加工与检验员的工作。而当已经发展成熟的中原文化反流回来，河西走廊在接受继承的基础上，依然会进行加工与检验，摸索出一种适合于自身发展的、具有自我特色的新方式，如此便形成了大同小异的特色文化，形式与样貌的略为不同就构成了各种各样缤纷灿烂的文化式样。

十六国时期，中州板荡，河西独安，五凉政权所在的河西走廊军事强盛、政治稳定、经济繁荣、社会安定，吸引大批战乱之地的士民，尤其是大量饮誉海内的家族和名士前来避难和定居，带来了发达的中原文化，战乱之中别人只顾打仗抢地盘，唯有河西走廊文脉长兴，尊儒兴教的大政之下，凉州成为人才济济的"多士之邦"，大大促进了当地文化的兴盛和发展。诸如前凉张氏家族、西凉李暠、北凉沮渠蒙逊等统治者的带头参与下，给予了学者士人著书立说、治学兴教的信心，在经学、文学、史学、哲学、艺术等方面多有建树，许多作品一经产出便广为传颂受到追捧，许多作者和著作被载入《晋书》《魏书》《北史》《隋书》等。

史料记载，元嘉十四年（437）北凉和南朝刘宋王朝的一次文献交流中，北凉进献的以本土文人为主的作品计有《周生子》十三卷、《时务论》十二卷、《三国总略》二十卷、《俗问》十一卷、《十三州志》十卷、《文检》六卷、《四科传》四卷、《敦煌实录》十卷、《凉书》十卷、《汉皇德传》二十五卷、《亡典》七卷、《魏驳》九卷、《谢艾集》八卷、《古今字》两卷、《乘丘先生》三卷、《周髀》一卷、《皇帝王历三合纪》一卷、《赵𥈠传》并《甲寅元历》一卷、《孔子赞》卷,合一百五十四卷。

北凉交流的书籍种类非常多,涉及儒学、经学、文学、玄学、天文学、史学、建筑学、科技学、佛学、乐舞学等,几乎涵盖了当时的全部学科类别,其数量之庞大,学科之广博在当时而言是绝无仅有的。而这些书籍,就是五凉文化诞生与五凉时期河西走廊在文化、文明成就的有力实证。上述作品历经千年巨变,现在虽然已经失传,但在《四库全书》中还列有目录。在那样一个风云动荡、儒学湮灭的特殊时期,五凉国还能有此成就,其经典作品与重大贡献足令后人仰视,完全当得起陈寅恪先生那句"继绝扶衰"的评价。

据凉州文化研究院研究结论,这批书籍,仅是五凉时期凉州文化圈、敦煌文化圈本土学术作品总汇中的"冰山一角"。五凉学术及研究成果,冠绝五胡十六国。仍拿上述作品来说,其中的《周髀》(一卷)是中国流传至今的一部最早的数学著作,被史学界称为"数学鼻祖"。《周髀》成书于西汉,但经几百年风雨沧桑到五凉时期才在凉州得到整理编辑,重新刊印发行。北凉人阚骃撰的《十三州志》,是一部全国性的地理总志,是研究我国西北地方史、西北民族史和中西交通史必不可少的资料。内容以在汉代版图内所设司隶、豫、冀、兖、徐、青、荆、扬、益、凉、并、幽、交十三州为纲,系统介绍了各地的郡县沿革、河道发源及流向、社会风俗等地理现象。此书是中国早期最有影响力的地理巨著之一。

可见,五凉时期文化艺术呈现百花齐放的繁荣局面,这种持续的欣欣向荣最终促成了武威文化发展中第一个高峰,即五凉文化的诞生与发展。五凉国先后定都武威,唯一例外西凉,虽然都城不在武威,但灭国后北凉王沮渠蒙逊掳走了西凉皇后和公主之余,也将西凉国的所有士人名流带到了武威予以优待,继续扶持他们未竟的文化事业。所以说,武威汇聚了五凉文化的所有精华，五凉文化亦是武威最具有代表性的文化特质。

五凉文化中影响最大者就是佛教文化，其分支性文化如石窟文化、译经文化和僧侣文化，不仅影响了中原佛教文化的发展，还直接催生了大乘佛教在长江两岸、川蜀之地的兴盛。北凉灭国，北魏从武威掳走以昙曜为首的众多僧侣与工匠将石窟艺术带到了中原，才有了享誉世界的山西云冈石窟与洛阳龙门石窟，唐代修筑的四川乐山大佛，亦是佛教文化一脉相承的杰作，而敦煌莫高窟则是佛教文化在中原发展成熟后反流的结果。如果说莫高窟是站在巨人肩膀上的幸运儿，那些依然残存或已经消失了的早期石窟就是巨人本身。因此，我们完全可以非常有底气地说，五凉文化是中国佛教文化的源头。

高僧昙无谶便是沮渠蒙逊自西凉国迎请回武威的一代传奇僧人。昙无谶在武威与张掖相继开凿天梯山石窟与马蹄寺石窟，佛教文化与石窟艺术相结合的模式，正是五凉文化之于佛教文化的一种具体呈现。

有赖于五凉文化对佛学的承续，让我们知道在五凉时期，武威是全国佛教最发达的地区。《高僧传》是千百年来中国佛教界公认的早期佛教人物传记经典，此书中收录的五凉国高僧多达三十四名，占当时全国高僧的大半。其中，仅武威籍高僧就有九人。"凉土译经"是世界佛学界的佳话，在五凉时期仅昙无谶就在今武威城中译出了十一部佛经。中国第一部完整汉语《大般涅槃经》就是在武威诞生的。作为"佛说的最高阶段"，此经成为海内外佛教徒日常诵经，被誉为"众经之渊镜，万流之宗极"。武威籍高僧竺佛念、智严和宝云也勤奋译经，他们译出的《普曜》《广博严净》《四天王》等均是同类经本中的第一版本。北凉王室贵胄沮渠京声，是中国最早的王子出家者，他不但到西天取经，还在武威城勤奋译出了第一个汉语版的《治禅病秘要法》，此经因是后世出家人修行必备书而海内闻名。后凉时期，古天竺佛经通过丝绸之路源源不断地汇聚到凉州，梵文佛经存量很多。传奇译经大师鸠摩罗什一边在凉州城学习汉语，一边搜集各类梵经，客居长达十七年时间。鸠摩罗什一生共译佛经三十五部，总二百九十四卷，最著名者即众所周知的《心经》。

五凉文化对于中国古典乐舞的影响也是一大特征。西凉乐舞与凉州词，以及凉州乐舞与隋唐文化的渊源，详见本书另一章节，此处不做赘述。

建筑技艺与美学艺术当中，也有五凉文化的元素在内。众所周知，包括佛教在内的多种外来文化在凉州初步汉化以后传入中原，体现在建筑艺术方面的具象，就是前凉张氏家族对于姑臧城的重建和扩建。

张轨到凉州任职时，姑臧城因遭兵乱，残破不堪。随着河西政治的安定、经济的发达和中原流民的大量涌入，姑臧城已不能适应形势发展的需要，张轨便以大手笔营建姑臧城。他在旧城基础上，增筑完成凉州五城的规模。张茂即位后又高调修筑了灵钧台，规格堪比皇城，是紧跟时代潮流的壮举。张骏时，姑臧有了凉州七城的规模，初具"七城十万家"盛况。张氏以"拟于王者"的京都标准营建姑臧城，对后世的王都建筑产生了深远的影响。

陈寅恪先生曾言："前后凉之姑臧与后来北魏之洛阳就宫在北而市在南一点而言，殊有相似之处。又姑臧本为凉州政治文化中心，复经张氏增修，遂成河西模范之城邑，亦如中原之有洛阳也。"后来西凉王的曾孙李冲父子受命为北魏政权规划营造洛阳新都时，就参照了姑臧城的模式，创造了洛阳格局，而洛阳格局又影响到东魏都城邺城和唐都长安的营建。简言之，我们今天看到的古代都城格局，其源头可追溯到五凉尤其是前凉张氏修筑的姑臧城，史学界和建筑学家把五凉时的姑臧城称作王都鼻祖，就是由此而始。

五凉文化同时也被看作隋唐文化的源头，源自陈寅恪先生在《隋唐制度渊源略论稿》中的观点。他说："秦凉诸州西北一隅之地，其文化上续汉、魏、西晋之学风，西开（北）魏、（北）齐、隋、唐之制度，承前启后，继绝扶衰，五百年间延绵一脉，然后始知北朝文化系统之中，其由江左发展变迁输入者之外，尚别有汉、魏、西晋之河西遗传。""河西遗传"指的正是史不绝书的五凉文化。陈寅恪明确指出，五凉文化是隋唐文化的源头。

《中国通史》中也详细阐述了五凉文化汇入隋唐文化的"线路图"。在这本书中有"凉州在当时是北中国保存汉族传统文化最多又是接触西方文化最先的地区"这样的论证。只是，权威如《中国通史》在阐述西晋文化时总结说："敦煌是凉州文化的中心"，专家们认为凉州文化隶属于敦煌文化。这是严重背离历史事实的。凉州和敦煌在很长历史时间中不但在行政上是辖属关系，在文化上更是干枝关系，凉州统辖敦煌是常态化，而敦煌没有统领过凉州。即便唐晚期张议潮率领归义军收服瓜沙甘肃等十州时,武威一带依然在吐蕃人建立的"凉州温末"政权的统治之下。何况,张议潮的归义军势力维持时间并不长久,在归义军取得一定胜利之后,河西走廊的张掖一带实际上也由甘州回鹘所占据,只不过甘州回鹘与唐王朝交好,名义上归张议潮管理而已。近些年来,敦煌文化获得了空前资源支持,媒体的宣传与相关专家学者,以及地方上的奔走努力,使得敦煌文化名声显赫、蜚声国际,这是非常值得骄傲的一件喜事、大事,我们与有荣焉。但是,有部分学者罔顾历史,强行将河西走廊的一切文化都归类于敦煌文化的羽翼之下,这种做法是不负责任,且极为不公平的,研究历史、传承文化不能囫囵吞枣。

  五凉文化历史悠久、内涵丰富,是武威的代表性文化。武威既是五凉文化的核心区,又是五凉文化资源的富集带,在当今复兴传统文化、挖掘传统文化的大好时代里,五凉文化是时候重新焕发光彩了。对此,有学者呼吁,应该从五凉文化源头学、比较学入手,把五凉时期在全国具有影响的历史人物、事件、现象梳理出来,催生一批新的文化创意作品,让史实说五凉,让具体的文化文物个体塑造五凉,让五凉文化成为具体可感的活文化,成为能系统配套武威新生景区、产生经济效益的实用文化、主流文化。此倡议提得恰逢其时,我们只管拭目以待吧!

西凉乐舞与凉州词

说起凉州词恐怕没几个人不知道的，在唐诗世界里，凉州词以气象豪迈和意境辽远而著称。透过诗词，我们依然可以追溯到古代西北边塞的苍凉辽阔铁马冰河和河西重镇人烟扑地风情异域的万千气象。凉州的山川风月在诗词里常青，至今读来依旧鲜活灵动字字珠玑，凉州词所描绘的边塞生活与壮志情怀，也依然能够催动我们满腔热血心向往之……凉州因为凉州词而气质卓然，凉州词因为凉州而诗意浪漫。

谈凉州词必然要从诗词起源说起，说唐诗也必定离不开乐舞。因为，诗歌一家，古代的诗词都是唱出来的，它们有各自固定的曲谱乐调。凉州词，又称凉州曲，就是达官显贵、宗室名流为凉州曲所填的唱词，是唐代最流行的一种曲调名。与《八声甘州》和《甘州大曲》一样，凉州亦有《凉州词》和《凉州大曲》，地处河西走廊血肉相连的两座城市充盈了乐府诗歌库，以"胡乐"的身份占据着盛唐宫廷音乐的半壁江山，风靡天下传唱不衰。

在诗词大盛的唐宋时期，乐舞与乐曲是诗词的基础。远在西汉时就成立的乐府，便是专门管理乐舞演唱教习的一个机构。汉乐府是标准的官署机构，成立于公元前112年，由西汉武帝设置。乐府的职责是采集民间歌谣或诗文加以配乐，在朝廷祭祀或宴会时演奏之用。乐府诗，在唐代以前属于官方音乐，汉代称之为"歌诗"，后来慢慢演化才改称"诗歌"。诗歌不分家，但两个字位

武威民间传统秧歌

置的互换却代表着诗歌发展天翻地覆的变化，准确来说这种变化其实是一种革新，把以演唱助兴为主要用途的歌诗，变成验证文化掌握程度与文学审美情操的诗歌，乐府功不可没。

在唐代，以诗文见长是选拔官员的重要标准，诗写得好将会在科举中获得额外加分，有可能平步青云—诗腾飞。因此，唐代盛产诗人，无数经典诗歌与诗歌大家相聚大唐，书写出中国传统文化史上的辉煌篇章，诗歌毫无争议地被"唐"独家冠名，此后就是"唐诗"了。秦砖汉瓦、唐诗宋词，最经典的事物构成了最灿烂的文明，风雅颂、汉乐府几千年的沉淀积累，终于在唐宋文人的思想里酝酿发酵，然后以井喷之势灿烂盛放，诗人们笔下生花、喉间昂扬的歌诗，从此更添辞采韵致，诗与诗人相辅相成，共同倜傥于盛唐的天空下，铸就万世风流。

唐代设置了教坊司，比之汉乐府更为系统地执掌音乐教习与诗歌收集汇编，在为宫廷服务的同时，也进一步拨高了诗歌地位。唐时，诗人们无不以自己的诗歌被教坊司选中谱曲演奏于皇帝面前而为荣。唐代没有不会写诗的官员,区别只在于写得好坏,所写诗歌能否得到宫廷认可,从构思到写成一首诗,再到被教坊司选取献到帝王后妃面前获得认可与褒奖,想必也是一个只可意会不可言传的微妙过程。诸多因素的共同作用下,教坊司这样一个边缘机构,就成了诗人和官员们与深居宫廷的帝王之间感情维系的纽带,君臣间志趣相投互相欣赏才更有利于社会稳定。所以,设置于内廷的唐教坊司太监,权势一点都不亚于后世声名显赫如魏忠贤等人。不然唐玄宗身边最得宠的太监高力士,李白为什么要故意刁难?大约也是看不惯宦官弄权的缘故吧。"力士脱靴",唯有诗仙而已。唐玄宗酷爱音乐身体力行,他能把"博士"的官位给予负责音乐的太监,可见在唐代音乐的地位何等超然。

正因为宫廷王室的看重与喜爱,满朝文武投其所好搜罗各地民间乐舞敬献给皇帝也就顺理成章了。胡乐《婆罗门曲》就是在这种背景下脱颖而出,由河西节度使杨敬述发现并选送,从河西走廊走向唐宫夜宴的。玄宗对音乐是真爱啊!杨敬述因为献乐的功劳可以与其打仗失败功过相抵,本该被削职下狱的罪名,因为一首乐曲得以豁免,只象征性地惩罚了一下依然身居高位。而那一篇轰动天下震烁古今的《霓裳羽衣曲》便是在此基础上改编而成,随后经杨贵妃编导,《霓裳羽衣舞》也诞生了。《霓裳羽衣曲》的出现,将凉州乐舞推向崭新的高度,取自《凉州大曲》系列的胡曲《婆罗门曲》,随着唐明皇与杨贵妃"在天愿作比翼鸟,在地愿为连理枝"的千古之情,胡部乐舞一时风光无两,也打破了宫廷音乐以雅乐为主流的定规,演绎了盛唐繁华的迤逦多姿和大唐王朝海纳百川的胸襟气度。

玄宗李隆基为盛唐留下了许多传奇,也许他不是个好皇帝,但绝对是一位优秀的艺术家,他在音乐方面的造诣和对中国古典乐发展作出的贡献可谓功勋卓著,因此被世人奉为梨园祖师。梨园,是唐代乐工集训和排练节目的地方,专职为皇室宴乐、祭祀等集会排演曲艺节目。《新唐书·礼乐志》载:"玄宗既知音律,又酷爱法曲,选坐部伎子弟三百,教于梨园。声有误者,帝必觉而正之,号皇帝梨园弟子。"通过这一记载我们可以知道,梨园是玄宗设置在宫廷内的一个皇家音乐剧团。梨园从一定意义上说还是一个音乐培训机构,主要职责是训练乐器演奏人员,与专司礼乐的太常寺和充任串演歌舞散乐的内外教坊共同服务于皇家内廷。

关于梨园的来历，在清乾隆时的进士孙星衍于嘉庆九年（1804）所撰写的《吴郡老郎庙之记》中有载："……余往来京师，见有老郎庙（指玄宗）之神。相传唐玄宗时，庚令公之子名光者，雅善《霓裳羽衣舞》，赐姓李氏，恩养宫中教其子弟。光性嗜梨，故遍植梨树，因名曰梨园。后代奉以为乐之祖师。……"现代人李尤白撰写的《梨园考论》中，考证了梨园的来历。唐中宗时，梨园只不过是皇家禁苑中与枣园、桑园、桃园、樱桃园并存的一个果木园。果木园中设有离宫别殿、酒亭球场等，是供帝后、皇戚、贵臣宴饮游乐的场所。后来经唐玄宗李隆基的大力倡导，梨园的性质起了变化，由一个单纯的果木园圃，逐渐成为专司乐舞演习的一处所在。梨园成为我国历史上，第一座集音乐、舞蹈、戏曲的综合性"艺术学院"，其内有专职戏曲演绎的宫人，亦不乏慕名而来学习乐舞创作的世家子弟，"梨园子弟"始有所指。玄宗自己担任了梨园的崔公（或称崖公），相当于校长（或院长），崔公以下有编辑和乐营将（又称魁伶）两套人马。玄宗亲自率领梨园子弟搞创作，还经常指令当时的翰林学士或有名的文人编撰节目，如诗人贺知章、李白等都曾为梨园编写过上演节目中的唱词。

包括玄宗本人，雷海青、公孙大娘等在唐代有名的音乐人都担任过乐营将的职务，他们不仅是才艺极高的戏曲艺人，又是诲人不倦的导师。用现在我们的职业来细分，相当于编剧、导演、艺术指导等多种职位系于一身。诗人杜甫在他的《观公孙大娘弟子舞剑器行》一诗中，咏叹公孙大娘的舞姿豪迈奔放："燿如羿射九日落，矫如群帝骖龙翔；来如雷霆收震怒，罢如江海凝青光。"唐玄宗时期（712—756），出现了历史上著名的"开元盛世"，经济和文化的发展达到了前所未有的高度，不仅造就了一批中外闻名的文学家和诗人，在舞蹈和音乐等艺术领域里也取得了杰出的成就。后世遂将戏曲界习称为梨园界或梨园行，戏曲演员称为梨园子弟或梨园弟子，梨园成为艺术组织和艺人的代名词。

由于唐代的经济繁荣，加上唐玄宗对音乐、舞蹈的喜好，豢养了乐工数万人，其规模就现在来看，也是相当庞大的。开元二年（714）玄宗将原来隶属于太常寺统领专司演艺工作的倡优中的音乐人才挑选出来，特别设立了"左右教坊，以教俗乐"。左右教坊的责任不同，大致右多善舞者，左多善歌者。在整个中国古代的封建王朝中，唐玄宗时期是艺人最受尊重也最辉煌的年代，有名的艺人受万人追捧，外出表演常前呼后拥，声势与当今娱乐圈明星一般无二。杂史中曾列举受到玄宗重视的数名艺人生平，他们大多凭借曲艺天赋取得了名利双收的成绩。如教坊中最有名的男演员黄幡绰，才艺在盛唐时首屈一指，善于表演参军戏，深得玄宗与皇室看重。有人便说："黄幡绰，玄宗一日不见，龙颜为之不舒。"史书中说黄幡绰平日侍从于皇帝身边，逗趣讲笑话表演滑稽戏，与玄宗以知己相交，朝中官员或有犯错，往往都请他从中斡旋解纷救祸，常能收到满意结果。有风骨的文人则对其行为不屑一顾，遂有"滑稽之雄"的嘲讽之称。看得出来，这位黄姓古代艺人是个喜剧演员，且天赋不低，有可能还是唐代的"喜剧之王"。

另一位名艺人叫张野狐，与黄幡绰是同时代的人，不但善弄参军戏，还擅长器乐演奏，会演戏还精通管弦乐，算是一个多面手了。史籍中说他善奏觱篥（bìlì）和箜篌。觱篥这件乐器其形状大约为九孔胡笳的样子，在古代管乐器中比较常见，从汉代由西域传入中原，是演绎西凉乐必不可少的一种管乐器。唐代著名音乐家李龟年就擅长觱篥演奏，可见在当时这是主流乐器。安史之乱中玄宗避祸入蜀，张野狐曾陪同玄宗一起去四川，战后又一同返回京城，途中为玄宗创作了特别有名的《雨霖铃》和《还京乐》二曲，流传于世。

李可及为咸通年间（860—874）伶官，擅演参军戏，精通音律，善歌唱，腔调凄婉曲折，京城中的少年争相模仿，称之为"拍弹"，并编《叹百年》等歌舞，获得唐懿宗的欢心，曾授以都知、都都知、威卫将军等文武官职。

唐代乐工地位超然，不亚于当代歌星和艺术家，李龟年、李彭年、李鹤年三兄弟就是杰出代表。据说，李龟年三兄弟皆有文艺天赋，他们联合创作的《渭川曲》玄宗特别赏识，并给予了丰厚奖赏。由于表演精湛、名气很大，李氏三兄弟经常出入于王宫贵族府邸，每次都能得到数量惊人的钱物酬劳。名利双收的李家三兄弟在东都洛阳建造的宅第，规模甚至超过了一般的公侯府邸，成为当时乐工中的佼佼者，收获了一大批粉丝，在他们的拥趸中还多以王室成员和勋贵官员为主,是无数在籍乐工与想要成为乐工的人的偶像级人物。同时期的乐师李谟、马仙期、贺怀智等虽然也有一定名气,但都没有李龟年三兄弟风光。自然,其名利地位和艺术成就的获得,与擅长西凉乐演奏不无关系。这一点毋庸置疑,在所有关于李龟年的记载里,都有一句"擅吹觱篥"就是明证。

觱篥是地道的西域乐器,是西凉乐舞中不可缺失的主流乐器。凭借对西凉乐与西凉乐器的熟练掌握,成就半生荣华富贵,一切显赫荣耀又在安史之乱后付诸东流,这是以李龟年为首的曲艺人的悲哀,亦是唐王朝的悲哀,大唐盛世结束于安史之乱,同时也是音乐盛世衰落的开始,令人无限唏嘘。李龟年落魄后流落江南,诗圣杜甫同样流寓江南,二人偶然邂逅便有了那首脍炙人口的《江南逢李龟年》:"岐王宅里寻常见,崔九堂前几度闻。正是江南好风景,落花时节又逢君。"一代明星表演艺术家曾经是王侯权臣的座上宾,而今却也沦落底层潦倒如斯,可叹世事无常富贵在天啊!

霓裳失传,乐舞消沉。战乱彻底撕碎了大唐的繁华幕布,随着王朝衰落,属于西凉乐舞的辉煌不再,唐诗却保持住了璀璨依旧,且脱离开为音乐服务的桎梏,开启了为写诗而写诗的纯诗歌时代。但是,到底诗与歌曾经不分彼此,在经过了宫廷乐舞的淘漉浸淫之后,唐诗终究不再是独立的个体,其行文风格、意象内涵都已经深深打上了曲乐的烙印。格律,便是为了方便曲乐演绎才形成的创作规律,讲求格律美最初就是为了诗歌更好地演唱,使之更加朗朗上口音律和谐。

唐以后,宋、元、明各朝代都设有教坊司,也都沿用了唐教坊司和教坊曲的演奏形式,清康熙年间于内务府下设南府,收罗民间艺人,教习年轻太监为艺人子弟以为宫廷应承演出。道光朝改为"升平署",主持宫内演出事务,其分管职责与教坊司大致相同。

凉州是边地,自古为胡人聚居生活之地,因为丝绸之路的开通,又是维系西域和中原地区之间沟通贸易的纽带。凉州曲乐吸收融合了西域胡人的表演形式,创出独树一帜的凉州乐舞,以刚柔并济、连续旋转,注重力量与舞蹈的协调统一,达到令观众赏心悦目的表演效果,故多称"胡旋舞"。凉州乐舞表演时辅助有觱篥、琵琶、胡笳、羌笛、筝、横笛、笙、方响等多种西域乐器,相对于此前中原地区,特别是宫廷宴乐中演奏的乐曲要热烈活泼很多,表演形式上也保留了胡乐的衣着扮相与形体动作。胡乐似乎与当时的"雅乐"格格不入,之所以能得到推崇名扬千古,有赖于酷爱音乐追求新潮的唐人,也因为盛唐开放包容的大环境才能使之得以发展提升。时光一过千余年,盛唐开创的大国气度,与今日凉州"崇文尚德 包容创新"的城市精神可谓一脉相承,让城市发展有源可溯,有据可依,有例可循。

事实上,早在北魏时期,《西凉乐》就被尊为"国乐",隋朝时确定了九种国乐,有七部皆由河西走廊输入,其中以《西凉乐》最为著名,朝廷还专门为来自河西的乐曲成立部门进行管理,就是乐坊中的胡部。对此,宋人沈括在《梦溪笔谈》里有一番总结,他说:"先王之乐为雅乐,前世新声为清乐,合胡部为燕乐。"由此可知,胡部是唐代掌管胡乐的一个机构,隶属于教坊司下,在当时相当于音乐的一个流派。燕乐包括多种音乐形式,如声乐、器乐、舞百戏等。其中歌舞音乐在隋唐燕乐中占有最重要的地位,多段的大型歌舞组合叫作大曲,在唐代燕乐中具有突出的艺术成就。唐安史之乱后,宫廷音乐急速衰退,乐工散落在民间,将乐舞从宫廷专属拉回民间,成为人人可见的大众艺术,不再专为皇室服务,对曲艺与诗词发展和诗词艺术大众化起到了决定性的作用。

诗言志,歌咏声,舞动容。诗歌与音乐和舞蹈自古便密切相关。西凉乐对我国传统诗词曲赋的发展产生了深远影响。汉唐之际,凉州是我国西北地区仅次于长安的最大古城,东晋十六国时期的前凉、后凉、南凉、北凉,唐初的大凉都曾在此建都,以后历为郡、州、府治。它还是古代中原与西域经济、文化交流的枢纽,"丝绸之路"西段的要隘,中外商人云集的都会,并一度成为我国北方的佛教中心。西凉乐舞的艺术地位,《凉州词》的家喻户晓和它当时的政治地位、经济地位、军事地位是相匹配的,流行自然顺理成章。

西凉乐融百家乐舞之精华,汇历代歌舞之长,是民族融合、文化交流的缩影。凉州乐舞不仅是西北乐舞的代表,也是中原王朝乐舞中的精华。陈寅恪先生曾说:"唐朝兴盛胡音之乐多起因于隋朝之作,而其又多传自北齐,北齐则实承接于北魏。实则北魏之胡音商乐又是由凉州及河西流传入中原之地的。故追本溯源，北魏至唐朝数百年间宫廷乐舞的源流，均与凉州和河西地区息息相关。"西凉乐以曼妙高雅之音在中国古代音乐史上书写下了动人的篇章。《旧唐书·音乐志二》有云："惟独《庆善舞》独通晓西凉乐之用，最为闲置雅趣。"西凉乐不断发展，已然成为隋唐之国乐，自唐代以后更是流传四洲，名满天下。

历代都有专门研究西凉乐发展沿革的相关学者，他们著文立说分析论证，总结出许多关于西凉乐影响后世诗词曲艺创作的证明，以及西凉乐历史起源、发展中兴、艺术特色、影响成就等方面的文章。通过阅读专著去了解这一独特的文化艺术，我们面前就仿佛展开了一幅恢宏壮阔的历史画卷，厚重古朴的青绿山水，与载歌载舞的宫廷夜宴在历史图册中清晰呈现，为我们演绎出那一段又一段神秘而绝美的过往。拂却尘烟，回顾历史，西凉乐的旋律如泣如诉，舞姬们曼妙优雅款款走来，传统艺术璀璨夺目之路便在尘封的历史尘埃里逐渐铺陈开来。穿越时空，站在千余年前的凉州大地上，细细触摸这一方土地，凉州的嬉笑怒骂便于乐舞喧腾中一一上演了。

别具一格的西凉乐舞，自五凉至唐历经五百年不衰，固有其本身所具有的艺术魅力，另一方面也是因为河西本为胡人世居之地，关陇一带士民及统治者多有胡人血统，五凉、北魏自不必说，隋、唐帝王均有胡人血统。凉州历来是我国多民族聚居地，歌舞是人们的日常生活和生产劳动中不可或缺的一部分。西汉以后随着丝绸之路的畅通，西域、印度、波斯、罗马等地的商队、使节、学者通过河西走廊往来于中原和西域之间，中原文化和西域文化在此汇聚融合。因此，印度、阿拉伯和西域诸国乐舞与汉民族乐舞经长期交混融合，形成西凉乐舞是自然规律。自前凉至隋唐，凉州及河西地区以其独特的地理文化优势，在经济发达、社会安定的同时，又使自身成了一个音乐歌舞之乡，其乐舞远播海内，影响深广。西凉乐舞既是中国乐舞的重要组成部分，又是促进多民族融合的润滑剂和手段，更是五凉文化中最辉煌灿烂的一分子。

西凉乐是中国古代民族音乐史中的一块瑰宝，其不仅标志着中国历史上第一次有史可证、有据可考的民族大融合的高潮，也对后世诗词曲赋带来了民族性的色彩，对于舞剧、戏曲等中国特色舞乐戏曲等艺术方面的形成和发展也产生了独特的影响。

关于西凉乐对后世的影响，有很多书籍和文章进行了论证说明，在《武威通志》、刘青戈《中国舞蹈通史》、项群胜《西凉乐考辨》、马欢《论西凉乐的形成发展极其影响》等相关书籍和论文中都有详细陈述。西凉乐对后世舞剧、戏曲、狮舞以及诗词等诸多方面的影响有目共睹。

首先是舞剧。舞剧通常以舞蹈表演形式为主，同时辅以音乐、诗歌、朗诵、歌唱及剧情演绎等多种艺术表现手段。我国的舞剧历史悠久，起源可追溯至西周时期，以《胡腾舞》为重要穿插的大型乐舞《西凉伎》是我国传统舞剧的最早雏形。后世乐舞创作与表演都借鉴或模仿《西凉伎》而来，至北魏时西凉乐舞发展趋于成熟，定为九部国乐后更加趋向于体系化完善，到唐开元年间，《西凉乐》相较于其他类别的乐舞自然脱颖而出独领风骚。《西凉乐》又称《凉州乐舞》，这中间名称的变化亦代表着这一乐舞逐渐与中原汉族乐舞相融合的历史发展轨迹。事实上，凉州乐舞正是在西凉乐的基础上，融汇了中原与西域各地乐舞中的精华，经过加工、改造和提炼而形成的一种新的乐舞表演艺术。改进后的《凉州乐舞》被誉为"中国民族舞剧典范"，其最高艺术成就无疑便是《霓裳羽衣曲》了，此乐舞代表着凉州乐舞的巅峰水准，也成为当时和后世乐舞中的经典之作，凉州乐舞中的精粹内涵是无数曲艺工作者所不断汲取的艺术宝库。

因为唐玄宗开辟梨园教习乐工，戏曲表演艺术也不可避免地受到凉州乐舞影响，滑稽戏、杂技、说唱表演都不自觉地被"胡化"，表演乐器与服化道均脱形于胡风胡俗。凉州乐舞之于唐诗的影响也是不可否认的，最鲜明的一个表现也是唐诗的"胡化"。西凉乐本为"胡乐"，成为凉州乐舞是胡乐和汉乐融合的结果，而唐诗的胡化，亦是接纳和吸收西域文化的体现。需要强调的一点是，所谓的胡化并不是性质上的变化，而是相互融入、取其精华祛除糟粕的过程。

根据研究，凉州乐舞还影响到了后世狮舞的表演。狮舞又称"狮灯"，狮子是中国古代图腾文化中传说的瑞兽，有祥瑞之寓意，是中华之地各族民间于新年、重要节气或喜庆活动中备受百姓所喜闻乐见的表演性舞蹈之一，至今已有千年历史。据《唐戏弄》载，唐狮舞表演融入了西凉乐元素，其身法、动作，配乐都借鉴凉州乐舞中的部分表演形式，形成了我国传统狮舞文化，狮舞表演的起源也在这一时期。

《隋书·音乐志下》载："《西凉》者，起苻氏之末，吕光、沮渠蒙逊等据有凉州，变龟兹声为之，号为秦汉伎。"结合历史书籍中对于前秦远征西域的表述，就为《西凉乐》的溯源找到了确凿的根据。382年，吕光率领十万兵马征讨西域，击败龟兹、狐胡、温宿等西域诸国组成的联军，获得西域之战的完胜。历史学者评价吕光时公认，龟兹之战的胜利是建立后凉政权最为牢固的基础，西域不平凉州不宁。吕光远征平定西域诸国，为他后来在武威建立政权取得了军事与外交上的双重保障。龟兹是西域三十六国中的大国，地理位置优越，经济发达文化昌盛，吕光平龟兹后，将龟兹乐舞、百戏艺人、僧侣等数千人带回凉州。本意这些人以及同行带来的两万多匹骆驼、万余匹战马，还有得自龟兹王宫的很多财物都是要带去长安给苻坚的，但当吕光率队抵达武威时，苻坚已被叛臣姚苌篡位谋杀。吕光是苻坚的旧臣自然不愿意追随姚苌，便就地安置留在了武威，之后在武威建立起属于自己的政权。

《西凉乐》正是在这样的背景下落地于武威，经后凉吕光与北凉沮渠蒙逊两代帝王继承改编，加工衍生"变龟兹声为秦声"，龟兹音乐遂得以汉化，在武威枝繁叶茂，才有了后来的《凉州乐舞》惊艳世人。五凉时期是《西凉乐》快速发展并高效汉化的关键时期，但那个时候的名称并非《西凉乐》，而叫《秦汉伎》，传入北魏后改名《西凉乐》同时被尊为国乐，逐渐开始融入中原文化元素，由胡乐向汉乐过渡，开始了相互融合。

我们今天引以为傲的唐诗，国外华人被称为唐人，都来自雄立东方强盛的大唐王朝。唐代对外实行开放包容的民族政策，强大的国家军事、政治和经济力量又造就了唐人自信开放的心态。在这样的社会环境之下，胡人的生活习性和文化习俗得以流畅地呈现在唐人面前，继而被唐人所消化和吸收。体现在唐诗中，就是胡人以及胡乐的入诗，唐诗中有很多关于胡人的诗句就是证明，如李白的《观胡人吹笛》："胡人吹玉笛，一半是秦声。""秦声"二字指的就是胡乐在五凉时期"变龟兹声为秦声"的典故。还有李白："落花踏尽游何处，笑入胡姬酒肆中。"贺朝："胡姬春酒店，弦管夜锵锵……玉盘初鲙鲤，金鼎正烹羊。"则是描写了在胡姬酒馆里看表演喝美酒吃羊肉的一场聚会。唐诗中写到胡姬与酒家的诗句还有很多很多，甚至专门创出一首《胡姬词》来，胡姬入诗已成附庸风雅必不可少的一种诗歌选题。

"胡姬""胡乐""胡舞"为盛唐诗歌注入了新的活力，诗歌中不乏胡地乐舞的描写，同时胡地乐舞也促进了唐诗的发展，塞外地理文化景观以及文化习俗也为盛唐诗歌提供了充足的养分。伴随民族大融合，胡人的葡萄酒、胡姬酒肆、饮食、服装以及风俗节日也被大唐的诗人所接受，进而吸纳到诗歌创作之中。如李端的《胡腾儿》一诗中，就详细描述了胡人籍贯、相貌、衣着打扮，唱歌跳舞，甚而所用乐器和舞蹈动作等景象都观察入微，刻画细腻。原诗：胡腾身是凉州儿，肌肤如玉鼻如锥。桐布轻衫前后卷，葡萄长带一边垂。帐前跪作本音语，拾襟搅袖为君舞……白居易的《胡旋女》则是对西凉乐舞中的胡旋舞和跳舞的胡姬进行了诗意的刻画："胡旋女，胡旋女，心应弦，手应鼓。弦鼓一声双袖举，回雪飘摇转蓬舞。左旋右转不知疲，千匝万周无已时。人间物类无可比，奔车轮缓旋风迟……"这首诗中把胡旋女流风回雪的舞姿描绘得极其生动飘逸，画面感十足。

在唐代诗人中，大多数都写过与胡人、胡舞、胡乐有关的诗歌，诗人们常把胡姬当作自己笔下的吟诵对象，不自觉地把胡化元素代入文学作品，也纳入日常生活且乐此不疲。唐诗里的胡姬不单纯是一个女性的意象，胡乐、胡舞也不仅仅是单纯的曲艺节目，而是胡汉两种文化相互融合的集中体现，也是中华民族文化体系兼容并蓄繁荣发展的证明。

在感受异域风情所带来的生活方式多元化改变的同时，唐人的精神风貌也受到潜移默化的影响，气质里多出一种崇尚勇武的内涵。这一点直观而集中地体现在凉州人的性格里，崇文尚德与勇武热血和谐统一地融入武威人血脉，也烙印于唐诗宋词唯美浪漫的字里行间。

唐诗中的凉州，内容丰富，情感真挚，有描写战争苦难、抒发爱国情怀的；有表达浓烈的思乡、思亲之情的；有描述奇丽的边地自然风光的；有展现凉州独特异域文化的,其中异域文化里主要描写了凉州的风土人情、凉州乐舞、凉州佛教;凉州词(曲)所展现的丰富内容,是边塞文化的重要组成部分。唐代凉州诗歌风格上呈现为悲凉苍劲、威武豪迈、平和自然。不同的艺术风格,体现出诗人不同的情怀,也丰富了凉州诗歌的情感内涵与历史厚重感。

凉州诗歌意象丰富,有胡笳、筚篥、琵琶等胡乐意象,因其音色的辽远、凄冷、悲凉,带给边地征人强烈的伤感情思与萧瑟心境;荒寒意象主要表现为沙碛、冷月、寒风、霜雪、风声、雨声、号角声、马鸣声……凉州诗歌的写实精神,呈现给我们一个真实而鲜活的古凉州景观。

凉州是中国边塞诗词创作的大舞台。边塞诗是中国诗歌的一枝奇葩,尤其是唐代的边塞诗更是中国诗歌中的精华。唐代的大部分诗人都创作过边塞诗,尤以岑参、高适和王之涣、王翰、王昌龄、李益、元稹最为著名,而他们的边塞诗大多与凉州相关。此外,骆宾王、陈子昂、李白、王维、孟浩然、王建、张籍等也写过与凉州相关的边塞诗。据统计,全唐诗有近两千首边塞诗,以《凉州词》为题或以凉州为背景的诗就有一百多首。其中最为著名的四首分别是:

凉州词 · 王之涣

黄河远上白云间,
一片孤城万仞山。
羌笛何须怨杨柳,
春风不度玉门关。

凉州词 · 王翰

葡萄美酒夜光杯,
欲饮琵琶马上催。
醉卧沙场君莫笑,
古来征战几人回。

凉州词·孟浩然

浑成紫檀金屑文,
作得琵琶声入云。
胡地迢迢三万里,
那堪马上送明君。
异方之乐令人悲,
羌笛胡笳不用吹。
坐看今夜关山月,
思杀边城游侠儿。

凉州词·张籍

凤林关里水东流,
白草黄榆六十秋。
边将皆承主恩泽,
无人解道取凉州。

唐代以后,仍有不少冠以《凉州词》的边塞诗,其艺术水准和诗歌意境不弱于唐诗名篇。如明代张恒的《凉州词》:"垆头酒熟葡萄香,马足春深(风)苜蓿长。醉听古来横吹曲,雄心一片在西凉。"这首诗写于明代,也有人说是宋代陆游所作,总之并非唐诗,却有着与王翰、王之涣齐名的才情。诗中所绘的边塞凉州一扫之前悲凉沉郁的面貌,以碧野春深、酒香满腹的意象打破了人们心目中固有的大漠孤烟、马鸣西风的凉州苍凉形象,带来一个充满希望与欢欣的新凉州。在这里可以品尝地道的葡萄美酒,欣赏绿野春耕的大美风光,聆听那一曲来自古凉州的铿锵乐音,留在这里建功立业的豪情便在心头油然而生。何其温馨静谧,又何其昂扬激荡!雄心一片在西凉。真正的《凉州词》本应如此,而并非沉湎于过去暗自凄凉,美好的生活,你想要的一切都在未来,在于自己通过努力去获得,不是吗?

西凉乐舞与凉州词深入人心传唱不衰,也深深植根于凉州的土地上,时至今日，诗词文化、乐舞传承都深受武威人重视与珍爱，尤其是诗词的继承发扬，在河西五地市中唯以武威为首，涌现出很多专门研究和学习创作诗词的群体。在新时代"文化自信""复兴传统文化"的号召下，武威人重新拾起书本，埋头于唐诗宋词之间，兴起一股又一股诵读经典、传承国粹的文化浪潮。全民学诗词已成文学新时尚，这种时尚正在武威大地上悄然流行，借着这股可喜的思潮，笔者也用诗词的方式为家乡武威写下二首稚嫩拙作，特地晒丑，博诸君一笑耳：

七绝·回乡

陈玉福

乡关已别数年春，梦里凉州客旅身。
最喜东风还似旧，殷勤枝上向归人。

七律·春归家乡见寄

陈玉福

春光半剪已倾城，千古凉州一曲名。
美酒玉杯存旧味，琵琶羌笛唱新声。
四时风物天然地，八景川山趣致行。
长恨平生无妙笔，也当写尽故园情。

七城八景二十四门楼

天宝十二年（753）哥舒翰任河西节度使，其僚属如高适、严武等也与岑参是老熟人，所以当天宝十三年（754）岑参赴北庭途经凉州时，就有很多老朋友前来迎送，欢聚夜饮。然后便有了岑参的名作《凉州馆中与诸判官夜集》：弯弯月出挂城头，城头月出照凉州。凉州七里十万家，胡人半解弹琵琶。

悬挂在城头角楼上的一弯明月照亮了整个凉州城，凉州方圆七里住着数十万人家，这里的胡人半数都擅长弹琵琶。岑参这首诗写的是自己在凉州河西节度府做客，欢聚宴饮的景况，同时写到了凉州的边境风格及民俗风情。"一生大笑能几回，斗酒相逢须醉倒。"全诗格调豪迈乐观，充满了盛唐的时代气息，历经千年仍然深为人们喜爱。

我们都知道岑参诗里的"凉州"，指的就是现在的河西走廊，更具体一些便是武威。然而，目前还有争论，将"凉州"写作"梁州"（今陕西汉中市）。争论的焦点称"七里十万家"不是甘肃凉州的规模，认为唐代的凉州没有这种宏大的规模和稠密的人口。其实，唐前期的凉州是与扬州、益州等城市并列的第一流大都市。"七里十万家"，正是诗人将所见所闻通过诗歌勾画出的景象，让人们惊叹于这座西北重镇的气派与风光。而下一句，就更见出是甘肃凉州了。凉州在边塞，居民中少数民族很多，他们能歌善舞，多半会弹奏琵琶，在月光下的凉州城，荡漾着一片琵琶声。这里写出了凉州城的歌舞繁华、和平安

武威南城门

定，同时带着浓郁的边地情调。

七"里"十万家，在很多时候被改成七"城"十万家，从诗词格律来看肯定改的不合平仄，但架不住人们认为七城要比七里更真实，仿佛不如此就不能凸显凉州有多大，凉州的城有多壮观。岂知，很多人并不懂得诗词意象，"七里"所包含的广义概念是远远高于"七城"这个狭义范围的。抛开诗词意象不论，单看凉州七城，实指当时武威郡治的姑臧城，即今天我们所知道的武威市市区。自然，古代的七城相连，也未必大得过今日高速发展中不断扩展的城市面积，况且古人喜欢圈地围筑来造城，受工程技术与人力物力所限，造出来的城都不会很大。以凉州七城为例，史书记载七城规模是南北长七里，东西宽三里，折合今天的算法，面积约为五点二五平方公里。而今天的武威市区面积几乎是古代凉州七城的六千倍。

很多人一看数据就会觉得凉州很小，但在当时这已经是河西诸郡城中的最大规模了。两汉时，姑臧一直都是武威郡郡治和姑臧县县治。随着丝绸之路的开通和武威处于丝路要道河西走廊门户的重要地理位置，这里客商云集，经济十分发达，其繁华程度仅次于长安，城市人口大量增加，城市面积也就

109

相对需要增扩。前凉在武威建都,原姑臧城已经不能满足一个王权都城的需要,张茂时便开始陆续增建,在原来的城池基础上增筑了东、南、西、北四城厢。"城厢"是个冷僻的知识点,《明史·食货志一》说明:"在城曰坊,近城曰厢。"白话文释义就是城郊,靠近城池的地区。《武威市志》中介绍前凉增扩四城为:四城厢,长宽各千步,东面称东苑,西面为西苑,又在内城大修宫殿,其中最有名的一座叫谦光殿,"画以五色,饰以金玉,穷尽珍巧"。四面各有一座配殿,东曰宜阳青殿,春季居之;南曰朱阳赤殿,夏季居之;西曰政刑白殿,秋季居之;北曰玄武黑殿,冬季居之。各殿所用器物均与殿色相同,富丽堂皇,名扬海内。

前凉增修四城早已荡然无存,但从武威城内的方位命名依然有迹可循,南苑和西苑至今是城区最为繁华的居民区,片区内从幼儿园到中小学的分布,从商场超市到园艺绿植的栽植,以及配套设施的建设方面都首屈一指。至于文中所说四方配殿,其奢华程度与规模亦随王权崩塌无迹可寻,透过描述倒是可以看得出来,当初设计修建和居住享受的人貌似患有强迫症,非得把一个城坊修建成四四方方的古板样子,取名要相互对应,器物与宫殿主色调保持一致,居住则需遵从时令搬来搬去……

隋末李轨占据凉州建立大凉政权,虽然这个政权只维持了短短三年,但毫不妨碍李轨修筑新城。李轨又增二城,凉州七城的规模就此成型,因城池扩建修筑后形似大鸟展翅,姑臧城又被称为鸟城,后来曾叫过凤凰城,大约亦是取自其形。姑臧城还曾被誉为卧龙城,亦说其形类龙。亦龙亦凤,龙凤呈祥,形意多变的姑臧城不知是建筑巧合还是专门设计,都有当时人们对这座城市美好的祈愿在里头,倒也不必较真。

七城修筑成功,城多了城门自然也多。史书记载,前凉的姑臧城有二十二个城门,见诸史册的分别有:广夏门、洪范门、青阳门、当阳门、朱明门、凉风门、新乐门、西昌门、端门等。二十二个城门,留有遗名的仅有这几个,除青阳和当阳按照古代方位特指为东门与南门,朱明象征南方,和西昌门显而易见的指出方位外,其他城门的命名意义与具体方位因史料缺失不可细究了。不得不说,这是一种遗憾。古人特别注重取名,尤其是城门的命名,都有着特殊的含义和讲究，二十二个城门分别对应什么、象征什么，是一种文化的汇聚与凝练，城门无存，其名消亡，对于城市本身和城市文化而言，是莫大的损失。

七城内宫殿馆阁错落有致排列有序，有永训宫、永寿宫、正德殿、平章殿、龙翔殿、内苑新堂、闲豫堂、湛露堂、宣德堂、宾遐观、天龟观、飞鸾观、陆沈观等，并有万秋阁、紫阁、东阁、逍遥园等园林建筑。凉州七城之繁盛可见一斑。七城的规模一直保持到了隋唐时期，即便根据反对人士的意见来理解，岑参诗里写的或许不一定是"凉州七城"，但当时的凉州城富庶繁华却是真的。因为，在唐以前凉州城里就有了夜市，酒楼茶肆鳞次栉比，胡商汉旅聚集城内进行商贸交易，歌舞乐音日夜不绝，姑臧是享誉天下的不夜之城。

凉州不夜城在历史上非常有名，因由窦融首创，在一些史籍里又称窦融夜市。西汉时期，窦氏一族经过文景两朝积累实力，成为异常显赫的关中名门望族，至西汉末年窦家衰落已经不复当年。正所谓瘦死的骆驼比马大，到窦融成年出仕为官时，窦家几代人在凉州为官，根基已是十分牢固了。窦融初到河西就担任了张掖属国都尉一职，系出名门注定了他的起点要比普通人高出一大截。窦融任职属国都尉后广交豪杰英才，关心民生厚待百姓，取得了很高声望，在两汉交替中原纷乱动荡之际，他被公推为河西五郡大将军，一时间从者如云，权势堪当诸侯王。窦融虽然割据河西，但他并不想当皇帝，一心想要追随明主重振家族雄风。刘秀在洛阳称帝后，窦融知道自己的机会来了。当时，陇西一带还不在窦融势力范围内，也不受新帝统领，刘秀派军平定陇西时，窦融主动出兵配合作战，消灭了割据陇西的军阀势力，因而获得了刘秀和东汉新政权的信赖，把河西的管辖权完全放心地交由窦融执掌。

凉州夜市，就是在窦融执掌五郡大将军、凉州牧时形成。《后汉书·孔奋传》载："建武五年，河西大将军窦融请奋署议曹掾，守姑臧长。八年，赐爵关内侯。时天下扰乱，唯河西独安，而姑臧称为富邑，通货羌胡，市日四合，每居县者，不盈数月，辄致丰积。"孔奋其人，正是受窦融邀请任命到武威为官的，任武威太守属下姑臧县县令，官职相当于今凉州区区长。建武是光武帝的年号，也是东汉建立的第一个年号，建武年间凉州夜市已成规模，只要在这里长住做买卖的人，几个月时间就能赚得丰厚的积蓄。可见当时凉州贸易何等繁盛。于乱世之中保持繁茂富庶，生活在这里的人们不用担心战争袭扰，小老百姓能在夜市上干点小买卖赚取收入，有钱有势者趁夜买醉尽享安乐，凉州仿佛世外桃源。

市日四合，是凉州夜市见诸史册的有力说明。唐人李贤注曰："古者为市，一日三合，《周礼》曰：'大市日昃而市，百族为主；朝市朝时而市，商贾为主；夕市夕时而市，贩夫贩妇为主。'今既人货殷繁，故一日四合也。"这段话的意思就是，汉代行商贸易以市集为主，按照时间和经营主体划分为三段管理，大市为日常所设，凡有所买所卖者都可参与；朝市就是早市，有时间限制，和我们今天熟悉的早市大体相似；夕市自然就是晚市了，一般为做小买卖的贩夫走卒所经营，忙完了一天的农活，或是其他正经工作，下班后到晚市摆摊做买卖，这样的画面简直与当今我们的生活完全重叠。注释中强调"今既人货殷繁，故一日四市也"，是说随着人口增多、货物繁杂，人们的生活水平日益提高，买卖需求使然便多了一市，打破了一日三市的定规。早晚市，还有白天正常经营的大市，几乎占据了一天当中能够用于买卖的所有时间，那新增的一市毫无疑问就是夜市了，把夜里临睡前的那段时间充分利用起来，满足人们购物和娱乐的需求，是最符合当时国情的。

事实也是如此，古代人们的夜生活极其匮乏，也没有城市亮化，长夜漫漫无从消遣，过剩的情思和精力该往哪里寄托？夜市自然应运而生了，且迅速得以推广。到唐代时，夜市在人们的生活中已经不可或缺，承载着歌姬舞娘的旖旎艳丽，也牵扯着文人墨客的风花雪月。大唐诗人们的作品里，受夜生活激发灵感创作出传世名篇的比比皆是，还有宋词里灯火阑珊处的蓦然回首，等等，唯美诗词的文艺渲染下，夜与夜市也便更加富有情调多姿多彩了。夜市的兴起繁荣了经济商贸，丰富了百姓的夜间生活，也为文学增加了更为灵动鲜活的素材，真是深得人心。

中古史上第一次明确记载的"夜市"起源于此，凉州不夜城的名号亦是由此而始。传至后来，宋代开封夜市因是都城所在，而凉州被西夏占领，失去了天下第一夜市的称号。开封夜市在一些书籍上被当作夜市鼻祖来宣传，今人不探究历史也信以为真，殊不知开封夜市要晚于凉州夜市一千三百多年。在史学界，凉州夜市才是公认的中国夜市鼻祖。

武威城内在隋朝时就设立了凉州都督府，作为统治河西、控制西域的行政建制，唐初期又增设河西节度使领兵驻守。河西节度使兵权很大，管辖凉、甘、肃、瓜、沙、伊、西七州，统率兵力达七万余众，战马两万匹。经过东汉与五凉各代经营的丰厚积累，凉州的发展在此时达到鼎盛时期，凉州风物盛极一时。唐初玄奘西行途经凉州就曾写道，武威是"河西都会，襟带西蕃、葱右诸国，商旅往来，无有停绝"。曾经甲天下的畜牧凉州，已由商贸凉州所取代了。凉州商贸发达凉州城便成了足以媲美京都长安的一线城市。按照"凉州七里十万家"的说法来估算，盛唐时凉州城市的人口至少有四五十万的数量。兴盛的凉州具有河西走廊要道的天然区位优势，吸引着中原和西域各地的人们前来开展商业贸易，也撩拨着文人骚客丰富多情的才思情致。凉州，作为一种特殊的意象，长久地在诗人的笔下盛放光芒，在歌姬的口中绕梁不绝，在胡姬的舞步里激滟销魂，缔造着属于凉州的神话，也留下了许多传奇。

凉州不夜城的传奇绵延数百年，在唐代得以升华还与唐玄宗有关，唐玄宗夜游凉州城的故事，说的正是凉州夜市。故事大同小异，记载于《集异记》《开元天宝遗事》《太平广记》等书册，大体如下：

开元初，凉州夜市达到鼎盛。是年元宵节，玄宗到上阳宫观灯，当时掌皇宫内营造杂作的尚方司有个工匠毛姓匠人心多巧思，设计了灯楼十二座，每座高一百五十尺，花灯高悬映衬得宫室殿阁越发金碧辉煌，令观赏者目眩神迷沉醉其中。玄宗在宫中逛了一圈，兴趣勃发得意非凡，自认为泱泱大唐在自己的治理下国泰民安、繁华强盛，比起高祖、太宗有过之而无不及。如此美景自然要与更多人分享，便命人去请他的好友叶法善入宫来一并欣赏。

叶法善者，是当时京城三清观的一名道士，据说有腾云驾雾、呼风唤雨的大法力，与玄宗往来甚密，甚得皇帝信赖。叶法善正在长安城内的元宵灯会上游览，闻诏当即匆匆入宫拜见。玄宗指着宫内宫外形色各异、五彩缤纷的彩灯不无夸耀地问他对宫中和长安灯会的看法。叶法善含笑禀告："京城影灯之盛，天下无法与此相比，惟凉州灯会似乎并不亚于此。"意思就是长安城的灯会华丽浩大无与伦比，唯有凉州灯会可与之媲美。玄宗十分惊疑，在他看来自己的宫中已经汇集了全天下最好看的彩灯，而长安城更是天子脚下，元宵灯会自也是最为完满的了，不可能再有别的地方有长安灯会的规模。遂对叶法善所说持有怀疑，便故意说道："听法师这样一说，朕倒想去看一看呢。你能带我去凉州灯会吗？"叶法善看出玄宗的质疑，当下轻松一笑告诉皇帝不过小事一桩。叶法善叫玄宗闭上眼睛，开始施法。过程没有什么稀奇的，等玄宗再睁开眼睛时已经身在凉州闹市了。眼睛一闭一睁，顷刻间飞身千里之外，故事就是这么神奇。

话说玄宗伫立凉州街头放眼望去，只见凉州城内车马交错，士女纷杂，好一派华彩明灯，灿烂繁盛，真是：千条银烛，十里香尘。红楼逦迤以如昼，清夜荧煌而似春。郡实武威，事同仙境。彩摇金像之色，光夺玉蟾之影。一游一豫，忽此地以微行；不识不知，竟何人而望幸。于时有露沾草，无云在天。金鸭扬辉而光散，冰荷含耀以星连。乐异梨园，徒笙歌之满听；人非别馆，空罗绮以盈前。（摘自《玄宗幸西凉府观灯赋》）

玄宗亲眼所见凉州灯会之盛景，的确不亚于长安元宵夜，忍不住流连忘返啧啧称奇。玄宗心中大乐，又想如此良宵岂可无酒，二人便随意进入酒楼坐下，一边观赏街市上的灯会，一边品酒闲话。这两人一个是当朝天子，一个是修行道人，素常身上都没有带钱的习惯，等吃喝完毕才发现身上都没有银两付账。玄宗低头看见自己腰间悬有一件如意配饰，便给了叶法善去抵偿酒资。二人离开酒楼已是接近天明，叶法善不敢耽搁依旧作法带了玄宗回到长安皇宫。其过程无可赘述，自然又是眼睛一闭一睁的事儿。

回宫后，唐玄宗怀疑去的凉州未必真的是"凉州"，恐怕是道士们用障眼法糊弄他的。为了印证自己的疑问，随即暗中派人前去凉州，寻访那家酒楼探寻如意究竟在不在那里。派去的人暗中查访，果然在凉州酒楼找到了玄宗皇帝的随身如意配饰，酒家还说出正月十五夜有个道人拿它换酒喝的经过。玄宗听了侍卫回禀，心中疑虑尽消，方知他元宵夜去的果真是凉州灯会，想起那夜所见所闻记忆犹新，遂对凉州夜市念念不忘。

故事十分玄幻，但在民间深受欢迎，并以此为蓝本改编成了戏曲、评书等曲艺节目进行演绎，一直传唱至今。开元年间，是凉州灯会的顶峰时代，数十年后，安史之乱爆发，长安陷入战乱，河西边军东调平叛，河西也逐渐陷入了战乱之中。此后，盛唐繁华一去不返，中晚唐诗人只能从书籍里追寻大唐的辉煌过往，涌现出诸多追思怀古的诗句。元稹曾写道："吾闻昔日西凉州，人烟扑地桑柘稠。蒲萄酒熟恣行乐，红艳青旗朱粉楼。"就是其中之一。而《玄宗幸西凉府观灯赋》的尾句云："一自风灭兰釭，云迎羽客。尘昏蕃塞之草，烟暝秦陵之柏。空令思唐德之遗民，最悲凉于此夕。"此赋作者王棨为晚唐文人，此时凉州早已被吐蕃所占据，所做文章不过亦是凭吊过往，对曾经繁盛一极的盛唐空自感慨罢了。

凉州，在河西走廊的东端，不仅地理位置重要，经济文化也非常发达。在魏晋南北朝时期，凉州是全国三大文化中心，后历经盛唐风华荣耀至极，至唐末沦于吐蕃统治之下，经济发展倾颓，城市地位一落千丈。两宋时期被西夏占领立为辅都，更是与中原王朝失去从属关系。直到明初才被朱元璋麾下大将冯胜夺回统领权。明代再次开启了河西走廊大发展历程，大槐树移民的西迁与凉州古城的重修加固，为武威注入了新鲜血液，也带来了武威再发展的强大动力。凉州八景在明代应运而生，就是武威时隔数百年又一次焕发蓬勃生机的最好证明。

凉州八景，分为城内八景、城外八景。

凉州城内八景：文笔三峰、大云晓钟、鱼跃龙门、滚龙石、夜雨打瓦、千里眼、七星剑、罗什倒影。

凉州城外八景：绿野春耕、平沙夜月、天梯古雪、镇西晓角、狄台烟草、金塔晴霞、黄羊秋牧、莲花壶天。

史书有载，凉州古城曾以四大城门及二十四座城楼傲立西北，成为与长安遥相呼应的名城重镇，也彰显着古凉州城作为河西四郡之龙头城市的辉煌威武。时过境迁，天灾人祸，曾经耀目煊赫的凉州城已是昨日烟云，二十四城楼也荡然无存，唯一能够凭吊处恐怕只有复原重建于 2000 年前后的南城门了。

凉州古城四门遵循城池建筑定规，分列东西南北，始建年代应该是在凉州七城修筑完成之后，最迟不会晚于隋末唐初。但见于史册者，根据书中描述更像是明代大规模增修后的样貌。以城门匾额题书与建筑风格为例，据武威籍文史专家王其英先生主编的《武威金石录》所言，四大城门分别为：

东城门，名为宣武门，城楼叫作"武威楼"，城楼立石碑为"河西保障"。楼门两侧楼柱顶石如鼓子型，上刻有滚龙攀柱图案，两条滚龙栩栩如生，各以波浪式昂首向上，被称为"滚龙石"，又叫鼓儿石。东门吊桥阁楼叫作财神阁，亦称东门楼子，间架九楹，两层。左侧间有一铁质灯笼，相传为清代武威铁工赵飞亲作，高约一点七米，周长四米，上铸有八洞神像、十八罗汉、山水人物。

南城门，名为昭武门，城楼悬挂匾额为"翘映天梯"。南城楼有"夜雨打瓦"之传说，每在寂静晴朗之夜，楼内可闻雨打顶瓦之声。据王宝元先生《凉州春秋》记载，因武威古代属于大月氏领地，大月氏王城在昭武，其后代为昭武九姓之一，隋唐称为九姓商胡，昭武九姓胡人安修仁曾经率领胡兵拥戴李轨，所以此门名为昭武门；南门吊桥阁楼叫作三星阁楼，又称南门楼子，间架九楹，匾额为"天山自重""寿比南山"。

西城门，名为崇德门。西门吊桥阁楼叫作文昌阁楼，又称西门楼子。城楼镶嵌有石刻"遥接玉关"。城楼中据说有几处土堆，每堆站一人，土堆数不清，或七或八，号称七星剑。

北城门，名为通化门，城楼叫作"万青楼"，悬挂匾额为"大好河山"。北门吊桥阁楼叫作真武阁楼，又称北门楼子。据说北城门楼柱上有一眼孔，向北可望见百里之外的民勤县城，被称为"千里眼"。

河西保障、翘映天梯、遥接玉关、大好河山、天山自重、寿比南山等城门匾额，显然更接近于晚清题匾风格。由此可见，武威四大城门的原始题匾已经散佚，此处记载应为后来人的补题。笔者在创作《张掖传》时曾对城门题匾有过一定研究考证，相对而言，唐代以前修筑的城池，其城门匾额和城楼匾额题写多用两字，含义都比较含蓄内敛，具有特别浓厚的文化韵味。此处论证见《张掖传》：

    修复后的甘州城，四门之上有了更为显昡的匾额，"弱水东流""祁连南耸""长城北环""流沙西被",四块匾额各有对应,道尽了甘州地理、地形的特点,一时成为当地人人称颂的盛事。不过,相对于之前四门镌刻着的横额,这些浅显易懂的新匾额虽然文艺气息浓厚,却到底少了那么一点点讲究,与历朝题匾的用意和含蓄相比,不够厚重倒稍显浅薄了。

　　古代建造城池和城门命名都是有规矩和学问的,以北京城为例,设计和布局依照阴阳八卦的原理而定,修几个城门、分别叫什么、主要用途干什么都有明确定规。明洪武三十五年还曾出过法典,明文规定军民人等不许九五间数。因为皇帝是"九五之尊",普通百姓,甚至文武官员建造房舍都有专门管理的衙门来监督,更别说是一座城池的修筑和城门命名了。甘州城筑有四门是定规,命名如"扬煦"是旭日东升的意思,不用说乃是东门,为官民人等进出通行所用;相对应的西门处横额"怀新",取自陶渊明诗句"平畴交远风,粮苗亦怀新",喻为茁壮的禾苗正在孕育谷穗,形容生机盎然的意思,一般作为粮车专门进出的城门,尤其在战备时这道门专为粮道,有效避免了关键时刻堵塞拥挤的隐患,确保城池被围,或是往外调运粮草时快速直达;南门主火,为柴草煤炭进城的绿色通道。时薰与行薰分别指花草和薪柴,泛指柴草。在古代那个以烧柴和煤炭取暖用火的时代,需求量和耗费量巨大,但没有先进的煤矿开采技术,多以伐木烧炭来代替,白居易名作《卖炭翁》中可见一斑。南门题"延恩"有源源不断的祈愿,让人十分不解,难道古人也担心资源枯竭?北门就直接明了多了,"镇远"有坐镇一方威慑敌人的寓意,"永康"则希望天下长治久安、百姓清泰安康。古时,特别在历代中原政权心目当中,敌人皆来自北方,北门之上题写霸气匾额多为激励鼓舞民心,一个杀气腾腾的名字具有尚武之风和时刻警醒的多重含义。如"平远""抚远""安远"等词汇并不鲜见,在古代体现着中原王权对北方少数民族的忌惮和提防,多用于北城门匾额,以及历代出征打仗时对统兵大将的封赐名号。所以说,有些时候与时俱进的并不见得都是可取的,修复后的甘州城四门匾额未见得比原来那直观且具有文化内涵的两个字更出彩，这不失为一种遗憾。

闻名河西的凉州八景，分为城外八景与城内八景。凉州城内八景中，四大城门楼就占有了四席，说明自明清以来，凉州四大城门及城楼一直都是武威人民引以为豪的景观。

完整的二十四城楼修建于明代，分别为：东门楼、南门楼、北门楼、东北天师阁楼、东南魁星阁楼、西南观音阁楼、西北斗母阁楼、西北城瞭高楼、东门吊桥三官阁楼、西门吊桥文昌阁楼、南门吊桥三星阁楼、北门吊桥真武阁楼以及瓮城楼4座、箭楼4座、角楼4座。

明洪武初年，朱元璋派大将冯胜攻取河西走廊，随后开启了河西四郡大规模的重修加固工程，河西四郡旧城几乎同时动工，在洪武期间修固了各大郡城用以防备北元残余势力对河西郡城的袭扰。史料记载明洪武十年（1377）都指挥濮英开始对凉州城进行规模较大的加固增修。洪武二十四年（1391），凉州总兵宋晟又对武威城进行了大规模的增修。宋晟在武威城原有东南北三门的基础上增辟西城门，并修建了东、南、北三大城门楼，修建了吊桥四座，挖了深六米多的城壕，在城墙四周修建箭楼、逻铺共三十六座，在北城墙的西边独建一高楼，用来眺望远方，警报敌情。至明晚期，于万历二年（1574），三边总督石茂华开始用砖包砌了城墙，并增开了集贤门（东小南门），历时两年，到万历四年（1576）四月完工。从1377年都指挥濮英加固增修，到1576年三边总督石茂华用砖包砌城墙，经过明代近两百年的增修加固，武威城变得战守有备，固若金汤，成了河西走廊名副其实的"金城汤池"。

可惜的是，这些雄伟壮观、建筑艺术高超的城楼，全毁于1927年的武威大地震。1927年5月23日清晨五时二十分，武威发生八级强烈地震，武威、古浪等地破坏极为严重，尤其是一些文物古迹损毁十分严重，凉州二十四城楼倒塌二十三个，只留残缺不全的北城门楼；大云寺、罗什寺、清应寺及三座号称"文笔三峰"的佛塔全部震毁；房屋倒约十分之三，县署倒房百余间，街道出现裂缝；文庙儒学院大部分建筑被毁，天梯山石窟毁坏洞窟十余处，白塔寺荡然无存；城郊雷台、东岳台、海藏寺及四乡著名建筑、庙宇大部被毁……这场大地震，给武威古城带来了不可估量的损失。

武威北城门楼，在民国时期改为正伦门，是1927年武威大地震中唯一没被震塌的城楼。但这座连八级地震中都能顽强挺立的城楼，躲过了天灾却没能逃脱兵祸。1928年的"凉州事变"，是继大地震之后武威人民的又一次大灾难。从国民军刘志远发动事变，马廷勷狼狈出逃，到马廷勷反攻凉州，直到最后失败，连续的战乱造成武威历史上又一次浩劫。

凉州事变从矛盾积累到爆发战争，以马廷勷败走四川为结束，前后历时三年多，是武威近代史上毁灭性最强、伤害性最大的战争，事件背景与成因并不复杂，皆为军阀争权夺利引起。

马廷勷是军阀马安良的三儿子，故人称马三少。从1915年起，历任凉州总兵、凉州镇守使之职。马廷勷把持防区内的政权和税务，贩卖羊毛、羊皮和鸦片谋取暴利，武威民间称其为"土皇帝"，传言在他的老家河州修建有金银窖二十处用来储藏私人财物，简直富可敌国。

1926年，国民军入甘，刘郁芬任甘肃督办。因财政紧张，刘郁芬曾派人向马廷勷借款四十万元，"土皇帝"对其嗤之以鼻分文不给，二人遂生嫌隙。马廷勷家族在甘肃几代经营根深蒂固，对政府官员自来不屑一顾，大有强龙压不过地头蛇的权势，刘郁芬碰了一鼻子灰也在意料之中。何况，国民政府一直想要彻底收服马氏一族，曾经数度尝试统一全省军政大权，企图将地方割据势力逐步消灭，早已引得马氏不满。马廷勷盘踞凉州十余年，更是飞扬跋扈，为所欲为，又哪里会向刘郁芬称臣纳贡。

次年，凉州八级大地震中武威县长王珏死于非命，县长缺位一时空悬。刘郁芬乘机派亲信前来接替，意图削弱马廷勷在武威的势力，使得二人关系更加恶化。其后，刘郁芬的参谋在靖远甘盐池被土匪杀害，刘郁芬怀疑是马廷勷主使报复，却苦于没有证据而怀恨在心。同年马仲英发动河州事变时，马廷勷恰好回河州老家小住，刘郁芬以此为由斥责马廷勷和马仲英造反，双方差点打起来。屡次龃龉摩擦积累，彼此矛盾已到了不可调和的地步。

正在这时，国民军教导团团长刘志远到凉州买马与马廷勷起了冲突。比之刘郁芬的瞻前顾后，刘志远要有魄力得多，他率领部属数十人和县府警察百余人直奔镇守署，马廷勷称霸一方却是个绣花枕头，见此情景连忙撤出武威逃命去了，连家财都顾不得带走。刘志远赶走马廷勷，从其住宅内共挖掘出银锭、元宝十余万两，银圆十余万圆，金条三百余根（三千多两），珠宝、古玩、书画不计其数，用大车装载，送往兰州请功。马廷勷搜刮盘剥武威人民得来的财富，没有用于武威城防建设，更不会用作民生接济，左不过又是落入了另一个人的腰包而已，但这却为武威埋下了一颗定时炸弹。

十多年来经营的事业和聚敛的财富毁于一旦，马廷勷心有不甘痛哭流涕。为了报仇，他一路出逃青海投奔本家亲族马麒处寻求帮助。马麒时任西宁镇守使，是"青马"军阀体系的元老与首领，他的两个儿子就是赫赫有名的马步芳与马步青兄弟。在马麒的帮助下，马廷勷组织一万余人反攻凉州。当时凉州城防空虚，只有从皇城军马场调来的韩凤璋部数百人与民团数百人守城。马廷勷以多欺少势如猛虎，守军寡不敌众纷纷溃退，县长张东瀛身负重伤，被营救出城，藏在东岳台附近的大麻地里，还是被马部的追兵搜出，割下首级挂在东门上示众。武威全城再次被马廷勷占领。

史料中明确记载，马廷勷突破城防之后，即命令部队分头追击守军，在大街小巷中但凡遇到活人一律格杀勿论，俨然一副屠城景象。守城士兵和民团一部分人拒不受缚，退至北城门楼子，居高临下阻击追兵。马部一时奈何不得便利用炮火掩护，窜至楼下放火，把凉州二十四城门楼子唯一仅存的这座古建筑付之一炬，当时烧死在楼上的守军就在五百人以上。北城楼是古建筑，建于明朝，已有七百多年的历史，古朴庄重气势雄伟，凉州城最后的门楼子就此毁灭，成为历史文物中不可弥补的损失，也成了武威人永久的遗憾。

马廷勷占据凉州城后大肆报复，对城中居民开始了惨无人道的搜杀抢劫，据统计冤杀的平民百姓接近两千人。除了杀戮，就是放火焚烧，城内省立第四中学、仙姑庙、地藏寺、关东大庙、光明寺和部分民房均被烧毁，变成了一片瓦砾场。马廷勷一边实施报复，一边忙于找寻他的宝贝匣子。民间传说这个匣子内装有马家祖上祖传的宝物，价值连城珍异无比，马廷勷之前逃跑时，曾把这个匣子交给他的一个姨太太保管藏匿，姨太太自顾逃命并不知道匣子宝贵，随手交给一个脸上有麻子的丫鬟背着。在混乱中，麻子丫头走散，宝贝匣子也就丢失了。为了找回这个匣子，全城的麻子丫头便大遭其殃，不论是谁家的丫头，只要脸上有麻子的就抓起来严刑拷打，追逼匣子的下落。此举不知又株连了多少良家女子，直闹得凉州城里凄风苦雨，有女儿的人家惶惶不可终日。

宝贝匣子不知所踪，而孙连仲的队伍快速赶到，马廷勷只得暂停寻宝，与孙部开战。与前次一样，即使有万余人马，马廷勷依然还是那个色厉内荏腹中空空的草包，根本不善于指挥打仗。城外之战马部一触即溃伤亡惨重，被逼退守城内负隅顽抗，孙连仲步步进逼，很快占领了城周围的高坝、陈家南园、雷台、东岳台等地，并不时用大炮轰击城里。马廷勷原本还想坚守凉州，等待西宁支援，但一颗炮弹落在了他居住的大衙门的屋脊上，当即就把整个大堂都炸垮了。这一下可把马廷勷吓坏了，他惊慌失措下令部队连夜退出城外，继续向皇城滩一带退去，想要重回西宁图谋东山再起。但在撤退中接连受到阻击，被迫进入甘南地区逃往四川，凉州事变才算消停了。因为一己私利大兴征战，城池无辜遭受战火洗劫，城内古建筑遭到破坏性毁损，在地震中幸存的残旧古建筑通通彻底坍塌，凉州城昔日辉煌彻底毁灭，七城二十四门楼的壮美景致成为历史烟云。

武威历史上的四大城门及二十四座城楼，彰显了古凉州城曾经的辉煌，具有较高的学术价值和历史价值。曾有专家说，武威如果没有遭遇过那么多的天灾人祸，古迹能够保存至今其文物价值与文旅价值绝不亚于古城西安。可惜，没有如果！

武威现存的唯一城门是南城门，南城门又名凉州昭武门，始建于隋朝开皇八年（588），隋文帝为纪念凉州总管卫王杨爽的赫赫武功和功绩所建。昭武门始建于隋朝，明代重修，城楼为重檐歇山顶式建筑，造型古朴雄伟。每当天气晴朗无风时，夜晚登上城楼，可以清晰地听到犹如细雨落在瓦上淋漓的声音，故有"夜雨打瓦"之称，是凉州古八景之一。昭武门在武威民间俗称南城门，这里还是移民见证地，铭刻着来自大槐树的印记，记述着中原移民跋山涉水远来边塞屯垦戍守的故事和他们开发边塞卫国守土的奉献精神。

武威南城门在民国时期改为中正门。大地震之后，至二十世纪九十年代，城门和城楼原状尽失，仅余高长不足十米之残垣。1999年，武威市政府筹资一千多万元重建，到2001年12月20日工程完工。复原的城门楼通高三十九点六米，在门洞顶部平台建有三层重檐歇山顶式建筑，最高处为阁楼。负一楼包裹在城墙之中。新建城楼雕梁画栋，彩绘回廊，巍峨庄重，富丽堂皇，已经成为武威地标性建筑，是武威悠久厚重的历史文化沉淀，更是武威人民继往开来勇于奋斗的精神象征。

支撑了大唐门面的和亲公主们

秦砖汉瓦，唐诗宋词，是中华文明与民族强盛的代表。从字面意思看，直观感受就是秦汉时代奠定了基础，唐宋时期社会稳定繁荣才有了文化兴盛。事实正是如此，秦始皇统一六国修筑长城防御外敌，两汉征服匈奴舒张臂掖，极度兴盛的汉文化不断酝酿成熟，唐诗宋词的文化辉煌就是水到渠成的必然结果。

大汉、大唐、大宋、大明……中国人对"大"字有着非一般的尊崇和深刻理解。《说文》释义：天大地大人亦大，故大象人形。大，是中华民族对自我的认知与肯定，更是对中华文化的认同与赞美。强汉盛唐，每一个历史源流中闪光的存在，都是以人为本的社会成功范本，而每一个值得被冠以"大"字的朝代，也都有着足以称道的精神品质。

有学者概括说："于社会而言，'大'与'小'不在于疆土，在于气度。国之强大，在于人之强大，人之强大，在于自由意志和包容、大气，就这个意义而言，中国历史上没有一个朝代大过盛唐。"兼容并蓄，是大唐之所以繁荣强盛的根本，也是最适宜中华传统文化沉淀并盛放的一个绝佳时代。非如此社会，滋养不出唐诗的丰盈浪漫，所以，盛唐代表了中国古代社会繁荣的天花板。

世人赞颂大唐文明，缅忆盛唐繁华，甚至将唐朝视为古代文明史上最美好的王朝，认知或许过于片面，但不是完全没有道理。若不以疆土为界来定标准，大唐之"大"可圈可点，尤其体现在盛唐时期。

唐诗之所以百花盛开争奇斗艳，是因为唐王朝是一个言论开放的朝代。在唐代，允许且包容一切文化形式自由发展，诗人们可以畅所欲言尽情书写，只要文采出众就会拥趸无数，放浪不羁的李白便是凭借才华受到了追捧与尊重。李白的诗文还被唐以外的国家争相传诵流传至今。再有杨贵妃儿媳嫁公公独宠六宫这件事，人们也只一笑而过给予祝福，不觉得这样做有什么不能接受。此事若放在大唐之外的任何一个朝代，都免不了被士人口诛笔伐，倘若发生在程朱理学成型后，这二位怕是仅凭人们的口水就能将其淹没了。也唯有在大唐，杨贵妃与唐明皇挑战世俗、突破禁忌之举，能被当作至情至性来体谅包容。而李白那样的性格也能够在大唐臣民眼里说成是有趣的个性，不但没有受到民众抵制，效仿者还层出不穷。

正因为唐代包容开放的格局，诗人们才能激情迸发，用至情至性来创作诗歌。"天子呼来不上船，自称臣是酒中仙。"君道如天的皇权社会，李太白上不伺君王，下不媚权贵，狂放嗜酒，下笔有神，把一个盛唐诗人谪仙般清高孤傲、唯我独尊的气度展现得淋漓尽致。

唐诗华丽大气，包罗万象，嬉笑怒骂尽皆入诗，那些流传千古的绝世诗篇，也只有在大唐宽广的怀抱里能够得以辉煌。唐人"安能摧眉折腰事权贵"的气节和"长风破浪会有时，直挂云帆济沧海"的豪迈豁达，以及"会当凌绝顶，一览众山小"的胸怀气度，"晴空一鹤排云上，便引诗情到碧霄"的从容乐观，"黄沙百战穿金甲，不破楼兰终不还"的热血激荡，"独坐幽篁里，弹琴复长啸"的宁静淡泊，"此情可待成追忆，只是当时已惘然"的浪漫唯美……种种诗情不胜枚举，或磅礴大气，或委婉动人，都已融进了中华民族的血液。诗人们豪情万丈，潇洒自信，既是文人的人格体现，更是大唐王朝格局的展现，许多人读唐诗憧憬梦回盛唐，向往的不仅仅是一个充满浪漫主义色彩的封建朝代，而是对那种社会氛围与人文气息的追寻。

帝王的气度和格局，是大唐之大的又一显著特征。

作为普天之下权力最高执掌人的唐太宗，会畏惧谏臣挑理而闷死宠物鸟

天祝赛马

也不敢使其知道他在偷空逗鸟，面对魏征的直言不讳数次拍案翻脸，但还是能够做到宽宏大度，成就了明君良臣的千古流芳。而武则天读骆宾王的讨武檄文，看到文中"蛾眉不肯让人，狐媚偏能惑主"的词句，不但没有生气，还为其文采拍案叫好："有如此才，而使之沦落不偶，宰相之过也！"她不怪骆宾王骂她骂得刻薄尖酸，倒责备宰相怎么没有把这么有才的人引进朝廷为她效劳。气度与格局之不凡，唯有大唐帝王，盛唐言论自由程度空前绝后，绝对的才华超越了君臣伦理。

大唐之大，还来自对女性的平等相待和对女性给予的宽容尊重。大唐女性以胖为美，不需要为了博取男性好感强迫自己减肥，她们的穿着也不必恪守封建礼教那一套，露则露矣舒适为主。在诗人的笔下，女性常常作为主角被夸赞褒扬，为唐诗赋予浪漫和美丽的意象，而不是藏于深闺只用来传宗接代的工具。强势女性代表如虢国夫人，她女扮男装骑骏马招摇过街市，表现出来的飞扬彪悍，在挑剔士大夫们看来竟也习以为常未加批驳；武则天改朝换代，君临天下，一样有文官武卫侍奉恭迎、山呼万岁。对强势女性的容忍与接受，反映了唐代多元的文化语境和宽容的社会心态。

然而，令后世仰慕向往的盛唐，其繁华恢宏的表面之下，也有着血泪斑斑的历史疮疤，譬如公主和蕃。

在唐朝历史上有十几位和亲的公主，最出名的莫过于文成公主入藏，但最早外出和蕃的却并非她，而是唐王朝为了安抚西北少数民族和蕃吐谷浑的弘化公主。

唐朝初年，在大唐漫长的边境线上，分布着十几个少数民族政权。唐朝建立后不久，位于丝绸之路上的吐谷浑与西突厥联合，频繁骚扰大唐边境，同时，针对大唐与西域及欧洲的经济往来横加阻断，让丝绸之路贸易一度陷入中断。面对这种情况，唐太宗李世民实行了双管齐下的策略，一方面派遣大将李靖等人率军出征，武力讨伐；另一方面，又使用怀柔政策，以和亲的方式拉拢吐谷浑。弘化公主正是在这种形势下，成了大唐历史上第一个和亲远嫁的公主。

吐谷浑是中国古代少数民族政权，原为辽东鲜卑慕容部的一支，后迁徙至西北。隋炀帝西征收复了吐谷浑占领的青海湖一代，到唐朝时，吐谷浑趁中原战乱又恢复了他们的部族势力。唐朝初期，吐谷浑联合西突厥控制西域小国，经常侵扰中原边境，袭击来往商人，阻绝中原与西北边疆政治、经济、文化的联系，严重阻碍了丝绸之路畅通。635年，唐太宗李世民派大将军李靖等率军进击吐谷浑，吐谷浑兵败，首领慕容顺率部归唐，成为唐朝属国，慕容吐谷浑部迁居于青海的祁连山以及凉州境内。贞观十年（636），唐太宗册封的河源郡王、吐谷浑可汗慕容诺曷钵进朝面圣。慕容诺曷钵一再请求大唐公主下嫁，李世民本着恩威并重的原则，答应选一位大唐公主出嫁慕容诺曷钵，这位被选中的大唐公主就是弘化公主。

与众多的和亲公主一样，弘化公主被载入史册的只是封号，本名叫什么已经无从知晓，史料中的记叙也是"名字不详"。一个没有原名记载的公主，为盛唐荣耀肩负了千钧重担，唐王朝的安定繁荣弘化公主功不可没。史书赞誉弘化公主聪明贤惠，具有超人的胆识与谋略。事情起因要从公主嫁入吐谷浑为王后开始说起。

唐朝贞观十四年（640）二月，唐太宗李世民遣左骁卫将军、淮阳王李道明及右武卫将军慕容宝节携带大批陪嫁物资,护送弘化公主入吐谷浑与可汗慕容诺曷钵成婚。弘化公主入吐谷浑,是唐王朝将公主嫁于外蕃的开端,是民族团结史上的一件大事。这种联姻不仅使唐朝与吐谷浑的关系很快得到改善,也对唐王朝与吐蕃的交往起到了模范作用。但在同时,也引起了吐谷浑部族内不少好战分子的疑忌。彼时,吐蕃国势强盛,具备与唐王朝分庭抗礼的能力,对于地处西北的众多少数民族而言,吐蕃也是不弱于唐王朝的强大势力。相比京师位于长安的大唐,吐蕃势力范围对西北少数民族的影响要更深入一些,而且他们民族之间的生活习性有不少相同和相通之处,与中原汉族相比,诸少数民族相处会更有共性。吐谷浑丞相密谋在祭山活动中,劫持诺曷钵和弘化公主投奔吐蕃,就是出于吐谷浑族中一部分人对吐蕃的亲近和对大唐王朝的抵触。

吐谷浑宰相举兵反叛,弘化公主得报后并没有惊慌,她飞身上马,和丈夫诺曷钵一起带着少量亲兵,连夜向鄯城奔去。随后,经过一系列调度斡旋,弘化公主与丈夫在鄯州刺史杜凤举的帮助下平定了丞相谋反,使得吐谷浑恢复安定局面。此次暴乱中,弘化公主临危不惧有勇有谋,她的威望就此在吐谷浑部族中奠定,用自身风范为巩固唐与吐谷浑的友好关系做出表率,成为吐谷浑王室的定海神针。然而,安稳的日子并没有维持多久,唐高宗龙朔三年(663),吐蕃国强势扩张,一举覆灭了河源地区的吐谷浑汗国。诺曷钵与弘化公主被迫率领残余部族迁往凉州,并派人向大唐求助,弘化公主的封号也随之改变成了"光化公主"。光化,寓意光复教化、光复国家,读来便觉十分励志。由"弘"到"光",称号的改变代表着公主的遭遇和更加沉重的历史使命。唐王朝改封公主,也是对弘化公主和吐谷浑给予复国厚望的意思。

谁又能想到,同样是大唐和亲公主,同属于李唐本宗血浓于水的亲属,晚于弘化仅仅一年和亲吐蕃的文成公主,成了覆灭弘化公主家国子民的生死仇敌。两位宗室公主,各自担负和亲使命,却不得不刀剑相向,弘化公主破国噩梦中仇人的面容,文成公主恐怕也是其一。史记,文成公主远嫁吐蕃时路过吐谷浑,弘化公主盛情款待,当时两位公主还曾短暂相聚。也许在那个时候,她们就已经预见了未来形势,命运注定她们将要分属两个敌对的阵营。翻遍史书没有关于弘化公主和文成公主相聚时说过什么、做过什么,但我们不难想象，两位背井离乡身世命运基本相同的女子，尽管头顶上有着公主的光环，于千里之外的异乡聚首，怕也只剩泪目相对悲苦自知，长叹"同为天涯沦落人"了吧。

吐谷浑灭国后，弘化公主成了亡国之人，她和诺曷钵率残部经过长途逃亡，来到凉州暂时寄居，并上表朝廷，希望唐王朝帮助吐谷浑收复失地，恢复故国。在凉州的九年之中，弘化公主及所有逃难到此的吐谷浑部众饱受灭国之痛，每天都在期盼唐军来助，徘徊于失望与希望中不断煎熬。吐谷浑部众客居凉州南山，亡国悲痛在凉州南山的如画风景中慢慢得以疗愈，潜意识中或许已经把这里当作了自己最终的归宿之地。

670年，为了牵制日益向西域扩张的吐蕃，也为帮助吐谷浑部回归故地，唐朝派薛仁贵率军出击河源地区，但大非川一役，唐军大败，最终使吐谷浑依靠唐朝力量恢复其势力的希望破灭。复国无望，弘化公主及诺曷钵彻底死心，上书唐朝希望能够迁居大唐内地。这样的请求，是弘化公主嫁入吐谷浑多年之后，以吐谷浑王后的身份为她的子民尽力争取生存空间所做的最后一点努力了。复国已成泡影，她能做的最后的挣扎，便也只有保证子民们可以换个环境安居乐业。但是，唐王朝仍然希望吐谷浑回到故地，以遏制吐蕃。672年，唐廷将吐谷浑国王诺曷钵和弘化公主迁到鄯州大通河之南，意在用他们的威望重新召集吐谷浑各部，避免吐蕃与唐的正面相抗。已经在灭国之战中形如惊弓之鸟的吐谷浑，哪里还有力量充当唐廷隔绝吐蕃的屏障？其时太宗已逝，唐高宗到底没有沙场浴血的锤炼，威信与能力远远不如其父，在强大的吐蕃面前，吐谷浑部众自然没有底气，他们胆战心惊惶惶不可终日。无奈，唐高宗只得令其徙于相对安定的灵州境内（今宁夏灵武县南），设安乐州，以诺曷钵任刺史，由其自治管理。此时，弘化公主已经五十岁了，颠沛流离的生活已经让她憔悴苍老了许多。但她没有向命运妥协，依然全力协助诺曷钵励精图治，建设新的家园。弘化公主在这里度过了生命中的最后二十六年，她的丈夫诺曷钵早她十年去世，儿子慕容忠继任，并被封为青海王。武则天时期，曾把自己的侄孙女嫁给慕容忠的孙子慕容曦皓，也就是再下一任的吐谷浑王。

弘化公主历经唐太宗、唐高宗和武则天三个历史时期，多次回长安朝拜，并为子女向大唐请求联姻。她是外嫁的十几位公主中唯一回过长安的公主,唐高宗以宗室女金城县主嫁诺曷钵长子慕容忠,金明县主嫁诺曷钵次子。吐谷浑王室与大唐王室结成世代姻亲关系,成为民族团结的典范。

吐谷浑是唐王朝时期和亲政策成功的一个典范,弘化公主、金城县主、金明县主还有武则天的侄孙女起到了很好的作用,经过几代和亲,吐谷浑王族已经变成中原血脉,为吐谷浑族彻底融入中原奠定了基础。

688年,与弘化公主相濡以沫四十八年的丈夫诺曷钵去世,其子慕容忠继位,慕容忠的妻子金城县主为吐谷浑王后。显然,这又是一位肩负外交使命,用以安抚或激励吐谷浑复国,促进两族团结对外的和亲女子。

县主,地位次于公主和郡主,但也是出自王室的金枝玉叶。金城县主的墓志铭中有言:"会稽郡王道恩第三女,可封金城县主,食邑四千户,出降吐谷浑成王忠为妻。"金城县主身份地位虽不如婆婆弘化公主,但拥有自己的本名,其墓志铭记载详尽,名讳季英。李季英,有人记得原名,又当了弘化公主的儿媳妇,作为同宗而出的李氏王族之女,金城县主相对来说已经非常幸运了。而金明县主作为弘化公主的二儿媳妇,比起长媳就要稍显逊色了,史书中都是一笔带过。尽管吐谷浑国名存实亡,但有一个能干的婆婆在前,金城县主平稳并平淡地度过了她的一生,得享七十六岁高寿,身后葬于凉州南阳晖谷北岗的吐谷浑王墓群。金明县主亦然,在弘化公主的羽翼下没受什么波折,寿终正寝后也随婆婆葬于王族墓群。吐谷浑王族自弘化公主夫妇开始,死后都归葬王陵,即今武威城南二十公里的南营乡青嘴湾。

690年,武则天称帝,改国号为周,改封弘化公主为大周西平大长公主,并特赐弘化公主为武姓。弘化公主于圣历元年(698)五月三日"寝疾于灵州东衙之私第",享年七十六岁。让人们惊讶的是,就在弘化公主去世的同一天,其子慕容忠也于"灵州城南浑牙之私第"去世,终年五十一岁。母子二人的灵柩于第二年三月运抵凉州,于三月十八日葬于青嘴喇嘛湾。母子二人同年同月同日死,同年同月同日葬,这种情形世所罕见,其中是否存在不为人知的内幕,令人不禁好奇。只是究竟有着怎样的故事,已经无法考证了。

武威青嘴喇嘛湾吐谷浑王族的墓地,是在吐谷浑政权灭亡之后才形成的。

青嘴湾，峰峦起伏，峡谷纵横，大水、冰沟两条大河沟湍流急下，在两水汇合处，新中国成立后建起了水库，弘化公主墓就坐落在水库对面的山岗上。弘化公主在吐谷浑生活了五十多年，在凉州居住不到十年，但死后为何要归葬于此，由于缺乏史料记载，重重谜团令人不解。有专家称，当时的凉州南山，离原吐谷浑中心青海较近，隔祁连山就是他们原来的领地，向东则直通大唐长安。长眠在此，弘化公主既能想念她为之呕心沥血一生的国度，也能望见她再也回不去的家乡，这才选择于此长眠。当地人则称，这里是一块绝佳的风水宝地，吐谷浑王族选取此地来做陵地，意在保其后代复建故国。可惜，吐谷浑国往后都没能重振祖业，传至数代后彻底衰落了。

中国古代众多消失于历史长河的少数民族，基本上都因为缺乏自己民族的文字、文化才断绝传承，古老的月氏、匈奴如是，吐谷浑也不例外。灭国之后的吐谷浑王族虽然受到唐王朝照拂优待，终究难逃隐入尘烟的轮回宿命，甚至在史籍中关于弘化公主身后之事的记叙都十分吝啬笔墨，没有人记得青嘴湾还是一个王族墓地，更不会有人知道长眠于此的古人们曾经拥有过怎样一段波澜壮阔的经历。直到清末，一梁姓人家在挖洞时，凑巧挖到了一座古墓，才揭开了尘封千年的如烟往事。

清末同治年间，各地匪乱频仍，居住在武威市南营乡青嘴湾一带的民众有挖窑洞避难的习惯。一户梁姓人家凑巧挖到古墓，将金银珠宝盗去发了一笔横财。盗墓者眼里只有金钱，对墓主身份完全不在意，竟不知他们掘开盗取的古墓和随葬品来自王族。1915年4月，该墓又被当地人掘开，再次从墓中取走不少随葬品，其中就包括一方墓志铭。能卖的都卖了，墓志铭因无人问津，也因为体积过大不好出手便秘密收藏起来。当时的武威知县唐敷容机缘巧合看到出土文物，认准了它们来自古墓，并分析古墓应该还有石刻，便吩咐商务会长贾坛四处寻访，终于找到了墓志铭。拂去历史的尘埃，人们这才知道原来大唐第一位和亲公主——弘化公主就长眠在这块土地上。至此，大唐弘化公主和亲塞外，为民族团结作出巨大贡献的事迹才抽丝剥茧般地呈现在世人眼前。吐谷浑王族墓地终于得到官方保护，先后发现了唐代吐谷浑的墓志铭九方，所葬九人即西平大长公主、代乐王慕容明、安乐王慕容神威、青海王慕容忠、政乐王慕容煞鬼、金城县主李氏、燕王慕容曦光、元王慕容若夫人、大唐故武氏夫人。

1956年，武威县人民政府将弘化公主墓及整个吐谷浑慕容氏墓群公布为县级重点文物保护单位。1980年，武威县文物管理委员会对残存的墓葬进行了科学的清理，出土了一批彩绘木俑、木马、木驼、丝织品及铜、陶、骨、漆器等。吐谷浑王族和弘化公主的故事终于得以重见天日。作为唐朝首位和亲的公主，她没能像文成公主一样，在后世享有极高知名度，她的一生坎坷多变，后半生带着部族子民颠沛流离。然而，弘化公主为民族团结和繁荣所作的贡献，却始终值得我们铭记。

弘化公主入吐谷浑，是大唐公主嫁于外蕃的开端，是中华民族团结史上的一件大事。唐朝历史上共有十九位和亲公主，弘化公主是第一也是唯一一个出嫁后回过长安的公主。弘化公主一生跌宕起伏，个人命运与国家命运紧紧相连，为祖国统一、民族团结贡献了毕生心血。

近年来，史学界冒出弘化公主是否李世民亲生女儿的话题来，武威地方学者对此争论不休，双方各执己见，一说弘化公主为李世民长女，一说则坚持其生父为李渊堂弟李赟的二儿子淮阳王李道明。关于公主变郡主的论证，相关人士还写文章予以证明，大致如下：

> 贞观十三年，弘化公主以李世民女儿的名义下嫁吐谷浑可汗，淮阳王李道明负责送亲。李道明送亲到了吐谷浑之后，受到了慕容诺曷钵的隆重招待。谁知这位王爷贪杯喝多了，居然当众说出了弘化公主不是太宗长公主，而是他亲生女儿的话来。慕容诺曷钵娶弘化公主，要的是上国女婿大唐驸马的身份，只有这样才配得上"公主出降"的说法。如果挑明了弘化公主是李道明的女儿，她就是郡王之女，淮阳王与河源郡王爵位平等，就不能叫"出降"，而是出嫁。这样一来慕容诺曷钵就不是大唐女婿，而是淮阳王女婿，这让慕容诺曷钵心存不悦。李道明口无遮拦，泄露天机，让李世民很难堪，送亲回去就被李世民褫夺了爵位。

这段文字在多家媒体账号出现，引起很多历史爱好者注意，为发生在弘化公主身上的故事更添神秘，但依旧因为缺乏有力的历史佐证不被史学家认可。其实，弘化公主到底是不是李世民的亲生女儿这件事，凉州地方学者吵得不可开交委实没有意义和必要，公主和亲历有定规，事件本身的真正意义是为了获取和平共处、民族和谐共生，纠结是郡主还是公主那是舍本逐末。相比于公主是否为皇帝亲生的八卦，弘化公主为历史和民族团结做出的不世功勋更应该成为我们研究和赞颂的重点。

综观中国古代史，和亲对改善古代中原王朝外交环境和国防形势有一定益处，但并不会起到什么根本作用，更多时候只是双方给予彼此的一种心理安慰罢了。从政治角度而言，公主和亲是统治者的战略部署，拖延开战时间以便做足准备再行兵戈。这也就是和亲公主们大多不得善终的根本原因，一旦两国捅破各自虚伪的那层窗纱，撕破脸皮后受到冲击的首先就是和亲女子，人们会将信用损失的怒火与屈辱算在她们头上，实行打击报复。例如，唐玄宗天宝四年（745），时任平卢、范阳两镇节度使的安禄山，为了用军功向玄宗邀宠，便屡屡无故侵袭奚族和契丹族的领地，逼迫二族叛唐。在正式起兵前，两位蛮王将静乐公主、宜芳公主押到三军阵前，砍下她们的人头来"祭旗"，以此来表示跟唐朝决裂，并鼓舞士气。可怜两位公主过门还不到半年，胆战心惊中成了异域之鬼。即使强盛如汉王朝，在建朝之初也曾实行与匈奴"百年和亲"的策略，然而和亲之后双方依旧战火不断，最后还是靠汉武帝派遣卫青、霍去病北伐匈奴，才彻底终结了西域边患。那些远嫁异国的公主结局大多很凄凉，要么客死异域终身不能返回故乡，要么被迫按照胡人习俗，一生先后沦为父子几代人的妻妾，汉代王昭君、隋朝义成公主、唐代小宁国公主等人，都曾被迫先后嫁给一家祖孙三代，生活和心理上承受的痛苦与屈辱一言难尽。

唐朝诗人戎昱写过一首著名的讽刺诗《咏史》："汉家青史上，计拙是和亲。社稷依明主，安危托妇人。"这首诗十分辛辣，昭示了唐朝和亲之策的全面失败。汉唐以来和亲实践证明，综合实力才是决定国家外交关系与环境的关键因素，和亲只能起到一种"锦上添花"的点缀和调剂作用。远嫁的公主群体湮没在帝王功业与百姓稳定生活之中，寥寥几笔的史料记载中，她们的形象并不突出，有些甚至连个名字都没有，她们身骨单薄柔弱无助，把最悲苦的不堪与眼泪深埋心底，却用自我牺牲成全一个盛世、一个国家，粉饰和装点着盛世繁华的门面，挺立出一个王朝与百姓不屈的脊梁。女子本弱，何堪其重？她们的事迹，不应该被遗忘。

党争牺牲品才子李益

边思

腰垂锦带佩吴钩,走马曾防玉塞秋。
莫笑关西将家子,只将诗思入凉州。

这首诗出自唐代边塞诗人李益,武威人最熟悉的唐诗之一。此诗表面语调带有一种唐代风流名士孤芳自赏的清傲,但结合诗人所处的年代和作诗时的人生际遇,我们便可从中看出才子李益的理想抱负,并发现在其故作潇洒的背后,包含着对时局的无奈与自身命运的深沉感慨。本诗结句异常出彩,曾被无数后世诗人借用、化用,当今武威南城门高悬的巨幅对联中,便有整句嫁接。

唐宋时期,才子辈出、佳人倾城,诗词得以大兴,名人名作交相辉映,是中国传统文化的巅峰时代。在众多才子名流当中,诗人李益与他的作品,继承盛唐诗风,形成了中唐边塞诗新景象,对唐诗发展起到了承前启后的重大作用,被后人赞誉为中唐最杰出的边塞诗人。

李益,字君虞,出身陇西李氏姑臧房,即今甘肃武威人。大历四年(769)进士,初任郑县尉,久不得升迁,建中四年(783)登书判拔萃科。在更为详尽的史书里记载其生平称:初因仕途失意,后弃官在燕赵一带漫游。后官至幽州营田副使、检校吏部员外郎,迁检校考功郎中,加御史中丞,为右散

祁连山下沃野良田

骑常侍。太和初,以礼部尚书致仕。

很多人可能不了解,陇西李氏正是李渊一脉,姑臧房虽与之略疏,究竟还是同宗同祖。所以,李益这样的出身在唐代是备受优待的,加上李益肯用功读书,年仅二十五岁就进士及第了。但是,经过安史之乱后唐王朝在政局上出现了一系列重大改变,各地藩镇势力崛起严重削弱了中央集权,藩镇为了巩固自身实力大量招募人才给予优厚待遇,而朝廷依然吝啬官员的选拔任用,科举铨选政策坚持不肯革新,即便进士及第也只是虚名,真正授官还要经过层层考试,外加时间与资历的积累。因为唐科举制度的弊端,导致有志之士纷纷离京入幕寻求捷径。李益虽为士族子弟,但也难逃苛刻的科举制度践踏,在进士及第后通过制科考试仅获得了郑县县尉的职位。在唐代,县尉官职九品开外,上级领导分别是县令、县丞、主簿,职务分工相当于今天的城管大队长。

出身皇族近支进士及第后也才捞到这样一个小官,而且在县尉职上还久不得升迁,唐代的科举制度之严苛可见一斑。仕途受挫,李益弃官远走,想必那时他也有对时势的失望与义愤。从大历九年(774)至大历十二年(777),

李益西游凤翔，到凤翔节度使李抱玉幕府任职。其间参与了大历九年郭子仪、李抱玉、马璘、朱泚分统诸道兵八万的防秋军事行动，写下了《从军有苦乐行》等诗。大历十二年李抱玉去世后，李益再次成为闲云野鹤，到处游历寄情山水。建中元年（780），李益再次入幕，在灵武依附朔方节度使崔宁。两度入幕参与和见证了多次藩镇军事行动，李益深入了解到军中士卒的喜怒哀乐，对他的诗歌创作产生很大影响，随着多首经典诗歌出产，成为名副其实的中唐边塞诗第一人。

入幕十年有余，李益写下了《夜上受降城闻笛》《祝殇辞》《军次阳城烽舍北流泉》《从军北征》《盐州过胡儿饮马泉》《塞下曲三首》等著名诗歌。建中四年（783）李益回长安，再次参加制科考试，终于登第。徐松《登科记考》："建中四年，李益、韦绶登拔萃科。"本次考试顺利通过，才真正踏入仕途，虽然一路走到头没能封侯拜相，相对于前半生的蹉跎，李益的官运还算顺畅。史料记：贞元十二年（796）到元和元年（806），李益到幽州刘济幕府。元和初，宪宗召李益回京，任都官郎中。后官中书舍人，后出为河南尹，后转为秘书少监，元和八年后，转太子右庶子，元和十五年后，为右散骑常侍。太和初，升为礼部尚书。

影视剧和戏曲中常有一个情节叫夸状元，描述古代考中状元跨马游街的盛况，状元郎意气风发穿过繁华街市，惹得无数学子和百姓称羡不已。一朝中第，平步青云，仿佛这里就是人生的顶峰。然而，戏剧毕竟是戏剧，真正的状元及第即刻封官，并不存在于唐代，这其实是宋朝及以后的科举。唐代举子科场及第，只是取得了授官的资格，想要得到官衔，还得枕戈再战，经过一场又一场考试，重重筛选才能得到官职，很多时候你得到的职位也未必是自己真正心仪的工作。而且，唐代规定进士及第只是一份荣誉，由礼部来主持选拔，三年之后方能参加吏部铨试授予官职。讲到这里读者诸君有没有一丝熟悉感？的确，唐代的科举制度与我们今天的公务员考试颇有雷同。大学毕业取得学位只是走入社会的开始，工作还需经过层层选拔，从事公务员更需过五关斩六将。历史总是惊人的相似，始兴于隋唐时代的科举取士，在经过了一千多年的继承与改革后，貌似最终还是又回到了原点。

再来看"书判拔萃科"。唐代科举初兴,为了最大限度网罗各种人才,设置了名目繁多的各种考试。考进士称平科,入仕的资格考试,除此之外还设置了制科,考的就是专业知识和才能了。制科的考试科目很多,查阅资料显示有:志烈秋霜科,武足安边科,下笔成章科,洞明韬略运筹决胜科,才膺管乐科,直言极谏科,文辞雅丽科,博学鸿词科,才识兼茂明于体用科,等等。李益考中的书判拔萃科便是其中之一,专业所属应该为诉讼刑狱审判这一类,相当于司法从业者的执业考试。从众多制科名称中可以看出,唐代选举人才有多么细化,士子们根据自己所学可以报考科目,朝廷也能够分科录取所需要的专业型人才。比如博学鸿词科,选的都是一些擅长写文章的人,做文职工作;武足安边科,选的就是有志于边疆治理的文武官员;直言极谏科,那就不用多说了,专门选取敢于在皇帝面前据理力争的言官,他们负责对皇帝和朝政给予监督。唐初名臣魏征,就是取自这一科,据说白居易和杜甫也是考中了此科出仕为官的。

相比于当皇帝近臣得以快速升迁,李益却选了书判拔萃科。根据北师大金滢坤教授研究考证,唐代书判拔萃科是吏部继平判入等科之后设置的第二个科目,与平判入等科有明显的区别,起初是制举科目,大足元年以后吏部始设此科。虽不及博学鸿词科崇重,及第人数也不及平判入等科多。书判拔萃科在士人释褐时并不看重此前的进士、明经或者门荫等出身因素,主要看参加拔萃科考试的等第,但在士人迁转过程中往往看前任官望和品阶,以及书判拔萃科等第的高低,跟其是否是最初以进士、明经或门荫出身关系不是很明显。进士兼书判拔萃科在士人迁转中优于明经兼书判拔萃科,虽然制举、门荫兼书判拔萃科的人数不及前两者,但在迁转中央官方面却要优于前两者,多为京县尉、拾遗等基层官和中层官。拔萃登科对中晚唐铨选制度影响深远,是地方官垂涎京畿属官最为有效的途径之一,且不少士人因此位居卿相。

因为科目特别,能否考取就成了检验一个人肚子里有无真才实学的度量衡。那么,登第书判拔萃科的李益,又经历了什么样的考验呢?任何时代,仿佛都是看脸的时代。唐代制科考试是把看脸取士光明正大列入录取规则的,主考"身、言、书、判"四个方面。身,就是看长相和外形,玉树临风、面如冠玉者，肯定是占有优势的。传言著名花间派词人温庭筠当年考了好多次科举，就是因为长相过于普通第一关就被刷下来了。言，看的是言谈举止，做不到对答如流、出口成章，也必须具备优雅得体、口齿清晰；书，就是书法了，古往今来能写一手好字必然会成为考试时的加分项。古代但凡官员皆好书法，既是刚需能力又是情操陶冶。判，是判案文书，要求考这一科目的士子首先要会写案情的经过，案件的结论，还要写得条理分明、文采华然。一个能把判词写成精美文章的官员，升迁提拔必然迅速。很多相关书籍中，至今还记载有古时候官员留下来的判词，其中文辞非凡者比比皆是。所以，吏部的考试科目中，博学鸿词科、书判拔萃科、平判入等科等都特别难考。被后世称为"千古文章"大家的韩愈，还曾三次被吏部刷下来，后来凭借举荐才当上了"公务员"。很多唐诗大家，也纷纷倒在科举考试下，其中不乏王维、李商隐、杜牧等名士。

我们完全有理由相信，李益选择考取书判拔萃科，且一考即中，其自身才华是出类拔萃的，风度仪表也定然不俗，而他的内心志向更是远大宏阔的。不过，再宏大的志向也需要时运加身，李益显然没有什么官运，纵然才高八斗志存高远，也架不住政敌迫害。相对于李益在诗文上的造诣和为官的政绩，人们对他的熟悉却多是从小说《霍小玉传》中来，或者源于戏曲《紫钗记》中的印象。

《霍小玉传》是一篇传奇小说，写的是长安名妓霍小玉与陇西书生李益的爱情悲剧。李益进士及第后，滞留京城等待委派官职，与艺妓霍小玉相爱，共同生活。后李益授官郑县主簿。临行之时，霍小玉忧心忡忡，怕他变心。李益则信誓旦旦，说明年三月一定前来迎娶佳人。但李益回乡省亲时，却在父母安排下迎娶了一官宦人家的女儿。李益于是断绝了与霍小玉的音信。霍小玉苦等情郎不至，过于忧伤，一病不起。许多人为之愤愤不平。有一次李益进京办事，被一侠士强行拉去见霍小玉。霍小玉见到李益，悲愤交加，气绝身亡。小玉死后，化为鬼魂作祟，令李益终生不得安宁。小说结尾写到李益娶卢氏后，因猜忌休妻，"至于三娶，率皆如初焉"。这样的描述读者乐见其成，人们在同情霍小玉悲惨命运的同时，谴责李益的负心薄幸，陇西李益从此背负骂名。明代剧作家汤显祖将其改编成了《紫钗记》，赋予这段传奇故事以完美结局，才算稍稍挽回了一点李益的"渣男"名声。

因为《霍小玉传》的传唱度广泛,李益在晚年时备受攻讦,他的仕途也深受挫折。唐穆宗长庆年间,李益被罢去右散骑常侍职务,据说与这篇小说对他的抹黑有关。也不怪读者对号入座,小说中的陇西李益少有才思,丽词佳句,时谓无双,又写到他与韦夏卿为密友……很多方面都与真实的李益有高度吻合,后世研究者根据人物实际比对,也认为蒋防所写正是唐肃宗时边塞诗人李益,以讹传讹便在所难免。对于小说与现实的区别,鲁迅先生有不同见解,他评《霍小玉传》曾说:"李肇(《国史补》)中云:'散骑常侍李益少有疑病',而传谓小玉死后,李益乃大猜忌,则或出于附会,以成异闻者也。"(《稗边小缀》)汪辟疆也说:"(李益)夫妇之间无聊生者,或为当日流传之事实。小说多喜附会,复举薄性之事以实之。"(《唐人小说》)之于本篇的艺术价值,前人给予很高评价。明代胡应麟称赞唐人小说记闺阁事绰有情致,并认为"此篇尤为唐人最精彩动人之传奇,故传诵弗衰"(《少室山房笔丛》)。可见,之所以传诵至今,盖因小说本身写得出彩,书中主人公是否李益并非成功最大的因素,写成张益、王益,也同样会获得读者与观众认可。

既然如此,为什么蒋防一定要写成李益,而没有写成别的谁呢?真实的历史是残酷而讽刺的,因为中间牵涉到了政治事件,即唐代中期兴起的"牛李党争"。《霍小玉传》的作者蒋防,是李党成员。李益,则是牛党成员。蒋防与李益原本是同僚,因卷入牛李党争,两人成了政敌。蒋防为排挤李益,在小说中将他塑造成一个背信弃义的负心郎形象,使之臭名远扬。在这篇虚虚实实的传记小说中,将男主角李益的诸多行迹与现实中的李益做了大量的重叠,故意引导世人产生误判,认为现实中的李益是一个薄情人。甚至新旧《唐书》在撰写李益传时,也采信了小说中的一些说法,称李益"少有痴病,而多猜忌,防闲妻妾,过为苛酷"。总之,就是怎么黑得彻底怎么来。事实上,《霍小玉传》是唐朝"牛李党争"的产物,是李党借小说攻击牛党的开端。小说的写作动机并不单纯。

中国古代官场中,拉帮结派现象层出不穷。当派系势力坐大之后,必然争权夺利,党同伐异。朋党之争历来是官场政治中的一大痼疾,学界公认唐代中后期的牛李党争,加速了唐王朝灭亡。而党争的根源,一方面归咎于科举制度中存在的弊端,另一方面则因为固有的阶级对立。封建社会人数不占优势的士族阶层,却掌握着绝对的优势资源,从读书做官到土地所有、商贸经营士族都享有至高话语权,庶人阶层要想获得更好前途唯一的出路就是科举。然而,看似完备的科举取士,实际运行中却充满了见不得光的暗箱操作,士族子弟即使考不中进士,也能靠家族举荐来出仕,如此一来便挤掉了庶人子弟考取为官的名额。数十年寒窗苦读,凭借自身才华终于能够获得出仕的资格了,却抵不过世家子弟强行加塞而名落孙山,不公平的待遇令庶人学子深恶痛绝,无形中更加剧了士庶两个阶层的矛盾。中晚唐时期,庶人阶层以领军人物牛僧孺为代表的一群官员进入政权的核心,士族势力随之衰微。而原来掌握大权的士族并不甘心放弃政权,于是同庶人出身的官员争夺权力,由此引发了一场旷日持久的朋党之争。士族官员以李德裕为首,称李党。庶人官员以牛僧孺为首,故称牛党。牛李党争始于宪宗时期,贯穿穆宗、敬宗、文宗、武宗诸朝,到宣宗时期才结束,双方互相倾轧了近四十年。其中,穆宗、敬宗二朝,牛党颇为得势。文宗时,党争最为激烈,有时两党之人同朝为相,却处处针锋相对,互相倾轧,以致文宗感叹"去河北贼易,去朝中朋党难"。武宗时,李党在争斗中胜出,独掌朝政,牛党尽数被赶出朝廷。宣宗时,牛党夺回朝政大权,李党则纷纷被贬谪,最终两败俱伤,以牛党苟延残喘、李党离开权力中心而结束了这场争斗。

牛李党争中,双方除了在政治上互相排斥之外,还不择手段大搞人身攻击。当时正在兴起的传奇小说,便成了他们抹黑政敌的舆论工具。这些传奇小说的内容,往往是"桃色新闻",《霍小玉传》就是典型作品。通过这篇小说,李益罢官致仕,李党首战告捷。

无独有偶,牛党成员白居易也在党争中被贬谪,其弟白行简愤而反击,采用"以彼之道还施彼身"的办法,很快写出了另一篇传奇小说《李娃传》,同样的手法,却是抹黑李党成员的作品。与《霍小玉传》异曲同工,《李娃传》通篇描写的是士族子弟风流成性玩弄艺伎,而后为了前途始乱终弃的故事。唐代虽然相对而言比较开放,但妓女的社会地位向来低下,士族子弟如果娶妓女为妻，会被视为奇耻大辱。可这篇小说却虚构了京城长安妓女李娃与士族子弟荥阳公子历经磨难，最终结为夫妻的故事。而且，出身于风月场所的李娃，嫁入士族豪门之后，居然变成了贤妻良母，还被封为汧国夫人。生的四个儿子，个个都做了大官，娶的都是豪门大户的千金。小说的主题表面看是赞美妓女从良，实际上是讥讽和蔑视士旅门阀制度。小说中的荥阳公及其公子，据说是影射李党成员郑亚、郑畋父子。作者虚构郑亚娶了妓女，郑畋是妓女所生，从而破坏其名誉。

正如有关学者所提出的观点，从唐代牛李党争中，我们就能看到文学其实还具有强如刀剑的舆论工具的作用。牛李两党长期互相编故事泼脏水，最后搞得双方都声名狼藉，说明唐代传奇小说在制造和鼓动舆论方面的作用十分显著。党争牺牲品李益，无疑是这场争斗中最大的受害者，以至于他在诗文上的成就与造诣，也因为头顶"渣男"的坏名声而被掩盖了，明珠蒙尘殊为不公。

中唐时期，延伸出一个新的诗歌流派，人称"大历十才子"，以钱起、卢纶为翘楚。十才子中并无李益，有人为其打抱不平，篡改名单加入了李益。其实，这是没有必要的。李益诗的风格与大历十才子派并不相同。大历十才子在艺术表现上以谢朓为宗，秉承山水田园诗派的风格，寄情山水，歌咏自然，其中不乏一些佳作。格律规整、字句精工也是他们作品中最明显的特点。十才子的作品体裁多用近体格律，很少能见到乐府歌行体。警句名联在他们的诗中俯拾皆是，说明他们均有较深的功底，所以时有惊人之笔。不过有时也不免显露出雕琢的痕迹，从而因小失大，走到唯美的道路上去。虽有警句而全篇欠佳，这也是那个时代的风气使然。诗僧皎然在其《诗式》中提到大历时的诗风时曾道："大历中词人，窃占青山、白云、春风、芳草等为己有。"他认为大历十才子等人的诗歌在内容上比较狭窄，大多围绕风花雪月而作，视野与诗的意境都不够开阔。

李益的边塞诗，赞扬将士的报国精神，体现出他们的英雄气概，当然也描绘出战争的惨烈，同情广大战士的不幸及抨击朝廷对于边疆问题的失策，抨击朝廷的无能，同时写出战士们的思乡之情。这种风格与"大历十才子"以秾丽见长的诗风显然大不相同，李益诗的意境与内涵要远高于上。

李益诗风豪放明快，尤以边塞诗为有名。其边塞诗虽不乏壮词，但偏于感伤，主要抒写边地士卒久戍思归的怨望心情，不复有盛唐边塞诗的豪迈乐观情调。他擅长绝句，尤工七绝，名篇如《写情》《夜上西城听凉州曲》《从军北征》《春夜闻笛》等。其律体亦不乏名篇，如五律《喜见外弟又言别》"问姓惊初见，称名忆旧容"，是历代传诵的名句。七律《同崔邠登鹳雀楼》《过五原胡儿饮马泉》（又名《盐州过胡儿饮马泉》）等，均属佳作。今存《李益集》两卷，《李君虞诗集》两卷，《二酉堂丛书》本《李尚书诗集》一卷。

李益长于歌诗，贞元末，与宗人李贺齐名。每作一篇，教坊乐人以赂求取，唱为供奉歌词。李益的边塞诗中也有描绘边塞自然风光的内容以及日常生活内容，在战争之余，将战士们的生活与自然风情融于文字之中，景色虽然迷人，但体现出的情感抑郁悲凉，读来常令人不禁叹息怅然。毕竟战乱带给人们的痛不仅是身体上的，还有心灵上的，李益生活的年代各地藩镇割据，大小战事不断，深刻的经历与自身对战争的思考导致了他的诗风偏抑郁悲凉。李益的边塞诗中还有以抒写诗人从军生活及抒发壮烈情怀的诗。他长年在边塞从军报国，内心充满收复失地的豪情壮志，驱除敌寇，保卫边疆，凸显其献身精神，具有浓厚的爱国情怀。虽然李益的边塞诗缺少盛唐的那种豪放精神，更多体现的是凄凉与悲壮，但其所作边塞诗，有浓重的现实主义精神，部分诗文还融入浪漫主义情怀，其七言绝句更是边塞诗的巅峰之作，韵味十足，含蓄深长，音律和谐委婉，语言自然，有部分学者认为他可以与王昌龄相提并论。除了边塞诗，李益的笔触涉及社会生活方面，他对朝政荒淫腐败感到痛心，亲眼见到山河破败、人民苦不堪言生灵涂炭的种种情景，使得李益涌现出忧国忧民的情思。

当然，李益也写过不少酬赠送别诗，这类诗感情真挚，最能打动读者，也可以看得出诗人情感细腻的一面。李益写情的诗水准与意境已超越大历年间相同题材的诗歌，美学价值极高。如《写情》："水纹珍簟思悠悠，千里佳期一夕休。从此无心爱良夜，任他明月下西楼。"这首诗至今仍被痴男怨女当作寄情绝句来引用，细品之下回味无穷。

李益的咏怀言志诗，能够让读者领略到他的远大志向与抱负，胸襟广阔，气势豪迈。《塞下曲》："伏波惟愿裹尸还，定远何须生入关。莫遣只轮归海窟，仍留一箭射天山。"

山水游仙诗体现出诗人的境界，需求内心上的安抚与寄托，向往自由洒脱的人生境界，意境深邃，值得感悟。如《上汝州郡楼》："黄昏鼓角似边州，三十年前上此楼。今日山城对垂泪，伤心不独为悲秋。"又如《立秋前一日览镜》："万事销身外，生涯在镜中。惟将两鬓雪，明日对秋风"。

李益是中唐诗坛最为重要的诗人之一，他的诗具有中唐的时代特色，也具有英雄主义情怀，这一特色与当今提出并倡导的"西部精神"不谋而合，理应成为我们挖掘传统文化，歌颂西部故事的主角。

先于李益有阴铿

武威历史上名人辈出。清代陕西学使许荪荃曾作诗盛赞，有《武威绝句》一首："武威莫道是边城，文物前贤起后生。不见古来盛名下，先于李益有阴铿。"世人皆知李益有才，岂不知在他之前，还有阴铿更为出色，且杰出才俊并不因武威是边塞小城而埋没，千百年来依旧才名不衰影响深远。这首诗赞美武威人杰地灵，特别提到李益和阴铿两位武威籍诗人，用以说明这座城市之文脉长盛底蕴深厚。

阴铿，字子坚，家族世居武威郡姑臧城，为河西望族，是南北朝时期的著名诗人，对格律诗的体系形成重要影响，堪称格律诗先驱。阴铿生活的南北朝时期，是中国古代史上最混乱无序的年代。衣冠南渡和五胡十六国的割据分裂，使得中华大地狼烟四起。东晋灭亡之战中，许多小国被兼并消灭，乱麻一团的二十多个小政权减少到九个势力相对集中的大政权，根据所辖地域形成南北朝分裂自持的割据态势。这一时期朝代更迭频繁，各国之间攻伐不断，氏族门阀把持朝政，扼制各地经济命脉，南北对峙长期得不到统一，统治者腐败无能，社会动荡不安，民不聊生。

东晋大将刘裕夺取政权称帝，建立刘宋王朝，史称南朝宋。阴铿的曾祖父追随刘裕南迁到福建南平，就在南方安了家。后来，刘宋被南朝齐取代，齐又被南朝梁所灭。阴铿的父亲阴子春在梁朝做过左已将军，阴家历经三朝依旧

明清街夜市

是望族，可见家底十分厚实，还懂得顺应潮流。阴铿就出生于梁代，在南方长大。史书上说阴铿少时聪慧，五岁能诵诗赋，每天要读一千言。南朝四国的统治中，南梁维持了五十五年，相较而言算是比较稳定了。阴铿的青少年时期，正处于梁朝向好发展的阶段，才能使他有相对安然的读书求学环境。成年后，阴铿饱读经史，博学识广，尤其工于五言诗，深为当时人们所看重，这都与他接受和发扬"新体诗"有关。形成于南北朝时期的新体诗，又叫"永明体"，其发端与形成流派大有渊源，算是一个比较冷门，又十分重要的知识点。我们了解中华诗词源流，继承和弘扬经典国粹，势必要有所掌握。

　　永明是南朝齐武帝的年号，"永明体"亦称"新体诗"，这种诗体要求严格四声八病之说，强调声韵格律。"永明体"的出现，对于纠正晋宋以来文人作诗语言过于艰涩的弊病，使创作转向清新通畅起了一定的作用，对"近体诗"的形成产生了重大影响。"永明体"是由当时的音韵学家周颙发现并创立以平上去入制韵的四声说，诗人沈约等人根据四声和双声叠韵来研究诗的声、韵、调的配合而提出的一种诗歌创作新风气，并提出了八病（平头、上尾、蜂腰、鹤膝、大韵、小韵、正纽、旁纽）必须避免之说。因此，"永明体"以讲究四声、避免八病、强调声韵格律为其主要特征，具体细则大致可归纳为以下五点：

第一，讲求声律，用韵考究，其主要表现为押平声韵者居多，押韵要求接近严苛。至于通韵，很多已接近唐人。

第二，缩短诗歌篇幅，句式趋于定型，以五言四句、五言八句为主，也有一些是五言十句的。

第三，讲求写作技巧，讲求骈偶、对仗，律句，典故自然融入。

第四，革除刘宋时元嘉体诗痴重板滞的风气，追求流转圆美、通俗易懂的诗风和写景抒情有机地融为一体。

第五，讲求诗歌首尾的完整性，意即后来的"起承转合"，讲求构思的巧妙，追求诗的意境。

"永明体"诗歌的推广率先由竟陵八友开始，他们是南朝齐竟陵王萧子良门下的八位文学家，分别为：谢朓、沈约、王融、萧衍、萧琛、范云、任昉、陆倕。其代表人物历来认为是谢朓、沈约和王融。从齐永明至梁陈一百余年间，包括吴均、何逊、阴铿、徐陵、庾信等人在内的九十余人对新体诗进行过有益的尝试，从而为唐代格律诗的产生和发展奠定了良好基础。

在"永明体"出现以前，诗坛上流行的诗以乐府体为主，延续自《诗经》等古诗风格，每篇句数不拘，有四言、五言、六言、七言、杂言诸体，不求对仗，平仄和用韵也比较自由。后世为了区分，统称为"古体诗"，亦称"古诗""古风"。"永明体"发起改革形成流派，自南北朝渐成体系为文人们所接受，在此基础上，完善为律诗和绝句，始称"近体诗"，亦称"今体诗"。现在很多诗词爱好者分不清近体诗和古体诗的叫法，以为近体诗是现当代形成的，这是一个大错误。近体诗是与"古体诗"相对而言的，句数、字数和平仄、用韵等都有严格的规定，也就是我们现在熟知的格律诗，讲求格式规正与韵律完美。"近体诗"与"新体诗"（即"永明体"）也不可混为一谈。"永明体"的出现，标志着古体诗已暂告一段落，预示着"近体诗"即将出现，只能说新体诗（"永明体"）是近体诗的雏形。"永明体"的出现，标志着我国古代诗歌从原始自然艺术的产物——"古体"诗，开始走向人为艺术的"近体诗"。"永明体"，也就成为"近体诗"形成的前奏，成为人文艺术发展中的一个重要环节。

在南朝作家中，如范云、江淹、何逊、吴均、阴铿等人，都深受"永明体"的影响，而其中诗歌成就最为突出的，历代都公认为是梁朝的何逊和陈朝的阴铿。何逊与阴铿的诗歌在艺术形式和技巧等方面的有益探索，不仅进一步发展了"永明体"，为律诗走向成熟作出了贡献，而且在状物抒情、意境创造以及艺术风格等方面的成就与特点，也使得他们在南北朝成为独树一帜的优秀诗人。后世将他们并称"阴何"，认为二者是"永明体"诗歌的集大成者，亦为近体格律诗的先驱。

张溥《汉魏六百家集何记室集题词》评价说："何仲言（何逊）文名齐刘孝标，诗名齐阴子坚。"杜甫《与李十二白同寻范十隐居》也有名句："李侯（指李白）有佳句，往往似阴铿。"杜甫在《解闷十七首》中更自称："颇学阴何苦用心。"陈祚明《采菽堂古诗选》："阴子坚诗声调既亮，无齐、梁晦涩之习，而琢句抽思，务极新隽，寻常景物，亦必摇曳出之，务使穷态极妍，不肯直率。"这样的评价，用现在的观念理解，是说阴铿的诗大有朦胧诗婉约唯美的痕迹了。唐代两位诗歌巨匠李白和杜甫都学过阴铿的诗，受到阴铿诗的影响，可见阴铿的诗不仅在当时，在诗歌盛行的唐代仍然很有名气。

"永明体"诗歌影响如此深远，让人不由好奇，是什么样的时代背景和文学思潮下才会发展起来的呢？年代久远，我们只能从史料中去探寻了。

必须承认，不管什么样的乱世之中，文学都有着旺盛的生命力，甚至越是乱世，文学越能发挥其本质作用，或提振信心、寄情言志，或讽喻时势、批驳腐朽，所以有文学乃人类精神食粮的说法。南齐总共存在了二十三年，永明年间的统治也只有短短十年，社会政治算不上多么稳定，但并不影响氏族门阀的经济利益，更影响不到大氏族出身的士人们潜心创作研究学问。钻研声律和诗歌创作规律，就在这样的条件下开始了。此观点可能有人会提出质疑，那么建议反对者查阅一下竟陵八友的出身生平。萧衍出身于兰陵萧氏，本为南齐皇族近支，算是南朝齐的王公贵族，后来还篡夺南齐天下，建立了南梁，成为南梁开国君主，史称梁武帝；沈约，吴兴大族子弟，南朝文坛领袖，其著作《宋史》列入《二十四史》传承后世；谢朓，陈郡谢氏子弟，年少成名，与谢灵运齐名，在文学和书法上成就非凡，梁武帝萧衍都是他的小迷弟；王融，琅琊王氏出身；萧琛，与萧衍同出一脉；范云，幼时便有神童之称，和萧衍是好友，南梁建立后历任吏部尚书、尚书右仆射等高职，位极人臣；任昉，广有才名，擅长写公文，当世王公写表奏时，无不邀请其执笔代写，与竟陵八友之首的沈约合称为"任笔沈诗"；陆倕则以强识之才扬名天下，据传陆倕借了别人的《汉书》阅读，不慎丢失了其中四卷，他硬是凭借超强记忆力，将遗失的四卷书默写下来还给别人，内中文章一字不差。这八个人从出身到才华，随便哪一位都是治世的人才，更是不差钱的那一阶层，富有闲暇并有志于文学探索，发明一个诗歌流派自然合情合理。

至于《南齐书·良政传序》中说："永明之世，十许年中，百姓无鸡鸣犬吠之警，都邑之盛，士女富逸，歌声舞节，袨服华妆，桃花绿水之间，秋月春风之下，盖以百数。"作者萧子显是南齐宗室，书中难免出现溢美之词，可能也是他以自己眼光出发看到的表象，但是刨去浮夸虚荣的成分来看，应该还是或多或少地反映出了当时还算平稳富庶的真实社会景象。另一个侧面则反映出，南朝统治阶级有意识地对文学以及文学集团的活动给予了支持，相对开放自由的社会风气，也是"永明体"得以发展的先决条件，文人们有精力和信心去研究文学，促进了诗歌创作的繁荣和写作技巧的提高。

史料记载亦是如此：南朝从刘宋以来，文学的独立性大大加强，元嘉十六年（439），宋文帝在儒学、玄学、史学三馆外，别立文学馆；嗣后，宋明帝立总明观，分儒、道、文、史、阴阳为五部。从此，文学作为一个独立的学科与经史等分开来了。几十年间，经几代人的不断努力，终于将文学从封建统治的附庸地位中解放出来，使之得到了长足的发展。到了南齐永明年间，由于统治阶级的重视，文士们经常受到统治集团高层人物的征召而集中到他们的门下，除担任一定工作之外，还集体进行文学创作，切磋技艺，共同探索文学内部的发展规律，为文学的发展提供了有利的条件。

据史籍记载，永明年间至少有四个比较大型的文学集团存在，依次是：卫军将军王俭集团、竟陵王萧子良集团、豫章王萧嶷集团、随王萧子隆集团。

其中萧子良集团存在的时间最长，人数最多，规模最大，影响最大。"永明体"诗人绝大多数出自该集团。

齐梁陈三代是新体诗形成和发展的时期。新体诗产生的关键是声律论的提出，发现四声，并将它运用到诗歌创作之中而成为一种人为规定的声韵，这就是"永明体"产生的过程。四声是根据汉字发声的高低、长短而定的。音乐中按宫商角徵羽的组合变化，可以演奏出各种优秀动听的乐曲；而诗歌则可以根据字声调的组合变化，使声调按照一定的规则排列起来，以达到铿锵、和谐、富有音乐美的效果。即所谓"一简之内，音韵尽殊，两句之中，轻重悉异"（沈约《宋书·谢灵运》），或"五字之中，音韵悉异，两句之内，角徵不同"（《南史·陆厥传》）。

由此可见，新体诗是唱出来的，并且要按照一定规律进行演奏歌唱。所以说，"永明体"不单单开创了格律诗体系，也是后世音乐与歌曲发展里程碑式的一次跨越。

然而，尽管竟陵八友创制了"永明体"，也摸索出了创作规律，他们自己却也被自己的要求难住，没有做出多少真正符合创作要求的诗歌，"永明体"还停留在理论层面。以谢朓为例，他的诗歌成就在竟陵八友中首屈一指，擅长五言诗，今存一百三十多首中，新体诗也只占三分之一左右。谢朓的新体诗初具五言律诗的雏形，句和篇的声律还不明朗，在声律上也还表现得有些混乱，但已渐有眉目。从现存的一些资料中，可以看出当时支持新体诗的南北朝诗人们对声律的要求是相当精细烦琐并十分严格的，但就连文坛领袖沈约自己也难以达到要求，可见其难度之大了。

合理地调配运用诗歌的音节，使之具有和谐流畅的音韵美，是完全有必要的。但如果要求过分苛细，则势必会带来一定的弊病。"永明体"出现以后，诗人们着意思考的不再只是单纯的诗的意境，更多精力要放在如何更贴近或符合格律要求，不可避免地就产生为写诗而写诗的弊端，诗歌成了制式化的产物，便失却了诗意美，也遭到了当时以及后世很大一部分文人的抵制与质疑。由于过分追求形式的华美，再加上声病的限制，未免产生"文贵形似"（刘勰《文心雕龙·物色》）之偏和"文多拘忌，伤其真美"（钟嵘《诗品序》）之弊。

千余年后的今天，我们的有些诗词爱好者还在为此发声抱怨，认为格律制约了诗歌的发展，是套在诗词头上的桎梏。其实，任何事物都有两面性，"永明体"对声律的苛细要求，无疑会给诗歌创作带来一些弊病，而文学史发展的事实证明，四声的发现和"永明体"的产生，使诗人具有了掌握和运用声律的自觉意识，它对于增加诗歌艺术形式的美感、增强诗歌的艺术效果，是有积极意义的。"永明体"的诗人，即不乏优秀之作，更何况后来格律诗的成熟也正是以此为基础的！可以预见，如果没有四声的发明和"永明体"的出现，唐代的诗歌恐怕也就不会那样辉煌，我们的中华诗词也许便不是今天这般璀璨夺目了。"永明体"的产生，标志着中国古典诗歌的一大进步。经过许多诗人的不断探索，在诗的格律声韵、对仗排偶、遣词用句以及构思、意境等方面，都较古体诗更为工巧华美、严整精练。

一个新事物的产生，势必会受到质疑，人们理解接受也需要时间磨合。事实证明，新体诗虽然在当时饱受争议，创作难度也很大，但亦不乏优秀之作。人们渐渐发现，这种诗歌类型为当时的诗坛注入了新的气息，树立了新的美学风范，也不是那么难以接受了，文人们开始尝试新体诗创作，既为挑战，也因为格律之美的特征吸引了他们。南北朝时期固然政治气候不够稳定，却是滋养文学的最佳土壤，新体诗的践行者们所积累的艺术经验，为后来律诗的成熟及唐诗的繁荣奠定了坚实基础。特别是何逊、阴铿基于前朝竟陵八友的创制，对新体诗进行了更为完善的改进，摒除一些不必要的细苛条规，使得新体诗创作要求从理论层面，转入实际创作当中，进而总结出更有利于创作的一些经验来，并带头付诸实践，用行动和作品告诉文士们，新体诗能够写出来，也能够得到社会认可。至南朝陈时，阴铿的才名已经享誉南北了。

陈霸先平定了侯景之乱，灭梁建陈。天嘉中，阴铿开始当王府中录事参军。一次，陈世祖宴请群臣，即席赋诗。当时有个大臣是有名望的文学家，名叫徐陵，他向世祖推荐阴铿，说阴子坚久有诗才。世祖立即诏阴铿赴宴，叫他写诗歌颂新落成的安乐宫。阴铿即席赋诗，诗云："新宫实壮哉！云里望楼台。迢递翔鹍仰，连翩贺燕来。重楣寒雾宿，丹井夏莲开。砌石披新锦，梁花画早梅。欲知安乐盛，歌管杂尘埃。"这首诗从用韵到格式，已经是十分工整的格律诗了。令在座之人领略到了新体诗的格律之美，君臣人等无不为之倾倒，阴铿的文采就此得到陈朝权贵认可与夸赞，仕途也变得通畅许多，一直做到陈朝的招远将军、晋陵太守、员外散骑常侍等官职。

阴铿不仅诗文出众，品行也很高洁。梁朝未灭时，阴铿任职湘东王法曹行参军。在门阀森严的南北朝，世家子弟与庶民有着相当严苛的等级区分，然而阴铿并不拘泥于等级条规。有一年的冬天，阴铿出席一个宴会，席上尽皆达官豪贵，各座配有专司温酒倒酒的奴仆。阴铿发现服侍他饮酒的仆人屡屡偷瞧酒缸，眼神中带有馋酒之意，便斟酒递给仆人请他品尝。在座众人见他请一个奴仆喝酒都纷纷嘲笑，阴铿很不以为然地说："我们这些人终日酣饮，有时候喝得烂醉如泥，自然知道酒是个什么滋味。但这些伺候我们喝酒的人，却未必知晓酒味，让他们一直在旁服侍只闻酒味而看着我们寻欢作乐，这不合人情！"座中人听他这样说自是嗤之以鼻暗加讥讽。后来，侯景作乱时，阴铿被抓，生死存亡之际有陌生人把他救了出来。阴铿感谢陌生人的救命之恩，哪知对方道明身份，原来他就是曾经在宴席上得到阴铿赐酒的那个人。阴铿听了自然一番唏嘘，从此对待那些身份地位不如自己的庶民，也更为和蔼了。

这段故事后来有人考证出自《世说新语》，怀疑是后人把别人的故事嫁接到了阴铿身上附会而成。是与不是都不重要，即便是嫁接而来，也能从中看出阴铿德行高尚，古人何其多哉，这个故事没有附会别人，只有阴铿相附，便足以说明他的个人修养与品德受得起这般赞誉。一个品行高尚的人，他的诗文又能差到哪里去呢？

南北朝时期，特别是南朝刘宋等四朝的诗风一般是绮靡华丽的，阴铿的诗继承"永明体"风格，亦受宋齐之学的遗风，不免笔力柔弱，但却独具新姿。他的诗以写景见长，较好的作品，大多写江上景色，风格清新流丽。这些写景诗，比之陶渊明、谢灵运的山水田园诗，当然显得逊色，但比之当时古典派的拘制、宫体诗的轻艳、讽刺派的谑浪，却是高出一筹的。他著有三卷诗集，但到隋时，诗集散失了。后人从各种类书中辑及三十多首。清代武威学者编辑的《二西堂丛书》中保存了阴铿留存下来的诗。

流传下来的阴铿的诗都是五言诗，句式与格律已经具有了唐律诗的气象，较之谢朓等格律创制者的作品更趋完美。后世评价他的诗是汉魏乐府五言诗过渡到唐代五言诗的桥梁，虽然还有个别字平仄不够协调，但基本上形成了律诗的形式。古诗只留意于押韵，不顾及诗调；律诗不但要压韵脚，而且声调要讲平仄。南朝文人注意四声八病，在诗的格律、声调方面有所发展，为唐代律诗的产生作了声韵学方面的准备。阴铿则在诗歌创作的实践方面，为五言律诗开了先河。阴铿的五言诗，如《蜀道难》《五洲夜发》《晚出新亭》《南征闺怨》《渡青草湖》，和唐代五言律诗所遵循的规律已经基本相似。阴铿所作新体诗与唐五言律诗接近的作品占其作品的绝大多数，还著有其他五言十句、十二句、十四句的诗，有五言排律之形。宋代诗人有陵阳先生之称的韩驹在谈论阴铿诗时说："其格律乃似隋唐。"这是由结果反向论证的说法。阴铿诗类同唐近体诗，可见阴铿的创作实践，为汉魏乐府体诗过渡到唐格律诗搭建了桥梁，与中华诗词的长远发展有着举足轻重的关系。正因如此，我们不可否认阴铿是唐代五言律诗的先驱，是一位对中国古典诗歌发展作出过重大贡献的诗人。

阴铿个人作品摘录，可观学一二：

五洲夜发

夜江雾里阔，新月迥中明。
溜船惟识火，惊凫但听声。
劳者时歌榜，愁人数问更。

晚出新亭

大江一浩荡，离悲足几重。
潮落犹如盖，云昏不作峰。
远戍唯闻鼓，寒山但见松。
九十方称半，归途讵有踪。

江津送刘光禄不及

依然临江渚，长望倚河津。

鼓声随听绝，帆势与云邻。
泊处空余鸟，离亭已散人。
林寒正下叶，晚钓欲收纶。
如何相背远，江汉与城闉。

渡青草湖

洞庭春溜满，平湖锦帆张。
沅水桃花色，湘流杜若香。
穴去茅山近，江连巫峡长。
带天澄迥碧，映日动浮光。
行舟逗远树，度鸟息危樯。
滔滔不可测，一苇讵能航。

蜀道难

王尊奉汉朝，灵关不惮遥。
高岷长有雪，阴栈屡经烧。
轮摧九折路，骑阻七星桥。
蜀道难如此，功名讵可要。

万里长城永不倒

万里长城万里长，千里黄河千里强。象征着中华民族精神与民族脊梁的长城，是华夏文明延续与传承的历史见证，也是中华大地上各民族之间长久相处、彼此融合、团结一心、追求和平统一的意愿体现。

在大多数人眼中，将八达岭长城段定义为长城的标杆，以为长城就是那样方方正正、气宇轩昂的样子，其实不然。在中国西北河西走廊长达一千公里的广袤戈壁上，沿着沙漠边缘地带就有长城。只不过，河西走廊的长城与我们熟知的拍照打卡红遍网络的八达岭等地的长城有着截然不同的风貌。

绵延于河西走廊至今仍有迹可循，或者保护尚好的长城段，主要修筑于汉、明两个时代。相比于北方沿边继承了秦长城巨石垒砌的城墙，河西走廊段长城看起来要寒酸很多，几近破败。汉长城河西走廊段长城遗址不少，得以保存完好的却不多，这与汉长城修筑时的原材料与工程技术有关。从其整个建筑形式来看，汉代的长城是采取了因地制宜的办法，依山河形势，就地取材。在一些地段夯筑了塞墙，在一些地段则开挖了壕沟，一些地段是纯粹的自然屏障，而一些地段则又是简易的烽台与栏栅式的防御工事。沧桑巨变，历两千年的风雨剥蚀、风沙掩埋与人为破坏，这些长城已大多面目全非，或被夷为平地，踪迹无寻；或颓为田埂、浅沟，早已失却往日的风采。

由于自然与历史的原因，河西汉长城西段的保存状况是最完整的，特别

古浪县泗水镇的明代长城

是在一般认为是汉代玉门关的小方盘附近。远远望去，汉塞犹如一条无尽头的苍龙，横卧于沙漠瀚海的天地之间。残留的高度仍有三点七五米，基宽三米，顶宽一点五米。因当地多沙砾、碎石，缺乏用于夯筑的黄土，古人就采用了非常独特的建筑方式。先以红柳、芦苇编成框架，中间实以砾石，层层叠压而成。为确保其稳固，又用芦苇作垫和土铺在每层之间。盐分较高的地下水，使砾石凝结，坚实无比。虽经千百年的风雨侵蚀，仍屹立于戈壁风沙之中，蔚为壮观。实为中国军事及建筑史上的一大奇观。

武威是地处河西走廊东端的起点城市，境内汉、明长城各有分布，对此中国甘肃网于2021年10月曾有过专门报道："武威境内长城遗存丰富，汉、明长城共有四条主线，全长共六十二万七千四百〇三米。"武威市文物考古研究所副所长、武威市长城专家朱安对武威全市汉、明长城分布及走向、修筑背景、修建简史进行了详细的讲解和阐述。

根据专家介绍，武威境内汉长城全长十九万六千一百六十二米，主要有两条线。一条属西汉令居至酒泉塞，南接永登县境内汉长城，自永登县武胜驿

155

镇富强堡进入天祝县境内，大致呈东南—西北走向延伸，经古浪县、凉州区、民勤县进入永昌县朱王堡镇喇叭泉。另一条是休屠塞，沿民勤绿洲边缘地带分布，经青土湖、民勤三角城、连城、古城，由四方墩、黑水墩进入金昌市金川区境内。

武威境内明长城全长四十三万一千二百四十一米，也有两条。一条是旧边长城，由永登县武胜驿镇富强堡入境，经天祝藏族自治县、古浪县、凉州区、民勤县，大致呈东南—西北走向延伸，进入永昌县境内，在民勤县另有一条略呈"几"字形长城，绕民勤县城而过，两端与主线长城相接。另一条是新边长城，大至呈东—西走向由景泰县红水镇保进墩入境，向西经古浪县北部，进入凉州区，在黄羊镇土塔村东"铧尖旮旯"与旧边长城相接。在古浪县境内另有一条胡家边长城，两端与旧边长城和新边长城相接。

目前，武威境内长城遗址，部分因年代久远，历经风雨剥蚀，仅剩一些残垣断壁。但大部分由于当时修筑质量较好，至今仍然保存完好。这些遗址不仅是文化旅游景点，也是世界文化遗产。它是我国古代劳动人民付出巨大代价的历史见证，是中国人民的伟大壮举，更是研究古代河西走廊政治、军事防御等方面的重要实物资料。

长城是中国也是世界上修建时间最长、工程量最大的一项古代防御工程，自西周时期开始，延续不断修筑了数千年，分布于中国北部和中部的广大土地上。特别是自秦始皇以后，凡是统治中原地区的朝代，几乎都要修筑长城。历史上有两汉、魏晋南北朝、隋、金和明，都不同规模地修筑过长城。汉长城河西走廊段就已经历了两千余年，从河西纳入汉王朝版图开始，修筑长城就成了一项保证人民安居乐业、守卫国家边防的刚需工程。

元狩二年（前121）汉武帝发动河西之战，派霍去病第二次出兵河西，消灭了匈奴四万多人，又接收了归降的四万多人，打垮匈奴右部势力，战略要地河西走廊整体纳入汉王朝版图。此后，汉武帝依旧移民设郡筑塞布防，首先设置武威、酒泉两郡并开始修建长城防御匈奴。这段长城东起令居（今永登县）境内的黄河西岸，一路沿着河西走廊向西，到达酒泉北部金塔县。因为起点在令居，便称之为"令居塞"长城，史界公认这是汉筑河西长城的第一段。

元狩四年（前119），汉武帝又发动漠北之战，派大将军卫青率五万骑兵出定襄，骠骑将军霍去病率五万骑兵出代郡。卫青打败匈奴左贤王直攻漠北，在狼居胥山（今蒙古肯特山）筑坛祭天，在姑衍（狼胥山西边之山）辟场祭地，临瀚海（今俄罗斯贝加尔湖）而还。此次战争迫使匈奴大部退出今内蒙古东部地区，"是后匈奴远遁，而幕南（漠南）无王庭"。西汉王朝随之迁乌桓人到边塞地区作为防御匈奴的屏障，并开始修缮利用秦始皇所筑的万里长城。

《史记·大宛列传》载，汉武帝令从骠侯赵破奴大破匈奴，在河西走廊增设张掖、敦煌两郡，"于是酒泉亭障至玉门矣"。据《汉书·张骞传》载，元封三年（前108），汉武帝又令赵破奴同王恢"击破姑师，虏楼兰王。酒泉列亭障至玉门矣"。据此两条历史记载可见，随着汉王朝设立张掖郡与敦煌郡，河西段长城也由酒泉金塔县继续往前延伸，修筑到了玉门关。以此也断定，汉筑河西长城的第二段，其建筑年代是在公元前111年至前108年之间。

十八年后的太初四年（前101），汉武帝为了得到纯种汗血宝马，派遣李广利讨伐大宛国，劳民伤财的一场远征之后，武帝如愿拥有了汗血马。这场战役的发起在当今史学界看来并无称道之处，但值得肯定的是，汉伐大宛之后，丝绸之路更加畅通了，而汉家疆域也延展到更西边的地方。随着疆域面积的扩展，长城相生相伴，在第二段的基础上一直修到了玉门关外的蒲昌海，也就是现在的罗布泊，史书上也叫盐泽。《史记·大宛列传》中有明确记载："而敦煌置酒泉都尉；西至盐水，往往有亭。"这是汉筑河西长城的第三段。

西汉修筑的河西段长城是随着河西四郡的建立而建立的，它对促进这一地区转变为农业区，为西汉势力进入西域及开辟和保护中西交通要道丝绸之路都具有重要意义。汉朝花如此大的精力、物力修筑长城，除了军事上的防御之外，汉长城的西部还起着开发西域屯田、保护通往中亚的交通大道"丝绸之路"的作用。

汉武帝是继秦始皇统一天下之后，把皇权专制国家进一步巩固下来的又一重要人物。他对掠夺成性的匈奴奴隶主早有戒备，并予以坚决回击。在他继位的第七年元光元年（前134）就派了"卫尉李广为骁骑将军屯云中，中尉程不识为车骑将军屯雁"（《汉书·武帝纪》）。但是，到了元朔年间，匈奴不断入辽西、上谷、渔阳杀掠吏民，武帝遂命卫青、霍去病统兵大破匈奴。为了有效阻止匈奴奴隶主的突然袭击，除了抗击之外，必须要加强经常的防御工事。修筑长城以抗匈奴，是战国时期即已行之有效的办法。因此，在收复了被匈奴侵占的土地之后，首先是把秦长城加以修缮。

汉武帝不仅修缮秦长城，而且新筑长城。长城工程规模之宏大，更远出秦长城之上。武帝新建的长城，最出名的毫无疑问就属河西走廊段。西汉，主要是武帝时期所筑河西长城、亭障、列城、烽燧，有力地阻止了匈奴的进犯，对发展西域诸属国的农牧业生产，促进社会的进步，特别是对打通与西方国家的交通，发展同欧亚各国的经济贸易、文化交流起了重大的作用。两千年前中国的丝织品即是通过这条"丝绸之路"经康居、安息、叙利亚而达于地中海沿岸各国的，在国际市场上享有很高的声誉。

这条"丝绸之路"从长安出发远及两万多里，是名副其实的万里长城。在汉王朝直接统治地区的长城就有一万里以上，丝绸之路就顺着长城蜿蜒而去直通西域，当时的丝路客商经由河西走廊集结修整，汇聚于敦煌后又分作南北两路：南路从敦煌经楼兰（即鄯善，今若羌东北）、于阗（今和田）、莎车、疏勒（今喀什）、桃槐、贵山城（苏联撒马尔罕）、贰师城（苏联境内）而达大月氏（苏联阿姆河流域中部）、安息（即波斯、今伊朗），再往西达于条支（今伊拉克）、大秦（即罗马帝国，今地中海东部一带）。北路则是从敦煌出发，经车师前王廷（今吐鲁番）、焉栖、龟兹（今库车）在疏勒（喀什）与南路相合。

就在这条东起武威、居延（额济纳旗），西至疏勒（喀什）以西中国境内的万里古道上，两千多年前汉代修筑的长城、烽燧遗址至今巍然耸立。从这些遗址及沿线古墓葬之中，曾发现了自西汉以来的许多木简、丝帛文书、印章和丝织品。当时西方国家的毛织品、葡萄、瓜果等也沿着这条"丝绸之路"万里长途输入长安和东南郡县，文化艺术也经由丝绸之路实现了东西交流。正是丝绸之路沿线的长城、亭障、列城、烽燧等建筑，起到了保护这条漫长的国际干道安全的作用。

汉代长城修筑的初心很简单，就是为了防止匈奴侵犯河西一带，劫掠百姓人口和财粮牲畜，骚扰汉民农耕。击败匈奴后，汉武帝开始向河西迁徙汉族居民进行农业开发，紧接着在这里驻扎军队，修筑长城用以守卫胜利果实。因此，汉代长城是在中国古代第一次进行西部大开发的重要历史见证。这也为此后在新疆建立西域都护府、畅通丝绸之路奠定了重要的历史基础。

汉王朝在河西长城数千里之地上，筑起了坚固的边防屏障，每隔五里或十里的地方筑有烽火台，设戍卒瞭望守卫。遇有敌情，即点燃柴火、苇炬报警。武威凉州区境内也留下了这一时期所筑的长城遗址，东与古浪圆墩子长城相接，向西延伸，经红水河直抵腾格里大沙漠边缘，西至九墩滩，长约一百公里，其中长城乡月城墩一段，保存还相当完整。有些地段的遗址残高六米，底宽二十五米。长城乡境内从东到西三十里之地就有二十多座烽燧，反映了当年长城的宏伟规模。这些遗址均系黄土版筑，有些烽台燧墩保存比较完整。墩呈圆锥形或正方形，墩下还可以寻觅到古城堡残迹和灰烬瓦砾。

因为年代久远历经风雨剥蚀，再加上历代屯垦开荒，武威境内的长城没有得到很好的保护，很多已经无迹可寻了。不过，河西走廊段长城虽然因行政区划分布在各地市，但地理地貌上的接近和当时修筑技艺的统一，研究其他地市的长城遗存依然能够从中对武威段长城有一个全面的了解。现存河西走廊段汉长城的典型代表有两段，分别是玉门汉长城和敦煌汉长城。玉门汉长城又包括安西境内一段。

安西境内现存汉长城约为一百五十公里，烽燧七十座，城障三处，东起玉门蘑菇滩，沿甘新公路南侧，疏勒河北岸，逶迤向西，与敦煌境内的西碱墩相连。这些汉长城及沿线的城障烽燧，是汉代河西完整的军事防御体系的重要组成部分，也是西汉王朝构建河西乃至整个北方防御工程的历史缩影。虽经千百年风雨剥蚀，仍然巍然屹立在戈壁荒漠中，堪称中国保存最为完好的汉长城之一。

玉门境内的汉代长城，全长七十多公里，保存较完整的一段约二十公里。最高部分有二点三米，最低部分只有零点三米。现存的汉长城，若以红柳层计算，最高部分有七层，最高处约二点五米，最厚处约四米，每层红柳厚约零点二米，砂石和土层最厚处约两米，红柳层上下有芨芨草，厚约零点一米，最顶部的积砂层厚约零点四米。这段以砂石、红柳、芨芨草和黄土为主要用料的古长城虽然历经几千年的风雨侵蚀，失去了原有的雄伟风貌，但大致轮廓仍依稀可辨。

敦煌汉长城的结构并无砖石，因地制宜，就地取材建造。敦煌北湖、西湖一带，生长着大片红柳、芦苇、罗布麻、胡杨树等植物，修建长城时，就用这些植物的枝条为地基，上铺土、砂砾石再夹芦苇层层夯筑而成。以此分段修筑，相连为墙。长城内则低洼地铺盖细沙，称为"天田"，以观察脚印之用，是一种防御措施。长城沿线，每隔十华里筑有烽燧一座。这就是古籍中所写的"十里一大墩，五里一小墩"的烽火台。每座烽燧都有戍卒把守，遇有敌情，白天煨烟，夜晚举火，点燃报警，传递消息，所燃烟火远在三十华里外都能看到。汉代烽燧多呈底宽上窄的方柱形，主要建在长城内侧。筑造结构主要有三种：一是用黄胶土夯筑而成；二是用天然板土、石块夹红柳、胡杨枝垒筑而成；三是用土坯夹芦苇砌筑而成。烽燧大多建在较高的地方，一般都高达七米以上，有的残高十米左右。烽燧顶部，四边筑有不高的女墙，形成一间小屋。有的顶部现在还可以见到屋顶塌陷的遗迹和残朽木柱等。

长城最初修建的目的就是为了防御匈奴，从战国长城到秦汉长城，中原王朝的敌人一直以来都是匈奴，在整个北方直至西北漫长的边境线上，匈奴对于中原王朝的威胁和压力从未减弱，每一个朝代接续前朝修筑长城的脚步也从未停止。

汉初，匈奴乘中原战乱，越过秦蒙恬所筑长城，与汉以战国秦、赵、燕长城为界。由于这条长城年久失修，北方守军稀少，因此，强大的匈奴不断进入长城以内掳掠，一直深入代谷、太原、西河、上郡、北地等郡，汉高祖、惠帝、文帝、景帝被迫对匈奴采取和亲政策；嫁公主给单于为阏氏（即王后），并赐予大量的财物。但是，就是这样一条破烂不堪的长城，也在一定程度上发挥了军事防御作用，如果来侵犯的不是匈奴大军而是小股军兵，一般都没有能力越过长城掳掠。其次，如果守将得力，纵有匈奴大军，也进不了长城。

汉代长城较之秦长城更有所发展，并筑了外长城，是历史上修筑长城最长的一个朝代。经过考古工作者历时数年的考察发现，一条西起甘肃敦煌西、北至内蒙古南部、东至朝鲜平壤南、长达一万多公里的"外长城"，是汉王朝修建的，比后来的明长城还要长的长城。它是一条以壕沟或利用自然地形作屏障，由烽燧、古堡、亭障等组成防御工事的边墙，因修在国家疆域之外，便有了"外长城"的叫法，而在汉代书简中又被称为"塞"。大约边塞、塞外、塞下、塞上等地域名称就是这么来的。

如果说秦汉修建长城的初衷是防御外敌，那么到了明代，长城的功用已经从单纯防御性工事转变为进攻性利器。据城而战，沿边出击，是明军经常采用的对敌战术。当然，这种情况仅限于明初，至明中晚期，长城的防守作用再次凸显出来，明朝的腐败导致国家实力减弱，统治者决策上的懦弱与妥协，让他们没有能力主动出击，只能被动防守。

明长城在当时被称为"边墙"，边境之墙。谈边墙就必然要从九边说起，而甘肃在明代作为西北边疆重要前沿，以"镇"的军事建制，在明史上曾有"九边重镇"的名头。

九边重镇，即《明史·兵志》中记载的守卫边境线安宁的九个军事建制。明朝为了便于对长城全线的防务管理和修筑，将全线分为九镇，委派总兵（亦称镇守）官统辖，遂称之为九边重镇。初设辽东、宣府、大同、延绥四镇，继设宁夏、甘肃、蓟州三镇，而太原总兵治偏头，三边治府驻固原，亦称二镇，是为"九边"。明长城对于明朝政权的巩固，北部地区农牧业生产的安定，国家的安全都起了积极的作用。在防务布局上采取列镇屯兵，分区防守。在修筑工程上采取分区、分片、分段包修。如1952年在居庸关、八达岭城墙上发现的明万历十年（1582）的石碑上就记载着长城的包修办法。

明朝后期，长城大规模地重建与改线主要发生在甘肃镇防区内。隆庆五年（1571）廖逢节主持数段重建工程，其时张掖为甘肃省会，新修的四段长城基本都围绕张掖而建，分布在今山丹、临泽、高台沿线，工程重点是修复城垣，重挖堑壕，补砌排水道。省会所在之地固守完备，边墙之外的劲敌便将目光转向了防守薄弱的地段，武威往东的大小松山备受侵扰。

从明初洪武年间收复河西走廊，之后约六十年时间，整个凉州地区难得平静祥和，告别了昔日的狼烟烽火、金戈铁马，百姓人等休养生息安居乐业。然而，从宣德年间开始，形势急转直下，蒙古各部不断袭扰凉州地区，世居松山一线的番族（藏民）民不聊生被迫放弃家园迁往别处生活，边防动荡不安。在嘉靖三十八年（1559）蒙古俺答汗联合部族人等数万之众，从河套南下西进，沿途一路劫掠，经过阿拉善、景泰、古浪、天祝松山、永登等地后袭据青海。次年又兴兵来犯，占据了大小松山地区（包括天祝、永登、古浪、景泰等地），于是鞑靼势力从河套到松山、青海连成一线，开大小市于宁夏、中卫和庄浪、凉州，盘踞西北三十余年。

万历二十六年（1598），明朝政府派兵十万进剿松山地区的蒙古部落，此次由三边总督李汶挂帅，经过六个月的战斗，终于驱逐鞑靼各部，收复了大小松山地区，将蒙古残余势力赶到漠北地区。河西平定之后，李汶巡察凉州各地，发现松山沿线仅有残破的汉代长城四百余里，而这一带的防守线却长达一千五百余里，正因为边墙的缺失才使得鞑靼长驱直入战患不断。李汶上书朝廷请求新筑边墙，这便是《计处松山善后事宜疏》："查得历凉（武威）之泗水，以至靖（靖远）之索桥，横亘不过四百余里许……勘得自镇番（民勤）以至中卫，烽堠相望，迄今旧址犹存……乃旧自永安（今靖远小口），历皋兰，渡河逾庄浪（在今永登）以至于凉，则一千五百里。舍此四百里不守，而欲守一千五百里之边，孰难而孰易？"这篇奏疏很快被明朝廷采纳。万历二十七年（1599），在李汶的主持下天祝松山滩一座新城拔地而起，松山城城墙高大，有数量可观的屯兵驻守，用以巩固松山战役的胜利成果。松山城俨然成为明朝西北边境一座重要的军事堡垒，极大地保障了当地百姓的生命财产安全。

站在巍峨的松山城头俯瞰大好河山，如茵草原、山川连绵尽收眼底，想要长久且牢固无虞，势必需要修筑长城来守护。就从松山开始，新的长城发端于此。为了区别于明朝早期在河西修建的长城，史书上将这条从松山出发的城墙称为"松山新边"，当地百姓又叫其"新边墙"。时过境迁，当年修筑长城的景象我们已经无从追索，只能从史册中去感受这条边墙的阳刚坚实。

志书里记载："河东自永安索桥至小松山双墩分界，共一百八十里；河西自泗水，土门至小松山双墩分界，共二百二十里。"河东指黄河以东的固原镇，河西就是甘肃镇防地。这里的地名很多在今天依然在沿用，永安索桥位于今景泰县东南黄河西岸；双墩指景泰县西北昌林山张家梁，是当时固原镇和甘肃镇的分界地。泗水堡、土门堡，便是今天武威市古浪县北的泗水、土门二个乡镇。这条新边长城从东部黄河渡口的永安索桥向西北绵延，经城北墩和红墩子折而西行，再经昌岭山北麓、古浪裴家营、大靖和土门墩后抵达凉州，与原来途经兰州的那条长城会合。东与黄河东岸的固原镇裴家川长城隔河相望，西同甘肃镇古浪守御千户所和庄浪卫旧边相衔接，构筑于松山北麓与卤碛沙滩之间，全长四百余里。墙内新筑土门、大靖、裴家营、红水河、三眼井、芦塘营诸城堡，由甘肃、固原二镇分别驻防。新边长城使明王朝大小松山防线自黄河沿岸向北推进了三百余里，是明朝后期修筑长城的最大工程。

清朝统一西疆后版图较之明代大面积扩大，河西走廊不再是边塞前线，很少再受到战争的威胁，松山城和松山新边的军事作用大大下降，逐渐被废弃。光阴荏苒，曾经的新边墙也难以抵挡岁月的磨砺，四百多年后的今天，松山长城已是残破毁损几无所存，唯有松山古城还能得觅其踪，今人多追寻而来凭吊往昔。

松山古城位于天祝县松山滩的山间盆地中，当地人又叫牧羊城，距离天祝县城三十六公里。古城坐北向南，分内外二垣，平面呈"回"字形，城垣基本完整。外垣南北三百二十米，东西三百五十米，墙高约十米。四角筑角墩，墩长九米，宽八米，残高六点五米。四周有护城河，宽八米。南北垣正中置马面，马面长十七米。东、南开门，东门内侧设马道。内垣南北一百四十米，东西一百七十米，亦置角墩，向南开门。西面南北端城墙破坏较严重。城墙系黄土版筑，夯土层厚度十五厘米至二十厘米不等，墙内壁有梯形木椽印迹，椽径十二厘米。

世人多认为松山城是因松山而得名，松山则因松山城而闻名。实际上，松山自汉武帝时就已驻牧开垦，成为通往河西的一条便道，即从永登穿过中堡的石灰峡，从松山到景泰或古浪西进，史书称这条路为"松山古道"，曾经也是重要的军事要塞。

相对于汉代河西长城的作用，明朝在河西的统治初期，基本上还是修缮和利用汉长城为主，并没有新修长城的计划。明初即设甘肃镇主持河西防务，但因明前期来自北方的边患主要集中在今河北、山西、陕西境内，河西相对为安。随着蒙古亦不剌部西迁，甘肃防务吃紧，弘治、正德年间（1488—1521）才始议修筑长城之事，而真正的兴筑是在嘉靖中叶。嘉靖十六年（1537）巡抚赵载修竣镇番卫（今甘肃民勤）临河墩至永昌卫城（今甘肃永昌县）土垣、沟堑百余里。嘉靖二十年（1541），修"嘉峪关墙一道，南至讨来河十五里，北至石关儿十五里，共三十里"。讨来河即今北大河，石关儿位于今嘉峪关黑山湖水库东北，这是嘉峪关第一次以正规的城垣工程出现。嘉靖二十六年至二十七年（1547—1548）巡抚杨博又主持了甘肃长城的三段大规模增建工程。第一段东起五坝堡（今甘肃高台东十八里）沙岗墩，西至九坝堡（今高台西北四十里），绵延于黑河北岸。第二段位于山丹卫境内，东起五泉口奉城铺（今山丹丰城堡）、西达大口子东乐驿（今山丹县西东乐镇）。第三段东接东乐驿，西至甘肃镇城（今张掖市）西北板桥堡（今临泽县板桥镇）。在这道长城北侧龙首山诸山口还分别修筑了壕堑、墩台或关城。至此，甘肃镇所辖河西走廊段长城基本成型，连为一体。

甘肃镇总兵官治甘州卫（今甘肃张掖）。管辖长城东南起自今兰州黄河北岸，西北抵甘肃嘉峪关，南达祁连山脉，全长八百余公里，划分五路防守。庄浪路，东南起自沙井堡（今兰州市黄河北沙井驿）与固原镇安宁堡分界处，西北至镇羌堡庄浪河南岸（今甘肃天祝县金强驿）。凉州路，东南起自安远站堡南境（今天祝县），达于定羌墩堡古城窟（今甘肃永昌西北）。甘州路，东自山丹石峡口堡接凉州路界，西迄高台所九坝堡西界。肃州路，东起镇夷所胭脂堡，接九坝堡西界，西止于嘉峪关南红泉墩（今甘肃肃南裕固族自治县祁文乡卯来泉村西南）。大靖路，东起阿坝岭堡双墩子，接固原镇芦塘路西界，西至泗水堡同凉州路旧边相接。这一段就是"松山新边"。甘肃镇长城遗迹，虽经风沙剥蚀堆埋，仍保持连贯的墙体，山丹境内还保存着一段两条以十余米间距平行的墙体。以上九镇所辖长城总长度已超过万里，"万里长城"依旧不断其名。

武威，在明代称凉州卫，是甘肃镇重要的战略要地。明初，为了巩固冯胜远征西北夺回河西走廊的战果，也为了对元朝残余势力形成防御体系，维护西北边防大局，明王朝在原汉代所筑长城的基础上，根据当时的具体防务情况，增修了百余里坚固的边墙，东与古浪，西与永昌地段的边墙相衔接，同时还增修城池，发动民间修筑堡寨联防自卫。夯土长城是明长城的主要部分，夯土墙是以木板作模，内填黏土或灰石，层层用杵夯实修筑成，要比汉长城的修筑更具坚固性。史料中说明长城每一米墙体的造价，在当时约为一两银子。明代一两银子的购买力不容小觑，尽管相对于之前的几个朝代白银价值有所贬值，但依然是当时最有价值的硬通货。有人特意算过，即使在明中晚期白银持续贬值通货膨胀的情况下，那时的一两银子也能买到五百公斤食盐或者三百斤左右的大米，能够维持一个人大半年的粮食消费。据研究，明代中产阶级的家庭年收入约为三十两，正县级官员也只有每月不到三两银子的俸禄。到了明末崇祯年间，急剧通货膨胀影响下银价倒是大涨特涨了，但底层官员的工资每月兑换成银子勉强也仅有一两。可见，即便不如蓟辽长城那样坚固美观的石料型边墙，河西边墙就地取材的长城修筑也已经是造价不菲了。

明长城是明朝在北方山区修筑的军事防御工程，长城东起鸭绿江，西至嘉峪关。清代到现在，人们习惯性称作东起山海关，西至嘉峪关。明长城用材与秦长城相似，而区别于汉长城、隋长城，东部险要地段的城墙，用条石和青砖砌成，十分坚固，与埃及的金字塔、印度尼西亚的婆罗浮屠和柬埔寨的吴哥窟并称为"东方四大奇观"。而西部的长城就是河西走廊段，多以夯土筑成，不利于保存、保护，很多地段现在已成残旧遗迹。

不管是坚石包砌的东段长城，还是夯土杂以柴草的西段长城，有明一朝长城真正的价值绝不仅仅是永绝漠北大军，而是防御漠北游骑对整个国家造成的威胁。没有长城防守边患，内陆广大的平原地区就不可能进行正常农业生产及生活，又何谈四海升平。然而因为明长城不是在全盛时期规划，故而只能建在下风口，尚不能囊括亦集乃、黄河河套、开平、辽河河套等战略要地，所以明长城的作用远不如燕长城、赵长城、秦长城、汉长城作用那么大。反而因为要对抗风沙平墙，浪费大量卫所人力。所以，明朝在北方山区修筑长城，在西北修缮利用汉长城，构成了国家的"外边"防御，而围绕京都和内地修筑了"内边"长城和"内三关"长城。"内边"长城以北齐所筑为基础，起自内蒙古与山西交界处的偏关以西，东行经雁门关、平型诸关入河北，然后向东北，经涞源、房山、昌平诸县，直达北京居庸关，然后又由北向东，至怀柔的四海关，与"外边"长城相接，以紫荆关为中心，大致成南北走向。"内三关"长城在很多地方和"内边"长城并行，有些地方两城相隔仅数十里。

从这一设计来看，明太祖也算是高瞻远瞩了，利用各个时期的长城为大明帝国设置了里外三道防线。明朝开国之初，国势强盛，明太祖洪武五年（1372），出兵十五万分两路进击漠北，西路打通了河西走廊，设置甘州、庄浪诸卫。洪武二十年（1387），大将军冯胜、蓝玉经略东北，将边界推进到大兴安岭以西，明成祖朱棣即位后，永乐八年至二十二年（1410—1424）的十五年间，先后五次发兵，深入漠北，迫使瓦剌和鞑靼分别接受了明王朝的册封。明王朝的北部边防线推进到大兴安岭、阴山、贺兰山以西以北一带，这里面长城的攻防作用不可或缺。不过可惜，三道长城防线层层围护，也没能保住明王朝的帝祚基业，明朝引以为傲的九边防御体系崩碎在清军的铁蹄之下。

明代在军事上抵御少数民族的侵扰，在经济上促进了边疆经济开发，政治上巩固了多民族国家的统一。而明长城是中国历史上费时最久，工程最大，防御体系和结构最为完善的长城工程，它对明朝防御掠扰，保护国家安全和人民生产生活的安定，开发边远地区，保护中国与西北域外的交通联系都起过不小的作用。它充分体现了中国古代建筑工程的高度成就和古代劳动人民的聪明才智。

因着家住长城脚下，从古到今有不少冠以长城之名的村庄和城镇，还有一些水井、堤坝，甚至特色食物等也以长城来命名。位于武威市凉州的长城镇，就是其中之一。属于沿沙地区的长城镇有着十分悠久的历史，镇域内汉、明长城贯穿，有多处遗迹存留。同时，长城镇三面被腾格里沙漠环绕，一直都是防沙治沙的第一线。俗话说靠山吃山靠水吃水，身处沙漠边缘，长城人民也有自己的特产，那就是非常著名的"沙米粉"。

在武威人喜爱的凉粉家族里，沙米粉是最特殊，也最稀有的一种。它不同于青粉、黄粉由豆类淀粉制作的传统，却是取自沙生植物沙蓬的籽实加工而成。沙蓬生长于流动沙丘或半流动沙丘及河岸沙地，北方沿沙地区比较常见，是真正意义上的大漠出品。这种沙生植物所结出的籽实就是沙米，在艰苦岁月里曾经救活了无数人的生命。采集沙米须得是金秋十月最好，这个时间沙米完全成熟籽实饱满，最有食用价值。沿沙区的人们每到此时就会呼朋引伴相约去采沙米，一般工具有大张的布单，外加木棍。选好了长势茂盛的沙蓬，将布单铺在蓬棵下的沙地里，揪了枝条摁到布单上敲打，沙米就脱离枝条落到了单子中。不必担心植物会不会受损，沙蓬柔韧度非常好，它们能够抵御八级大风和巨大的沙尘暴，只要不是暴力撅折就完全扛得住人们采摘果实的敲打。

　　采集的沙米拿回家晒干、碾皮储存，等要做沙米粉的时候先用清水浸泡半天，令其充分浸透泡软，然后铺在洁净的麦秆上，置于木案上反复揉搓碾轧使之析出粉浆。沙米浆用细箩过滤除去杂质，倒入锅中慢火煮开，大约煮一刻钟时间就可出锅装盆了。装入器皿的沙米浆经过冷却凝结，便成了沙米粉，食用时切条浇上熬制好的醋卤，搁油泼辣子和豆豉，撒上香菜碎，一盘色香味俱佳的沙米粉就做成了。

　　沙米粉因为制作工序烦琐，出产量又少，是难得一见的特色美食，即使武威本地人也并非每天都能吃到，品尝其美味得看有没有这份口福。同时，沙米有祛疫、清热、解毒、利尿等功效，主治疫热增盛、头痛口糜、齿龈溃烂、身目黄疸、尿道灼痛、肾热等多种疾病，是药食同源的天然绿色食品，深受武威人民喜爱。长城镇与长城沙米粉，用当今流行的网络词汇形容，算是长城的周边衍生产品了。

　　武威人的记忆里，长城是一座座土墩子，一截又一截高矮不同浑黄陈旧的夯土墙。少年时每当风沙骤起，怒号的狂风裹挟着黄沙透过千疮百孔的长城墙缝吹来，发出狼嗥一般的恐怖声响，深夜里能传很远很远。那是长城根下独有的动静，曾被老祖母编成各种各样的故事，用来震慑淘气的孙儿，给少年们光怪陆离的梦境增添了许多胆战心惊。天气晴好的日子里，去长城根下玩耍，白日里的古城墙却不似梦里荒诞恐怖，土墙内外生机盎然，总有惊喜不断。荒野中的沙鼠、野兔们在墙底下掏洞安家，春暖花开时节常见它们时不时领出来一窝小家伙，探头探脑鬼鬼祟祟地张望世界；土墙也是羊群冬天躲避风雪、夏天纳凉避暑的好去处，牧羊老人慵懒惬意地斜倚在避风的墙根里，或唱几声酸曲小调，或卷了旱烟半梦半醒地回味人生；孩子们则会选了长城当成最佳游戏场所，在那里捉迷藏、打仗；而芳华正茂的青年人谈恋爱偷偷约会，为了避开父母的耳目也去长城边上……那些土里土气的古长城遗迹，给太多武威人留下了欢乐与美好的记忆。

在文旅大兴的今天，长城也为我们带来了文化旅游的双重价值。希望武威人民，以及长城沿线所有地市，都能抓住机遇维护长城文旅形象，构建更广阔的长城文化领域，多方面多角度挖掘长城内涵、长城精神、长城价值，使之成为永不倾倒的铜墙铁壁，永远屹立于华夏儿女的心坎上，与世长存。

凉州会盟

河西走廊自古以来就是多民族混居区域，公认的没有民族排异性地区。截至2020年的统计数据，仅武威市就聚居着汉、藏、蒙、回等四十一个民族的同胞（一说为三十八个）。中国由五十六个民族构成，武威就有四十一个，可见这片地域包容性是真的很强大。武威之所以多民族共同繁荣，与历史上无数次民族融合与人口迁移有关，在民族间相互融合、和谐共处的一系列历史时段和历史事件中，最为著名的恐怕要数凉州会盟了。事实证明，在凉州会盟之后社会关系与民族矛盾得到长足改善，这对于国家的长治久安起到了非常积极的作用，可谓贡献卓著。

凉州会盟，也叫凉州会谈，发生在元定宗贵由汗与元宪宗蒙哥汗权力交替时期。这一时期历时十年，在元朝历史上处于比较混乱动荡的年代，蒙古政权先后由已经故去的窝阔台汗皇妃乃马真后，元定宗贵由汗和定宗第三皇后海迷失后执掌，最终因为蒙哥汗继位才完成了政权交接。

1247年，为解决西藏归属问题，西藏萨迦派宗教领袖萨迦班智达·贡噶坚赞，简称"萨班"，与蒙古汗国皇子、西路军统帅阔端在武威白塔寺举行友好会晤，并达成协议，颁布了《萨迦班智达致蕃人书》，西藏从此正式纳入中国版图。1251年萨班在阔端为其特意修建用于修行传法的幻化寺圆寂，阔端为他举行了盛大的悼祭活动，并修建了高约四十二点七米的藏式喇嘛灵骨塔—

座，幻化寺因此塔改称白塔寺，藏语中称夏珠巴第寺，为凉州四部寺之一。

白塔寺建成即为元代凉州最大的藏传佛教寺院，号称"凉州佛城"，是萨班在凉州期间讲经布道和驻锡之所，也是蒙古王室、各族官员和僧众听经礼佛的圣地。元灭后白塔寺几度遭遇天灾人祸，受到不同程度破坏，明清两代均有重修。1927年武威大地震，位于震中的白塔寺彻底毁坏，只余萨班灵塔基座。现有建筑分别于2000年至2004年完成修复，2010年时陆续又进行了完善增建，现已成为集文物保护、开发、利用、研究、展示为一体的国家遗址考古公园，是武威市著名的旅游景点之一。主要景点有塔林、白塔寺遗址、萨班灵骨塔、凉州会谈纪念馆等。

1992年9月21日，国务院发表了《西藏的主权归属与人权状况》白皮书，提出武威白塔寺是西藏纳入中国版图七百五十多年的历史见证，是西藏正式纳入中国版图成为中国不可分割的一部分的历史实物见证。它以无可辩驳的历史证据，给"西藏独立"论者以有力批驳。

凉州会盟是历史重大事件，自有其特殊的历史背景。1235年7月，蒙古第二任大汗窝阔台在漠北召开忽里勒台（最高贵族国务会议），决定出兵进攻南宋。蒙古分兵三路，向南宋发起全面攻势，四皇子阔出率中路军，攻取湖北襄阳和钟祥；宗王口温不花率东路军，攻取淮河流域；三皇子阔端率西路军由陕西入四川，进攻陇、蜀，规复陇右。

阔端奉命攻宋时，驻军于东路兴元府（今陕西勉县）。他没有立即南下入川，而是改道西进，首先攻取了甘肃的秦州（今天水、甘谷、秦安、清水、张家川）和巩州（今陇西、漳县、武山、通渭及定西一部）。在巩州招降原金朝巩昌府总帅汪世显后，令千户按竺迩攻取会昌（今甘肃会宁）、定西、兰州等地。随后回军攻入陕西略阳，击杀南宋沔州知州高稼。

1236年8月，阔端亲率汪世显等将领出大散关，令按竺迩领炮兵手为先锋，攻破宕昌、武都、文县等州县。破城后，为招徕吐蕃酋长勘陀孟迦等十族，赐其以银符。令甘肃临潭、迭部、临洮等地的吐蕃部落也纷纷归降蒙古。原金朝熙州（今甘肃临洮）节度使赵阿哥昌父子归降元军后，被阔端任命为迭州（今甘肃迭部）安抚使，管辖其地。蒙古军进攻四川，令宗王末哥率按竺迩等出兵阴平道，按期会师于成都。阔瑞率军与南宋利州路统制曹友闻大战于阳平关，覆其军。蒙古军降服了南宋的利州东路、利州西路、潼川府路等地后，于同年10月攻入成都胜利会师。

1237年，阔端统军北上，驻兵凉州。宋军乘机收复成都等地，其后阔端派大将汪世显和按竺迩率兵再次夺回。当时，南宋虽然只固守江南一隅，却有不少勇武而有气节的文臣武将，从南宋初抗金英雄宗泽、岳飞、牛皋、韩世忠等，到宋末三杰的文天祥、张世杰、陆秀夫等人，都一直致力于保家卫国收复河山，从未向强横的其他政权屈服过。因此，南宋短短的百余年间，也从未享有过真正的太平安宁，在战火中重建，又在战火中灭亡，始终都在不停征战。相对而言，地处西北边陲的武威一带，却因为远离南宋统治中心，少了很多战火荼毒。

1241年，因蒙古大汗窝阔台驾崩，蒙宋战争暂时休止。在下一任大汗蒙哥即位之前，蒙古内部有过短暂的政权过渡，定宗贵由虽为蒙古第三任大汗，但在位时间仅有一年，在蒙哥汗继任大汗前的十年时间里，蒙古最高政权先后由两位可敦执掌（乃马真后与海迷失后婆媳二人），各部落共同参政执政。在此期间蒙古内部一片混乱，但在好战的、号称地表最强的蒙古铁骑眼中，这一切都不足以干扰他们扩张领域的决策与脚步。南宋政权对蒙古而言，并不比同时期的吐蕃更有挑战性，蒙古贵族们的目光更倾向于吐蕃，也已经向吐蕃发动了几次战争。

作为窝阔台二王子的阔端，早年间便为了获得自己的封地四处征战，为了帮助其父坐稳大汗之位，抗衡拖雷一脉的权力威胁，逐渐在西北打出了一片天地，被封为凉王驻守武威，担任蒙古西路军统帅，统治原西夏全部属区的甘肃、青海、宁夏、内蒙古西部、新疆东南部及陕西部分与四川等地的广大区域，并向吐蕃屡次用兵意欲收服。窝阔台去世后，蒙古内部经过十年权力争斗，拖雷一脉的蒙哥取得了大汗位，但阔端已是实力雄厚的西北王，正在琢磨如何将吐蕃收入囊中。从当时的势力范围看，吐蕃三面受敌，势单力薄。阔端在吐蕃的东北，占领了凤翔路、临洮路；在吐蕃的东面，占领了利州西路、利州东路、潼川府路、成都府路；在吐蕃的北面，早在成吉思汗降畏兀儿、灭西夏时，已直接交界。除吐蕃东南角有大理政权尚存外，可以说吐蕃已经处于蒙古大军的战略合围之中，蒙古统一吐蕃势在必行。

成吉思汗逝世后，卫藏地方不再向蒙古汗国纳贡，彼此关系趋向紧张。为寻找一个可以代表卫藏地区的人物前来议定西藏归顺蒙古汗国之事，阔端于1240年从凉州派大将多塔纳波率军攻入西藏，进驻热振、澎波地区。多塔了解到卫藏一带藏传佛教各教派的情况后，建议迎请佛学造诣很深的萨迦派高僧萨班贡噶坚赞去凉州洽商有关西藏事宜。

阔端采纳了多塔的建议，于1244年下书召请萨班。诏书大意说："萨迦班智达贡噶坚赞贝桑布知之。我为报答父母及天地之恩，需要一位能指示道路取舍之上师，在选择时选中了你，故望不辞道路艰难前来此处。若是你以年迈为借口不来，那么以前释迦牟尼为利益众生做出的施舍牺牲又有多少？对比之下你岂不是违反了你学法时的誓愿？你难道不惧怕我依边地的法规派遣大军前来追究……请尽快前来，我将使你管领西方之僧众。"这一封半请半强迫性质的书信，以诏书的形式下达萨班手上，其意不言而喻，不论从自身出发，还是考虑到藏地信众及百姓的利益，萨班没有拒绝的理由。

以萨迦班智达为代表的西藏上层人士清楚地知道，新兴强大的蒙古军队所向披靡，从蒙古高原到中原内地，以及远至中亚到欧洲，一直都是攻无不克战无不胜。长期分裂割据、不相统属的西藏地方，根本无力对抗蒙古铁军。为西藏的前途和命运考虑，归附蒙古才是上策。萨迦班智达高瞻远瞩，是一位识时务的俊杰。一方面为本民族的前途和命运负责，一方面也为了弘扬佛法，令萨迦派获得更大发展空间，他不顾个人安危，无视年迈体衰的身体状况，毅然决然带领两名侄子及众多僧人和经卷前往凉州。

萨班先遣侄子八思巴和恰那多吉等人直接奔赴凉州，他本人抵达拉萨，与拉萨僧俗各界上层人士商议归附蒙古事宜。在这里藏地统治者们暂时放下了私怨和派系斗争，就如何应对阔端召请展开了讨论。僧俗两界相商之后，萨班思想上有了充分准备，于1246年途经青海及甘肃天祝到达凉州，却没有第一时间见到凉王阔端。当时，阔端正在蒙古和林参加推举大汗汗位的忽里台大会，1247年返回凉州后，才与萨班活佛举行了首次会晤。

据相关史料称，阔端与萨班见面后相谈甚欢其乐融融，彼此交流了许多教法和地方风俗民情，对天下大势也有各自的见解，佛法更是"得到王的敬信"。本次会晤，阔端作为蒙古汗廷代表，萨班作为西藏地方代表，互相进行了一系列的磋商谈判活动，并就关键性问题达成共识，之后便产生了《萨迦班智达致蕃人书》这一重要的历史性文件。

萨班在这封具有重大历史意义的长信中说："阔端励精图治，愿有益于天下各部族人民，用意甚善；蒙古军队众多而战术精良，西夏等部先后覆亡，反抗阔端之藏族偏师一败涂地，因而只有归附一途；只要真诚归附纳贡，作一个没有二心的臣属，即可同畏吾儿（今维吾尔）部族一样得到优待，地方官吏依旧任职，人畜依旧归己；正因为出于上述考虑，为了佛法、众生，造福吐蕃人民，我才亲往阔端驻地接洽归附事宜；也正因为蒙古接受我之归顺，近年蒙古军队才未袭击吐蕃；汝等凡遵从蒙古法令者，必能受福。"

萨班贡噶坚赞这封著名的长信，说明即将统一全中国的蒙古汗国（后来发展为元朝），认定了萨迦教派在西藏的领袖地位，萨迦人员被授予治理卫、藏、阿里的全权。在阔端与萨班的共同努力下，蒙古第一次有实效地占有了藏地，这也是西藏归属中国不容置疑的强有力证明。

阔端与萨班议定了西藏归顺蒙古汗国的具体条件，大要是：蒙古任用萨迦人员为达鲁花赤（意为总辖官），赐予金符和银符，所有吐蕃地区头人必须听命萨迦的金符官，不得妄自行事；吐蕃各地缮写官吏、户口、贡赋清册三份，一份由各地官吏自行保存，两份分别呈交阔端和萨迦；蒙古将派官员到卫藏，会同萨迦人员议定税目等。接着，萨班贡噶坚赞写了一封致卫、藏、阿里各僧俗首领的长信，将上述条件通知他们，并反复晓喻西藏归附蒙古的必要性。

《萨迦班智达致蕃人书》顺应历史潮流，反映了当时西藏人民的愿望与要求，它一传到西藏，"卫、藏之僧人、弟子和施主等众生阅读了此信件后，无不欢欣鼓舞"。《萨迦班智达致蕃人书》的发表是向历史宣告，向世界宣告：西藏从此正式划入蒙元版图，西藏属于中国。至此，政教合一的萨迦地方政权对西藏的统治由此开始，西藏结束了四百多年的分裂局面，正式纳入中国版图，中国的西南边疆，从此正式固定下来。

阔端对萨班的到来是非常重视也非常高兴的，从他为了迎接安置萨班特意命人修建幻化寺就可以看得出来。阔端会见萨迦班智达，议定吐蕃归附条件，由萨迦班智达致书吐蕃僧俗首领，劝说归附，确立了蒙古对吐蕃的统治。萨班的归附对蒙藏关系的发展及喇嘛教在蒙古族中的传播有很大影响，这次会谈的成功也为萨班的侄子八思巴在蒙古继续弘扬藏传佛教，壮大萨迦派打下了坚实基础。

凉王阔端的军事天赋在于他知道要想迅速地拿下蜀地、大理甚至南宋，蒙古铁骑必须绕过长江、黄河这两个天然屏障，直接去攻打云南、福建、四川，要想实现这样的战略，势必先拿下藏地，绕过长江、黄河源头进入云贵，先取大理，后直逼临安城下，这是蒙古帝国的国家战略需要，但蒙哥汗元年（1251），阔端去世，这一战略构想自己没有亲自实现。蒙哥即汗位后，因未参与窝阔台汗家族失烈门等与蒙哥争夺汗位的斗争，阔端一系未受株连，仍保有原封地和自己的军队。据《蒙古源流》载，阔端卒于蒙哥汗元年（1251），享年四十六岁，西路军的统帅权移交给速不台长子兀良合台，藏地统领权也回到了蒙哥手中，其后继任了萨迦派首领的八思巴也被蒙哥迎请入朝，成为蒙古皇族的帝师，并受封为蒙古帝国的国师，八思巴带领萨迦派走上藏传佛教的权势顶峰。

凉州会盟是西藏地方和中央王朝关系史上的一个重大转折点，是"西藏纳入中国版图的历史见证"，其不仅解决了青藏高原地区的和平归属问题，也促进了汉、蒙、藏等多个民族在政治、文化和宗教等方面的互相交流，影响了此后中国的政治格局和文化格局，在中国民族关系史上写下了浓墨重彩的一笔。凉州会盟使蒙藏双方避免了一场战争所造成的惨重伤亡和破坏，两族人民从此和睦相处，友好往来成为相互关系的主流。西藏僧俗各界保持与蒙古统治者的联系，有利于西藏地方局势稳定，人民安居乐业。

这一有效政策后来为元世祖忽必烈沿用，忽必烈为进一步加强与西藏的友好往来，封八思巴为"帝师"，赐玉印"命统天下释教"，管理全国佛教事务。八思巴还成为隶属于元朝中央政府的西藏地方行政长官，并受命创制了以藏文为体式的官方"蒙古新字",学术界称作"八思巴字"。蒙藏关系得到进一步发展。萨班叔侄在民族团结中作出的贡献有目共睹,特别是八思巴创制的蒙古新字,见证了那一段蒙藏汉各族人民友好相处的历史。今天的白塔寺内,不但有萨班灵骨塔,还建起了凉州会谈纪念馆,对这一历史事件有详细介绍,馆内保存着八思巴字的文献,可以近距离目睹这种特殊的文字。

　　武威古称"凉",以地处寒凉之地而得名,寒旱性气候的特点十分明显。故而,武威的春季来得相对较晚。如到武威旅游,建议选择夏秋两季最为畅意,特别是夏天去白塔寺观瞻,凉风习习中那一池红莲尤为动人。翠叶红花开在一池清水中,灵动鲜艳,秀外慧中,于清幽娴静中长出一片通透来,仿佛那花儿、叶儿和水底的鱼儿们都有了灵气似的。半亩荷塘,十里清风,白塔掩映在绿柳依依中,高高低低的错落间,便勾勒了一幅佛门胜迹独有的禅意形貌,令人心灵放松,心胸开阔。

两大王碑中的凉州故事

元朝是我国历史上相对神秘的一个朝代，成吉思汗率领铁骑东征西讨，开创了中国古代最大的疆域版图。但是，长于征战却不擅长守成的元王朝，在管理偌大的国家时相形见绌，汉文化的缺失成为元朝统治者致命的短板，强悍无匹的元帝国仅维持了不到百年便宣告破国。而在元正式建立前后的百余年里，内部纷争从未间断，每一次的帝位更迭都充满了腥风血雨。种种原因下，元王朝的史记工作远不如其他朝代详尽丰富，这也导致了后人对这一段历史的一知半解。

河西走廊一带，两宋时期由西夏完全统治，之后元灭西夏，河西四郡归入元王朝版图。在元帝国不断向西扩张的疆域中，河西诸地从边塞变成内地，并接纳了来自原西域地区的许多部族。其中，还出现了以战功受封的两位异姓王，即高昌王和西宁王。这两个家族均来自西域回鹘族，从元代迁入武威境内，子孙后人从此定居凉州。这段历史鲜为人知，如果没有两大王碑的出土，他们的故事很可能永远埋藏在地下，不知道何年何月才能重见天日了。两大王碑分别是：亦都护高昌王世勋碑、西宁王忻都公神道碑。

武威市凉州区永昌镇同时出土两块王碑，此地因而得名石碑沟，后改为石碑村。高昌王碑和西宁王碑记叙详尽，分别以汉、回鹘文，汉、蒙古文为对应碑刻记叙，为我们展现了发生在元代的凉州故事。西宁王碑非常完整，现在

凉州区南部山区储备林

就保存在武威市凉州区永昌镇，游客随时都能参观，而高昌王碑不如西宁王碑幸运，受损比较严重，现在收藏于武威文庙，需要去文庙参观。

《高昌王世勋碑》记载：元初，蒙古汗国皇子西路军统帅阔端驻扎在凉州，为西凉王，1247年，阔端与萨班举行了具有历史意义的"凉州会谈"，使西藏正式纳入中国版图。此后，元至元九年（1272）阔端之子只必贴木儿在西凉府（今武威）城北三十里（现永昌镇）筑起了新城王宫，元世祖忽必烈赐名"永昌府"，元在此设置永昌路，降西凉府为西凉州，隶属永昌路。从此永昌路成为元朝在此统治的政治、经济、军事的中心。至元十二年（1275），都哇卜思邑作乱，火赤哈儿的斤率兵十二万围攻火州，战死沙场，其子高昌王纽林的斤请兵征报父仇，师出河西，路经永昌，当时因吐鲁脱思麻作乱，又奉诏担任吐鲁宣慰使平息叛乱，被仁宗封为高昌王，颁发亦都护之印，此后看到此地气候温和，土地沃饶，水草肥美，连年丰收，以为乐土，便定居下来，阿台不花也随高昌王定居永昌，延祐五年（1318）高昌王卒于永昌。元文宗为了表彰其家族六世效忠蒙古国的功勋，特诏命竖立汉、回鹘文合璧的亦都护高昌王世勋碑。

亦都护高昌王世勋碑位于武威市凉州区高昌王父纽林的斤墓前神道处。

177

简称"高昌王碑"。墓封土早年已毁。青石质，碑残，蟠螭首，残高一点三米，宽一点九米，厚零点五二米。碑身残高一点八二米，宽一点七三米，厚零点四七米。碑阳汉文楷书三十六行，行残四十一字，碑阴为回鹘文，内容详细记载从巴尔术阿尔忒的斤到太平奴八代回鹘亦都护高昌王世系、事迹及回鹘族起源、流派及西迁等。翰林学士承旨奎章阁大学士赵世炎篆额，元代著名学者虞集撰文，大书法家、礼部尚书巎巎奉敕书丹，由高昌王帖木儿补花于元统二年（1334）在其父纽林的斤墓地立。民国二十二年（1933）由武威贾坛、唐发科移至文庙保存。

"亦都护高昌"就是指宋代的高昌回鹘，其历史可以追溯到唐代以前。回鹘进入河西，参与河西走廊发展的时间从唐代开始，回鹘与中原王朝的"甥舅"关系一直延续到了明代。即使在两宋时期，河西走廊受西夏统治，河西回鹘也明里暗里与宋朝政府保持着来往与朝贡。高昌王碑正面碑文的汉文部分就记载了回鹘人的来源与发展，是研究回鹘历史文化的珍贵资料，背面为相对应的回鹘文碑刻。通过这块碑的记载，使我们明了一个史实，回鹘就是现在维吾尔族的前身，维吾尔族是经过长期迁徙、民族融合形成的。

维吾尔族先民的主体是隋唐时期的回纥人，活动在漠北蒙古高原。788年，回纥统治者上书唐朝，自请改为"回鹘"。840年，回鹘汗国因战乱，回鹘人除一部分迁入内地同汉人融合外，其余分为三支：一支迁往吐鲁番盆地今天的吉木萨尔地区，建立了高昌回鹘王国；一支迁往河西走廊，与当地诸族交往融合，形成裕固族；一支迁往帕米尔以西，后分布在中亚至今喀什一带，与当地部分部族一起建立了喀喇汗王朝。回鹘人相继融合了吐鲁番盆地的汉人、塔里木盆地的焉耆人、龟兹人、于阗人、疏勒人等，构成近代维吾尔族的主体。元代，维吾尔族先民在汉语中又称"畏兀儿"。元明时期，新疆各民族进一步融合，蒙古人和畏兀儿人基本融为一体，为畏兀儿补充了新鲜血液。

1132年，高昌回鹘汗国沦为西辽王朝的附庸。至1209年时，高昌回鹘汗国脱离西辽统治，归附蒙古，跟随成吉思汗西征，其首领巴而术阿而忒的斤仍被封为高昌亦都护。此后，玉古伦赤的斤、马木剌的斤先后为亦都护。

忽必烈在位期间，蒙古王室争夺汗位的矛盾日益激化，西北蒙古诸王公开始反对忽必烈，而高昌回鹘坚决支持忽必烈。1275年，反对忽必烈的蒙古游牧贵族都哇叛乱，他率领十二万骑兵围攻高昌，当时的高昌回鹘亦都护火赤哈儿的斤英勇不屈，后战死于哈密。火赤哈儿的斤之子纽林的斤朝见忽必烈，请求为父报仇。忽必烈赐予其金币数万，让他暂时留在凉州永昌府，等待时机。从此以后，历代高昌亦都护基本上以永昌为"治所"，而"遥领"原高昌王国境内的畏兀儿人民。

元武宗于1308年任命纽林的斤为畏兀儿亦都护之职，并赐给他"亦都护"金印。1311年元仁宗即位不久，即任命纽林的斤为高昌王，又赐给他"高昌王"印，并允许世袭。高昌是沿用了其家族在新疆高昌故地的旧称。从此，开启了高昌王六十年的辉煌。

1318年，纽林的斤在永昌府去世，其长子帖木儿不花继位为畏兀儿亦都护、高昌王。1328年，元文宗将帖木儿不花召至京师，因功任上柱国、录军国重事、知枢密院事、中书左丞相、加太子詹事、御史大夫之职。其高昌王、畏兀儿亦都护一职由其弟篯吉担任。元文宗为表彰帖木儿不花及其祖先的功勋，诏命制作《亦都护高昌王世勋碑》。1331年，时任翰林直学士兼国子祭酒的虞集受诏撰文，帖木儿不花于1334年到永昌扫墓时立。

那么，篯吉之后，高昌王、畏兀儿亦都护一职由谁继承担任呢？

根据《元史·文宗纪》《元史·顺帝纪》等史料记载，高昌王一职继任顺序如下：1332年，帖木儿不花的弟弟太平奴继任；1342年，太平奴之子月鲁帖木儿继任；1353年，月鲁帖木儿之子桑哥继任；之后，由于缺乏史料，记载有些模糊不清，大约是在1366年，不答失里继任，后来其子和赏继任。

和赏自幼世袭了高昌王的爵位，镇守永昌府。洪武三年（1370），明军攻占了兰州，二十四岁的和赏率领部属到兰州投降明朝，被封为怀远将军、高昌卫同知指挥使司事。洪武五年（1372），大将军冯胜西征，和赏又奉命率部驻扎凉州，为西征大军做后勤供应工作。西征结束后，和赏回到南京，于洪武七年（1374）去世，时年二十八岁，有一子两女。和赏的去世，为元代至明初的"高昌王"画上了一个句号。

《亦都护高昌王世勋碑》为说明回鹘人、即现在维吾尔族历史提供了有力证据，是研究回鹘历史文化的珍贵资料，具有重要价值。汉字碑文撰于至顺二年，收于虞集的《道园学古录》，以及《元文类碑》《武威县志》《陇右金石录》等书。碑文撰写于1331年，立碑在1334年，中间有三年的时间。清代乾隆年间编写《武威县志》时，石碑完整无损，《武威县志》所载碑文直接抄自石碑，其碑文内容与虞集的《道园学古录》略有不同。因此，李鼎文、黄文弼、党寿山等学者认为《道园学古录》中为初稿，《武威县志》中的才是定稿。

背阴回鹘文从1964年刊布后，1980年学者耿世民又据此进行了考补、复原和翻译。其内容与汉文基本一致，但非汉文之译文。内容叙述回鹘起源、西迁之事较其他史料详细，是研究回鹘史或高昌史的珍贵资料。《元史·巴而术阿而忒的斤传》《续弘简录·也立安敦传》皆据此碑文撰写。

高昌王碑所刻碑文对研究回鹘史，蒙元时期畏吾儿王室与蒙元皇室的关系以及阔端一系镇抚河西，维系西部与西南诸族，安宁边境等方面都具有重要的史料价值。碑文汉文端厚雄浑，回鹘文流畅自如，是研究元代文学、语言文字、书法等方面的珍贵实物资料。

一同出土于永昌镇石碑沟的另一块也是王碑，名曰《西宁王忻都公神道碑》，简称"西宁王碑"。该碑现存于凉州城北十五公里处的永昌镇石碑村，由碑座、碑身、碑首三部分组成，碑通高五点八米，高一点六米，厚零点四五米。碑正面为汉文，碑首刻蟠螭，上刻书"大元敕赐西宁王碑"八字，背面为回鹘文（蒙文），全文共三十二行，每行六十三字，碑文为元惠宗时参知政事危素撰写，由于忻都及其先祖对元室建立过卓著功勋，加之忻都为西宁王，特立此碑作为纪念。这是我省保存最大的汉、蒙文字碑刻，已有六百多年的历史。

西宁王碑主要记叙元朝回鹘族忻都公家族在河西居住和发展的历史。忻都公为西域回鹘阿台不花之子，阿台不花曾跟忽必烈的大臣火赤哈儿的斤都护保卫火州（故址在今新疆吐鲁番东南）有功，火赤哈儿的斤战死沙场，此后，其子高昌王纽林的斤率众迁到永昌（今武威凉州区永昌镇，元永昌路冶所）。阿台不花亦随迁至永昌，以后其子孙忻都、斡栾也世居永昌，斡栾在元惠帝至正年间任中书平章政事（宰相副职）。至正二十二年（1362）十月惠帝追封斡栾之父忻都公为西宁王,并立《大元敕赐追封西宁王忻都公神道碑铭》于永昌。

该碑用汉、蒙两种文字叙述了斡栾的父亲忻都公及其先辈"居官治世,克尽乃职,兴利去害,屡献嘉谋"的丰功伟绩,特别对斡栾之父忻都公生平事迹描述更为详细。忻都,生于至元九年十月,其教育子女非常严格:"若曹年少,不知稼穑之艰难,宜务农治生,当力行善事,毋染恶习,思父母生成养育之恩。与人交毋挟贵势,毋侮卑贱,择胜己者而友之。出而仕也,必廉慎自持,尽忠于君,爱民如子,不陷刑辟,名垂后世。"至正二年(1342)正月卒,享年六十岁,死后追封为西宁王,葬于永昌府的石碑沟。

元代,维吾尔族先民在汉语中又称"畏兀儿"。畏兀儿居河西者甚众,元世祖至元十七年(1280),曾令畏兀儿居河西界者屯田。二十年(1283)又立畏兀儿四处驿及交钞库于河西。二十一年(1284)则将河西畏兀儿等依各官品充万户府达鲁花赤。忻都家族即为此时迁居凉州之有据可考的畏兀儿大族。

据碑文所示,斡栾"世为北庭名族,其曾祖父哈剌,仕其国为哈剌罕里朵朵之官"。所谓哈剌罕里者,乃"捍卫御患"之意;朵朵者,"国老之职"。元朝建立,哈剌辅翼其主归附,遂"居官治民,克尽乃职,兴利去害,屡献嘉谟"。斡栾祖父阿台不花,"气刚力勇,临难不变",严遵其父哈剌"恒加谨慎,勿坠先业"之遗训,凡先父"所欲为之事,皆力为之"。

元世祖至元十二年(1275)爆发了"火州之战"。以都哇、卜思巴为首的察合台贵族率兵十二万围攻火州(吐鲁番高昌故城),同时攻陷北平王那木罕驻守之阿力麻里,西域诸地,"民弗获安"。

此时,忽必烈因兵力多投入灭宋战争,已无力西顾。危急之下,亦都护火赤哈儿的斤奋起抵御,阿台不花也随之宣力靖难,增城浚池,立志坚守。都哇大军威逼城下,阿台不花"亲冒矢石,以建奇功"。都哇兵退,以功被授"持节仪卫之官",并"仍封答剌罕之号"。此役后,亦都护火赤哈儿的斤来朝,阿台不花乃"挈家以从,跋履险阻,行次永昌,相其土地沃饶,岁多丰稔,以为乐土,因定居焉"。

阿台不花有"子男三人":帖孔不花、阿怜不花、忻都,也均得授"答剌罕"之称。其中忻都为斡栾之父,生于至元九年(1272)十月,为人笃实,不自表露，州里之人多敬仰之。

忻都卒于至顺三年（1335）正月，享年六十，葬永昌。忻都有子男六人，分别为孛罗不华、斡栾。斡栾为忻都次子，历任大司农司经历监察御史、兵部侍郎、吏部尚书、同知枢密院事、中书右丞，位至中书平章政事，"掌机务，贰丞相，凡军国重事无不由之"。正是由于斡栾的卓越贡献，元顺帝才加封其父亲为西宁王，下旨立碑记述家族功德，这才有了"西宁王碑"。

因其时正值元末动乱之时，《元史》斡栾无传，其事见于《顺帝本纪》《宰相年表》，斡栾由枢密同知为中书右丞，兼知经筵事，中书平章政事、左丞相。西宁王碑的记载与高昌王碑中的文字内容相互印证，都反映了高昌回鹘追随成吉思汗与忽必烈建功立业，并因此迁入武威定居的过往。碑文中也同样记录了回鹘居住河西及发展的历史，可补元史之缺，也是研究斡栾家世、回鹘史、河西多民族杂居的珍贵资料。

西宁王与高昌王均为回鹘族，当时就驻扎在永昌路，死后又葬于此地，西宁王碑中提到的斡栾，在中书省任职期间，适逢元末战乱，朝廷档案不健全或散失严重，《元史》和《新元史》都没有为他立传，其生平事迹，很难稽考，现存的西宁王碑对研究斡栾家世及回鹘历史具有重要的价值。《高昌王世勋碑》则详细记叙了畏吾儿王室入属蒙元后，因海都、都哇东侵逐次移居永昌和与蒙元皇室世为婚姻之事，是少数民族联姻的珍贵碑刻，是武威境内民族融合的一个实物见证，解决了元代永昌路治所的一桩公案。

《西宁王碑》和《高昌王世勋碑》内容所涉颇广，关系到回鹘族的起源、流派、民族关系等多方面的史实，两碑北面蒙文部分内容虽大体与正面汉文部分相同，但蒙文部分另具特色。所以对两碑的蒙文翻译，也引起了国内外专家的极大关注，近年来美国哈佛大学、日本东京大学等许多大学组团，专程前往此地进行研究，并用中、英、日等多种文字在许多报刊上发表研究文章。关于西宁王和高昌王墓葬究于何处，在考古学界纷说不一，成为争论的焦点，据我国著名考古学家宿白所著《藏传佛教寺院考古》："永昌城明清置永昌堡，现名永昌镇，镇内王宫城址近代犹存，城南两公里石碑沟，有火州畏兀儿（高昌回鹘）君臣墓葬，墓冢已不显露"，考证西宁王墓和高昌王墓，就在此地，二碑对墓葬的发现具有十分重要的价值。

《西宁王碑》和《高昌王世勋碑》是我国河西走廊多民族聚集的珍贵资料和历史见证，1981年9月被甘肃省人民政府公布为省级重点文物保护单位。

君臣同葬，双双封王。这样的事件在历史上是非常罕见的，或许仅此一家。因此，高昌王碑和西宁王碑就显得尤为珍稀。两块石碑，加石碑滚灯，是永昌人引以为傲的宝贝，誉为"永昌三宝"。石碑滚灯一般认为是来自高昌王和西宁王家族的祭祀性遗俗。

永昌镇石碑村闹滚灯，由来已久。作为舞蹈艺术的一种形式，石碑村的滚灯具有地方特色。1957年，石碑滚灯曾在凉州轰动一时，并赴张掖专区参加调研，得到与会者高度评价。之后，因为种种历史原因，这一表演形式被列为"四旧"中断了几十年，石碑滚灯只存留于人们的记忆之中。直到1997年，石碑村终于又立架起灯，重组滚灯班子了。

滚灯表演一般多选在春节期间，尤其是正月十五日晚上，表演达到高潮。滚灯表演班子常见为十二人组成，据推测取意十二生肖、十二月、十二时辰等。表演者身着仿古装束，额上顶碗，碗里置泥，泥中插蜡，碗边糊纸，上贴由本地心灵手巧者所剪十二生肖图案，纸高出碗沿十寸许。开始表演后，顶灯人双手做虚托碗状，首先绕场几周，然后起阵法以固定舞步扭动。

武威人擅长以形取名，滚灯表演的固定队形有"八角茴香""四门斗底""双环套月""卷棉花""鸭子凫水""母鸭偎蛋""单摔双摔""莲瓣盛开""柳树盘根""辫蒜瓣"等步调。滚灯表演后，随即观灯开始。这里的观灯并非简单观赏，而是又一套程式的表演，以唱歌和对歌为主要形式，所以又叫唱灯。曲调多为民歌小调和西北花儿，擅长者早有准备，张口即来，唱调铿锵，韵律圆润，经常引得围观者一起唱和。歌词内容多为历史人物或典故，一问一答，诙谐有趣，又不乏教益，一直到曲终词尽过了午夜才宣告结束。

有关人士将永昌镇石碑滚灯归类于舞蹈形式，其实看过这一表演的人都有一个共识，永昌滚灯经常与社火表演相结合出现，其表演气氛与表演内容接近于社火更多一些。与其将之看作一种特殊的舞蹈，不如说是社火形式的一个分类更符合实际。

西夏碑与张澍

　　沉睡于黑暗中的一块石碑，与淡看浮名闲云野鹤的一位士人，相隔七百年后在凉州古刹中邂逅，这本身或许就是一份机缘，是冥冥中的自有安排。武威士人佼佼者张澍，这个骨子里清高雅致、满腹经纶的人，他放弃辛苦科考获得的身份地位，选择回乡著书立说，也许就是宿命里的牵绊。否则，他不会不顾寺里老少僧人阻拦坚持开启封固数十年的古亭，哪怕预言中说一经开启灾难来临，执着的张澍也毫不畏惧，凭借的是一腔孤勇和来自读书人反对讹言惑众的正义。那块黑暗里孤眠的石头，背负着诸多秘密不堪其重的石头，终于能够长抒胸臆，把满腹心事尽数吐露。

　　砖土掩面红尘经年，过去的一切灰飞烟灭，睁眼早已换了人间，唯有黑色的石头还是最初的模样。一笔一画，刀凿斧劈的疼痛里，镌刻着逝去王朝对佛的膜拜，神祇给予人的感应想必分量太过厚重，重到需要以石头的坚实来分担，在石头上雕琢花纹字符和姿态曼妙的天外飞仙们来装点。是传说中的天书吗？面对这块刻满文字的硕大石碑，饱读诗书的张澍与同行好友们面面相觑。横竖撇捺，字形方正，乍一看就是汉字，但细细瞧去竟无一人识得是何方"妖孽"。张澍不甘心，以他的见识这块碑的另一面必然还有玄机，便着人翻转来瞧。

　　不是每一块石头都能成为塑像享受万众叩拜，也不是随意一块石头都能承受刀剑加身，载起文明的传承。当碑面翻转过来，士人用手掌拂去尘埃，熟悉的勾画便氤氲出文化的香气，那是文字自带的馥郁芬芳。一目十行快速解读，惊喜犹如古寺禅茶层层晕染于舌尖，盛放于眼眸。张澍明白他找到的是怎样一件宝贝，那些神奇的文字定然就是消失了几百年的西夏文。通过这块碑，就可以去解读那些留在石窟中、刻在悬崖上的西夏故事，寻觅消失的西夏文明。由此，我们得以掀开西夏的神秘面纱，从文字开始去描摹这个王朝的如画眉目、棱棱角角。

在中国古代史上，最为神秘的朝代并不是有神的远古和上古时代，而是距离我们不足千年的西夏。小学生接触历史课，学会的第一首历史朝代歌中如是说：三皇五帝始，尧舜禹相传；夏商与西周，东周分两段；春秋和战国，一统秦两汉；三分魏蜀吴，二晋前后延；南北朝并立，隋唐五代传；宋元明清后，皇朝至此完。朝代顺序表里没有西夏，仿佛这个政权不配入列正统历史。关于西夏不入史册一事，坊间传

西夏碑（研究西夏历史第一碑）

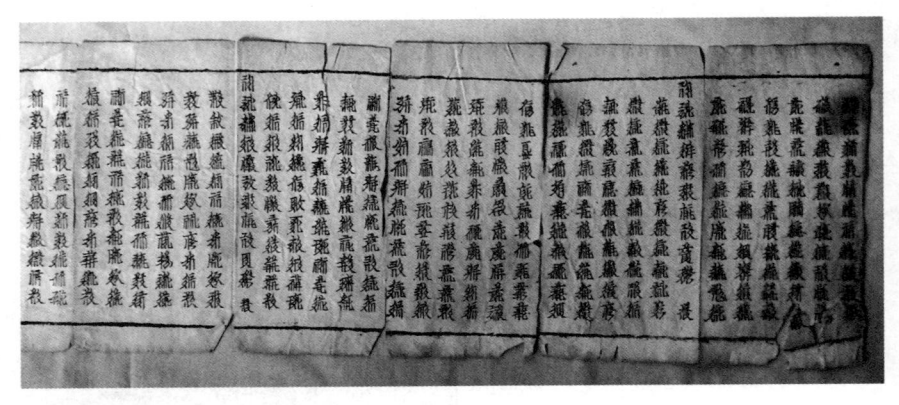

西夏文

闻太多，各种版本的猜测更是扑朔迷离，一时令人莫辨东西。不论何种原因导致了西夏不入正史的结果，但不可否认的一点却是，整个两宋时期，甚至更早追溯到唐晚期，武威都没有在中原政权统辖之内，而是很早便沦为党项人的属地，西夏正式建立后还是其辅都。西夏灭亡后，武威又成为凉王阔端封地，在很长一段时间里，河西走廊与中原王朝呈现出两个阵营的分裂关系。武威作为西夏的陪都，于两宋时就是如此。

西夏，这个由党项人建立的政权，曾经叱咤西北两三百年，在李元昊称帝后先后传承十位皇帝，享有一百八十九年国祚的历史，算得上赫赫有名了。可偏偏就是这样一个一度与北宋、辽金并立的王朝，却没有入史，连带着一起消失的还有西夏文明。事了拂衣去，深藏功与名。西夏因此神秘，给后世留下无数传说。近年来随着网络文学发展，西夏频繁以探险、悬疑文学的主角出现在书本和荧屏上，赚足了流量。自然，大多是戏说，或者猜测者居多，便更为那一段隐匿于尘世的历史平添了一重又一重的神秘性。西夏到底因何彻底消失，他们曾经拥有过什么样的文明，又经历过什么，这些问题现今已有很大部分得到解读，全赖于历史学家、考古工作者以及许多孜孜以求的学者共同的努力，其中还有那些臭名昭著的国内外盗墓人盗挖而带出的线索……众多来自西夏的文物重见天日，人们惊叹于这个神秘王朝创造的文明同时，不由大感疑惑，难倒在西夏人自创的形似汉字的特殊文字前面。

可以说，西夏文明中最神秘、最让人摸不着头脑的莫过于西夏文字。在西夏碑出土之前，在《番汉合时掌中珠》被发现以前，我们对于西夏文与西夏历史的了解，是那么的浅薄，西夏之朦胧简直就是金庸武侠小说里冰窖中那位如梦似幻的西夏公主。

《番汉合时掌中珠》最早于1909年被俄国人科兹洛夫从黑水城盗掘而去，收藏在圣彼得堡俄罗斯科学院东方学研究所中。1912年由我国考古学者罗振玉偶然得见部分拓印，此后罗氏父子多方努力，从圣彼得堡大学教授伊凤阁处获得此书完整照片，历时十年整理抄写刊发《绝域方言集》，这本手写版"双语词典"工具书，成为当时学者们研究西夏文字的主要依据。至二十世纪七十年代末，学者陆宽田受邀访问俄罗斯，于列宁格勒东方学研究所之内，用先进摄像机拍摄了《番汉合时掌中珠》的全部内容，并在回国后进行了细致的整理研究，以高还原度、高精准度为要求正式出版了同名书籍，使得这部尘封近千年的"老古董"重新焕发光彩，为史学界研究西夏文字提供了依据。

然而，在《绝域方言集》合《番汉合时掌中珠》被发现以前，学界对西夏文的研究则来自一块石碑，即出土于武威清应寺的"重修护国寺感应塔碑"，俗称"西夏碑"。

西夏碑通篇记载着一个神奇的故事，大意是：凉州护国寺内有一座七层的佛塔，是阿育王以"奉安舍利"而建的八万四千座佛塔中的一座，后来因年久失修而毁坏。至前凉（314—376）时，张轨修宫殿正在此塔旧址之上。到张天锡时宫中屋"灵端"，张天锡即毁宫复塔。至西夏占领凉州，该塔仍完好无损，而且"灵应"更多。天祐民安三年（1092）冬，凉州发生大地震，导致塔身倾斜，正待维修时，发现此塔竟神奇地自行恢复原状了。为了旌表佛塔的"灵应"，西夏皇太后和皇帝崇宗李乾顺诏命重修此塔。天祐民安五年（1094）竣工后，遂立碑纪功，颂扬佛的灵应和西夏统治者的功德。

这番解读正是来自西夏碑汉文记叙的那一面，相对照的西夏文要表达的也是这一段故事。但是，碑中的西夏文和汉文所讲述的内容大体相同，但叙事顺序差别。两面的文字不是互译的，而是各自撰写，然后刻写上的。所幸，虽然西夏文和汉文的碑文在段落次序等方面不尽相同，但所记内容却基本一样，可以互相比较研究。因此,根据两面文字对照研究,张澍整理出一部分西夏文与汉字的互译参考。这是西夏文明消失几百年后,世人首次发现他们的文字,并得以清晰解读的见证。原来西夏有自己的文字,原来那些石窟中、悬崖边的"天书"就是西夏文?研究西夏,追溯他们的过往,一时成为学界潮流。

据说,张澍当年满心踌躇,意欲编撰一部《西夏史》以填补史家空白,他收集到的相关史料有六大捆之多,已经整理编写的《夏书》手稿也有五捆。我们不知道所谓的"大捆"有多大,但能使得其家人认为废纸无用拿去当柴火烧,分量必然不轻。资料丢失,张澍郁郁不乐,只得剑走偏锋,从另一个角度去挖掘西夏,编写出了《西夏姓氏录》《西夏纪年》等。

《西夏姓氏录》收集了西夏有国期间的各种人物姓名、事迹等,有的还略加考释,是一部研究西夏历史、民族学的珍贵史籍;宣统元年(1909)著名的西夏学研究者罗振玉先生收在他出版的《雪堂丛刊》内。《西夏姓氏录》为张澍先生所著的《姓氏五书》内容之一,《清史稿》还称"姓氏五书,尤为绝学",可见此书的历史研究价值。《西夏纪年》全书共有两卷,详细记述考释了西夏党项羌拓拔思恭到元昊称帝后几代君主的历史纪年、重大事件等,收入他所著的《凉州府志备考》下。以上都是张澍发现西夏碑之后,对西夏学研究作出的贡献。西夏碑发现之后,张澍还作了四首诗,以记事咏怀。其中的一首为:"昔我曾编夏国书,未成而废感焚如。摩碑今日排尘土,译字何人辨鲁鱼?野利仁荣为作者,曩霄兀卒亦参诸。艺林从此添新录,却笑兰泉箧未储。"诗中有遗憾,但更多的却是对译出西夏文的喜悦与自豪。

张澍不仅发现了全世界保存唯一完整的一通西夏文碑刻,还是近代确认、辨识西夏文字和西夏学研究的第一人,他的发现和研究为以后西夏学的研究和兴起奠定了基础。如果没有武威西夏碑的发现和张澍率先对西夏学的研究,世界西夏学的研究至少要推迟一个多世纪,只能眼看着柯兹洛夫盗掘黑水城拿走《番汉合时掌中珠》,然后再等待罗振玉去发现了。而在这中间的百余年当中,我们不敢假设会发生什么,会不会永久失传?西夏的过往是否真的要埋葬在大漠深处,成为历史的永久缺憾?

我们现在对西夏的了解,以及对西夏文的研究,皆由张澍与西夏碑作为开端，再佐以散记在《宋史》《元史》与辽金史料当中的相关线索而来。西夏都城陷落后，因为蒙古军的屠城暴行，吓破了胆的西夏贵族们带着自己民族的书籍隐姓埋名远避他乡，他们与当地汉民族杂居通婚，慢慢融入新的生活，数代之后失去民族传承，本就没有来得及推广普及的西夏文彻底无人识得，归于"天书"之列，至清代，人们甚至怀疑到底有没有这么一种文字存在过。那些古老的民族如月氏、匈奴等是因为没有本民族的文字而消亡，但西夏不一样，即便有文字也没能得到长久传承，这是西夏最大的悲痛。七百年的等待，一朝得见天日，如果石碑有情绪，该是怎样的悲喜交加？

张澍说西夏文是由一个名叫野利仁荣的人创制，那是一个什么样的时代，又有着怎样的历史背景呢？故事又是说来话长。

西夏是我国历史上一个以党项族为主体的多民族杂居的地方割据王朝，本名大夏，又称白上国，宋代人称西夏。1038年元昊称帝，建都兴庆府（今宁夏银川），西凉府（今武威）为西夏辅郡。西夏地域"东尽黄河，西界玉门，南接萧关，北控大漠"。在最兴盛时辖二十二州，占有今甘肃大部，宁夏全部，陕西北部和青海、内蒙古的部分地区，"方圆二万余里"。它先后与辽、北宋及金、南宋鼎足峙立；虽称臣于这些王朝，却始终严拒外力伸入其境内，保持实际的独立，而且武力强大，为宋、辽、金各国重视和畏惧。西夏文是记录党项羌语言的文字，在元昊称帝前，野利仁荣便受命创制，时称番文、番书。

元昊大庆元年（1036），为了巩固民族语言文化，增强民族意识，将野利仁荣等仿汉字共创的六千多字，颁行境内，并尊为国字，广泛使用，"凡国内文艺诰牒尽易番书"。西夏曾用这种文字大量编纂字书和韵书，编写历史和法典，创作文学作品，翻译佛经和汉文典籍，从事文移往来。从目前所看到的西夏文献文物就有：佛经、儒家典籍、文学作品、历史著作、字典辞书、官府文书、民间契约、杂记便条、法律典籍、兵法兵书、历日、占卜辞、医药处方和医书、官印、符牌、钱币、铜镜、瓷器、石窟题记、碑刻木牍、审判记录等。总之，社会生活的各个方面无所不包，凡是需要使用文字的地方，都有使用西夏文字的踪迹。因此可以看出，由于统治者的重视，西夏短时间内创造出来的新文字，很快在全国普及应用。

西夏文字体仿汉文楷书，但与汉字不同，笔画繁多，另外有草书和篆字。每字由一块或数小块组成，一般分上、中、左、右、下等块，各块都有含义。西夏文看上去笔画烦琐，却是在汉字的基础上创造的。之后，公私文书都用西夏文字书写，但汉字仍在西夏通行。西夏给宋朝的文书，多用西夏文和汉文并列书写。夏国铸造的钱币，也用西夏文和汉文两种文字。

蒙古族兴起后，成吉思汗统率的蒙古铁骑灭西夏时，因为他的死与攻西夏都城兴庆府（今银川）城有关，这就使西夏遭到了征服者更加残酷的镇压，西夏的文化典籍毁坏殆尽。加之西夏地处边陲，闭关锁国，成为丝绸之路上的神秘王国，以致中原学者了解甚少。西夏灭亡后，元人修史不能不受其影响，即使有幸存下来的典籍，史官也未必懂得西夏文，更遑论真正的西夏历史又怎敢写进史书？只好在宋、辽、金三史内附之以传，粗粗带过，西夏因此也未能单独编史，流传下来的典籍极为罕见。

由于西夏文字在夏亡国后，已逐渐湮灭，西夏文到清代以前尚无几人可知，从西夏碑文拓片中传世，及额济纳旗发现西夏文字典《番汉合时掌中珠》后，才有人开始研究西夏文的构造、文字和字意。至今西夏文石刻保存得较为完整的实物很少。护国寺感应塔碑"汉夏合璧"，便于相互比较研究，更是绝无仅有的，是研究中国古代少数民族文化极为可贵的重要实物资料。护国寺感应塔碑对研究西夏语言文字、社会经济、土地制度、官制、民族关系、阶级关系、国名、帝后尊号、佛教盛况等均具极重要价值。

西夏碑现存于武威市文庙路的西夏博物馆内，是镇馆之宝，全国现存唯一的、保存最为完整的、西夏文与汉文对照文字最多的一块石碑，也是学界公认的迄今所见保存最完整、内容最丰富、最有研究价值的西夏碑刻。碑身总高二点六米，宽一米，厚零点三米，两面刻文。正面以西夏文书题名，意为"敕感应塔之碑文"，正文为西夏文、楷书二十八行，每行六十五字。背面为汉字篆书"凉州重修护国寺感应塔碑铭"，正文为汉文、楷书二十六行，每行七十字。碑文大意讲述了护国寺塔的初建、显灵及重修的经过，保存了许多史料，对研究西夏语言文字和经济社会具有十分重要的价值，被中外学者称为研究西夏文的活字典。除文字外，尚有多种图案、花卉、人物等，雕刻技巧高超优美,具有很高的工艺水平。1961年被国务院公布为第一批全国重点文物保护单位。

西夏博物馆位于武威文庙门前,坐东向西,为"回"字形仿古框架结构建筑,占地面积三千五百七十平方米,展厅面积一千四百平方米。武威是迄今发现西夏文物、遗迹最多的地方,这些丰富的文化遗存,是研究西夏历史乃至中国历史的珍贵资料,有不少还是国内独一无二的。现从馆藏众多的西夏文物中,精选了一百五十多件,分三大部分陈列展出,使西夏王国的兴亡、西夏的经济、西夏的文化等历史一一展现在人们面前。展出的重要文物有西夏碑、国宝木缘塔、国家一级文物西夏木版画及西夏泥活字板,以及西夏瓷器等,都是十分珍贵的文物。展览用大型浮雕、文物图片、壁画、背景画相结合的手法,真实生动地反映了西夏统治时期,在政治、经济、军事、文化等领域所取得的巨大成就。

随着西夏文的破解,西夏泥活字板在出土时得益匪浅,因为有人认识西夏文终得妥善保护。西夏泥活字板,有力证明了我国活字印刷术领先西方数百年,是无可争议的中国首创,其认定者孙寿岭先生,正是西夏学研究者。从一本出土佛经推演其成型过程,孙寿岭前后用了十数年的时间去验证。他按照古传毕昇印刷方法,亲手选土和泥制作字丁,用古法完成刻字、烧制、排版、印刷等六项基本程序,在一次次试验和调整中,终于成功印刷出新的泥活字版本《维摩诘所说经》,用事实证明活字印刷是中国北宋时期的技术发明,给国际上那些否定中国古代四大发明的阴谋家以迎头痛击,大大提振了国人的文化自信,也填补了中国泥活字及泥活字版本的空白,为我们研究活字印刷和西夏学提供了双向助力。

泥活字,是相对于当时的另一传统印刷术雕版印刷而言的一种创新印刷术,也是区别于木活字和后世铅活字与铜活字的制作材质而分出的一个种类。泥活字制作成本比木活字更低廉,稳定性更高。

宋代是我国印刷业最为繁荣的时期,南北两宋刻书之多、规模之大、流通之广、版印之精,为前世所未有,印刷精美的"宋版书"至今为人们所称道,成为国之珍宝。在宋朝印刷技术的影响下,西夏不仅发展了自己的雕版印刷，在其后期，还创制了自己的活字印刷。史载，北宋毕昇发明了泥活字，元代王祯创制了木活字，但至今未发现可以确认的宋元时期的汉文活字版印本。令人欣慰的是二十世纪九十年代以来，西夏故地的宁夏，首先发现了西夏的木活字版西夏文佛经，打破了长期以来形成的元代发明木活字的说法，使木活字的发明和使用从元代提早到宋代；接着，人们又在甘肃出土的西夏文献中和俄藏黑水城西夏文献中，相继发现了西夏文泥活字版和木活字版印本。这些重大发现，填补了早期活字印刷的空白，对研究我国古代活字印刷技术和印刷史具有重要意义。

西夏文《维摩诘所说经》下卷，是我国最早发现的西夏泥活字版印本。该经1987年5月出土于甘肃武威市新华乡缠山村亥母洞寺遗址。经折装，总五十四面，书品高二十八厘米、宽十二厘米，每面七行，每行十七个字。据孙寿岭先生多年研究认为，该经经文第二行是西夏仁宗尊号"奉天显道，耀武宣文，神谋睿智，制义去邪，惇睦懿恭"题款；与此经共出的还有"西夏乾定申年（1224）乾定酉年（1225）乾定戊年（1226）的其他契约和记账单等"，说明该经为西夏后期印本。该经字形大小不等，字体肥瘦不同，笔画粗细不一；印墨有轻有重，经背透墨深浅不一；有的字放置歪斜，造成印墨半深半浅；有的行格不正，行距宽窄也不一致；并认为"有的字明显有断边"现象，是因为泥字"易掉边角"造成的，因此认为是泥活字版印本。西夏泥活字版印本《维摩诘所说经》，在俄罗斯圣彼得堡东方学研究所分所藏黑水城西夏文献中也有发现。该经有五卷之多，都是经折装，上下单栏，其中两卷有西夏仁宗尊号题款。学界一致认为此经与武威所出"版幅相近，行款一致，字体相同，具有相同的形制和特点，无疑它们应是同一种活字印本"。

据研究，西方的活字印刷，是德国的约翰·谷腾堡在1450年前后创制的，而中国毕昇发明泥活字，是在北宋仁宗庆历年间（1041—1048）。所以说，西方的活字印刷，是在中国活字印刷的影响下出现的，比中国晚了整整四个世纪。西夏与两宋相始终，西夏在发展本民族文化的同时，十分注意吸收包括印刷术在内的中原文化的营养，以发展自己。现藏于国内外的以印本为主的数千卷（册）西夏文文献，就是最好的说明。毕昇发明泥活字和活字印刷技术在宋代发展的时期，正是西夏独占河西走廊的时候。西夏的存在，不能不给东西方贸易和中原文化向西方的传播造成强烈影响。二十世纪初，在敦煌发现了近千枚被认为是"1300年左右"的回鹘文木活字，说明地处西夏西部的回鹘，在西夏之后也使用了木活字。诸多西夏文献的发现，使我们有理由推断，在活字印刷技艺由中国向西方传播的过程中，西夏起了不可或缺的桥梁作用。（关于西夏泥活字的论述来自宁夏文物考古研究所研究员牛达生所著《宁夏社会科学》）

回味历史，展望未来。随着世界上西夏学研究的兴起和旅游业的发展，西夏碑越来越受到世人的关注和西夏学研究的专家、学者的重视，能够亲眼见到这一神秘的西夏文字和汉文对照的西夏碑刻而为快。在西夏碑未发现之前，当人们看到北京居庸关云台门洞内元代至正五年（1345）所刻六种文字中的西夏文时，还误认为是"女真文字"；还有敦煌莫高窟六体文石碑中的西夏文，以及发现的西夏铜钱都不认识。西夏碑的文字是西夏文和汉文合璧，使人们认识了西夏文，这些问题就得到了解决。

西夏碑给后世提供了研究西夏学的宝贵史料。任何时代，人民生活安定，社会经济发达，人们才有多余精力去追求艺术成就。西夏碑碑文主要用以称颂其先祖的功德，文中描述了护国寺富丽堂皇的景象，描绘陪都武威繁华景象时称："武威当四冲地，车辙马迹，辐辏交会，日有千数。"说增饰宝塔时有"众匠率职，百工效技"的盛大场面，说明西夏统领武威时期，这里工商业经济繁荣，工匠们掌握有娴熟技艺，百姓人等生活安宁。碑文之后将工匠的名字与官员、僧侣名字并列，也体现出西夏统治者对手艺人的尊重，显然手工业者在当时享有很高优待，让那些持西夏占领河西走廊奴役百姓言论的人有了新的认识。

碑文中反映西夏官制的记叙如"大恒历院正""内宿神策承旨""中书正""皇城司正""南院监军"等职务，之前有关西夏的史料中并无记载，西夏碑的发现才得以参校补充。又如"番汉僧""番汉四众""西羌"等碑文字样，则说明了西夏陪都武威地区内汉族与党项等各族人民关系密切，经常共同从事生产。还有关于1092年武威发生地震的事情，也是过去文献失载的。而碑中题名不用"大夏国"，而用"白上国"。西夏自称这一国名，汉文史籍中从未见任何记载，为学界研究西夏提供了新课题。

　　短短的一篇碑文，长长的一段历史，黑色的石头与血色的大漠，在一个又一个方方正正的字迹里风云际会，西夏的剪影便在石碑的厚重里层层叠现。金戈铁马黄沙怒卷，轮廓分明的王朝终难抵岁月苍茫，当强盛与繁华消散而去，那个官场失意的书生大笑三声，醉倒在铁画银钩的文字中不愿醒来。腐朽寸寸断裂，光明步步生莲，到底开出过什么样的似锦繁花，世人唯有隔空断想。西夏，与我们相隔一千年彼此凝眸，试问可还有未竟的梦想、未愈的心伤？微风轻叹，浅淡不语，仿佛听见千百种声音的交织低语，江山如梦，刀剑如梦，红尘亦如梦！

陇右学宫之冠——武威文庙

万般皆下品,惟有读书高。这两句话出自北宋诗人、大学士汪洙的《神童》诗。汪洙用自己的亲身经历和思想观点,为后世总结并灌输了读书至上、读书出仕的现实价值观念。古代社会里,人们普遍认为从事各行各业都不如读书,唯有读书是最高尚的,能够出人头地。事实亦是如此,科举取士为主流的漫长封建社会制度下,寒门子弟改变命运的捷径也唯有读书应试。一旦中举平步青云,便是"朝为田舍郎,暮登天子堂"的飞跃式发展,从此告别布衣生活步入官场,享受高人一等的优越地位。古人对于职业的高低贵贱有清晰划分,士农工商的排序延续了几千年,直到帝制被彻底推翻,随着社会整体进步固有的阶级观念才有所转变。

当今时代,早已颠覆了职业高低排序,但读书至上的观念却依旧保留和继承下来,成为中国人烙印进骨髓的深刻意识,变成一种牢不可摧的文化信仰。自然,读书只为从政的观念于今天而言有些不合时宜了,但我们不可否认,从获取人生智慧、拓展生命厚度与广度方面看,确实没有比读书更便捷的途径。

古人读书的最终目的是"学成文武艺,货与帝王家"。为了入仕做官,为了做人上人,为了高质量的生活,物质上的优渥同时带来精神上的满足,并借此获得生命的升华,得以"青史留名"。古往今来,发奋读书给予人的馈赠与回报大致相同。作为文明的载体，书籍是前人智慧、思想与知识和经验的传输、传递工具，便于后人从中汲取养分，让文明永久传播下去。继承和传播知识，不但需要书籍，还要有专人来教授人们读书，教授者传道授业解惑，势必就得具备一定的学识学养，只有自己把书读个差不多，才能去教授别人如何读书。如此，就有了"先生"这一群体。先生教授学子，学子自称"晚生"，教书这个行当便就此流传下来，学校逐渐成为国家培养人才的定点机构。

儒学创始人孔老夫子，是世界公认的教师鼻祖，门下有三千弟子，其中贤者七十二人。孔子开创了教育学"有教无类"的先河，将教育推向平民阶层，并提出"因材施教"的教育理念，为中国古代教育奠定了强大的理论基础，被后世奉为"千古一圣"。孔子的学说、思想、政治主张、教育理念深深影响了中华民族数千年，历代执政者从中汲取智慧，治国理政受益匪浅，对其身后尊封谥号给予极高评价。从东周时期鲁哀公封赐"尼父"，到汉元帝封谥号"褒成宣尼公"，及封赏孔氏二支长孙为褒成君，以食邑八百户祀孔子，又到汉和帝赐封的"褒尊侯"。北魏孝文帝所封"文圣"，隋文帝尊谥号"先师"；唐代的"先圣""先师""文宣王"；宋人尊曰"玄圣文宣王""至圣文宣王"；西夏封"文宣帝"，元成帝赐封"大成至圣文宣王"。

元代之前，在帝王和士人心目中，孔子的地位与封号非王即帝，似乎只有世俗的荣华才能匹配得上这位圣人的巨大贡献。直到明朝中期，首辅张璁向明世宗提出，孔子称王名不正言不顺，才取消了"帝""王"和"大成文宣"的称号，尊其为"至圣先师"。清朝统治者初入中原时为了笼络读书人，复其尊号，继续封赐孔子为"大成至圣文宣先师"，后天下安定依旧去其"大成文宣"之号，称回"至圣先师"。民国时，由国民政府再行封定，确定了"大成至圣先师"的谥号。至此，孔子的谥号正式得以确立，不再进行改称、换称。

东汉时，孔子作为国家公神，其地位和社稷神同等，享受国祭。至唐时，朝廷下令每个县都要建庙祭祀孔子，并规定每年春秋两次大祭，每月初一、十五两次小祭，大的祭祀由学官或地方官主持。唐代以后，孔子的地位不断提高，全国各地都有孔庙，在读书人中孔子的地位已经无可撼动了。不过，最早修建的孔庙并不在唐代，而是始建于公元前478年的春秋战国时期。孔子逝世

武威文庙

　　后第二年，鲁哀公将其故宅改建为庙，命人祭祀缅怀。这座庙宇是我国第一所孔庙，位于山东省曲阜市南门内。孔庙以皇宫的规格而建，是中国三大古建筑群之一，也是全世界两千多座孔子庙的先河和范本，在世界建筑史上占有重要地位。曲阜孔庙是祭祀孔子的本庙，占地面积约九万五千平方米。每年的祭孔大典，曲阜孔庙人头攒动万众瞩目，是全社会异常关注的一件盛事。

　　在历史长河中，各地各级孔庙逐渐分为礼制性和非礼制性庙宇，但凡列入国家祭典的孔庙都纳入礼制范围，很多是曾经的官学所在。礼制性孔庙的建筑模式、体量、装修彩饰以及祭祀内容与等级都有定规定式。例如，绝大多数孔庙都建有棂星门、泮池、大成殿、大成门、东西庑、尊经阁、崇圣祠、乡贤祠等相关建筑。建筑布局大多数是中轴分明，左右对称的。世界上现存各等级孔庙两千多座，其中以曲阜孔庙、北京孔庙、南京夫子庙和吉林文庙为最，并称为四大文庙，历代皆为儒客学子朝圣之地。

　　武威文庙地处祖国大西北一隅，虽名头不如四大文庙响亮，但一直以来都是甘肃乃至西北最负盛名的儒家学宫，没有之一。武威文庙位于城区东南部，始建于明正统四年（1439），是西北地区规模最大、保存最完整的孔庙，素有"陇右学宫之冠"美誉。作为曾经的西北首府和河西走廊东端第一重镇，武威市境内自然景观与名胜古迹交相辉映，文庙则是地标性建筑。武威文庙占地面积三万多平方米，由文昌宫、孔庙和儒学院三组建筑构成，是整个武威城内为数不多的保存完好的古建筑。它的平面布局承袭了我国传统的四合宫殿体系，其建筑规模在西北地区首屈一指，因庙内所藏匾额众多，具有极高的学术与观赏价值，跻身全国文庙排行前列，亦有"四大文庙"之称。

武威文庙整体建筑风格属于明清宫阙式殿阁建筑，红墙彩楼富丽庄严。正门不开，游览拜谒只能从侧门入内，所以入目第一处景点并非大成殿，而是戏楼，专为祭祀而设。绕戏楼而过，到达桂籍殿。桂籍，取蟾宫折桂之意，寓意学有所成高中状元。桂籍殿是武威文庙内最引人入胜的一处殿阁，桂籍殿前廊檐下悬挂着四十四块匾额。这些匾额的书写年代，自清康熙三十四年（1695）至民国二十八年（1939），至今依然保存完好。数量如此之多的匾额集中悬挂在一起，在国内极为罕见。其中翘楚"聚精扬纪"匾额于1992年收入《中华名匾》序列。这块匾于清代嘉庆十一年（1806）悬挂，由甘肃按察使、前分守甘凉兵备道刘大懿书写，字面释义为汇聚天下精英，弘扬和维护法纪。旨在激励读书人以强国为己任，勤奋读书考取功名为国家多做贡献，维护国家法纪，建设美好家园。还有一块"书城不夜"也同样收入了《中华名匾》。书城不夜匾于1808年由署名"乡国学弟子"者敬献，匾额上共有十二名学子姓名落款。这块匾充分说明当时武威对读书的看重，书多，读书人亦多，学校办得好，学风也值得称道。"灯火辉煌不夜天，书声琅琅甲秦陇"，就是对武威重视教育、发展教育的最高褒扬。"文明长昼"题匾则是取自"天不生仲尼，万古如长夜"的典故，亦是表达对孔老夫子无上的尊崇。

武威文庙的这些匾额，其文辞典雅、优美，言简意赅，用最精粹的文字反映广博的内容，使匾额显现出画龙点睛的功用。匾额书体以正楷行书题写者最多，也有隶、篆诸体，都是饱学鸿儒、地方名流、名师学子匠心独运的杰作。其文用典绝妙，寓意深刻；书法飘逸潇洒，雄健俊美。匾额上的文字和印章精雕细镂，显现出高超的技艺。匾框的纹饰，或浮雕，或透雕，图案华美，寓意含蓄，堪称艺术珍品。文庙的这些匾额，直接反映了武威文化教育繁荣昌盛的状况。武威文庙共有古匾额四十四块，从康熙三十四年（1695）到民国二十八年（1939），时间延续了二百多年，除民国时期六块外，其余均为清代所出，其中康熙时期两块，雍正时期三块，乾隆时期最多达到了十七块，嘉庆时期三块，道光时期九块，咸丰、同治、宣统时期各一块。

正如笔者在本文中思考的那样，经过明朝两百多年的努力积淀，至清代时武威读书人终于有了根基，厚积薄发的特征在科举考试中凸显出来。尤其到了乾隆朝，社会经济繁荣，百姓生活安定，还有一个酷爱附庸风雅、到处题诗的皇帝为榜样，匾额开始大兴。武威文庙的匾额集中出现于清代，形成一个古匾聚落群，固然有社会大环境使然，但更多因素则是武威人对读书和科举出仕的看重。这一点从匾额敬献者多为儒生就可看出，在四十四块匾额中，有十三块落款为"乡国学信士弟子""国学弟子、郡庠弟子"以及"信士、生庠"等数百人姓名字样。庠（xiáng）在古代代表学校，致力于科举的国学生员们对孔圣人和文庙的尊崇可见一斑。

中国的匾额文化源远流长，自匾额发明之始，就离不开刻字艺术。《易·系辞》中说："上古结绳而治，后世圣人易之以书契。"这里的书契不是契约，而是指锲刻文字。文字始传于刻，有锲刻方有传承，而匾额就是刻字艺术的杰出代表。匾额最早出现于先秦时期，汉唐之际发展成熟，在宋代街巷制取代唐坊市前，都是帝王宫殿门楣与王公贵族府邸，以及官方建筑的专用标志。随着宋代街巷制的兴起，匾额走入民间，广泛应用于私人宅院、商铺酒楼等各种规模的民间建筑之上，成为类似于门牌号识别一样的标志性建筑。宋代是匾额真正得到推广与应用的一个时期，相对地，匾额在宋代的发展渐趋完满。北宋灭亡后，蒙古、西夏、辽金等少数民族统治时期，因为民族文化的差异性，匾额应用落入低谷。明清两代中，汉族传统文化得以复兴，汇集书法、篆刻、建筑艺术、漆器工艺等传统文化于一体的匾额艺术臻于至境，当时出现了"放眼天下无处不匾"的盛况。

一块小小的匾额浓缩了中国传统文化的精髓，也展示了中国传统文化的特点和亮点。那么什么是匾额呢？《说文解字》对"扁"作了如下解释："署也，从户册。户册者，署门户之文也。"扁即匾，就是说"匾"相当于现在的门牌号。

《说文解字》说"额"即是悬于门屏上的牌匾。几千年来对匾额的论述各有所表，众说不一。有的从内容上区分，把刻有表达宣扬教化类文字的牌子称为匾，把刻有表达建筑物名称文字的牌子称为额，有的从器形上分，把横的叫匾，把竖的叫额。翻阅众多资料，综合多家之言，概括理解，匾额其实就是一块写上或者刻上文字的牌子（通常是木板），悬挂在殿堂、楼阁、门庭、园林大门的正上方。匾额的器形决定于安放位置的大小和周围环境比例协调的美观程度，没有明确的要求。匾额的横竖器形只是一种表形，其功能都是一样的，在发明使用的初期，通常情况下都是说明建筑物的名称。后来随着社会的发展，对匾额的文字做了新的扩充，除了原有的标志功能外，增加了励志、恭颂、表彰、家训等宣扬教化的内容，制作技巧也集中了当时最好的工艺，使匾额逐步发展成融合了中国传统文化的综合艺术体。

匾额最早见于春秋战国时期，匾额文化已有两千多年的历史，但是匾额到底是谁发明的并无史料记载。而把匾额作为治理国家的重器，并成为国家制度，则是秦始皇之功。秦始皇为万年计，大胆实行礼法兼用的国策，他深知礼法治国的实质是"以名治国"。所以他树立了"运理群物，考验事实，各载其名"的治国理念，在统一六国文字的同时，统一和规范了形制不一的标名形式，并定名为"蜀书"。从此确立了匾额应用的官方性质与主导地位，官方匾额体系开始形成。

匾额之所以延续两千多年之久，成为中国传统文化典型的标志，就在于这种古老的艺术形式中蕴含了民族文化的许多精华。匾额上书的榜书大字，雄浑有力，字迹端庄，结构严谨，彰显了中国汉字书法之大美。匾额上书的简约文字，文采飞扬，提纲挈领，言简意赅，体现了国学文化之经典。匾额上的制作工艺，雕刻精湛，丹漆锃亮，饰金粉银，综合了中国雕刻、漆艺、贴金等精美的手工技艺。匾额悬挂的时刻，吉日良辰，亲朋祝贺，鞭炮齐鸣，表现了中国隆重的礼仪文化。匾额悬挂的位置，门庭中央，位置显赫，庄重威严，体现了中国传统教育的独特方式。高悬匾额，毫无疑问就是弘扬传统文化最简单、最实用之举。

据说武威文庙的桂籍殿在民国末期曾被当作办公室使用，由于西北地区冬季寒冷，人们便在殿宇前廊下又砌起一面墙，悬挂在廊檐下的这些匾额也一起被遮挡了起来。近年来相关部门对文庙古建筑进行维修时，这些匾额才得以"重见天日"。

桂籍殿正中供奉着万圣文宗文昌帝君，这位大神就是我们素知的"文曲星"，掌管着天上地下所有的科举考试。文昌帝君两侧侍奉的童子也很有名，分别是"天聋""地哑"。传说文昌帝君之所以选取这么两位先天残疾仙童，是为了杜绝考试泄题作弊，公正之心由此可见。所以，文昌帝君深受读书人尊崇膜拜，凡到文庙敬香的学子必会进行叩拜，以期自己参加考试时能顺遂高中。过桂籍殿方能到达大成殿。大成殿是文庙的主殿，上悬"万世师表"匾额，复刻于康熙皇帝为曲阜孔庙所题。殿内正中供奉着至圣先师孔子像，两侧随奉十六位造像称为"四配十二哲"，是孔子教授过并学有所成的最出色的弟子们，孟子、曾子俱随在侧接受万众敬拜。

大成殿后有一道门，正是文庙的正门——大成门。在封建社会，大成门是留给皇帝和状元专用的通道，平时关闭，举行祭孔大典时才开启，在这道门前文官下轿、武官下马，所有人只能步行走入去大成殿拜祭孔子，这是古人表达对至圣先师敬仰之情的一种形式。由于武威没有状元来开启正门，大成门反倒成了游览文庙的最后一道门。大成门前秦砖小道两侧古树参天，砖道正中立有孔子行教塑像，石像双手作捧书状，神情和蔼可亲又不乏端肃，正是我们心目中老师的形象。

大成门外高耸巍峨的牌楼叫棂星门，比在桂籍殿前的牌楼规模要宏大很多。棂星即文曲星，在文庙正门前修建棂星门牌楼，寓意为孔子是天上星宿下凡，掌管世间文学教育，这就有了宗教意义了。棂星门前的水池和小桥，便是泮池和状元桥。一湾半月形的"泮池"，传说当年是孔子的洗墨池。古人写字用墨，书写之后要洗掉毛笔上的墨汁，防止笔尖粘连损坏，所以读书人都有一方专门用来洗墨的池子。元代画家王冕曾作诗："我家洗砚池头树，朵朵花开淡墨痕。不要人夸颜色好，只留清气满乾坤。"开头第一句说的洗砚池，就是类似建筑。泮池呈半圆形，象征不盈不亏的中庸之道，是孔子哲学思想的体现。泮池还有一个实际作用则是蓄水防火。古代建筑多为木制，为了防火会在庭院中修筑水池，以便出现意外时救火所用。泮池是"泮宫之池"的简称，是官学的标志。古代"诸侯不得观四方，故缺东以南，半天子之学，故曰泮宫"。古礼中，天子所办的太学中央有一座学宫称为"辟雍"，四周环水；而诸侯之学只能南面泮水，故称"泮宫"。孔子生前曾有爵位，身后又有历代帝王加封文宣王的谥号，依照古礼建造泮池遵循的就是诸侯王的规格。

横跨在泮池之上的泮桥，是古代所有文人学子心中的圣桥，具有独特的文化内涵，通俗的叫法是"状元桥"。可别小看了这小小的一池水，短短的一座桥，学子入文庙走过状元桥才能进大成门，到大成殿拜祭至圣先师。从古到今，对于要考学的学子来说，过状元桥都象征着学有所成、平步青云的美好寓意，是文庙中不可或缺的代表性建筑。泮桥南面的"万仞宫墙"，曾经是文庙正门的照壁，按照文庙规矩，只有学子考取状元后，才能把正门打开，走上状元桥，然后在照壁上留下自己的姓名。中国科举制度从隋大业三年（607）开始实行，到清光绪三十一年（1905）为止，共经历了一千三百多年。然而令人遗憾的是，因武威在几个朝代内均由少数民族政权统治，导致儒学一度中断，武威的读书人始终与科举无缘，一千三百多年来从未出过状元。武威的这道照壁便一直被保留下来，颇有岁月沧桑之感。

武威没有出过状元，这与当地有没有文庙关系不大，与拜不拜孔圣人也没什么直接的因果关系。教育资源均寡，与教育相关配置一直都是决定升学率的最大困扰，古今同理。即使有五凉文化浸淫的武威，在经过唐中晚期至明初的数百年里，儒学走入危势，武威的读书人要拿出比考科举十倍的努力去学习各种民族语言与民族习惯，从吐蕃到党项，再到蒙元，以及其他诸如回鹘等草原民族轮番统治和影响下，好好活着比潜心科举更重要。明初，冯胜收复河西走廊，武威儒学方才渐渐复苏，过去几百年的荒芜使得读书人捧起书卷难免生疏，再加上明王朝卫所制度的施行，读书便成了一种奢侈，一个孩童从启蒙开始算起，读书到二十岁成年，就足以将普通中产家庭打回贫穷，若能侥幸得中秀才勉强还有回报，能够免除苛捐杂税，如若连个秀才也考不到，继续读书还不如下地种田，至少家里多个劳力生活能稍微好过一些。在这种大环境下，武威读书人太难了，状元于他们而言是做梦都不敢想的存在，便是河西最大的孔庙就在眼前，也不能切实帮到什么，除了多烧几把香，多磕几个头。冰冻三尺非一日之寒啊！

明末清初，刚刚有点根基的武威教育界，再次因为朝代更迭的战乱而受到冲击。由于战争，武威社会经济遭到破坏，这自然也影响到了科举，顺治、康熙年间武威县进士甚为稀少。康熙中期朝政局势稳定，清政府选择与强盛的西北少数民族和亲联姻，连续三朝重点经营河西，重视农业经济，轻赋役，力屯垦，大兴水利，武威的社会经济发展达到封建社会后期的高峰，也大大提振了读书人的科举信心。乾隆朝武威籍进士的数量开始增加。

清政权建立将近七十年时，武威有了第一位清代进士，接下来就是武威读书人厚积薄发的开始。相关资料统计，清代武威县共考中进士四十一人，最好名次是1814年武威人牛鉴中选二甲第四名。牛鉴曾任两江总督，其他武威县进士则主要为知县、知州、部主事等官职。

四十一人相对江浙等科举大省而言简直九牛一毛，但是对于武威来说，算得上硕果累累了。因为，在整个明代二百七十年中武威只出过一位进士。当清代第一位进士中第之后，武威沸腾了。对此，地方史志的编著者亦不吝辞色满怀欣喜地录了一笔，曰："武威自明季李锐登甲榜，官汀州太守，至方伯再成进士。故吾乡入国朝来，方伯为甲科开先云。"有明一代，武威只有李锐一人成进士，而文中的"方伯"，即孙诏，康熙五十一年（1712）壬辰科进士，获馆选，曾官至湖北布政使。明初始设布政使管理一省行政，被视为"古之牧伯"，故又称为"方伯"。

清代科举中出仕的武威籍进士数量不多，相较于历代却已经是文运高照了。有关学者对清代武威进士进行了专门研究，得出如下结论：

第一，清代武威县进士时间分布，受时局和科举制度影响。鸦片战争、太平天国运动期间，清政府因战事吃紧，沿海各省的科举考试受到了不同程度的影响，停考次数增加。而对于甘肃武威县来说，出现这些情况意味着降低竞争力，因此，这一时期武威县进士人数趋于稳定。

第二，书院及山长对武威进士数量的影响。武威天梯书院教育长盛不衰，一个重要原因就在于山长选聘得人。从收集到的相关朱卷和齿录来看，任职天梯书院山长者有相当一部分来自本籍的进士，如郭楷（乾隆六十年乙卯科）、杨增思（嘉庆七年壬戌科）、张美如（嘉庆十三年戊辰科）、王于烈（嘉庆二十四年己卯科）、张兆衡（嘉庆二十五年庚辰科）、陈作枢（道光二十四年甲辰科）、张诏（咸丰六年丙辰科）、袁辉山（咸丰六年丙辰科）、张景福（咸丰六年丙辰科）、周光炯（咸丰九年己未科）等，他们当中大多曾受教于天梯书院，进士中第后，又有于天梯书院讲授任职的经历。进士刘开第（同治元年壬戌科）、伦肇纪（光绪六年庚辰科）、李于锴（光绪二十二年丙申科）也曾主讲雍凉书院。在清代甘肃府、县两级的书院中，有如此多的进士作为山长，为武威所仅见。

进士时间分布状况与各朝段武威书院拥有著名山长也是密切相关的。乾隆朝刘作垣和王化南二人先后主讲本籍天梯书院，使武威文风丕变，由衰转盛，奠定了武威教育基础。刘作垣，字星五，乾隆二十六年（1761）辛巳科进士，性耿介，与上官不合，辞职归里，延聘为书院山长。相关史料中有"山长教尚严，从之学者，作止语默，罔不绳以礼法，偶逾其闲，诃责立至""一时从学之士，文章皆有程式可观"等记载。著名学者武威县人张澍即出其门，是刘作垣的弟子。王化南，字荫棠，乾隆四十年（1775）乙未科进士，改庶吉士，散馆授知县，后辞官归里，在天梯书院讲学，亦有记载曰："延主书院讲席，教法即淳且备。""矻矻孜孜，俾不得斯须嬉，士风为之一变。"武威文史中描述进士回乡授书多有褒扬，称"自乾嘉以降，彬彬多文学士矣"。具有深厚文化底蕴且有功名者作为过来人，深谙科举之道，经过他们的指拨，无疑会提升士子得中金榜的机会。

第三，左宗棠对武威进士数量也有相当大的影响。研究者总结，武威的文教事业在左宗棠出任陕甘总督期间得到了恢复和发展，尤应提及的是陕甘分闱。1664年，甘肃设省，但与陕西合闱举行乡试，闱所设在西安。甘肃生员赴陕应试路途遥远且所费甚多，因此，能到陕西参加乡试的仅占有资格参加乡试士子的十之二三。了解到这一情况后，左宗棠力主陕甘分闱和分设学政。清光绪元年（1875），甘肃始自设试院，自办乡试。1876年，在甘肃设了学政，主持甘肃的教育事业与科举考试。分闱后，甘肃作为独立考区，按小省成例规定乡试中额，加之应试便捷，无疑激发了甘肃地方社会整体的向学热情。在左宗棠的努力下，武威县的文教事业不仅很快恢复并大有进展，而陕甘分闱和分设学政又使武威考生增加了科举考试的机会，减少了武威县考生参加科考的成本，所以，武威县进士在光绪朝得以回升。

武威书院中，最值得称道的莫过于天梯书院了。天梯书院原名成章书院，始建于清代康熙四十四年（1705），它的原址在武威文庙的西侧。到了乾隆三十四年（1769），改名为天梯书院。在武威大佛寺的旁边还设置了一个分院，武威大佛寺正是现在的天梯山石窟，过去曾建有寺院。1927年地震时，分院毁于一旦，到了民国时期又在天梯书院的原址上修建了一所学校，叫作天梯小学。新中国兴修水利，黄羊河水库修建时这所学校被搬迁至灯山村，也就是现在的中路中学。曾经的天梯书院和后来的中路中学都是武威教育界不可忽视的学校，培养了众多的精英人才。天梯分院学风浓郁、严谨、向上，地处大佛脚下，并能够很好地把佛教文化中的善念融入教学工作，再加之不懈地坚持，良好的教学风气就慢慢形成了。如此，才有了张义堡的人杰地灵。

同时，天梯书院还是凉州区和平街小学的前身，是武威历史上建校时间最长、校名沿革最多的学校。从康熙四十三年创建的成章书院算起，距今已有三百多年历史。乾隆三十六年（1771），将成章书院改名为天梯书院。光绪三十一年（1905），武威知县张廷武将天梯书院改名为武威县高等官立小学堂。民国元年（1912），改名为武威县立高等小学校。民国二十四年（1935），改名为武威县立北府门小学校。民国三十四年（1945），改名为武威县立青云镇中心国民学校。

1950年武威解放后，这所学校改称武威县第一完小。次年，又改名为武威县署东巷小学。1953年，学校从署东巷搬迁到大云寺和清应寺的遗址上，改名为武威县和平街小学，并被确定为省属重点小学。1966年，"文化大革命"开始后，学校改名为武威县红旗小学。1979年，党的十一届三中全会后学校又复名为武威县和平街小学。自此，和平街小学的名称才正式确定下来沿用至今。单从改名来看，这所学校经历之丰富，在武威众多学校当中可谓是独树一帜了。

除天梯书院以外，明清时期，特别是清代以来，武威的书院教育非常兴盛，各县区均有比较完备而出名的书院。分别有：北溟书院，乾隆七年（1742），由欧阳永祎在城北三十里的永昌堡（今永昌镇）创建，为县治书院，民国初年改为初级小学。苏山书院，乾隆四十七年（1782），由镇番县令王赐均倡建。龙山书院，嘉庆二十五年（1820），由古浪知县陈佳瑛倡导，在县城内西隅（今县公安局）创建古浪第一所书院，因院址"远望天梯、笔架诸山，隐然环列，近则岗峦起伏"，故名"龙山书院"。雍凉书院，光绪元年（1875）由甘凉道守备成定康捐俸银一千两，在城西北隅石头滩（武威二中）购置民房而建，为府治书院。古浪县还有两所书院，其一为建于土门镇的振育书院，其二是建于大靖的瑞泉书院。

武威书院的课程一般设有经学、史学、对偶声律、书法等。教学过程是："诸生各置一簿，每日分晨起、午前、午后、灯下四时按候将所为功课书其大要：晨起温读经文，午前看经、解史鉴、听讲、习字，午后温经、记典故二个，用片纸书贴壁上，时为寓目，看《小学》《近思录》及诸语录数页，点读唐诗或诗律辞赋（在二、七日夜间），灯下仍业经史，带读古文及先辈程文，至三更就寝。诗文不必多作，每月馆课两次外，馆课至多以三四次为止……师长也置课簿，分别具载，察其勤惰，慎其防闲，其省试，俾无废业。"武威书院的考课分为官课、堂课两种。官课由同级地方官轮流出题、考试、阅卷、书院发奖，堂课由主讲出题、阅卷，书院发奖。每月课考三次（官课一次，堂课两次）。

值得着重一提的是，武威书院的教学，沿袭和继承了孔子所倡导的教育理念，完全奉行有教无类和因材施教的教育形式。书院山长、主讲等职务由政府确认执教身份，主要负责书院的组织管理和主要教学活动，主讲更是由地方官延聘"经明行修"的名儒担任。书院是教学机关，同时又是学术研究机构，教学活动和学术研究紧密结合，相互促进，相得益彰，"实行门户开放"，一个学者可在几个书院讲学，听讲者也不限于本院生徒，注重学生自修与教师指导结合，着眼于学生独立研究能力的培养。书院比较重视生徒自学，提倡独立研讨，课程也较灵活，允许个人有所重，发挥特长。成绩考核多重平时表现，不仅视其学业，尤重人品与气节的修养。这种教学形式已经非常接近于当今高等学府了。

书院的教育宗旨倾向于修德成才，培养品德高尚的人才，它的创办，反映了当时所在地经济和社会文化的面貌，书院强调精神生活的丰富和品德的修养，在教学上注重因材施教，避免功利色彩极强的应试教育，重视发挥人文教育的优点。自然，书院教育源自孔老夫子创办私学开始，亦是后世学校的奠基，尊师重道的传统美德更与儒家思想一脉相承。书院与文庙相辅相成，前者传道授业解惑，后者给予学子精神上的鼓舞与激励，缺一不可。学子们每月至文庙祭拜孔子，每年两次参与祭孔大典，有益于自身学养的修习，对传统文化与儒家道德思想方面的学习继承都有所加深，文庙的功能便已然超越了本身的建筑意义。

文庙，是儒学文化在中国传统文化中的价值见证，更是中国几千年文化结晶的载体，是人民智慧的体现，在中国历史上拥有不可撼动的地位。时至今日，文庙作为地方礼制文化的代表，其文化价值、思想内涵依旧不容忽视。文庙体现的是一座城市的历史厚重感，展示出城市文化底蕴，作为一片地域、一座城市的文化精魄，既是无数学子的精神圣地，也是生活在这块土地上的人们精神文明建设的标杆。没有文化的城市是苍白寡淡的，文庙的存在是武威这座历史老城的文化底色，崇文尚德也就有了根脉与源流。

在中国众多的历史文化名城中，很少有城市像武威这样，既记录着汉王朝囊括西域的大国雄风，又肩负着农耕文明与游牧文明水乳交融的历史进程，还见证着国家大一统的荣辱与共。铜奔马的野性奔放，与文庙内敛庄重的涵养，让这座城市具有独特的韵味，斯文与野性的完美融合，才有了凉州文化的多姿多彩。而这一切，都是凉州文化的骨骼、血脉与精气神。历史造就了只属于凉州特有的人文社会、人文环境、人文品格、人文精神，因为文化底蕴深厚，武威刚柔相济，气血丰满，引人入胜。

武威人历来非常看重和尊敬读书人，异常尊崇教书的先生。二十世纪六十年代，正值三年困难时期，武威城乡间人人饿得皮包骨头，到处都是外面来的更穷困的逃荒之人。有一个从通渭逃荒到武威的人上门乞讨，我的母亲在得知乞讨者识文断字念过书后，便把自己好不容易挖来的一点野菜和掺了麸皮做成的野菜团子给了他。不能饿死读书人啊！后来，等我够上学年龄入学前的那个夜晚，母亲在油灯下一边为我缝制书包，一边说要好好读书。母亲并不识字，她也说不出"万般皆下品，惟有读书高"这样高深的道理，但她心里跟明镜似的，任何时候、任何年代，读书就有希望，读书就有前途。

小时候，不理解母亲的"严苛"，总是想不通她为什么要打着骂着督促我读书，还曾在背地里画圈圈满腹怨气地偷骂她是老巫婆。直到十三岁母亲去世，她弥留之际还拉着我的手反复叮嘱好好念书，那时早慧的我总算理解了。但是，我却再也没有机会跟母亲汇报考试成绩，告诉她我终于知道读书意味着什么了。人世间最悲伤的事情不是义无反顾，而是纵然有再多的留恋和感恩，却已经无处安放啊！

埋没于历史风尘中的凉州杨家将

  杨家将故事家喻户晓,作为我国最受欢迎的传奇演义之一,成为传统曲艺评书的必选书单,更被改编成影视作品频繁登上荧幕,京剧《四郎探母》《穆桂英挂帅》等曲目亦是经典国粹选段。随着多元化推广宣传,杨家将满门忠烈、誓死卫国的气节深受人民群众追捧赞颂,杨家将精神也成了中国精神的重要组成部分。

  河西走廊自古以来都是兵家必争的边关要塞之地,无数良将精兵曾经在这里守望和平,用热血书写一曲又一曲的壮怀激烈,用赤诚构筑精忠报国的崇高理想。杨家将血染金沙滩的悲壮发生在武威,杨宗保招亲穆柯寨的浪漫传奇也在武威上演。就连国家级非物质文化遗产凉州攻鼓子,都是杨家将当年奔赴疆场以壮行色的出征舞曲。武威与杨家将结缘于战场,杨家将后裔在武威扎根守边,这座城市因而更添英武,更增胆色。

  明代杨家将驻守河西走廊二百七十年,留下了太多故事,更多的还有埋葬于青山黄土间的累累忠骨。烽火远去、战鼓犹鸣,凉州杨家将早已随风而逝,他们的战绩与传奇也一并化为尘烟,唯有那一声鼓角还在铿锵昂扬,鼓点里勇往直前、不畏生死的豪情还在武威大地上流淌,轰轰烈烈经久不衰。攻,充满了杀伐金戈的一个汉字,原本的字义就与击打有关,与战鼓相结合,便凭空多出几分阳刚之气来。人生如棋我本为卒,只管前行永无退缩。攻鼓子所诠释的就是这样一种风雨无阻的进取精神，锐意进取"攻"无不克，战鼓就有了灵魂。

一生只攻一股（鼓）子豪气！凉州攻鼓子是英雄的鼓舞，壮士的信心，在万里边墙下舞动热血豪迈，在风沙粗犷里唱响凌云壮志，头枕大漠边关的冷月寒霜，胸藏马革裹尸的家国情怀，为疆场出征而舞，为旗开得胜而乐，也为了和平安宁尽情放歌。岁月沉醉，历久弥香，太平盛世来临，英雄黄土一抔，有名的碑，无名的墓，时光里挟只余传说。凉州杨家将的故事，史册无载，两百多年的生根开花，一颗颗蒲公英般的种子撒满武威的沟沟岔岔、四街八巷，印痕浅淡的是史书，枝繁叶茂的才是生活。杨家将没能记入历史的故事，在武威的厚土黄天间却代代相传。

凉州杨家将，民间更多称他们是明朝杨家将，是北宋杨家将后裔。他们驻边武威镇守西北，在明王朝长达两百多年的统治时期里，杨家数代人扎根凉州守卫国家西北边墙，直到明朝灭亡逐渐隐没世间。追溯凉州杨家将在明朝的历史，要从朱元璋麾下大将冯胜收复河西走廊说起。明洪武五年（1372），宋国公冯胜挂帅领五万兵马西征甘肃，与元兵在河西走廊展开对决。明军一路势如破竹七战七捷，不可一世的蒙古骑兵败退河西走廊，这片自唐晚期就由多个少数民族轮番统治的地域再次回归中原政权统辖。冯胜西征，北元势力远遁西域，大明王朝控制了河西走廊，并向西用兵直到新疆境内，设立哈密卫等羁縻管理区。同时，冯胜选址嘉峪关建立关城以长驻军兵镇守，以防残元及西域其他少数民族侵犯边疆。"天下第一雄关"始成，明廷于河西地区设立陕西行都指挥使司，并设十二卫管理河西，稳固明朝在西北防御的同时，也保障了河西诸地的安定和发展。明卫所制度的实行，为洪武年间河西大移民奠定了军事稳固基础，军兵举家迁移至卫所屯垦戍边的政策，从根本上解决了军队扎根边疆的一切顾虑。杨家将后裔们，就是第一批驻扎河西进行屯垦戍边的明朝将领。

根据武威杨氏族谱等相关资料显示，明朝凉州杨家将一脉原居重庆府长寿县，初祖杨税和杨胜皆为洪武年间战将，此二人一生戎马四处征战，杨税于洪武三十五年（1402）阵亡，杨胜因功累官至金吾卫指挥使，老年卸任随其子移居凉州，去世后择葬于城东十三里堡北唐洪寨，即今武威城东蜻蜓村，旧称

古浪峡

杨家坟庄子，实为杨家祖茔地。杨税早年战死，其子杨忠永乐十五年（1417）调任凉州卫任千户之职；杨胜之子杨斌在永乐二十二年（1424）承袭父职调任凉州，先后在甘州后卫、山丹卫、凉州卫等卫所任指挥使职。此后，杨氏定居凉州，杨家子弟皆入军中效力，世袭服役直到明朝亡国。

据清朝凉州大学士张澍在《凉州府志备考》中进行的考证，元末明初诗人杨仲玉、骠骑将军杨嘉谟杨氏家谱和凉州另外一支武德将军杨税杨氏均有家谱，内中记载了凉州杨家将家族渊源的诸多信息。明朝洪武时期来自江淮巴蜀杨氏的几支杨姓将领累功世袭卫所指挥使等武职，分别以洪武五年（1372）、洪武九年（1376）、洪武十三年（1380）、永乐十五年（1417）、宣德七年（1432）落籍古城凉州开府建城戍边屯垦，杨氏子嗣众多遍及河西诸地。据称，因"凉州杨家将"克敌有功，为嘉奖其功，皇帝诏书特谕示在凉州城内修建杨府，今武威城东大街之杨府街即当年杨府大门前面的官道，其后面一大片乃杨家府邸庭院，规模宏大，据说有一府八院，楼阁相叠，另有下马石、演武厅、牌坊等建筑，现已无迹可寻。

因为杨家两府坐落于此，就有了杨府巷的得名。凉州杨府巷作为凉州杨家将嫡脉祖宅，又分南北两府，北府是杨税后裔杨忠的府邸，南府是杨胜后裔杨斌府邸。历史上杨氏南北两府规模很大，明清时期凉州杨氏有"半城杨氏"和"杨半街"之说，仅凉州城城区内就有杨家的祠堂寺庙七八座，分别是太平巷仙姑庙四知堂、二中操场杨业庙、天马宾馆杨殿庙、杨氏巷杨氏庙、城隍庙旁边的白衣寺、杨府巷忠义堂、杨府巷杨佑三官神祠、红庙街红庙祠堂等家族建筑。杨府巷现在升级为杨府街了，但老武威人还是习惯称之为杨府巷（hàng），其古建筑虽早已荡然无存，但来自历史深远处的印记依然有所传承，老旧的称呼有时候本身就象征着不可磨灭的历史底蕴。

凉州杨家将，九代武将世袭镇守明朝西部边疆二百多年，在明朝时期为治理边疆，维护民族发展立下了不朽的功劳，留下了许多历史文化遗迹，其中杨胜第八代孙骠骑将军甘肃镇、蓟镇山海关总兵杨嘉谟是他们中的杰出代表。杨嘉谟的历史不见于史册，但结合出土文物《杨嘉谟墓志铭》，杨嘉谟执笔撰写的《杨氏家谱序》和天启、崇祯朝颁布给杨嘉谟的诏书和其他相关杨氏的历史资料，勉强可以理出这位传奇武将不宣于人前的全部人生轨迹。

凉州杨家将先祖杨胜（1359—1437），永乐年间（1403—1424）官至怀远将军、金吾左卫指挥同知，永乐十三年（1415）钦升金吾卫指挥使，年老去职，于宣德七年（1432）因其子杨斌任凉州卫都指挥使，移至凉州，后世子孙多袭职并落籍凉州。武威杨氏以杨胜为始祖，嘉谟系杨胜八世孙。嘉谟祖父杨鳌，父亲杨魁，皆当世军官。嘉谟于1601年袭职陕西凉州卫指挥佥事，历守备、游击将军、平房参将、甘肃副总兵、后军都督府都督佥事、骠骑将军、甘肃总兵挂平羌将军印、陕西总兵、蓟镇总兵等（蓟镇总兵辖山海关、蓟州、辽东），转战甘青、辽东、关中、塞北、河北，曾是达云、孙承宗、袁崇焕等名将麾下的得力将佐，参加了著名的宁锦大捷、京都保卫战。

崇祯三年（1630），因辽东战事吃紧，诏天下镇巡官勤王。甘肃杨嘉谟与延绥吴自勉、宁夏尤世禄、固原杨麒、临洮王承恩等总兵官率领长城沿线的精兵强将前往勤王。崇祯四年，又因关中、陇东一带民变频发，洪承畴任陕甘总督，嘉谟等回师入陕剿灭民军，接连攻破民军根据地陇安、静宁、平凉、固原、庆阳等地，大小数十战，所到之处，捷报频传，很快平息了民变，稳定了陕甘局势。其后，任蓟镇总兵，因勇猛善战，功勋卓著，病逝后朝廷授赠为上柱国光禄大夫。总兵一职，始于明朝。明朝末年，总兵已是高级将领，一般为正二品，而上柱国为高级散官一品阶。有明一代，能够被授赠上柱国荣誉的官员不多，严嵩、徐阶、张居正固辞不受，徐达、常遇春、姚广孝、张居正卒后获赠上柱国。杨嘉谟能够获此殊荣，说明其资历、功勋不同凡响。

明朝后期，农民起义四处爆发，加之北方民族关系和朝野复杂的政治形势，明朝政权危机四伏。两朝皇帝颁发嘉奖杨嘉谟的诰命诏书（圣旨），正反映出最高统治者对国家安危的忧虑、对将帅力挽狂澜的企盼。正是杨嘉谟及其祖上几代的浴血疆场，皇帝才对其委以重任，寄予厚望。只是亡国之音早已奏响，任凭杨嘉谟赤胆忠心也很难有所作为，一二柱石又如何撑得起将倾大厦？最后的结局便是明朝灭亡，崇祯皇帝自杀殉国，无数臣民惨遭战争荼毒。

杨嘉谟的先祖和他本人的墓地所在地都在武威，杨氏九代人镇守大明边疆，为明朝立下赫赫战功，也留下了许多传奇故事。据武威籍文史专家考证，成型于明代的《杨家将演义》很多故事皆由凉州杨家将事迹改编而来，而非北宋杨家将的真实历史。比如《杨家将演义》中血战金沙滩的桥段，大概率是嫁接了明代杨家将故事，演义中的金沙滩应该是今武威古浪峡一带，明代杨家子弟镇守凉州，曾与鞑靼数次交手于古浪峡，兵将俱有伤亡，这是史册中确认了的。而北宋杨业父子，第一并不如明代杨氏繁茂的子息，第二他们与辽的战争，主战场不会放在河西走廊，因为北宋前河西走廊就已经脱离中原政权很久了。即便杨业之孙杨文广曾与西夏交战取得"麝箓大捷"，但战斗地点往西最远也只到达了甘谷县，并没有深入河西走廊。历史上可以考证的杨文广镇守定西抵御西夏东进秦川时间上是宋神宗朝，这与《杨家将演义》中展现的故事多有出入。何况，史料中说杨文广在甘谷战役胜利第二年便被调往河北任职，再未踏足甘肃境内。

由以上种种分析得出结论，只有凉州杨家将，才真正实现了七郎八虎的将门繁荣，也只有他们戍守和战斗的地方在河西走廊，并壮大了家族发展规模，开创了"半城杨氏"的硕大声势。可见，明代人编撰《杨家将演义》，嫁接明朝故事应该是值得采信的，而演义中发生在主角身上的故事更多来自明朝凉州杨家将。

杨家南北两府在武威开枝散叶，除遗留下杨府街的名称外，到处都有以杨姓为名的村庄、堡寨、河湖、山川等地名。编纂于1981年的《武威县地名资料汇编》，以"杨"姓命名的"杨家庄"分布于武威县各个乡镇，明清以后，由于杨姓子孙繁衍增广，一两个"杨家庄"已不能够容纳人口众多的杨氏后裔，需要赋予"新""旧""前""后"等庄名相别。另外，还有以"杨"字命名的山、河、沟、坝、湾、铺、坊、磨、堡、寨等。杨姓播迁繁衍武威的流源支脉，目前虽然还不能理出一个完全清晰的头绪，但明代杨嘉谟家族即凉州杨家将的落籍并兴起，无疑是武威杨姓崛起并迅速繁衍壮大的一支重要生力军。而凉州杨家将又是以从军戍边、世袭服役、建功立业繁衍壮大为武威巨族的。杨府巷（街）、杨家坝河、杨府花园、杨家牌楼、杨家台、杨家山、杨家沟、杨家烧坊（磨坊、油坊、纸坊）以及众多的杨家庄等，无不潜藏着凉州杨家将的相关信息。

特别要提到的是杨家坝河与凉州攻鼓子。杨家坝河现已经过改造更名为天马湖，是当今武威市民茶余饭后休闲散步的好去处，每到傍晚，天马湖边彩灯环绕，木制栈桥上人来人往，宽阔处广场舞的乐声此起彼伏，逍遥的武威人载歌载舞欢欣从容，僻静的花树下还有年轻情侣喁喁私语，委实一派岁月静好。可是，杨家坝河在未开发前，就是一条河的固有形象，水流量时常受季节与气候影响，遇到干旱年节河道干涸荒芜，上游石羊河源头若发洪水，污泥浊水则奔流而下，景象并无半点美感。石羊河流域面积广阔，中部武威市区周围至下游民勤县从明清开始就深受沙化侵害，杨家河水流时断时续，便有了杨家坝河滩的另一个叫法。有水为河，无水为滩、拦水为坝。二十世纪五六十年代起，全国大修水利，杨家坝河过水量更无保证，渐渐就真的成了荒滩，有些地段甚至沦为城区垃圾堆集地，那时候杨家坝河滩臭气熏天、虫鼠乱窜，是人人望而生畏的垃圾场。好在杨家坝河终于得到治理，缺水的武威人克服一切困难修成了天马湖景观带，终究没有辜负这条老河，澄澈清透、潺潺而动才是河流应该有的样子，不是吗？

由河到湖，改变的不仅仅是称谓，还是身份与面貌的彻底转换，从望而却步的垃圾场蜕变为风致怡人的景观湖，武威人欢欣鼓舞，为多了一个在外地游客面前拿得出手的美好景致而骄傲，也为这座城市终于建成第一个现代化休闲景区而喜悦。清晨或傍晚，每一次徜徉在天马湖边，或赏花看水，或健步观舞，疏淡娴雅的景致与高高低低的嘈杂便是人间烟火的全部。

凉州攻鼓子，相传为凉州杨家将出兵时用于提振军威的鼓乐演化而来，现已列入国家级非物质文化遗产名录。凉州攻鼓子主要流传于甘肃省武威市凉州区四坝镇及其周边地区，表演者在过去年代均为男性，近年亦有女性装扮角色进行表演。一般情况下表演人数几十人，最盛大时有数百人参与，攻鼓子表演中以两人为一对，八人为一组，其基本打法可用"双手胸前画弧线，交错击鼓轮换翻。上步踏地凭脚力，挺胸抬头身不弯"四句口诀加以概括。凉州攻鼓子的动作体现出"攻"的特征，表演过程中有"两足对垒""展示三军""四门斗敌""登高望远""套莲花""挂阵"等阵形，体现出古代武士英勇剽悍、勇往直前的阳刚之气。据研究，凉州攻鼓子是西域乐舞与中原乐舞交融并蓄而生的一种独特的西部鼓舞艺术。

关于凉州攻鼓子的起源在四坝镇有不同的说法。据传，汉武帝时，河西匈奴部落中有两个王，即浑邪王和休屠王。此二人分管河西东部与西部，休屠王居住的"休屠城"就在四坝镇三岔堡。元狩二年（前121），汉武帝派将军霍去病发动了"祁连山之战"，打败了浑邪王。紧接着霍去病将军带领兵马攻取休屠王的城堡，连续进攻几次都拿不下来，在兵困粮尽的危急关头，汉军一名大将急中生智，挑选出一支精兵强将，装扮成民间"社火"队的鼓手表演者，把短兵器藏入鼓内，混入城内，里应外合攻破城池，取得了胜利，后人从而将这种鼓取名"攻鼓子"。

又传，当年苗庄王的军队因战斗节节失利，被围困于城寨之中，面临全军覆没的危险。无奈之下，他们将兵器藏入鼓腹中，乔装打扮成"社火"队出城表演，趁敌人观看表演时，攻其不备而出奇制胜，"攻鼓子"因此而得名。显然，这一说法与凉州社火重叠了，大约是前人将攻鼓子与社火表演混淆了的讹传也未可知。

郭承录主编的《武威史话》中认为凉州攻鼓子发源于唐朝大历年间，其缘由与上述两种说法大致相同，均含有暗藏兵器、攻取城堡的意思。从凉州攻鼓子鼓手着装来看，鼓手所戴的黑幞帽是唐朝男子的典型首服，由此可见，凉州攻鼓子确为唐代的遗俗。至于说成杨家将文化的遗产，应该是明代时杨家军中将领多采用这一鼓舞来壮军心，渐渐具有了成熟固定的体系因而深入人心，人们便认定是由杨家将独创的缘故。

凉州攻鼓子的活动时间大多为每年农历正月时节，一般会随社火队一起表演，作为社火中的一个独立表演节目，鼓手一般不少于十六名。随着攻鼓子被发掘保护得以重视传承，有了很多单独表演的机会，每次装扮好表演前都要举行"拜印"仪式，"拜印"是攻鼓子表演不可缺少的一种形式。先由"杨家会"中德高望重的长者击鼓开道，另有一长者双手托盘（盘中置红布包裹的"官印"，据说此官印为官府所赐）进场，面向观众站定。然后会长进场向官印行三拜礼。拜印后由会长发令，表演随即开始。这一形式与影视剧中兵将出征的场面十分相似，为表演增添了庄重感，亦是有别于社火表演诙谐滑稽的一面。

凉州攻鼓子除过街表演外，主要为单独"拉场"表演，单独表演的套路多，场面变化也大。传统的凉州攻鼓子表演一开始是在"单槌鼓"中跳跃上场，之后展开"亮阵图"，紧接着由"四方阵""两军对垒"过渡到"四门兜底阵""四门开花阵"，然后迅速构成"八卦阵"，最后在"亮三军"中结束。整个表演过程变化万千，气势恢宏。凉州攻鼓子在后来的发展过程中又融入了"长蛇阵""猛虎出山阵""双将对斗阵""四龙阵""连环阵""套莲花""三箭突围阵"等阵法。

凉州攻鼓子有时会举行鼓子表演，即"会鼓子"。"会鼓子"场面宏大壮观，每队鼓子都有一个领队指挥，几十队甚至上百队鼓子汇在一起，由数十面大鼓配合掌握节奏，外加锣镲烘托气氛。几百人同敲一个鼓点，同走一种步伐，游走变化，配合默契，进退开合，谐调统一。攻鼓子表演动作幅度大，跨、跳、摇、晃、转、撩、跃、敲、扬等动作反复运用，表演过程中"写箭步"运用较多，比较注重身体的"扎势"。此外，凉州攻鼓子表演中双人的配合动作运用也较多，有背向、侧向的配合，有高低前后的配合。鼓手在表演过程中要手到、眼到、神到，在撩、转、跃进间表现出刚健有力、干净利落、仪态潇洒、稳健大方的动作特点。凉州攻鼓子有"战马凌乱""鹞子翻身""凤凰三点头""登高望远"等动作,其中"雄鹰展翅"是凉州攻鼓子个性化的动作,演员双手击鼓后从体侧向上举起,紧接着又高高跃起,似雄鹰展翅高飞,又如春燕从空中掠过,具有西部少数民族舞蹈的特点。

凉州攻鼓子表演者腰挎红色鼓子,双手握鼓槌,头戴黑幞帽,帽顶两角留孔,各插一根野鸡翎,帽檐系黑底银泡勒头带,白色扇形纸花三束分左、中、右立着插于勒头带中。身穿黑夸衣、黑色灯笼裤,着黑色快靴。主要道具为鼓和鼓槌。鼓为桶状,鼓身长三十四厘米,漆成红色,鼓面蒙牛皮,画黑色太极图案,鼓边沿装铁环拴鼓带,鼓带为长二百四十厘米的绸带或布带。鼓槌采用凉州当地产的红柳木制作,制作出的鼓槌有重量,韧性好,击出的鼓声有力度、有弹性和跳跃感。鼓槌也可以用枣木制作,在鼓槌根部缀有红、黄两色绸带。凉州攻鼓子集娱乐性、艺术性、地方性、自发性和民族性于一体,具有很高的审美价值和文化认同意义。

随着市场经济的发展与外来文化的影响,凉州攻鼓子已很少能引起凉州当地年轻人的兴趣,部分青壮年攻鼓子表演骨干外出经商、打工,分散各地,老艺人年事日高,无法演出,这些都直接影响了攻鼓子的传承与发展。武威市凉州区四坝镇学校和武威职业学院等院校,先后组建了学生表演队,将凉州攻鼓子作为特色教育贯穿在学校体艺与美育教育的整个过程中,为凉州攻鼓子艺术培训继承人,受到社会各界一致好评。

如果说攻鼓子是杨家将尚武精神的体现,那么《杨氏家谱序》则是杨家将崇文的最好证明。这篇家谱序出自凉州杨家将的杰出代表杨嘉谟,被杨氏后人奉为家训。原文如是说:尝闻大道生于天地,乃生人物,其生生不已之理,万劫无断,但脱尘凡之人少,贪名利之情多,皆愿子孙绵延,世世相传。有能喜施舍,善根深厚者,必生贤能子孙。修身正心,位侪公卿,孝亲忠君,超越等夷者,世承宗祧,光前裕后耳。如有奸巧作伪,造业甚者,定生愚痴子孙,狂诈恣肆,流为凶徒,毁尊逆亲,败家废产者,人人耻詈,玷辱门风。嘉谟愿生子孙,良善智慧,善继先人之志,克尽人道,勤读诗书,博览群籍,能上进者。又愿子孙,寻访名师,亲近贤士,有品有德,通国之人,莫不倾服。反是，则祖宗含泪于地下矣。子孙必当惺剔，勿忽慢以为具文。吾杨氏所遗家谱多残缺，今略叙行辈，其远年莫考，无从补缀。先祖相传为宋将业之后，宋亡入蜀，居重庆府长寿县。迨后祖斌以凉州所掌印，居凉州，投葬凉州城东十三里堡北唐洪寨。

《杨氏家谱序》明确记载凉州杨氏乃"北宋金刀令公杨业"之后，武威因此成为现在全国有杨氏后裔记载最权威的杨家将信息的城市。除此之外，最有说服力的就是杨府巷，以及流传于王城堡杨家寨子几百年的杨家将战鼓军鼓凉州攻鼓子，天马湖前身杨家坝河，以及蜻蜓村出土的杨嘉谟墓碑。这些都是有史可查的实证，但很奇怪杨嘉谟和凉州杨家将却没有入史。几百年前到底发生了什么，致使杨家将不入史册，要把他们的故事嫁接到北宋杨家将身上才能流传下来呢？事情原委一言难尽，在长篇小说《八声甘州之云起》中或可追寻答案。《八声甘州之云起》讲述的正是杨嘉谟的传奇经历，是为八声甘州三部曲的第一部，感兴趣的朋友可以阅读原著，故事梗概笔者在此先剧透一二。

杨嘉谟当年曾任甘肃镇总兵官，甘肃在明代是九边重镇之一的边疆前沿，管辖今甘青地区防务，府设甘州。九镇之中，甘肃镇位于最西端，因内外复杂的民族关系，使其在九镇中更具特殊地位。弘治六年（1493），明孝宗对经略甘肃守臣说："盖以本朝边境惟甘肃为最远，亦惟甘肃为最重……"明代五朝元老重臣马文升说："甘凉地方，诚为西北之重地也。"汉唐时期就有得河西走廊可保中原长治久安的认定，所以说，甘肃镇是明朝西北边疆最重要的战略要地。

这部书的主人公杨嘉谟，鲜为人知，却真实存在。他生在明末乱世之中，历经三朝，是崇祯皇帝最为倚重的股肱大将甘肃镇总兵，但在史料中的记载几近于无。他出身名门文韬武略，扛起了整个明王朝末期的西北边防，晚年调任蓟镇为崇祯戍守东北门户，带领火器营威震辽东战线，令满朝文武妒忌生恨，更令李自成百般忌惮。正因如此，杨嘉谟遭到各方势力的刺杀暗害，在他不治身亡后仅仅两年，明王朝彻底覆灭。这是一个典型的西北汉子，刚直不阿、不善钻营，导致他本为一代天骄却身后无名，爱新觉罗一族对其深恶痛绝，皇太极甚至下令抹杀杨嘉谟的一切史记。因此，我们会发现挖掘杨嘉谟生平事迹时，史料记载简直一片空白，只有从杨氏后裔祖辈珍藏传下来的一些物件中获得了一鳞半爪的信息，有好多还似是而非存在谬误，或者前后矛盾不能连贯。

如何还原一段尘封历史里真实的故事，让整个清王朝都看作禁忌，抹杀了一应记载文字的人物重现四百年前的风云叱咤，这是一个不小的挑战。困难重重，但不能不做，如果放弃那将是对西部历史的又一次忽视，也许杨嘉谟这个人和他的英雄事迹就会被彻底埋没，再也没有人记得了。《八声甘州之云起》从杨嘉谟遭遇陷害被贬初到甘州为切入点，展现出大明王朝末期吏治腐败、军威不振、宦官弄权的恶劣政治生态，在如此背景下主人公发愤图强、力挽狂澜才更能体现其可贵，也就完成了对于英雄的初步升华。如果说杨嘉谟不顾个人安危荣辱，无令出兵是逞个人英雄，那他与入侵的瓦剌骑兵战斗到最后一刻近乎全军覆没，就是在个人英雄主义之上又高举起了民族大义。是军人就必须保家卫国，杨嘉谟骨子里的热血忠勇，正是秉承自他的先祖"杨家将"尽忠报国思想，而这一脉相承的爱国尚武精神，亦是深耕于中华民族、炎黄子孙血液之中的气质。可惜，在政治倾轧下，正义不被伸张，杨嘉谟固然守住了官防，但仍然以私动兵马而获罪，又因一向与镇守太监不和，身陷囹圄被问了死罪。

排除异己，构陷冤狱，是政治倾轧中最常见的手段。因此，舍身救了杨嘉谟一命的上司陈总兵，用自己的前程换回法场赦免，杨嘉谟于鬼头刀下险获重生。但他不知道，那个一手扶持自己、刚正不阿的陈总兵是在肃王书房门前跪求一夜，才换来了他继续活着的机会。法场临别，陈总兵赠予杨嘉谟一枚铜钱，告诉他方圆之道的处世原则时满腹无奈，亦满心不甘，他希望杨嘉谟能够保持本心勇挑重担，可又告诫他学会适当圆滑，矛盾便是这个人物的性格因素。耿直但不乏世故，有担当却一再妥协，守底线又不敢大展手脚，他代表了我们绝大多数注定了不能成为英雄的普通人。在镇守太监和肃王的联手打压下，陈总兵去职流放，退出了甘肃镇权力角逐场，以自己的前程为条件替杨嘉谟争取到了一线生机。

这就是杨嘉谟遭贬的全背景，他被发配甘州戍边从零开始，亦拉开了《八声甘州之云起》的大幕，故事的发生地便从甘州向外延伸开来。每一个英雄的崛起都离不开一群志同道合者的追随，也必与红粉佳人有着剪不断理还乱的情感纠葛，杨嘉谟亦然。他与肃王府女扮男装的青崖郡主不打不相识，结下了一段不该发生的孽缘，门第不对等的情爱自古都是以悲剧收场的，青崖郡主冰雪聪明杀伐果敢，可还是迷失在情爱中不能自拔，为杨嘉谟和肃王之间更添矛盾终至成仇。而与杨嘉谟有着并肩杀敌情义的边关女将，始终怀揣单相思不愿吐露心声，等她确定自己对杨嘉谟情根深种，不惜拒绝了青梅竹马的婚约，赶到心仪之人身边时，杨嘉谟已经与书院山长家温婉贤淑的才女结了亲。事有不如意者十之八九，这就叫造化弄人，却又是那么考验一个人的品行，感情的取舍当是最能体现英雄襟怀之一的衡量标准了吧。

　　杨嘉谟生活的年代正是明王朝放弃收复西北"关外七卫"，半闭关锁国状态，外有来自西北和北方游牧民族日渐强盛的威胁，朝内却被腐败官僚蛀空了国本，内忧外患时不我待，如何重整军心收复河山，是以杨嘉谟为代表的主战派一直耿耿于怀的大事。其时的河西走廊，是支撑明王朝半边天的陕甘诸省重要衙门驻地，九边重镇之一甘肃镇的军事调度署理，陕西行都司、甘肃巡抚、总兵府，以及本属藩王属地的肃王府，及主管西北马政的太仆寺分属衙门，镇守太监官邸等都建在河西走廊重镇甘州。杨嘉谟从凉州转战甘州、肃州，一边对外御敌，还要时刻提防宿敌仇家迫害，他的处境并不乐观。饶是如此，杨嘉谟竟然误打误撞发现了河西鸦片种植和贩售的内幕，那时候被称作芙蓉香贻害无穷的鸦片制售，控制在肃王和业已升迁成为三边总督的太监手上，杨嘉谟想要遏制毒品交易无异于鸡蛋碰石头。但他还是义不容辞去做了，在越来越逼仄的夹缝中努力保持着一颗正义之心，尽己所能地挽救着濒临倾覆的大明朝廷。

　　不抛弃，不放弃，不怕流血牺牲，只为寸土不让，是从古到今的爱国军人共同遵循的卫戍原则。即便明王朝已从根子里烂透，仍难改杨嘉谟一腔精忠报国的热血初衷，他不畏强权坚持的还是一个军人肩负的使命，再怎么隐忍也还是学不会那枚铜钱的外圆内方。所以，宁折不弯令他一次次吃了苦头，在与肃王和太监势力对阵中一次次败下阵来，以致仕途受阻时时光顾大狱，甚至连累了爱他的人。这是西部人的性格，认准一条道不走回头路的倔强里，是坚守初心无惧困苦的执着，更是西部汉子铁一样刚强意志的展现。因此，在崇祯皇帝致力于革新救国时，才能与耿介的杨嘉谟意气相投，委任他做了守护京畿大门的带兵大将，并听取杨嘉谟的建议查禁芙蓉香。这对君臣，是中国封建王朝史上，第一个正式认清鸦片毒害且进行杜绝尝试的先行官，但明王朝还是没能坚持多久，随着清兵入关，鸦片销禁过早夭折了。

如果崇祯变法能够令明王朝维系得长久一些，或许就不会有鸦片战争的爆发，那些列强对中国的毒害就不会那么轻而易举；如果清初统治者能对杨嘉谟公正看待，或许他的作为就足够引起重视，这样也可以避免鸦片入侵让中国人一度被世界讽为"东亚病夫"。可是，历史终究不可复制，时间的车轮也不会倒转。

本书之所以挖掘杨嘉谟成为主人公，是因为他和跟他一样的一群人代表的是浩然正气，他们身上拥有积极向上的正能量，能够催人奋进值得颂扬。任何时候，真正的英雄精神和品德都无须过分渲染，更不需要任何蛊惑和人为粉饰就能令人们自然而然地产生共鸣，发自内心地尊崇。杨嘉谟是杨家将后裔，土生土长的西部汉子，与他的先祖时隔数百年却并不影响对精忠报国思想的传承，驱逐鞑虏、兴我中华不是简单的口号，而是他们一脉相承的军人志气。推而广之，这种思想就是中华民族延续上下五千年的核心内涵，多少先贤矢志不移，传承到今浩气长存的中国精神。

西部是中国的一部分，西部英雄是中华志士的一分子。作为一名作家，书写英雄挖掘历史，用手中的笔弘扬主旋律、传递正能量是义不容辞的责任。而真正的西部和西部文学，其主体构成必然得有西部英雄的参与，西部精神的再现，以及西部元素的融合，如此才能写出接地气、有灵气，受读者认可和自己满意的好作品。

学史明理，学史增信，学史崇德，学史力行，是我们这个时代必须面对的问题；看图识字，看地名寻根文化，是一座城市最真实的历史文化。历史告诉我们，勇担历史重任、敢于作出巨大牺牲的杨家将精忠报国思想是这个时代最需要传承的中华文化；杨家将满门忠烈前赴后继喋血沙场就是中国的脊梁！

武威是座文化底蕴深厚的城市，每一个带姓氏的街道、河流、山川、庭院，都有自己独特的历史传承和精彩故事。杨府巷，达府街，以两位明代武将姓氏冠名的街巷外，还有许多有姓氏的地名，都是历史赋予这座城市的特别馈赠，值得珍视，也需要保护。杨府巷传承的是历史文化，是杨家将精神的延续。西部，尤其河西走廊，是一片不应该被遗忘的地域。这里是英雄梦的发扬地，是杨家将精神的诞生地，具有最本真的西部风貌和西部韵味，坚硬粗犷，铁骨铮铮。我们讲述杨家将故事，其实就是在讲西部英雄的故事，而通过描摹一个被历史遗失的西部英雄，我们便会找到真正的西部精神。

武威茶屋文化

茶屋，有的地方又叫茶楼，全国各地都很常见，就是喝茶休闲联络感情的地方。但是，武威茶屋的兴盛一枝独秀，已经形成了一种现象级的餐饮文化，在武威各个街巷星罗棋布，据不完全统计，武威城区的茶屋大约有五千多，还不包括夏天的茶摊子。因为武威人酷爱上茶屋，就衍生出好多个茶屋一条街来，比如老字号的东小井、九中巷、凉州市场、天马市场等，其中最负盛名的莫过于云翔小区了。在武威，能够与云翔小区平分秋色的茶屋一条街，唯有核桃园子。不过近几年搞绿色环保，核桃园子每到夏天开设的茶摊子都被取缔，只剩下满园苍翠的老核桃树了。所以，云翔小区可谓独领风骚，外地朋友来武威旅游观光，攻略中也总有云翔小区的一席之地。

云翔小区，乍听上去就是最普通不过的一个居民住宅区，实则内里大有乾坤。一条长不过数百米的街道，两旁鳞次栉比一家挨着一家的茶屋就多达一百多家，每天招待食客量却在数千不等，生意旺季食客往来不绝，甚至一座难求。除了云翔小区这样盛名在外的茶屋一条街，武威城区还有许许多多规模不一的茶屋遍布街头巷尾，在武威你完全不必担心吃饭问题，入眼随处皆有饕餮之地。到底是什么人间美味吸引着人们涌向茶屋，而令家中灶台备受冷落呢？说出来可能朋友们都不信，很多茶屋并没有什么了不得的招牌菜，不过都是家常小菜，口味说不定还不如烹调手艺高一些的家庭主妇。而要真论品茶，用不客气的一个成语来比喻，武威人饮茶不啻牛嚼牡丹，说牛饮想必最贴切不过了。一个不懂茶道的城市，气质里更没有禅茶悟道之心的武威人，如何就对茶屋如此热衷，并形成全国数一数二的茶屋文化了呢？究其原因，武威人更看重的其实并非品茶，大抵应该是为了追求一种生活氛围，属于小老百姓热爱生活、小富即安的生活情趣吧。

在武威生活，你要没有几个相熟的茶屋老板都不好意思说自己是武威人。尤其在招待外地来的亲朋好友时，见面招呼一打直奔茶屋，当着朋友的面一通电话打出去，熟练地报上菜名：土鸡一只、羊肉两斤、三荤三素冷热拼盘，再备上啤酒一箱、白酒四瓶，茶要特制的炮台，并特意嘱咐留出个最好的包厢来，然后等你到地方茶水业已沏好恭候，老板笑脸相迎，几句恭维话热情周到让人直觉如沐春风，面子里子这就都占全了，只剩下朋友一脸艳羡，私心里猜测着你肯定混得不差。很多人不理解武威的茶屋饮食，想必会说一句：瞧啊，武威人就是这么好面子，大几百花钱吃个家常饭还非得是在茶屋里才够排场。

其实不然。武威人固然好面子，但与其说茶屋是吃饭的地方，不如说这是一种餐饮文化更符合实际。武威在"河西四郡"中一直都不是低调的城市，如果可以拟人化称呼，隔壁的张掖是"她"，武威绝对够得上用一个"他"字。是的，从汉武帝赐名那一刻起，武威就代表着英武威猛，即便后来经过五凉文化的熏陶与浸淫，也只是粗糙铁汉变成了翩翩公子的区别，他阳刚英伟的本质没有任何改变。因此，武威人骨子里一直保留着大碗喝酒、大块吃肉快意恩仇的粗犷因子，而茶屋正好满足了他们这种需求。另一方面，高档的茶屋基本都配备了KTV点唱系统，食客酒足饭饱高唱一曲，既能品茶饮酒又能歌舞娱乐，多重娱乐叠加身心俱是享受，真正使人流连忘返。久而久之，茶屋在武威便根深蒂固了，而且形成了独特的餐饮文化，人们到茶屋吃饭喝酒，吃的是情怀，喝的是生活。在武威的茶屋，不论你是醉生梦死还是放浪形骸，都会被无限包容；也不论你是达官豪贵还是贩夫走卒，茶屋的酒桌上大家都是一样的食客，谁也不比谁高人一等。茶屋，又怎么能是仅仅装面子的所在呢？

武威茶屋的演变，最早源自茶摊子，从古代传承而来。早前武威经济还

位于翠微南路的"茶屋一条街"

不发达的时候,一些没有正规工作的市民为了谋生想尽办法,他们在闹市区支起茶水摊子,靠卖茶水赚取微薄收入。自然,茶摊子上的茶叶也不会是什么上品,顶多能给白水增添一点茶的颜色罢了,压根算不上茶。那时的喝茶也就只能叫喝茶,卖给乡下进城或过往行路的人单纯用来解渴的东西。后来,随着人们生活条件变好,退了休的闲人无事可做,就喜欢到茶摊子上去聊天说闲话消磨时光,茶水的品位便随之有所提高。纵使如此,茶摊子用的茶叶也是次等品,用武威人的话说就是一块钱能买一铁锨头的那种。话说的夸张了一些,但很能体现茶摊子的茶叶品质。

从茶摊子发展成茶屋,不过是近二三十年的事情。早先茶屋还没有现在样样俱全的设施,还是停留在喝茶吃饭的层面,消费也没有现在高,处于平民化水准。基于武威人对茶摊子的偏爱,生意人每年五一到十一阶段,都喜欢将茶屋搬到室外去招待客人,西郊公园、东郊植物园就是最佳地段,因为那里有浓荫蔽日的老梨树和老核桃树。特别是核桃树,还有防蚊虫的功效,在核桃树下吃饭喝茶完全不必担心蚊虫骚扰,这便使得东西两大植物园在纳凉之余,又成了品茶饮酒、吃饭打牌的去处。武威是个五线农业城市，人口说多不多说少不少，农闲时节城郊很多人涌进城里购物闲逛，一到饭点三五成群相约去茶屋吃饭歇脚是不错的选择，直接撑起了茶摊生意的半边天。

　　过去，核桃园的茶摊子生意十分火爆，一家挨着一家，借由老核桃树长成的天然布局，简单拉起几块防雨的篷布，底下支几张桌子就能开门营业了。也有实力雄厚的茶屋老板，把自家茶摊子装饰得十分豪华，地上铺设地毯，安置沙发茶几，并有麻将桌与冷饮柜随时恭候，食客们想躺则躺，愿坐则坐，一边喝茶一边打牌，吃饭的时候与邻桌只隔着一个靠背，你看得见我桌上的菜肴，我听得见你吹牛皮说的大话，连划拳喝酒都能互相干扰到……就是这种生活，烟火气十足，市井气十足，却偏偏是武威人最钟爱的餐饮方式。最近几年室外茶摊子基本都被取缔了，人们只能蜷曲到茶屋的包厢里去，陈设与格调提升了几个档次，可再也找不回猜拳相闻、酒菜相交的热闹了，便是冬有暖气夏有空调也难以取代核桃树下品茶饮酒的惬意豪放，不得不说这是茶屋文化的一种缺失。

　　曾经一段时期，怀旧异常流行，人们追寻老的旧的东西，试图还原过去的生活场景来追忆时光。武威还曾涌现过仿旧式茶屋，象征和代表七八十年代的物品与装扮层出不穷，喝茶用的搪瓷大茶缸特意磕掉一块半块漆，座椅砌成土炕的样子，周边糊上大花布或是旧报纸款式的布艺，极力复制那个年代特有的一切场景。大铁锅上扣着竹编锅盖，碗碟杯盘用粗瓷瓦陶，连服务员都是扎了羊角辫、戴着旧军帽的漂亮小姐姐。只可惜，物件做得再复古，过去的岁月还是属于历史，武威人对此有着清醒的认知，所以这一类茶屋在武威吃不开，门可罗雀的几个月经营后便宣告失败彻底沉没在武威的餐饮市场了。可见，武威人对茶屋的钟爱有着自己牢固的坚守，轻易不肯妥协改变。

　　细细论起来，武威茶屋的茶倒是比饭菜更有特色。上茶屋去，在行的武威人都喜欢点一道三炮台，茶瘾比较重的人则选择老茯茶。三炮台亦是武威特色，选用上好的春尖茶，一般都是配以冰糖、桂圆、枸杞、红枣和杏干而成，泡出茶汤来既有营养还有颜值，深受老武威人喜爱。一道三炮台其实也尽显武威人包容豁达的性格，可以根据个人口味随意调配材料，比如玫瑰花、葡萄干、山楂、菊花、芝麻、蜜饯等，只要是你喜欢的，都可以加减增删，调出各种不同的茶味来。现在人们普遍习惯用玻璃大茶杯来喝茶，茶料隔着透明的杯壁一目了然，花花绿绿缤纷芳香也是奇景。但是还有相当一部分人坚持拿盖碗来品茶的，类似于老北京的盖碗茶。饮用时，一只手托了碗底儿，一只手提溜着碗盖儿轻轻一刮，茶叶浮沫就给荡到里边去了，然后就着碗沿儿抿一口，吱溜声中茶水入口，茶香与各种果香顿时溢满唇齿，一种满足感便油然而生，心底里不禁就要赞叹一声好茶好生活了。喝三炮台急不得，须得是心头无事去享受它，因为其丰富的茶料，势必三泡五泡之后香味才能越发浓烈，但凡点了一道三炮台的茶客，从中午进茶屋到晚上十点起身回家，整个时间段都不需要再更换茶叶了，酒足饭饱离去前还需用筷子夹了里面的桂圆、红枣来吃，而其味尚在。可以说，三炮台当得是一味老少咸宜、雅俗共赏的茶品。

  如果说三炮台是慢生活的老武威人的标配，那老茯茶就一定算是上班族必备的佐餐饮品了。上班前或是下班后，食量好的武威人一份三套车下肚，一天的能量就都有了，搬砖爬楼不是问题。食量小的大多是女性朋友，三套车吃不了那就来一碗凉面，荤素随意但一杯老茯茶是必备的。餐馆里的老茯茶头杯收钱，接下来续杯就是免费了，管够。不过，千万别小看武威人的豪气，这里喝茶的杯子是相当可观的，沏满一杯最少也有五百毫升，能续杯绝对算大胃王了。传统的老茯茶是用茯砖加红枣和冰糖熬制而成，殷红如血茶香浓郁，属于三套车的硬件必备品之一，也常常与武威凉面形成最佳拍档，茶屋里则算是特供了。因为老茯茶熬制需要火候，有名的茯茶据说还有秘方，选材与配比都有严格要求，水必用山泉水，茶必得是陈年老砖茶，熬茶的器具也是特制的大铁壶，明火熬制几煮几沸皆有定规。

  过去的文献和记载里，曾有茶客排队品尝老茯茶的记述，更有茯茶能够提神补气、养胃生津的功效介绍，但凡吃点荤腥必得茯茶助其消化，如此方能避免积食，增加肉类营养吸收。上了年纪的老武威人对其深信不疑，坚持一辈子喝茯茶的老年人比比皆是，而年轻一辈已经不屑于去继承了，相比于老茯茶的甜中带涩、浓中带苦，他们更愿意用各类饮料来解渴。喝老茯茶，也就为着一个情怀了。因着老茯茶种种功效，在武威还有"土咖啡"的别称，熬夜写文章的那些老作家，案头多有一只专门用来晚间喝茶提神的瓷杯，年深日久茯茶的色素深入杯体，洗都洗不出原色了，大有历史与文化一同沉淀浸润的意味。

之所以说武威茶屋是一种文化现象，当然也是茶屋真的和文化项目有关。武威人闲坐茶屋打牌消遣要多过K歌，而他们打牌也不仅仅是小麻将或斗地主这些常见的玩法，还有牛九。这又是一个独属于武威，或者说属于河西走廊的特色文娱项目。牛九，武威人称"掀牛""挖牛"，斗牌方式与出牌技巧特别另类，是迄今为止电脑都没办法计算规律的一种玩法。所以，我们在各类电子牌艺游戏中，找不到它的半丝身影。牛九牌共有四十八张，上面印有红黑两色圆点用来识别大小，外形与四川长牌通用，也称叶子牌，但玩法迥然不同，川牌更接近于麻将，在电子游戏中可见踪影，牛九则广泛流传于河西走廊，尤以武威人最为擅长。河东地区也有会玩的，天水、庆阳等地的农村比较常见，大多是上了年纪的人农闲时节消遣时光的娱乐。

说起掀牛，那可是大有来头了。据说这是传自唐代的一种古老牌艺游戏，太宗李世民请风水大师袁天罡测算唐王朝能传多少代，袁天罡自然不能说实话，但又得给皇帝一个交代，便灵机一动拿出自己推测天机的一副牌呈送皇帝，并告诉对方一切想要知道的答案都在牌里。太宗得到这副牌很新奇，日夜参悟也看不出个所以然来，又叫上大臣一起参研，到了最后天机没有参透，倒是发明出一种斗牌技艺来，这就是牛九了。传说毕竟是传说，牛九来源如何已经无从考证了，现在被归入民间娱乐当中，是西北民俗文化传承之一。

牛九牌有公母之分，有花色与纯色的区别，还有特殊组合的牌型。二三四点放一起就是一种组合，叫一窝鱼，手里的牌能凑成两副就是两窝鱼，又叫鱼子。能吃住鱼子的牌叫一路摆，由八十天组成。八，必须是全红点的，又称黄八；而十则为纯黑点的十，叫墨十；天牌在牛九中是最高点数的那张。之所以有这样的叫法，是为了区别另一个八和十，八个黑点的在牛九中不能当八来使，而是和九构成另一副组合，就是"牛对"了，如果两个黑八或两个九，那"牛"就成"母牛"了，是不能赢人的。另一个由黑红两色点成十的牌，玩牌的人叫花十，不可作为"一路摆"组合的一分子，只能当作杂牌凑对子或三张、四张。有趣的是，牛九中的四张不叫炸弹，但与炸弹一样也是可遇不可求的好牌，赢人、够牌也相当有分量，除非别人也有能大过你的四张，这四张当然亦有专用名称，"硬子"就是它了。硬头牌的意思，武威人方言中叫它"ningzi"。除了"牛"需要成对才有竞争力，"喜儿"也必得是成双方算有效。"喜儿"点数是五，但与"牛"一样，这个组合也由两张不同的牌来凑成，分别是两黑点一红点的三，与四红点两黑点的六构成。是不是已经蒙了？三与六的组合代表着五，不会玩的人光认点数就能令你怀疑人生，但武威人却门清。值得注意的一点，牛九中"鱼子"的三，是长三，也就是斜向排列的两组三个黑点数那张，数点数又是一个六，但它就是固定的长三，与另一个五点黑一点红的六大有不同，与"喜儿"中四红两黑的六更是大相径庭。组合之外，还有一个必须要提的牌叫"老虎"，纯黑色的十一点，点数仅次于天牌，在"鱼子""摆""牛""喜儿"之外，天牌之下，可以通吃其他杂牌，因此叫"老虎"。掀牛还有对应的切口，比如：好手不斗两窝鱼；拿的天多输的钱多等经验之谈，十分有意思。

掀牛的人数，通常为四人一桌，但斗牌时三家上场一人轮空，分别叫玩家和坐家。出牌时严格划分顺序，分头家、二家、三家，头家有赢人的牌，但须得凑满六张以上才有把握不输，如果手中有六张别人吃不了的牌就可以先亮出来，然后稳坐钓鱼台等下家来要牌了。下家向上家要牌就叫"掀牌"，要一次视为一掀，几次就是几掀，要赢了则可，要输了那是得算在积分里，最后额外付出代价。所谓掀牌，就是要牌的人得大过出牌，或是吃掉出牌，掀翻对方的意思。一般掀牛的行家都会算牌，根据自己手里在握的牌面就能推算出其他两家拿了些什么，相当讲究斗牌经验和数学计算能力。自然，如果头家没有把握赢也可以选择弃牌，会提前喊一声"扣了"。这个时候二家和三家就会选择掀或者不掀，也可以同时弃牌，再进行下一局。总之，玩法十分刺激有趣，比之斗地主等牌艺游戏有过之而无不及，算是另类的烧脑游戏了。

有茶有酒有闲暇，斗牌掀牛乐逍遥。武威人的休闲就在茶屋里得到一揽子服务了，真是春有百花秋有月，夏有凉风冬有雪，在慢节奏中体味生活的本真，一杯茶包罗世间万象，猜拳斗牌中尽显雄心豪气，茶屋给予武威人的是一方精神乐园，入世抑或避世，都能圆满；灯红酒绿还是清茶一杯，皆为生活。武威的茶屋与茶屋文化，属于市井文化的一种，是升斗小民构成的平凡普通而又独具地方特色的市井文化现象，也是武威人热爱生活，努力融入社会生活的直观体现，俨然已成新时代凉州文化不可或缺的一分子。

河西酒廊

凉州词现存不少,其中有关喝酒最出名的莫过于王翰的"葡萄美酒夜光杯,欲饮琵琶马上催。醉卧沙场君莫笑,古来征战几人回"。这首传唱千年的经典凉州词,让凉州名扬天下,读来使人豪气顿生,没几个人不知道的。还有另一首凉州词较之王翰此作毫不逊色,但作者是谁却一直存有争议,有说是宋代陆游所作,也有说是明代张恒诗作的。全诗如下:"垆头酒熟葡萄香,马足春深苜蓿长。醉听古来横吹曲,雄心一片在西凉。"当然还有王之涣、张籍、岑参、王昌龄等诗人也有凉州词留存于世,但最得武威人心意的恐怕就是笔者列举的这两首了。无他,只因武威人酿酒、饮酒历史源远流长,有着传承数千年的深远的凉州酒文化沉淀。

河西走廊的人嗜酒,几乎是逢酒必喝、每喝必醉,因此人们戏称河西走廊是河西酒廊。走廊东段的武威,就是产酒出酒的地方,高低度白酒,干红、干白系列葡萄酒,啤酒,还有各类滋补保健的药酒,等等,所以素有塞上酒乡的美誉。一段时期,白酒界曾有南有茅台北有皇台之说,就指武威皇台酒厂出产的美酒了。比起白酒的清冽辛辣,让凉州最为骄傲的却是葡萄酒,河西走廊几大城市俱盛产葡萄酒。

武威葡萄种植及葡萄酒酿造历史十分久远。据《穆天子传》记载,周穆王西巡到达赤乌,赤乌首领曾献酒迎接。赤乌就是乌孙,先秦时驻牧于凉州一带,凉州有赤乌镇,实际上就是乌孙的原始聚落名。葡萄原产于中亚细亚,后传到欧洲，随之出现了葡萄酒。

建元三年（前138）和元狩四年（前119），汉使张骞先后两次出使西域，打通丝绸之路，其间引进大量西域物产，尤其是引进了葡萄种子。之后，汉武帝于太初二年（前103）派贰师将军李广利伐大宛国，胜利后又引进葡萄品种、种植技术和酿酒技术到凉州。从《史记》"大宛以葡萄酿酒"和《汉书·西域传》"大宛左右以葡萄为酒，富人藏酒至万斛，久者至数十岁不败""汉使采葡萄、苜蓿种归"等记载来看，葡萄及葡萄酒原产西域，汉时传入凉州，后又经丝绸之路传入中原。

经过西汉的百年种植发展，到东汉时期凉州葡萄已负盛名，出产自凉州的葡萄酒也以味美醇厚驰名遐迩，显赫于京师上流权贵阶层间。而凉州《汉书·地理志》载，凉州"酒礼之会，上下通焉，吏民相亲"。可见，凉州是国内酿造葡萄酒最早的地区之一。至此，凉州葡萄美酒以其醇厚绵长、轻雅细腻、柔和精美而声名鹊起，成为生活中的奢侈品和进贡朝廷的贡品，这也是我国葡萄酒业的开端。

东汉后期，由于战乱，凉州葡萄酒酿造业一度衰落。一直到魏晋南北朝时期，才逐渐恢复。由于政治稳定，经济文化发展，凉州葡萄酒及酿造技术不断传向内地，葡萄酒再度兴起，推进了葡萄酒文化的继承发展。彼时，中州板荡而凉州独安，相对安定的五凉社会环境为葡萄种植和酿酒业提供了良好的发展空间。北魏诗人温子昇曾用"车马相交错，歌吹日纵横"的诗句，来描述当时武威经济文化发展的繁荣景象。

三国时，凉州葡萄酒已美名远扬，成为全国之冠，并进贡朝廷。康熙皇三子胤祉奉康熙之命与侍读陈梦雷等编纂的《古今图书集成》，被誉为"类书之最"。《图书集成·食货典》卷二七三《酒部》是中国最早阐述酒史的典籍，其载："有献西凉州葡萄十斛于张让者，立拜凉州刺史。"说的是东汉灵帝时陕西扶风县人孟佗，给张让进献一斛葡萄酒，竟然换得"凉州刺史"一职，可见凉州葡萄酒在世人眼里是何等价值不凡了。这则史料，《三国志》《敦煌张氏家传》《艺文类聚》《三辅决录注》等多种史书都有记载，不过，酒量有误差，有的记载为"一斛"，有的记载为"十斛"，还有的记载为"十斗"。汉朝一斛约等于现在的二十升,相当于现在的二十六瓶葡萄酒。二十六瓶酒竟能换得凉州刺史之职,说明当时武威葡萄美酒之名贵。唐代诗人刘禹锡有诗曰"为君持一斗,往取凉州牧",宋代文学大家苏轼的"将军百战竟不侯,伯郎一斗得凉州",说的都是这件事。如此多的史书对这则史料津津乐道,这为武威是中国葡萄酒的发祥地提供了史证。

随着王权阶层的追捧推崇,凉州葡萄酒声名鹊起,早在三国末期魏文帝曹丕还特别颁布诏书立为御用国酒,这就是著名的凉州葡萄诏,也是中国历史上唯一的葡萄诏。《凉州府志备考》中记载魏文帝曹丕喜欢喝酒,尤其喜欢喝凉州葡萄酒。《凉州葡萄诏》中称赞:"且设葡萄解酒,宿醒掩露而食。甘而不涩,酸而不脆,冷而不寒,味长汁多,除烦解悁。又酿以为酒,甘于麹米,善醉而易醒。道之固以流涎咽唾,况亲食之耶。他方之果,宁有匹之者。"皇帝高度评价凉州葡萄酒并下诏书,在中国历史上仅此一例,有力地推动了葡萄种植及葡萄酒酿造业快速发展,使得在后来的晋朝和南北朝时期,葡萄酒成为王公大臣、社会名流筵席上常饮的美酒,葡萄酒文化也日渐兴起。

晋代诗人陆机在《饮酒乐》中写道:"蒲萄四时芳醇,瑠璃千钟旧宾。夜饮舞迟销烛,朝醒弦促催人。春风秋月桓好,欢醉日月言新。"南北朝文学集大成者庾信在他的七言诗《燕歌行》中写道:"蒲桃一杯千日醉,无事九转学神仙。定取金丹作几服,能令华表得千年。"先于凉州词而歌颂葡萄酒的晋代,文人们就已经用葡萄酒来装点风雅,他们把酒临风灵感骤至,或颂歌唱醉,或借酒抒怀,为《凉州词》的盛行奠定了地位。

有史可查,早在二千四百多年前,凉州就有了葡萄,有了葡萄就有了葡萄美酒。差不多河西走廊被汉武帝纳入中原王朝版图开始,凉州的葡萄美酒即作为贡品,送往京师以供皇帝品尝饮用了。历史上,本土文化名人盛赞凉州葡萄酒的最早记载见于《太平御览》卷九七二引崔鸿《十六国春秋前凉录》:"敦煌人张斌撰有《蒲萄酒赋》,以歌颂之,文致甚美。"《北齐书》卷二十二《李元忠传》记载:"骠骑大将军李元宗曾贡世宗蒲桃一盘,世宗报以百练缣。"李元宗远祖系武威人,这则记载又为葡萄美酒添了一段佳话。

真正让凉州葡萄酒享誉天下应该是在唐代,据《太真外传》记载:"李白进清平调,太真(杨贵妃)持玻璃七宝杯,酌西凉所献葡萄酒饮之。女皇则天,亦十分喜欢饮凉州葡萄酒。"可见,唐时皇族已将凉州葡萄酒当作宫廷御用酒水,并以此作为极高礼遇奖赏给臣子,对葡萄酒极为推崇。皇室钟情葡萄佳酿,很快掀起了一股自上而下的追捧热潮,文人墨客对凉州美酒亦是赞誉不绝,于是涌现出一大批以葡萄酒入诗的佳词丽句来,《凉州词》便应运而生,成为经久不衰的千古绝唱。

有所区别的是,那时的凉州可不仅仅只指一地一市,史记两汉魏晋时期,凉州地域东起长安以西的三辅之地,西至西域诸国都在凉州辖理范围内,下辖金城、西平、安定、北地、整个河西走廊及西海九郡,横跨陕甘宁青新五省,包括今天的青海北部、宁夏南部等广袤地区,是一个幅员辽阔物产丰富的大凉州。凉州各地均产葡萄酒,尤以河西走廊为甚,河西四郡中又以武威为首,传承两千年的葡萄酒酿制工艺也在武威得到延续发展、发扬光大。

得益于地处河西走廊东段的龙头优势,武威率先施行大面积葡萄种植,并不断引入国内外优质品种和先进的酿造工艺,实现了葡萄酒产业在新的形势下标准化、市场化、规模化发展的趋势。早在二十多年前,城郊乡镇便有葡萄园,清源、长城、丰乐、武南、黄羊等地有前瞻性的农民就开始种植酿酒葡萄,那时候去乡下看葡萄园还觉得很新鲜。而种葡萄的农户为了防止有人偷摘,会围着地块扎上铁丝网,葡萄成熟季节不但农户自己二十四小时看护,还养狗来看园子。二十多年过去,如今的武威城郊和更远一些的乡镇葡萄园随处可见,人们早已不觉得新奇,葡萄采摘季来临,空气里飘荡着甜香,既有葡萄的果香味,还有葡萄酒特殊的香气,闻一口就微醺般地陶醉,这种时候人们更愿意把稀罕劲儿放在葡萄酒上,对满藤满枝一串串的葡萄反倒没什么食欲了。前后对比,变化之大、进步之快,可谓是日新月异了。

根据当今地理测量得知,河西走廊与法国波尔多地区同处于北纬三十八度的黄金纬线上,是天然的葡萄种植基地,所产红酒口味甘醇享有很高的知名度。有所区别的是,河西走廊地区每年日照时数三千小时以上,比地处同维度的法国波尔多还要多出一千多个小时,有效积温达到一千五百小时以上,昼夜温差在十五度以上,这使葡萄糖酸比处于最佳状态,更优于波尔多。另外,河西走廊气候干燥，年降水量只有一百多毫米，更有利于抑制病虫害发生，保证了葡萄健康无公害生长，得以实现真正的绿色有机标准。同时，河西走廊的土壤多为灰钙土、荒漠土、灰棕土和棕漠土，矿物质、微量元素丰富，土壤结构疏松、空隙大，非常利于葡萄藤根系的生长，极大地提升了挂果率，让葡萄产量稳中有升做到保证供应。如果说光照、温度、降水、土质还不足以说明河西走廊区位优势的话，那么祁连山清澈洁净的冰川融水所浇灌着的葡萄园则独一无二。河西走廊水源皆出自祁连山脉，系出同门一脉相连的高原纯净雪水滋养下，葡萄品质保留了最醇正的浓郁果香，如此方能酿造出口味绝佳备受青睐的葡萄美酒。

2012年10月，中国食品工业协会命名武威市为"中国葡萄酒城"，这是全国第一个，也是目前唯一的由中国食品工业协会命名的葡萄酒城。借助"中国葡萄酒城"这一金字招牌，武威市从种植、酿造到营销，全力打造葡萄酒产业链，大力加强软硬环境建设，以良好的投资环境，吸引国内外知名葡萄酒企业投资兴业。武威市在积极培育莫高、皇台等本土葡萄酒酿造企业的同时，先后引进了山东威龙葡萄酒有限公司、甘肃紫轩酒业有限公司、美国加州月色美地国际红酒集团等国际国内知名葡萄酒企业落户武威，威龙葡萄酒堡、莫高国际生态酒堡等特色精品酒庄先后开工建设，一批集科研开发、葡萄酒文化展示、休闲娱乐、生态观光旅游为一体的葡萄酒庄园应运而生。武威是名副其实的葡萄酒城，连续十年创办河西走廊有机葡萄美酒节，为传播和弘扬河西走廊葡萄酒的地域特色、历史文化，打造当地葡萄酒的产业优势、振兴陇酒产业发挥了积极作用。

据省统计局数据显示，目前河西走廊葡萄产区酿酒葡萄种植面积已经达到三十余万亩，初步形成了以武威市为龙头，涵盖张掖、嘉峪关、金昌等市一百多个乡镇的酿酒葡萄集群化主产区。同时，河西走廊葡萄酒的生产工艺也始终保持在全国领先水平。中国农大、西北农大、甘肃农大、甘肃省农科院等省内外科研院校为河西走廊葡萄酒生产提供了有力的技术和人才支撑，使我省葡萄酒生产品质和葡萄酒产量稳步提升，葡萄果汁榨后的葡萄皮和葡萄籽实现有效循环利用，很多被用于生产葡萄籽油和葡萄原花青素等保健美容产品。近年来，武威市葡萄酒产业发展迅猛，成为河西走廊产区的最大"亮点"。与此同时，武威积极支持企业发展葡萄基地，打造规模效应。目前，全市已建成凉州区威龙清源基地、久石红清源基地、莫高黄羊河、皇台新地滩、石羊河大滩园林场等一批优质酿造葡萄基地，酿造葡萄种植基地面积逾三十万亩，全市酿造葡萄种植面积约占到全国的百分之十三、全省的百分之八十以上，已成为全国九大酿造葡萄产区之一。

武威葡萄酒发展势头迅猛，白酒也不遑多让。而且，出产葡萄酒的武威，其实很多人都不怎么爱喝红酒，人们更青睐于烈性的白酒，甚至啤酒的销量在当地也是远超葡萄酒的。武威人喝酒从来讲究的就是一个醉字，斗酒划拳干翻别人方显英雄本色，所以，他们倾向于用烈酒来速战速决，那种兰花指微翘端着红酒杯浅斟低酌的风格，武威人是打死了都学不来的，与大凉州更是完全不搭调。如果非要来红的，武威人也必然是比赛谁的红酒杯倒得更满，谁能在更短时间里"一口闷"了。以武威人的酒量和认知来看，红酒算不得酒，那更像是一种饮料，他们才不稀罕把划拳的时间和专门盛烈酒的肠胃留给饮料，喝不醉人的饮料自然算不到酒的行列里。不得不承认，这又是武威人骨子里流传着的游牧民族特有的彪悍因子作怪使然了。

武威白酒的生产历史，在宋元时即已开始。当时古人把蒸馏器称烧锅，把生产作坊叫作烧坊，所配制的蒸馏酒自然称为烧酒。河西走廊气候寒凉，冬季尤为寒冷，生活在这里的人们最初喝酒是为了驱寒保暖，算是生活刚需，因此民间很多人都会自己酿制白酒。现存敦煌壁画中有一幅出自西夏时代的酿酒蒸馏壁画，证明当时凉州就已经生产蒸馏酒了，而且通过"丝绸之路"把我国的蒸馏酒器及蒸馏技术传往了西域诸少数民族和更遥远的中亚地区。

不同于其他地方的低度白酒，武威白酒以烈著称。南有茅台北有皇台，说的就是武威皇台酒。二十世纪九十年代，武威皇台酒曾是媲美茅台的名优白酒，1994年皇台与茅台同登第二届巴拿马国际金奖台，蜚声国际十数载，成为武威的无上荣耀。皇台最辉煌的时候为了拉一箱皇台酒，需要排队七天。可惜辉煌已逝徒留嗟叹，皇台酒厂风光了短短二十年便轰然倒下，市场经济与企业管理的内忧外患下，没能坚持多久。好在，皇台虽败，武威的酒却从未缺席餐桌，武威酒系列很快占据白酒市场。

经过几十年的发展，如今武威出产的白酒不输当年皇台，叫得上字号的酒厂和优质酒如雨后春笋拔地而起，各类口味、各个档次的白酒应有尽有，让人颇有眼花缭乱之感。不过，近些年来口碑最好、质量上乘的白酒要数五谷传奇。作为武威白酒界的新秀，五谷传奇后来者居上，销售额连年突破一骑绝尘，成为武威白酒的杰出代表，同时享誉河西走廊。待客宴饮，必有五谷传奇之身影。顾名思义，五谷之名自是来自五种谷粮，亦是白酒酿造的主要原料，分别为高粱、玉米、大米、糯米、小麦。白酒界素有"高粱香、玉米甜、大米净、糯米绵、小麦糙"的说法，概括了原料与酒的关系。原料的选择也是白酒酿造的开始，酿酒原料贯穿于白酒酿造的始终，并对酒体质量、风格有着至关重要的影响。高粱赋予白酒独特的香气；玉米发扬酒的回甜风味；大米在蒸馏过程中，可将饭香味带入酒中，酿出的酒具有爽净的特点；糯米可以使浓香型白酒酒体绵柔，增强舒适感；小麦使酒达到香气浓郁幽雅、醇和绵甜，回味悠长的口感。

五粮酿酒虽然会因为原料价格较高，出酒率稍低，成本也高于单粮酒，但酿成的白酒酒体醇厚丰满，优雅细腻，酒香协调，口感和品质远远优于单粮酒。五粮型白酒，各种粮食的搭配，可以避免白酒用单一粮食为原料的风味单一、口感欠佳等不足，使得口感比其他白酒丰富得多。五谷传奇酒能够风靡市场，正是诚心、诚信做白酒的最好回馈。任何时候，任何个人，以诚待人、以诚处世必然会收获成功，这是颠扑不破的真理。

老武威人擅于收藏的酒当中，亦不乏老酒珍藏，如以优质高粱为主原料的，大曲为糖化发酵剂，固体酵母产脂，人工老窖，双轮工艺，经长期发酵、量质摘酒、自然老熟、精心勾兑而成的浓香型"皇台"系列酒；以玉米为原料，采用多种糖化发酵剂，适当延长发酵期和成品贮存期，改人工勾兑为微机勾兑的"凉都"系列、"雷台"系列。特别是松鹿牌冬虫夏草滋补酒，早在1990年举世瞩目的第十一届亚运会标志产品争夺中，力挫群雄，夺得了酒类保健酒标志产品，其曾是多少武威人趋之若鹜争相购买的佳酿。

二十世纪八十年代，武威人还喜欢一种由纯粮食酿造的散装白酒，俗称散酒。农闲时节，四五个人相约了聚餐喝酒，买一桶二十斤装的散酒，出份子钱再去寻摸一只半大不小的山羊，锅里煮上羊肉开始喝，一个晚上过去肉吃完了，一桶酒也涓滴不剩，各人摇摇晃晃着兴尽而散，回家睡一觉便又能参与下一场酒局了。这种方式在武威也有个专门的说法，叫"打平伙"，就是今天我们熟知的AA制，随性而自在，民间十分推崇。笔者年轻时就曾有过亲身经历，且乐此不疲。那时还在老家村子里的小学任职，民办教师一个月只有十八块钱的工资收入，一桶散酒二十斤装卖五块钱。一块、八毛的凑一凑，几个人买了酒回来，再到村里养羊人家买只山羊也就五六块钱，收入虽不多但无限满足、无限欢乐。学校后门外水渠边有一排杨树，彼时的乡村毕竟不像如今整洁美观的新农村面貌，晚上喝酒后总有人习惯性去水渠解决。某天晚上有同事喝大了，倚着杨树小解之后勒皮带把自己和树绑到了一起，直到天亮大家发现时，此君犹在迷蒙中嘟嘟囔囔，嘴里呢喃不绝道："你们放开我，我真喝不下了……"此情此景令人终生难忘。

凉州产酒，凉州人自然善于饮酒，不论过去还是现在，喝酒在河西走廊都被视为男子气概的象征，酒量浅或是不喝酒的人常常不受待见。而饭桌上宴客，用来评判是否将客人招待到位的标准，就是看客人有没有酩酊大醉，或是有多少人喝醉。在武威待客，菜式可以简约一点，酒必须得管够。如果一场宴饮中，没有足够的酒备着，或者大家喝酒的意愿和诉求不够强烈，最后居然还没有人喝醉，那么就会被当作失败的饭局。饭桌上没有酒来佐餐，即便菜品丰富也会觉得索然无味，少了酒，宴饮气氛也将大打折扣。所以，武威人待客之时，开场白必然都会强调"吃好喝好"，吃是铺垫，喝才是压轴。不喝酒难以融入武威人的社交圈，豪饮海量才是他们的标配。因为善饮酒，武威人的酒桌上就衍出一套特殊而标准的喝酒礼仪来。

河西归来无敌手，武威归来不喝酒。河西走廊人的海量名声在外，而武威人的喝酒则是集酒界之大成，别的不论，仅是酒桌礼俗就足以笑傲酒林了。外地朋友来武威，常有住几天就醉几天的特殊经历，只要上了酒桌便是局中人，武威人此时显著的地方主义作风就达成了一致。先从敬酒开始，敬酒有着严格的程序与礼仪。在武威人的酒桌上有喝双不喝单的规矩，但凡举杯必得喝双数才能全了礼数，合乎吉祥寓意。一般还有边喝边致吉利话的定规，敬者也大多口才了得,喝一双那叫"双喜临门、好事成双",喝四杯是"四季发财、四方通达",六个是"六六大顺、福禄常在",八个就是"八方来财、才高八斗",依此类推,总有那妙语连珠等着你,且满面诚恳一片深情。吉祥话谁不爱?这种时候,不喝是盛情难却,你都觉得自己良心难安,脑子稍微反应慢上半拍,都等不到上菜便悠悠然梦会李太白去了。武威人敬酒,没有千篇一律的雷同,他们善于在不断交流中总结经验,一轮接一轮地敬酒就是在试探摸索,从酒水里量一量你是什么性格,推杯换盏间就掌握了你的"命门",谈笑风生中就让你醉倒于无形,真是应了那句话:推推搡搡千百杯,总有一杯适合你。千万别怀疑酒桌上的武威人,他们此时的智商与情商都处在巅峰水准,你除了醉倒别无选择。

在武威,越是上了年纪的人越爱饮酒,七八十岁的老人组局喝酒亦是常见。壮志未泯,雄心犹在,随便一个善饮的老人都能干翻几个年轻后辈,且老人在酒桌上的地位备受尊崇,人们会争先恐后向其敬酒送上绵绵祝福,划拳喝酒有争议时,也由德高望重的老人来做酒令官,说该谁喝就是谁喝,都不许托词耍赖。这种酒俗流传深远,也是武威人尊老的一种体现。唐天宝八年(749),曾任安西节度使高仙芝幕中掌书记的岑参,在驻凉州两年期间写下的《戏问花门酒家翁》描述的就是凉州老人爱酒的情景。诗曰:"老人七十仍沽酒,千壶百瓮花门口。道傍榆荚仍似钱,摘来沽酒君肯否!"

善饮,还要善劝,否则酒桌气氛没办法活跃。所以,武威人大多擅长辩论,口才出众。古来圣贤皆寂寞,唯有饮者留其名。李太白的《将进酒》,怕是只有在武威人的酒桌上才能得到完全的贯彻实行。不喝酒你都上不了桌,在武威人循循善诱、精湛高超的劝酒技艺下,没有人能够独善其身。

这就是武威的魅力所在,更是河西酒廊得名的直接原因。酒是武威人感情与灵魂的寄托,他们面对心爱的姑娘常常疏于表达,或许一辈子都对自己的父母妻儿说不出个爱字,只能将满腔情义摁进一杯烈酒里,用那份灼烧火热蕴藉心灵,烫出浓烈如酒的生活意味来,然后用这烈酒般的胸怀去拥抱人生。而这份粗中有细、时刻带着酒香微醺的情感,只属于河西酒廊的人们,是凉州酒文化意蕴独特的印记,无酒不凉州的历史传承。

凉州贤孝与凉州宝卷

凉州贤孝，又称凉州劝善书，流行于甘肃省武威市的凉州区、古浪、民勤，以及金昌市、白银市的景泰等地区，主要传承地在武威市的凉州区。贤孝是武威本土一种以三弦为伴奏的古老叙事性民间说唱艺术，寓隐恶扬善、讽时劝世，故名为"贤孝"。

关于凉州贤孝的学术概念就是这样了，但武威人心目中的贤孝却比干巴巴的学术解释更生动有趣。武威人俗称贤孝为"曲儿"，有人也叫"凉州小曲子"。曲儿好听口难开，用来形容贤孝从艺者再合适不过。因为，凉州贤孝的传唱一直以来都由盲人完成，更接近于一种比较文雅的行乞，向来都是盲人谋生的手段。盲人出门唱曲糊口，自然多有艰辛，内中苦楚是正常人难以体会的，人们称之为"唱曲儿的"，更多时候则统称"瞎贤"，瞎，在武威方言中的发声为"ha"，意思就是唱贤孝的瞎子。武威人口语中习惯理解为"瞎弦"的则比较普遍，意为会弹三弦的瞎子，俗称"弹弦子的"。几种叫法各有道理，倒也不必刻意较真，总之专门用来称呼这一职业是没有错的。

二十世纪八九十年代，农村时常有瞎贤游走唱曲，他们大多两人为伴，其中一人必为半盲者专司引路，另一个全盲的承担主唱，就是真正的瞎贤了。当今俗语说"上帝向你关上一扇门，就必然会为你打开一扇窗"，寓意天无绝人之路。或许正应了这句话的深意，瞎贤们因为双目失明，只能靠唱曲来艰难维生，在学习贤孝上面反倒格外聪慧灵敏，他们几乎都不识字，但却凭超人的记忆力学会了冗长的贤孝唱词，遇到有人点唱曲目完全可以做到信手拈来。而且，能主唱贤孝的盲人大多拥有一副好嗓子，还会弹三弦、拉二胡，张口就能博得掌声一片，也算得上是民间歌手中的佼佼者了。

过去在农村没有什么娱乐，山川里外的人们都是瞎贤的追随者，哪里有唱曲的，大人小孩就会蜂拥相随，跟着瞎贤一家家去听曲凑热闹，有爱听贤孝的人一跟一整天的也不是什么稀奇事。瞎贤们因为身患眼疾面容自是没什么可观性，有些甚至面目狰狞使人望而却步，但三弦配二胡的特殊曲调一响却总能引得人前去围观，那时人们追求的才是纯粹的真艺术，而不像现在社会追星主要看颜值。小时候，我家有个远方亲戚就是瞎贤，每年一到冬闲时节，亲戚就从山区来到平川农村的我家借住，然后与隔壁村的另一个瞎贤搭伴，走村串宅去唱曲。那时每到一户人家唱曲，唱完了人家或拿一碗麦子，或送半碗面粉来做酬劳，规矩是数十年约定俗成了的，大家都很乐意并无异议。自然，瞎贤在村里卖唱，村人们尽管可以任性地跟随欣赏，保管到谁家去都备受欢迎。有上了年纪的老人特别钟爱听贤孝的，还会特意邀请瞎贤晚上到他家里去唱曲，一般这种时候才是最考验瞎贤唱曲功底的场合，在行的老人会点了某一个曲牌来听完整版，而不是白天去挨门挨户唱曲时随便唱唱就能了事的了。

完整的贤孝故事类似于折子戏，演绎一个故事总得分好几段来唱，有些长的故事仅唱词就有数万字，故事曲折离奇，曲辞婉转押韵，再由瞎贤金嗓开唱，那当真是"转轴拨弦三两声，未成曲调先有情"。相对于白居易《琵琶行》中的哀怨情愁，武威瞎贤丝弦歌声中却多了一份激扬慷慨、苦口婆心，就这样以最平民化的形式流传于乡野街市，奉行着喻时劝世、为贤行孝的教化职责。

武威人喜欢"听曲儿"，瞎贤们闲来无事除了钻研贤孝，还多有自学中医的，一来为自己身体保养之用，顺便还可以服务乡邻，并以此为多一重的谋生方式。所以，武威人后来把瞎贤就改成了瞎仙，说他们通晓医理颇有妙方。不过，这一群体中自也不乏神神道道替人摸骨算命、禳灾趋吉的勾当，与那神汉神婆所行无差，常常愚弄村人称仙称道，招摇撞骗之举层出不穷，致使人们到了后来心生厌恶，把一个好端端受人同情怜惜的瞎贤职业作践得变了味道，亦

241

失去了不少人的好感，殊为遗憾。

武威城乡如今会唱贤孝的人越来越少，固然因为先进医疗技术的及时救治使得盲人数量骤减和年青一代与时代接轨从小说学普通话，不会熟练使用凉州方言土语进行地方曲艺继承有关，更主要的原因却是多元文娱时代对传统民间艺术的挤压所致。当今社会网络高速发展，躺在家里一部手机就能体验多样娱乐，与过去文娱匮乏的年代相比可谓翻天覆地之巨变，人们早已对相对单调的贤孝失去了观赏兴趣，年轻人更将贤孝视为土和俗的代表，对其不屑一顾。还喜欢和愿意"听曲儿"的多为上了年纪的老人，而听的、看的也大多为着一份情怀，说有多么钟爱这种民间艺术怕是谈不上了。再者，武威农村结构近些年出现巨大调整，在打工热、进城热潮流的持续作用下，农村人口大量流失，瞎贤们无处卖艺有曲唱不得，直接导致了贤孝艺术的萎靡。过去粉丝无数的曲儿彻底受到冷落无人问津，乡村农户间再也难见身背三弦与粮食口袋的瞎贤身影，唯一可以寻觅其踪的地方，也只有武威城里大十字广场一角的自弹自唱了。

还有一个重要原因则是因为演出场地和社会环境的改变。曾几何时瞎贤们唱贤孝为的是凭此谋生，随着咱们国家社会福利制度的完善和国力的提高，残疾人有了充足的福利保障，这也使得盲人群体不需要再去被迫学习这项已然不剩多少热度的曲艺。同样地，即便掌握着贤孝技艺的瞎贤，也没有演出机会与场合。过去"唱曲儿的"在庙会、集市上固定出演，尚能获得数额不等的打赏来提振唱曲的信心，而现今的城市中能够吸引观众的表演太多，贤孝单一的说唱形式完全没有竞争力，留给瞎贤们展示技艺的空间并不宽敞。再比如，以前人们会邀请瞎贤到婚礼或丧礼上演唱渲染气氛，而现在婚礼都在酒店举行，贤孝被现代人视为难登大雅之堂的"土气、俗气、不入流"的东西，势必与高档酒店的装潢和庄重的婚礼现场出现严重违和，所以人们绝不会让贤孝出现在婚宴上。丧礼中的沉重压抑倒是与贤孝中一部分沉郁悲戚的曲目风格类似，但是贤孝曲词常有调侃玩笑夹杂其中，悲情剧目亦不时糅杂诙谐幽默的唱词，自然难以胜任丧仪乐音之职。贤孝也便不适宜出现在丧葬场合。如此一来，贤孝高低难就，除了取乐似乎也没什么现实意义了，失去市场、失去传承也在情理之中。

有赖于互联网时代的利弊参半，基本失业了的当代瞎贤中，也有几个叫得上名号的"角儿"，他们紧跟时代步伐学会了上网，通过网络表演传统曲艺，展示个人才华的同时也把贤孝艺术推向浩繁的网络世界，人们可以隔着千山万水欣赏凉州贤孝，感受这份独特的民间艺术带来的冲击。虽然相对于浩如烟海的网络，凉州贤孝只是一朵毫不起眼的小水花，但值得欣慰的是，我们可以看到继承者们对贤孝艺术急于拯救与振兴的拳拳之心。有朋友曾谈到他远在广西的姑妈，七十多岁的老人家，就是因为思乡情切常常觉得待在那边不开心，但老家亲戚给她推荐了凉州贤孝的网络直播后，从此愁容变欢颜，每天都要听一听乡音乡曲才会安然入睡，以至在广西定居的表弟兴奋地告诉他，从小到大就没觉得一个土味儿十足的东西竟成了子女安抚孝顺古稀父母的大功臣，并为此感到不可思议。其实，有什么想不通的呢？故土难离乡音难改，离开家乡的老武威人，正如贤孝中所唱"是那离了水的鱼娃儿，拔了根的沙柳枝枝儿"，非用家乡的水和土来持续滋养才能保持鲜活的生命力，而贤孝无疑就是最接地气、最能令老人家汲取营养的精神食粮了。一支曲儿解乡情，贤孝当真功莫大焉。

当然，事物总有两面性。贤孝固然有其值得称道的人文价值，自也免不了有使人嫌弃反感的一面，这就要从贤孝的唱词创作说起了。凉州贤孝的唱词具有鲜明的口语性特点，大量使用生动活泼、通俗易懂的凉州方言土语、俚语，还有一部分粗鄙词语也杂糅在内。贤孝唱词句式长短不一，完全根据表达的需要或长或短，自由灵活，但以七字句、八字句为主。贤孝唱词多数押韵，但不是句句入韵，可以根据故事发展随时换韵、切韵，念白部分完全采用凉州方言表述，则韵调宽泛不要求必须入韵。大多数的凉州贤孝，主要以述颂英雄贤士、烈妇淑女、孝子贤孙、帝王将相、才子佳人故事为主，寓隐恶扬善、讽时劝世、因果报应、为贤行孝等宗旨于其中，是歌颂孝子贤人故事的善书贤传，是对中国传统忠孝文化的传承与宣扬。能够通过曲折动人的故事，丰满生动的人物形象，表现普通民众在现实生活中的价值观和道德标准，如传统曲目《丁郎刻母》《白鹦鸽盗桃》等，讲的都是事母至孝的故事和劝教人们为贤为孝的道理，在民间享有很高声誉拥趸无数。但是，也有相当一部分言语粗鄙的酸曲荤调，内容之露骨污秽不堪入耳。这部分曲儿曾经广泛流传于农村炕头田间，说实话除了能够满足某种欲望并无可取之处，还会使人心生不适。

所以，从二十世纪五十年代开始，文化部门数次对贤孝艺人进行登记、培训，并审定了一批曲目，禁唱了一些低级趣味的曲目，同时提倡创新，鼓励艺人编唱新曲，宣传党的方针政策，电台也常选播一些优秀曲目，文艺工作者亦积极创作，优秀艺人多次汇集排演，参加全省及全国性的文艺演出活动，新段子间有流传，贤孝艺术开始走上新的发展阶段。比较知名的新曲目包括《打西北》《十唱毛主席》等，深受城乡群众喜爱，传唱度十分广泛，彻底令贤孝有所改观。

2006年，凉州贤孝被列入第一批国家级非物质文化遗产保护名录，终于得到重视与保护，给了贤孝艺人无比信心，凉州大地上民间曲艺表演渐渐呈现出复苏的向好势头。大浪淘沙始成金，凉州贤孝经受着岁月的淘漉涤荡，通过了广大人民群众的审美考验，艰难而又幸运地留存下来，向世人绽放独特的艺术气息，陶冶了凉州人民的情操，也见证了凉州的兴衰荣辱，终成我们精神意识中不可忽视的一线牵绊，成为凉州文化组成部分中重要的一员。

被武威人熟知的民间曲艺除了凉州贤孝，还有凉州宝卷。

凉州宝卷，也是一种民间说唱艺术，当代在武威地区的主要分布地是张义山区，并以此为中心辐射周边少部分地区。凉州贤孝与凉州宝卷之间牵绊甚深，可以说是你中有我、我中有你的关系。贤孝到底起源于何时一直存有争议，而贤孝与宝卷之间的差异性也为相关研究者所注重。要说清贤孝与宝卷的区别，以及两者来源，就势必要从贤孝的起源说起。

关于凉州贤孝的起源目前有三种主流观点。其一，是来自民国谢树森、谢广恩等所著《镇番遗事历鉴》的论证。据本书之明英宗正统十一年（1446）丙寅条的记载："凉州瞽者钱氏，来镇卖伎。所唱'侯女反唐''因果自报''莺歌宝卷'等，原以觅食计。其声腔浩酣，拨弹谙熟，日每围观者以数百计。按此伎久盛凉州，多为男女瞽者所事之。多说唐宋事，盖汴京遗俗也。"江苏聂谦公《凉州风俗杂录》云："州城俗重娱乐，虽无戏而有歌曲，古称'胡人半解弹琵琶'，今犹未衰。而此时最盛行者，无如'瞽弦'。每曲，瞽者自弹自唱，间有白语。调颇多，喜怒哀乐之情，择其最可者而表之。然所演乐器，已非琵琶，大多为弦子，亦有胡琴、唢呐之类。弦子长三尺许，鼓不大，以羊皮挽面，音沉闷浑浊，犹老翁语。胡琴俗谓'胡胡'，盖由西域而出故名。四弦，以马尾制弓，摩擦令响。其音苍凉粗猛，殆为塞上古音，听之令人凄然。或曰瞽弦，本胡乐也，余亦谓然。"由此可以看出，凉州贤孝在明代已经发展成一种常见的曲艺表演形式，并有《侯女反唐》《因果自报》《鸾歌宝卷》等曲目在民间传唱，表演者是盲人，而他们的乐器和演唱风格也有明确记载，乃为弦子、胡琴、唢呐等乐器伴奏的自弹自唱、韵白相间的"塞上古音"。

《镇番遗事历鉴》与文中提到的《凉州风俗杂录》可以为证，凉州贤孝成熟于明代是确定无疑了。但到底起源于明代之前的什么朝代依然成谜，对此学界提出了不同观点，分别是起源于秦代，起源于唐代的敦煌变文，起源于西夏三种猜测。

先说第一种，贤孝起源于秦代的观点，这一观点主要来自民间传说。秦始皇修筑万里长城，在全国范围内征调民夫，就连残疾人都不能置身事外。万里长城由一块块大型条石铸成，在机械化发达的今天来看，亦是十分宏伟的一项大型工程，秦朝纯人力修造的难度可想而知。然而暴戾的皇帝并不理解民间疾苦，一直在嫌弃工期拖沓要追究责任，有臣下唯恐自己脑袋不保便想出馊主意，怂恿秦始皇下令将劳动力薄弱的盲人垫筑在长城下面，以此来节省运输巨石的时间和精力。始皇帝欣然允准，长城工地上陡然出现用盲人为基的人间惨剧。此举令天地震动，在天上为神帝的伏羲大帝听说后赶来人间化解灾厄，他变幻成一个盲人，用弹唱的形式博得秦始皇好感并劝说其撤回盲人为基的命令，并且医治好了生病的皇后。秦始皇终止了荒唐残酷之行，并允许盲人离开长城工地去自谋出路。伏羲见状便教会了盲人弹唱技艺，让他们卖唱谋生，贤孝就此流传开来。

自然，这种来源于传说的观点并不能被大众广泛接受，人们只是将之看作一个美好的传奇性民间故事罢了。但是，抛开传说中的玄幻成分，再佐以其他历史文献记载来看，贤孝起源于秦代的观点是有一定可信度的。西晋傅玄的

《琵琶赋·序》中曾说："杜挚以为，嬴秦之末，盖苦长城之役，百姓弦鼗而鼓之。"根据有关专家学者考证得知：弦鼗（táo），是指在作为响器的鼗鼓之上绷张数弦，以弹拨的方式奏出优美旋律音调的古老乐器。弦鼗的源头可追溯至秦始皇统治时期。它是在两面蒙有皮革的圆形鼓身中间贯穿一长柄，鼓身两侧用短绳系有小圆球，当转动鼓柄时，鼓身两侧的小球反复敲打鼓面发出声响。弦鼗是指将鼗鼓倒置过来，从鼓柄上张弦至鼓身而弹，从而成为我国古老的竖式弹拨乐器。大体为圆形共鸣箱，音箱上有长柄，柄上张弦竖式弹拨乐器，有近圆形共鸣箱和长柄，竖抱、横抱或斜下抱式弹奏的乐器。从专业解释中可见，这类乐器极为接近三弦，应该就是三弦的前身，而它起源于秦代是真实的。"百姓弦鼗而鼓之"，则指弹奏乐器或说或唱，说唱艺术就此奠定基础，虽然秦代盲人说唱还不叫贤孝，但形式的确立已经为这门曲艺的发展提供了可以追溯的渊源。

　　第二种说法是凉州贤孝起源于唐代敦煌变文的观点。这一观点亦是存在争议最大的一种说法，内中涉及贤孝与宝卷产生的先后顺序，坚持己见的两派学者为此一直在争论辩证，至今都没有彼此统一。敦煌变文首先是佛教传播的产物，我们都知道佛教东进并在河西走廊兴起的时间，是在东汉时期通过丝绸之路传播而来，这一时间肯定晚于秦始皇修筑长城，而敦煌变文作为佛教宣扬教义的通俗版本文学，绝不会是贤孝的最早源头。如果有关系，也只能看作由变文而来的宝卷对贤孝有所影响与促进，却绝难将敦煌变文当作贤孝的母体。二者有相同之处，可以看作孪生，但绝非母子。即便贤孝与宝卷相互有所融合，雷同甚多，也不能改变这个事实。因此，贤孝起源于敦煌变文的论证是不能服众的。

　　第三种观点是凉州贤孝起源于西夏的说法。众所周知，武威作为西夏的陪都，在西夏统治时期相互影响甚深，西夏治国又奉行儒学至贤至孝理念，这与盲人说唱劝善喻世的形式不谋而合，得到皇室认可并称其为"贤孝"就在情理之中。对此，西夏学专家、武威人孙寿龄先生曾有专门的考证。据其《凉州贤孝源于西夏》一文所言，凉州贤孝起源于西夏的观点是颇令人信服的，也有据可查。

三弦在西夏时期已经是西北境内广泛使用的地方乐器，甚而传到了中原与南方地区。宋朝的盲人说唱艺术"陶真"传入西夏，就是有力说明。又据凉州文化研究院公开发表的文章中论证所说，西夏仁孝一朝，通过尊孔崇儒，办汉学，立唱名法，大量出版《孝经》等儒家书籍，使汉家的儒文化孔孟之道，在西夏政权的官僚阶层中影响更加深入，全境内上下阶层都形成了讲贤孝、办贤务、说贤德、唱名法、立忠孝、敬老人的良好风气。西夏统治者将儒学思想精练为"贤孝"二字，并且利用盲人说唱这种老百姓喜闻乐见的民间文艺形式，通俗化、娱乐化地向普通大众宣扬。因此在这个时期唱贤孝之风非常盛行，说贤唱孝已成为全社会一种最崇高，最受人欢迎的时尚，西夏大地到处传播着这种民间说唱艺术，教育感化人们树立忠孝、养贤敬老的高尚道德品质。

贤孝不仅有凉州贤孝，还有永昌贤孝、临夏河州贤孝、青海西宁贤孝，而贤孝的地域分布与西夏的疆域正好吻合。在临夏，还存在一种据说传自皇宫的高端说唱艺术——河州平弦，由此启发，可以猜测西夏也存在三弦弹唱的宫廷乐师，负责为贵族表演，负责创作和教授贤孝曲牌、唱词。在西宁，史料记载明代就存在慈善机构"养济院"，教习盲人唱曲。

凉州地方学者对贤孝起源的论证充分有力，使我们对贤孝文化有了更清晰的认识与思考，同时也为贤孝起源与发展提供了极为详尽的一手资料，殊为难得。

说完了贤孝的起源，我们再来看贤孝与宝卷之间的关系，就有了清晰辩证。凉州宝卷，在武威民间也称为念卷，被视为说唱曲艺同等位中的高层次艺术表现形式。如果将贤孝比作街头卖唱的瞎眼老头，那宝卷则是剧院舞台上闪烁着耀眼光芒珠光宝气的明星艺术家。尽管两者在演唱曲目上存在极为相似和雷同的内容，但演绎场合与主演的身份地位与演出形式却有着天壤之别。

河西宝卷是流传于河西走廊武威市、张掖市、酒泉市和嘉峪关市等地区的一种民间说唱艺术，2006年与贤孝一齐被确定为国家级非物质文化遗产。宝卷在国家颁布的非物质文化遗产名录中，分别被称作"河西宝卷·武威""河西宝卷·张掖""河西宝卷·酒泉"等。武威市古称凉州，所以"河西宝卷·武威"也可以称作"凉州宝卷"。作为同样流传于凉州大地的民间说唱艺术，凉州贤孝与凉州宝卷有诸多相似之处，亦有许多差异，两者具有密切的联系。

在内容形式上贤孝与宝卷都是以劝贤行善为中心思想，只是贤孝更趋向于通俗化、口语化，田间地头、街巷集市即兴演唱，没有什么禁忌与规矩，演出人员也很随意，可以一个人独自说唱，也可以多人参与互相唱答。而宝卷则不然。宝卷毕竟来自佛教衍生，其本身受到佛教、敦煌变文和佛经俗讲的深刻影响，不可避免地会宣扬地狱轮回、因果报应等思想，具有很强的宗教性和神秘性。在宝卷盛行的地方，信徒们会花钱请人抄写宝卷供奉起来，并以此传家。张义山区的农村里，笃信佛教的老人还会将宝卷文本视若珍宝，寿终正寝之际与宝卷一起入棺埋葬，认为宝卷不离身就能脱离尘世苦海往生极乐。因为其宗教意味浓厚，宝卷的地位就要远远高于贤孝，信徒们在听卷之前焚香沐手以待，念卷全程必须保持毕恭毕敬之姿态才算诚心。而念卷人的身份也有讲究，一般都是地方上德高望重的老人或行事端方的读书人，普通乡民百姓是没有念卷资格的。在封建思想尚有遗留的山区农村，妇女也是不被允许念卷的群体，她们参与听卷已被看作一份殊荣了。这也就是笔者所说卖唱盲人与明星艺术家之区别的戏说由来。

贤孝虽然起源较早，但在自身发展上却受宝卷很大的影响，贤孝曲目借鉴和套用宝卷内容亦是司空见惯。如老百姓喜闻乐见的贤孝曲目《白鹦鸽盗桃》就来源于《鹦鸽宝卷》，内中故事、文本、唱词皆脱胎于宝卷，或直接原版复制，以致很多人常有混淆，以为贤孝就是宝卷，两者无分彼此。类似情形还有《侯美英反朝》源于《侯美英反朝宝卷》，《游地狱》源于《唐王游地狱宝卷》，《韩湘子探家》源于《湘子宝卷》，《五女兴唐传》源于《五女兴唐传宝卷》等经典曲目，贤孝与宝卷在此时看来，倒还真有些母子关系了，也难怪有贤孝起源于敦煌变文的观点。

既然贤孝多套取宝卷文本，那二者之间就必然存在结构上的相同之处。比如凉州贤孝和凉州宝卷都由开头、正文、结尾三部分组成。在贤孝中一般称作开篇词，可以是押韵的诗句，也可以是白话念白类似聊天的语句，开场说完就进入正式文本，而故事的呈现，也就是唱词，则搬取宝卷原文的比较多，说是复制粘贴也不为过。完整故事唱完之后，贤孝的结束语也很随意，跟开头一样没什么特别要求，只要人们能听得懂就算圆满，而宝卷就大不一样了。宝卷非常讲求韵律，文辞方面较之贤孝要华丽精致很多，宝卷必定是一首"定场诗"做开头，结尾处也必定要用另一首"劝善诗"来做呼应，首尾相顾前后印证，以此来加深听众印象。宝卷的正文部分对行文辞藻亦有相当高的要求，力求朗朗上口文韵合仄。有幸见过传承了几代的宝卷手抄本，其唱词创作之精心处可见推敲打磨功力，莫说表演了，仅只看文本就是一种文化享受，的确使人颇为震撼。

二者之间最大不同则是演奏乐器与曲调的差异。凉州贤孝常见的多以三弦、二胡为主要伴奏乐器，据说有时也会使用碰铃、碟子等敲击节拍，但笔者孤陋寡闻并未亲眼所见。而凉州宝卷则主要使用扁鼓、简板、碰铃来敲击节拍，相对于贤孝的喧闹，宝卷要庄重安静很多。正因为使用乐器的不同，凉州贤孝适合在集市人多的地方表演，所求就是为一个掌声与喝彩，毕竟曾是盲人赖以谋生的技艺，气氛越是欢闹越好。宝卷的神秘性则注定了这是一项宁静致远的艺术表演，所注重的也并非人多人少，旨在宣扬佛理劝人静心向善。因此，贤孝带来的是嘈杂的市井烟火气，宝卷充斥着的却是淡泊宁静的香火气，两者对比大相径庭。

因为乐器决定了贤孝和宝卷的曲调也大不一样。贤孝既然作为眼盲艺人的谋生技能，就势必要在曲调的繁复变化上来吸引听众，所以其曲牌种类非常丰富，据研究达到了七十七种之多。凉州贤孝艺人都掌握着若干种曲牌，曾经还形成过不同流派，根据流派划分表演地域互不干涉。而凉州宝卷在表演中比较单一，只有简单几个曲调，毕竟宝卷不是为了谋生，没有必要刻意讨好观众，就显得金贵许多。供职于张义镇天梯山石窟凉州宝卷省级传承人的赵旭峰，近些年来对凉州宝卷的整理和发掘作出了很大贡献，还组建了一支专业表演宝卷的小队伍，在河西五地市中享有很高知名度。据他总结凉州宝卷的基本调式有七字调、十字调、五更调、莲花落四种，在念卷时根据不同的内容套用不同的调式即可，基本调式的串接可以套用到不同的宝卷作品上，不似贤孝那般花哨。

凉州贤孝和凉州宝卷都是流布于凉州大地上的民间文艺，就不可避免还有相同和相通之处。同为地方曲艺，贤孝与宝卷汲取凉州方言特色，在演唱过程中使用了大量的凉州方言土语、谚语俗语，整体呈现出朴素生动的群众文艺本质，乡土气息十分浓厚，极为符合当地群众的审美情趣，因此深受欢迎，使其得以长久传承。值得称道的是，民间曲艺正是得自乡土厚壤的滋养，凝练出一大批富含哲理通俗易懂的唱段，看似浅显实则寓意深远。比如：一山的松柏树一山的花，花笑松柏树不如他，有朝一日遭霜杀，只见松柏不见花；一河的石头一河的沙，沙笑石头不如他，有朝一日洪水发，只见石头不见沙；一嘴的舌头一嘴的牙，牙笑舌头不如他，有朝一日人老了，只见舌头不见牙……诸如此类的唱词不胜枚举，足见民间文学之魅力。老武威人对耳熟能详的经典贤孝唱词和宝卷曲目几乎全都能够做到张口即来，的确是深入人心的好作品。

随着国家对非物质文化遗产的保护，凉州贤孝和凉州宝卷正逐渐发展成为舞台表演艺术，大量的文艺人、音乐人介入其中，使之焕发出新的生机，大大提升了艺术内涵。如近两年备受关注的兰州音乐人张尕怂，就糅合了贤孝、宝卷以及其他西北民间曲艺形式，从中凝练创作了不少新歌曲，得到本地人喜爱，也将以西北民间小调为基础的音乐推向乐坛，向更多人重新推介了西北地方曲艺，相信人们对这两种土味文艺的认识也会随之改变。

凉州社火与凉州民歌

社火是中国汉族民间一种庆祝春节时必备的传统庆典活动，在西北地区青海、甘肃、陕西等省份盛行，属于非物质文化遗产，也是高台、高跷、旱船、舞狮、舞龙、秧歌等民俗表演形式的通称，具体形式随地域而有较大差异。

凉州社火历史久远，拥有非常深厚的群众基础，深受人民群众喜爱，是另一种受到广泛关注并让人们喜闻乐见的民间文娱表演艺术。社火表演需要多人参与，少则几十，多则上百，群娱性和互动性都非常强，流行于武威城乡间的社火除了外在形式，还有许多规矩讲究和仪式议程，深谙其道的老武威人讲起社火来头头是道，使人大有常听常新眼前一亮的惊艳之感。

跟其他地方的社火一样，凉州社火也有着花花绿绿五彩缤纷的外形，而不同的是，凉州社火表演队有个专用名称，叫"身子"。装扮社火角色，很自然就是"装身子"，而卸妆就叫"卸身子"。在武威城乡，特别是农村里更注重仪式感，社火表演者每天上妆前、卸妆时都要焚香参拜过后才能施行，而出门表演更有数不清的定规和注意事项，一板一眼皆有专人指导监督，督导者被尊称为"会长"。一队社火中大多有十数名会长跟队，全都由主办方人员与当地通晓社火礼俗的行家担任，负责外界联谊和队员参演全过程中的一切行为事务，在社火队伍中享有说一不二的权力。

关于社火的起源，各地民间有许多传说，地域和省份间的说法出入很大。但是，无论是陕西、山西的社火，还是东北、西北的社火，所有起源之说的故事里都事关一个重要人物"庄王爷"，更与一场战事有着深厚的渊源。庄王爷到底是谁？这就是各地传说争议与出入最大的问题，分别有"苗庄王""楚庄王""周庄王"几个版本，民间为此屡起争执众说纷纭，后来懒得争辩就索性笼统地叫了一个"庄王爷"才算了事。本次写《武威传》凉州社火篇，笔者特意查阅古今资料考证，以为源自周庄王的说法比较使人信服。

我们都知道，周朝是历史上存续时间最长的朝代，国君分封各路诸侯管理国家，以天下共主自居。从富有神话色彩的武王姬发开始到烽火戏诸侯的周幽王，又从周平王迁都洛阳到周赧王被秦所灭而结束，一共存在了七百九十年，各路诸侯尊称周王为"天子"。东周时期，在历史中也叫春秋战国时期，春秋专指东周前半段时期，也就是春秋五霸统治天下的年代，而战国则是指春秋结束之后的一段时期，我们熟知的战国七雄争战不休的时代。社火视为祖师爷的"庄王爷"便诞生在春秋时期，东周的第三位天子姬佗。周庄王在位期间，东周时局动荡依旧，其父周桓王由于偏爱次子王子克，为庄王兄弟阋墙埋下隐患。王子克的股肱大臣周公黑肩怂恿王子克谋夺王位，发动了叛乱，这就是著名的"王子克之乱"。

社火源头就从"王子克之乱"中脱形而来。传说庄王成为周天子之后，其弟王子克发动兵变，一次战役中王子克的军队包围了庄王和亲信文武大臣。彼时正值立春前夕，王城被围困数日，眼看叛军即将破城而入，庄王与臣子们忧心不已，苦思突围良策。其中有一位据说是丞相的谋士向君王献策，奉上扮装戏服伴做春祭以求出城的计谋。这里的戏服扮相不同于当今社火纯娱乐性质，而是在商汤时起就被尊为国礼的祭神祀礼，得益于中国上古神话传说的原始神秘性，祭祀在当时非常具有权威，没有人敢于质疑和挑衅。尤其是立春时的祭祀，被看作新年伊始祭告天地祈求风调雨顺、五谷丰登的重大事件，以农业耕种为主的时代，谁敢在春祭之事上乱做手脚？庄王一听豁然开朗，知道这是一个好主意，便采取了丞相谏言连夜打扮起来，令文武臣子与王后公主们扮上角色，等天明时分出城祭祀天地。

有学者研究民俗发现，商周时期王室尤为重视祭祀，认为世间一切皆由天神赐予，越是位高权重者越对虚无中的神明尊敬信服。王子克是庄王亲弟，又怀揣坐上天下共主的巨大野心，自然对这场春祭诚惶诚恐，并不疑有他。等到庄王率队出城之时，王子克看着祭祀队伍载歌载舞通过，不但没有阻拦还恭敬参拜相送，庄王就此突围而去，重新征调兵马反扑王子克，此时王子克才知自己上了当，但已经于事无补，最后大败而死。

庄王借由社火终于平息了一场反叛，坐稳了王位，成为千古传奇故事。民间为了纪念这一创举，纷纷效仿庄王之举，每年立春时组织人员演绎这段故事，力求还原当时逼真场景，慢慢就有了民间的社火表演。自然，为了区别王室春祭大礼，民间社火不免就加入了一些非正式内容，比如故意扮丑、扮傻来博人一笑的角色，诙谐有趣之处与国礼祭祀的庄重肃穆完全不同。正因为社火脱形于春祭，尽管可玩闹、可调侃，但内中祭神祀神的传统却保留了下来，直到现在各地社火祭天地诸神的民俗还在按部就班进行，哪一队社火少了这一环节必然是缺少灵魂的，也不会得到群众认可。

社火来源的考证与周庄王相符，凉州社火的种种定规就有了经得起推敲的论证。首先"庄王爷"并非某些文章中所说的楚庄王，原因无非来自地域考证。楚庄王所在的楚国在今湖南、湖北一代，史书上记载楚受封于周成王时，活动于汉水和长江中游之间，那时的古楚还被排除在华夏之外，春秋时期楚国国君自立为王，后被周惠王授为南方夷越之长才成了华夏大家庭的一员。大诗人屈原就是古楚国的没落王族，而屈原的家乡居于今天的湖北宜昌，古代称为丹阳秭归。可见，楚庄王即便有创立社火的举动，能够影响到西北却是不可能的，因为那个时候的西北，特别是河西走廊地带还属于西戎世居之地，远在湘鄂的楚庄王只是周朝下辖的一个诸侯国主，他的影响力并不足以深入西戎。另一方面，从今天社火流布区域也可以得知，湘鄂之地并不推崇这一民俗，社火表演在民间远不如西北省份深入，因此可以判定楚庄王与社火的起源并没有关系。

还有一说，将"庄王爷"说成苗庄王。关于苗庄王的故事在武威民间多有传说，与本文中笔者考证的社火起源故事如出一辙，都是被困于城池之中，然后扮作社火队伍突围的套路，只是将庄王的姓氏从"周"换成了"苗"。翻阅史书可知，中国历史上并无苗庄王这么一号人物，反倒在武威民间的佛教故事中找到了其人的蛛丝马迹。苗庄王原为妙庄王，是存在于佛教传说中的人物，据说还是千手观音妙善的生父，妙庄王受女儿劝化修道成仙后的封号。清朝末年，甘肃陇南地区某个秦腔班还供奉妙庄王为祖师爷，想来也不过是借着老百姓的信奉而行，借此为戏班长续而打出的招牌罢了。从这个牵强附会的传说中就能看出，民间百姓连佛教和道教都混淆不清，以讹传讹地杜撰出一个非佛非道的人物来，并与社火挂钩的做法就更没有说服力了。所以说，社火源于周庄王的论证相对来说更符合逻辑。

说完了起源，我们再来看社火的表演形式。社火表演传承久远，不论是史书记载还是民间流俗中，都公认参与表演者的妆容须得浓墨重彩，衣饰必然鲜艳亮丽，整个演出极尽浮夸之态，却又暗藏规矩方圆。首先，凉州社火人员组成有定规。自上而下有春官老爷两位，衙差四名。个别乡镇也有选一位春官老爷的，跟随衙差相应也就只有两名。春官老爷的遴选十分讲究，须得是本村、本镇大家公认的德高望重之人担任，非名士不能入选。因为春官老爷对应的社火人物是庄王，在整个社火表演过程中，短则四五天，长则十余日，春官老爷每天都要接受无数赞礼与朝拜，有些乡村里还有请春官老爷赐福的传统，人们认为春官老爷给予小孩子祝福能够令孩子茁壮成长学有所成。因此，春官老爷的扮演者在现实中也要服众才能受到尊敬，常见的扮相为挂髯口、着长袍、戴礼帽，再加一副墨镜，手执羽扇挥斥方遒。如果一队社火中有两名春官老爷，区分正副就全看髯口了，白胡子的是大老爷，黑长须的就是陪老爷。

凉州社火被当地人称为"丑社火"，这其中有两层意思。其一是指社火的扮相与表演以装丑装傻为特色，左右之分的两列队伍人数完全一致，角色完全一致，除春官老爷外，打头二人"傻公子"和"丑婆子"，就要求扮傻扮丑，越是疯癫越好，越是浮夸搞笑越能受到欢迎。其中还有膏药匠、报子的表演也力求博人一笑，这些人的妆容以丑为乐，所以有丑社火一说。其二，是因为凉州社火词借鉴和融合了凉州贤孝与凉州花儿的唱词风格，内中不乏酸曲荤调，某些场合下大姑娘小媳妇们是不被允许欣赏的，便也有了丑社火的戏骂之声。

凉州社火小型规模的一般由十八人组成，比较全套的则达到了三十多人，这还不算跟队联系外事的会长们。常见的角色为鼓子匠、蜡花女、棒槌子，外加两名傻公子，两名丑婆子，这些角色须得两两相对组成彼此对应的两支队伍。而膏药匠、报子和瘟神爷则分别只要一个，无须成双成对。不要求必须上妆的则有大鼓匠和负责抬鼓的数名辅助人员，以及专司铙钹、铜锣的乐手们。大鼓匠在社火表演中至关重要，由打鼓十分拿手的行家担任，全程带动社火节奏与气氛，大鼓直径一米开外，能敲出声震四野的宏大音乐效果。凉州社火鼓点节奏有快有慢，可以舒缓也可以激昂，有三点、五点和七点等鼓点的区别，分别对应固定的鼓声音律，主要看是在什么场合下表演来做调整。这个节奏的掌握全在大鼓匠对现场的审视把控，而队伍中的鼓子匠身背腰鼓，跟随的鼓点节奏和脚下步伐都受大鼓领导。

　　这里要着重说一下武威社火中鼓子匠的鼓。社火鼓属于腰鼓的一种，但它的尺寸和造型又不同于其他鼓类乐器，更像是兰州太平鼓与安塞腰鼓的结合体，比太平鼓体积小，又比腰鼓大，鼓身一如腰鼓般中间粗两端呈流线型渐细之姿，上面绘有龙凤等吉祥图案花纹，是武威特有的一种融合了多种鼓元素造型的特殊乐器。鼓子匠做武士打扮，多选用明黄、翠绿、火红等色调饱满的布料来做演出服，其上缝制铆钉与盘扣，剑袖、束脚非常英武利落。鼓子匠的头饰也极力还原武士装扮，一般为仿古武士巾帽，配以浓重的戏剧妆容活脱脱戏曲中武松的造型，颇有戏曲俏皮意味。过去在张义山区和古浪一带，鼓子匠的帽饰还有用高筒毡帽的，帽尖上常缝制粘贴五彩绒花或纸花，应是承袭西北草原民族的装扮风俗，又加入社火表演的多重元素而来。

　　如果说鼓子匠是庄王身边的武士扮演而来，那蜡花女就是当年庄王的公主妃嫔们了。传说亦是如此，社火中傻公子分别为左右丞相，丑婆子是王后、宠妃扮演，而手执棒槌的童子则是王室的王子们了。蜡花女，顾名思义是年轻的女子，人数与鼓子匠相等，夹在队伍中是为社火的颜值担当，扮相秾丽朱唇玉面，衣饰考究极尽华彩。蜡花女多数手执小巧的铙钹，跟随鼓点演奏符合节拍的音律。武威民间称这种手掌大小的铙做"镲镲"，是根据音色拟声而来的叫法，把这种奏乐形式称为"拍镲镲"。而其后跟随的小童，两手各执一根光滑的棒槌相互敲击合拍，俗名"棒槌子"。膏药匠是社火表演中的纪律维持者，但因为其着意扮丑扮疯的造型，常常使得观赏者忍俊不禁，反倒忽视了这个角色肩负的控场职责，人们更喜欢看他搞怪，被视为气氛的制造者。膏药匠是除傻公子之外，在社火队中负责唱社火词的歌手，而且主唱非正经那一类的酸曲荤调。凉州社火词有传统的老词曲，也有当代新编小调，根据不同场合、不同对象歌颂唱答，但很多时候他们被观众要求现编现唱。所以，承担歌手的傻公子和膏药匠就势必要有一定才华。所不同的是，傻公子唱曲都比较正式，而膏药匠既要肚子里有墨水，还要懂得幽默善于调节氛围，是个一般人难以胜任的重要角色。

一部分社火中压阵的还有个不可忽视的角色，就是瘟神，尊称"瘟神爷"。不管是社火中的瘟神，还是道教故事中的瘟神，这个角色都至关重要。凉州社火中何时加入的瘟神已经无从考证，也不是所有社火队伍都有这一角色。但不难想象，瘟神的增加代表着过去人们对瘟疫的恐惧，也反映出大众对瘟疫的深恶痛绝。在古代，瘟疫是仅次于天灾的巨大困厄，历史上曾有不少关于瘟疫使村镇灭绝的记载，在那些伤风感冒都能要人命的时代，百姓谈瘟色变避之唯恐不及。不过，凉州人骨子里的彪悍决定了他们的行事风格，越是忌惮某一件事或某一个人，就越要勇敢面对。他们在社火中加上瘟神，是对内心恐惧的正面回击，克服恐惧首先战胜了自己，而战胜自己就将赢得一切。因此，凉州社火中的瘟神很特别，着一身火红戏袍，手捧杨柳净瓶广施甘露，意在驱逐瘟疫消解疾病。春官老爷寓为迎春赐福，瘟神代表着疫散人安，首尾相顾有始有终，一场社火达到这个排场方算得是圆满无憾。

凉州社火注重一个"闹"字，口语中就叫闹社火，既然是闹，就必定是热闹喧腾、红红火火的。敲锣打鼓花团锦簇之外，最有特色的就属社火词了。凉州社火词借鉴贤孝和花儿的唱法，内容上又有所区别，更为口语化，也更通俗浅白。社火词也讲究押韵，但长短句式没有固定要求，便于当场创作，不过唱词倒是有角色分配。傻公子唱词常常提纲挈领，丑婆子插科打诨，蜡花女含蓄文雅，膏药匠说笑逗乐……唯有鼓子匠是没有非唱不可要求的，他们只需打出精彩的鼓乐来就已经气场大开威风凛凛了。社火唱词在以前多有粗俗之作，八九十年代的武威大部分地方都不要女性来装扮角色，蜡花女就只能选面容清秀的青年男子来扮演。到了新世纪，文化部门审定社火表演时禁唱了那些低级趣味的词曲，又发动全民编写创作了很多新唱词，内容多为赞颂美好时代、歌唱幸福生活健康积极的作品，社火表演才逐渐接纳女性直接参演了。现如今的凉州社火中，女性反倒比男性更乐于参加表演，真正成了社火的颜值担当和中坚力量，令社火拥有了新时代正能量的文娱内涵，更受广大人民群众喜爱。

  凉州社火表演一直都处于发展之中，兼收并蓄博采众长，在长期融合下还加入了舞龙、舞狮、高跷、旱船等形式各异的元素，新时代更是将彩车、花车引入社火表演，令其阵容更显强大，也更具有鲜活的生命力。有一年回老家过春节，正赶上武威市大型社火展演活动，有幸见识到了城乡二十多支社火队欢聚一堂共庆盛世华年的盛大表演，当真令人一饱眼福之余深感震撼。看着各种风格的社火队从城区主要街道上鱼贯行过，铿锵的锣鼓声中不由便想起几十年前在乡下亲身参演社火的经历。那时笔者也曾腰挽长鼓、身着劲装担任过村里社火队的鼓子匠，迈着"十字步"走进乡邻人家去送福送欢乐，喝过主人家盛情难却的烈酒，吃过最甜的水果糖和大红枣，与邻村的社火队会演时，还曾甩着鼓槌翻腾跳跃与之一较高下，凭借精湛鼓技获得掌声无数……事逾经年，回首苍茫，那些美好的纯粹的欢乐已成记忆深处永难忘怀的流年往事，每每想起也只剩了风尘滚滚中一幕幕泛黄的画面，不似今日青山绿水的小城街头间那般清晰鲜活。时代在前进，传统却尚有保留与发展，这种不灭的传承总能使人欣喜无限，也更加值得珍视。

  社火对凉州人民群众的日常生活意义重大，民间各地自发组织表演，他们沉浸在自我欣赏、自我娱乐、自我陶醉中，以最质朴的心态来继承和发扬这一民俗传统，集合吸纳一切可以引用的民间艺术形式并加以创新利用，形成了常看常新经久不衰的民间文化。闹社火、办社火、看社火，广大群众都乐在其中。在武威，没有社火就没有过年的氛围，也失去了过年的乐趣。有着这个共同的认知，凉州社火就拥有了赖以生长的深厚土壤，传承了几千年的民间文化才得到接续，在每一个时代都绽放出生机勃勃的生命之花。

武威民间传统艺术中，凉州民歌必须拥有一席之地。凉州民歌包括多种体裁和品种，主要有劳动号子、小调、山歌（花儿）等。民歌是处在社会最底层的老百姓表达自己的思想、感情、意识和愿望的一种艺术形式。在很长的历史时期里，民歌是社会最底层百姓的"精神食粮"，也是他们的心声，因此有专家称，民歌是"打开人类心灵的钥匙"。

　　从敦煌发掘出的"曲子"资料和有关燕乐、变文的记载中可以看出，唐时，凉州民歌的创作和流传是相当繁盛的。随着反映生活内容的需要，唐代民歌经过许多人的不断加工，曲调风格和演唱形式都有了更高的发展，还被广泛地运用于说唱、歌舞中，成为民歌通向更复杂的艺术形式的桥梁，也对以后宋词、元曲的发展起着积极有益的影响。

　　明、清两代，也是凉州民歌发展的一个高潮。当时有人认为"诗让唐，词让宋，曲让元"，只有民歌小曲，才为当朝的"一绝"，是明代文化的代表。据《搜狙记异》记载，有个牧人叫王忻，"一日宿于青土湖，至夜，有歌童远吟，其声哀婉。翌日，忻归告于学者归与曰：'小娃所歌，惟失我失我耳，余不知所云者。'学者恍然曰：'知之矣。昔日霍去病征西逐匈房休屠被戮，浑邪击溃，因置武威、酒泉二郡。匈奴思欲再得斯土，故作歌曰：失我祁连山，使我六畜不蕃息；失我焉支山，使我妇女无颜色。歌童所吟者，匈奴歌也"。其时凉州民歌的流播，由上述逸事中或可领略一二。此外，明代也有人曾说："嘉隆间乃兴'闹五更''寄生草''罗江怨''哭皇天''干荷叶''粉红莲''银钮丝'之属……后又有'打枣杆''桂枝儿'二曲，其腔调约略相似，则不问南北，不问男女良贱，人人习之，亦人人喜听之。"（明·沈德符《野荻编》）其中的"闹五更""哭皇天""打枣杆""银钮丝""粉红莲"等曲名，在凉州民间仍广为流传。

　　从艺术上讲，民歌又是其他一切音乐形式的基础和胚胎。匈牙利作曲家巴托克曾经说过："就单首曲调而言，民歌的旋律是艺术的最高典范。"普遍来说，凉州的民间音乐包括说唱、戏曲及民族器乐，都从民歌当中吸取了大量的素材，如果把全部音乐比作大树的话，那么，社会无疑是土壤，民歌则是大树的根，其他艺术形式，如戏曲、说唱音乐等，则是繁茂的枝、叶、花、果。

在某种意义上，我们所说凉州民歌，其实就是指小调，或称"小曲子"。凉州民歌（小曲子）的数量超过千余首，多为"里巷之声"。在形式上，艺术加工的成分比较明显，流传广泛，常常一首小调能以各种变体流传各地，如《刮地风》《织手巾》等。就题材而言，凉州民歌反映的社会层面也较广泛，大至重大的历史事件，小至一景一物一事一语，甚至游戏玩谑，无不包容尽致。可以说，千余首小调构成了一幅纷繁生动的凉州风俗画，称其是活动的"清明上河图"也不为过，对研究凉州历史和风情民俗都具有重要的参考价值。

凉州民歌在艺术上有着自己的特点，其表现形式一般为多段分节歌式的选唱，有长有短，大小不一；发展较自由，句式多样化；叙事性强，有即兴发挥的余地，曲调优美朴实；节奏顿挫分明，调式色彩亦有"花音"与"苦音"的区别。根据内容，凉州民歌可分为五类，即生活类、爱情类、传说故事类、新词类和杂类。其中爱情类的数量最大，形式也较多，主要有《十里亭》《太阳当天过》《闹五更》和《王哥放羊》等，其中《王哥放羊》流传最广，演唱形式也别致新颖。传说故事类的数量仅次于爱情类，质量较好的是《十二古人》《十盏灯》《十把扇子》，其中《十盏灯》最为群众所喜爱。生活类的数量也较多，流传最广泛的是《小男子出门》。新词类的数量较少，质量也很高，突出的有《大西北》《挑民兵》《齐飞卿》等。

凉州民歌的演唱，不仅仅是自娱性的，也带有娱他性、商业性、欣赏性，所以常常有乐器伴奏，虽然伴奏多为随腔，但也常有支声复调式的加花变奏。小调当中，有许多常以"十二月""四季""五更""花名"等形式连缀，在同一曲调进行多段词的反复，且有不同的节奏和速度的变化，这都是凉州民歌的特点。

武威民歌中传唱度最广的，贤孝与社火也能通用的作品非《王哥放羊》莫属。这首民歌，全篇以歌颂男女之间纯真质朴的爱情为基调，文采哗然韵律美妙，在武威以及河西走廊几乎家喻户晓。节录如下：

正月大来二月小，
我和王哥闹元宵。

你闹元宵我不爱,
一心要走个西口外。
西口外来地方大,
挣不下银钱难回家,
把你的银钱看了个咋(看得太重)。
刘家的女娃子十七八。
今年个去,明年个来,
明年不来把人急坏。
想干了,想瘦了,
想着脸上没肉了。
王哥在那当院子站,
四合头院子蛇抱蛋。
蹲下好像姑娘站,
王哥长得真好看。

二月到来,草芽发,
响堂峡里种庄稼。
王哥一把我一把,
种下的胡麻赛头发。
大门道里搭了个话,
二门道里说实话。
我给你王哥说悄悄话,
你去给我买手帕。
西宁的手帕麻子花,
兰州的手帕价钱大。
麻子花了价钱大,
你去了给我买上吧。
要买买上一对子,

要爱爱上一辈子。
要好好上一辈子,
要玩玩上一辈子。

三月里来清明正,
家家户户上新坟。
在的人上坟成双对,
王哥上坟是一个人。

四月里来四月八,
我和王哥街上夸。
白布衬衫花马夹,
你说鲜啥不鲜啥(鲜艳)。

五月里来五端阳,
杨柳插在大门上。
雄黄药酒高升上,
我和王哥喝一场。
大红桌子摆一张,
酒肉的碟子都端上。
推估(借口)给酒摸了个手,
这么的热闹哪里有。

六月里来热难挡,
王哥放羊高山上。
在的人放羊在荒草滩,
王哥放羊在高山上。
日落西山羊进圈,

怎么不见王哥面。
等着王哥快回来,
我和王哥喧一喧。
搬住墙头瞭王哥,
墙头上搬了个大豁落。
天爷下了泥豁落,
这就是为了我的王哥哥。
搬住大门瞭王哥,
王哥赶的羊儿多。
花姑娘花姑娘往后挪,
不要把王哥的羊搅错。
大羊数了三百三,
羊羔子数了八十三。
三百三了八十三,
鞭杆子搁下了快吃饭。
红花碟子绿大碗,
一吃吃了七八碗。
七八碗了七八碗,
吃罢饭了就玩一玩。

　　除了民歌,凉州民谣和童谣也十分了得。武威人小时候都是听着唱着民谣来做摇篮曲的,比较知名的有《搓捻捻》《喜鹊叫喳喳》《天爷大大下》《梭罗罗树》等朗朗上口的作品。凉州民谣与凉州民歌一同入围省级非遗保护名录,地方文化工作者近些年来更是整理汇编出不少篇章,感兴趣的朋友可以做专门了解,相信武威民间文艺会使人有耳目一新之感。

别开生面的武威方言

各地都有自己的语言习惯，人称方言，又叫土话。方言的特点主要有三个方面：用词，发音，语气。三者结合就形成了地方语言。

有人曾经做过一个方言排名，列出十大最难懂方言来，里面有全国人民公认的几种方言，如闽南语、潮汕话、粤语等。去过这些地方的人都有亲身体会，同为炎黄子孙的中国人，方言的差异常常会成为人与人之间语言交流的障碍，有些地方话晦涩难懂交流起来足以使人怀疑人生。武威方言没有入选排名，被归结在北方方言的大体系之中，但细加研究就会发现，武威方言也是令人抓狂的一种特色土语，其语言之难懂，发音之奇特说成是"鸟语"并不为过。

武威方言是中国语言差异化的折射和缩影，因为就在这方土地，三县一区总人口不到两百万的五线城市，细微差别完全忽略后有明显差异的方言就达到六七种之多。以凉州区城区及周边乡镇为例，城东的清源镇方言就与城北大为不同，而城北与城南又有区别。清源方言的特点主要体现在声母中翘舌音的分辨上，他们分不清舌尖前音和舌尖后音，又或者说在清源人的口语中没有舌尖前音这种发音方式，汉语拼音中的 zh/ch/sh 和 z/c/s 在清源人的舌头上是不可能分清的，他们统一用翘舌音。举例：做、子、在、草、足、早、菜、藏、森、从、次、怎……这些舌音，在清源人的舌头上根本不能正常发音，他们说出来的时候就会相应地变成：桌、纸、寨、吵、逐、找、拆、长、深、虫、吃、正……你看，这有多么奇特？恐怕走遍大江南北再也找不出清源特色的方言来了。

与清源话有着异曲同工之妙的凉州方言，则是韵母中前鼻音和后鼻音的混淆。凉州话，在武威专指城区及城近郊口语中不分前后鼻音，却仅针对一个韵母难以区分的一种特殊方言，分布地遍及近远郊许多地方，除个别三两个乡镇外，基本都说凉州话。这种方言被人形象地概括为"言羊不分话"。怎么理解呢？就是说凉州话并非完全不区分前后鼻音，而是单纯地分不清 an 和 ang，其他后鼻音韵母如 eng/ing/ong 却不存在发音问题。举例：汉语中前鼻音的字如：言，半、残、单、帆、干、兰、看、憨、禅、三……以 an 为韵脚的字，在凉州话的口语中分别读作：羊、棒、长、当、方、刚、狼、康、夯、长、桑……诸如此类。还有一点不同之处则与清源话恰恰相反，凉州话又是把翘舌音统一归类进平舌音里来说的，口语中没有 zh/ch/sh 的发音，只有 z/c/s，比如茶，发音就是 ca，沙的发音为 sa，炸则是 za……令人好笑的是，几乎在整个武威市，能够准确说出翘舌音与平舌音的只有古浪人，其他所有人口，甚至远涉隔壁的金昌、张掖、酒泉等地，河西走廊诸地市里不分翘舌音与平舌音的方言地域比比皆是。

凉州话和清源话固然难以理解，但相对于民勤方言却要通俗很多了，民勤话才是武威最不容易听懂的一种方言。民勤人在武威常被调侃为"倒糟"，就是得自民勤方言中的常用语，也是一句骂人的话。"别拉个倒糟"是他们的口头禅，意为那是个坏蛋。这句话的使用频率在民勤十分普遍，嬉笑怒骂皆能用到，根据不同场合的不同语气，能在多种情绪中间自由转换，只要能够听得懂话里所指也十分生动有趣。民勤方言除发音具有吴语腔调外，最显著的特征是 n/l 相混。比如：那 na 念成辣 la，奈 nai 念成赖 lai 等。因为 n 与 l 的混淆，民勤人说话惹出了不少笑话，被人编成段子、拍成视频的也有很多。武威方言统归为兰银官话河西片，而民勤方言的这一特征在兰银官话河西片中却是独一无二的，有别于北方方言体系，也不同于南方话，究其原因难免要牵涉另一个话题，那就是民勤人祖上来自南方的事实。民勤方言中既有南方吴侬软语的特征，也受西北方言影响，这与民勤县的历史建置沿革有莫大关系。民勤在历史上经历过两次大型移民屯守,一次是西汉武帝时期,另一次则在明代初期。

西汉驱逐匈奴设置河西四郡是中原王权向西移民的开端,由此开启了历代汉族政权移民实边的地域性扩张策略,而这一战略在明代达到高峰,明王朝向西北移民的规模空前巨大,大槐树因此成为无数先民追溯来历的根脉。历代以来大量内地汉民迁入民勤境内,或戍守,或垦殖。在历史沿革的过程中,他们和当地原住民以及西北少数民族杂处一地,长期共同生活,互相影响,渐渐形成了独特的民勤方言。根据现有历史资料考证所知,西汉时武威郡屯田将士、实边移民以及避难民众多来自今河南、河北、山东、安徽、浙江、陕西、宁夏和甘肃东部地区等地,他们构成了河西基本居民,是武威及河西走廊汉族人口的主要来源。之后各个朝代向西移民的步伐从未停止,官方的或自发的关东人来到武威安家落户,充实了当地原住民人口数量,带来了关东地区的先进文化,他们操着各地口音成为近邻、同事,多种语言相互混杂使用为武威方言奠定了地方特色的基础。(这里的关东是指函谷关以东地区的统称)

到明洪武四年(1371),明统治者着力在河西施行大规模屯田和移民实边,设置了临河卫,由江南滁州人王兴出任临河卫镇番营掌印指挥,卫驻二千五百名官兵。明代卫所军士戍边施行"三分守城,七分屯垦"的政策,"每军授田五十亩",无事为农,有事为军。简单来说就是半军事化机制,相对于纯农民又多了兵卒的一份责任。根据当时的规定,许多卫所将士只能带着家眷一起戍边,不然田地荒芜也是重罪。江南滁州,即今天的安徽滁州。明代,安徽、江苏统称江南,行政区划属于南直隶,毗邻接壤的两个省份在那时并无省界区分,而浙江虽不在南直隶管辖范围内,因为共饮长江水的关系与江苏也算一家人。因此,滁州人王兴统领的二千五百名官兵基本都是从江南而来,连带这些人的家眷亲属,人口当不低于万余之数。之后,明朝廷继续向西移民,很多人从江淮一带、中原和山西的浑源、汾阳、沁源、潞城、沁水、翼城、曲沃、洪洞、襄汾等地迁于民勤落户。史志记载至洪武二十九年(1396),镇番卫屯田人数达五千五百人。至成化末(1487年前后),人口增加很快,镇番卫已有近万人从事垦殖活动。

由此可以看出,明代镇番卫移民很多来自今江苏、浙江、安徽等地。移民的到来促进了民勤的全面发展，也一并把江南方言带到了西北，成为民勤方言最主要的语言构成元素。民勤方言糅合了各地方言特色，博采众长自成一派，很多语言已经难以分得清是南方语系还是北方语系了，也说不清到底是当地语言还是外地话，便难免会出现很多似是而非的口语。民勤人口中经常出现的词汇，如：欧拉、兀拉、兀拉个、兀的、怛杆、扎娃、机抓、掂炫、个那死、慌狍子、懒皇胎、冇出鬼、闲呆子、倒戈郎、索罗铃铛、血斯呼啦、格里生外、胡求毛吊、毛里搁草、冰几洼搭、呱声妄亮、黑蛆乌拉、克齐麻嚓、散不拉海、死缠钩带、噎死抈活……这些方言有音无字难以书写，只可意会不能言传，皆为多种语言结合的产物，只有民勤人自己能听得懂，也只有他们理解那些话说的是什么意思，故有"天下有民勤，民勤无天下"的戏言。

说完了凉州区和民勤，我们再来看看古浪和天祝的方言。之所以把古浪和天祝放在一起讲，是因为这两个县接壤而居，语言上有很多相似与相同之处。在整个武威市，若论学习普通话的难易程度，能把舌头捋直了发音的恐怕就只有古浪人和天祝人了。这两个县的人们没有 n/l 不分的困扰，也没有"言羊混淆"的习惯，发音相对比较贴合普通话。但是，在武威素有"百里不同天，十里不同音"的说法，即便是山头连着山头、田埂接着田埂，古浪和天祝的方言也还是有着一定差异的。

天祝是新中国成立后的第一个少数民族自治县，1958 年的时候古浪还曾撤县并入过天祝县，在语言习惯上有很多共通之处不足为奇。然而，天祝作为藏族人口为主的一片天地，也有属于自己民族的传承和坚守，日常方言在藏语之外，吸收融合古浪话不可避免。因此，古浪和天祝的方言最为接近，是直接区别于凉州区方言和民勤的地方语言。因地域相近而互相影响语言习惯的事例，还体现在凉州区和古浪县相接处的黄羊镇一带，黄羊镇人的方言用词完全与凉州区"言羊不分"的情况一致，而发音却又向古浪靠拢，就出现了用词、音调和语气兼容双方的特点。

顺着黄羊镇继续往南行，进入山区就是凉州区张义镇所在地。有趣的是，张义镇深处群山之间，与凉州城区有重山相隔，相距六十多公里，但这个地方人们的方言并不单纯说凉州话，而是脱胎于古浪话和天祝话，并加入了凉州话糅合而成的另一种地方语言。张义镇是个比较传奇的地域，这里曾经在西汉时设立张掖县，后来张掖撤县设郡，郡治西迁搬到了今天的张掖市，原张掖县居民却并未跟随搬迁，留在青山碧水间依然受姑臧辖领，经过一千多年的沿革还保留着谐音名称。张义，即张掖音译而来，这是不争的事实。张义方言在张掖方言中能够找到雷同，也许就是最好的说明。

一方水土养一方人，每一个地域方言的形成都是地方历史、政治、经济、文化等共同作用的结果。语言学家研究的结果称，现代汉语有各种不同的方言，它们分布的区域很广。现代汉语各方言之间的差异表现在语音、词汇、语法各个方面，语音方面尤为突出。一些国内学者认为多数方言和共同语之间在语音上都有一定的对应规律，词汇、语法方面也有许多相同之处，因此它们不是独立的语种。国外学者认为，各方言区的人互相不能通话，因此它们是很独立的语种，尤其是闽语中的各方言。根据方言的特点，联系方言形成和发展的历史，以及方言调查的结果，可以对现代汉语的方言进行划分。

当前中国语言学界对现代汉语方言划分的意见还未完全一致，根据教育部2019年《中国语言文字概况》介绍，汉语方言通常分为十大方言：官话方言、晋方言、吴方言、闽方言、客家方言、粤方言、湘方言、赣方言、徽方言、平话土话。各方言区内又分布着若干次方言和许多种"土语"。其中使用人数最多的官话方言可分为东北官话、北京官话、冀鲁官话、胶辽官话、中原官话、兰银官话、江淮官话、西南官话八种次方言。同时在复杂的方言区内，有的还可以再分列为若干个方言片（又称为次方言），甚至再分为"方言小片"，明确到一个个地点（某市、某县、某镇、某村）的方言，就叫作地方方言。如武威话就是兰银官话一系中方言小片的一种了。

中国的语言学家对于汉语方言的划分一直存在很大的争议。有人把汉语划分为七大方言，有人划分为五大方言，也有人划分为六大方言、八大方言，甚至十大方言。但是大家比较认同的是，无论采取哪种划分方式，这些"大方言"内部的使用者有时也不能相互理解。在不同的方言区，人们的方言意识也有一定的差别。汉语各方言还可以分为许多次方言，次方言之下又可再细分成若干小片和方言点。根据方言的特点，联系方言形成和发展的历史，以及方言调查的结果，可以对现代汉语的方言进行划分。当前中国语言学界对现代汉语方言划分的意见还未完全一致，教育部2019年《中国语言文字概况》将汉语方言分为十大方言。

方言形成的因素很多，其中有属于社会、历史、地理等方面的因素，例如，长期的小农经济、社会的分裂割据、人口的迁徙、山川的阻隔等；也有属于语言本身的因素，如语言发展的不平衡，不同语言之间的相互抵触、相互影响等。现代汉语有各种不同的方言，它们分布的区域很广。还有一种方言形成的共性，体现在文学作品中，或者说是方言受到了文学的影响。比如武威话中一部分能够书写出来的通用方言，在文学名著中有所展现，只是方言与文学作品之间，到底是谁影响了谁却不得而知了。

武威人口语中常用到的词汇，在文学作品中出现的有：

聒躁（guōsào），即"聒噪"，意为声音嘈杂刺耳，令人心烦。《红楼梦》第四十九回中可见："我实在聒躁的受不得了。"

合该：理当、应该、该当。《红楼梦》第十回："这么看来，竟是合该媳妇的病在他手里除灾也未可知。"

话把：供人谈笑的丑闻。《金瓶梅》第四十回："我是个娇滴滴的洛阳花，险些露出风流的话把。"

款款儿：慢慢地、轻轻地。《金瓶梅》第一百回："春事阑珊首夏时，弓鞋款款出帘迟。"

鲫溜：圆滑、机灵。《拍案惊奇》第二十回："这几项人都是老鲫溜，也会得使人喜，也会得使人怒，弄得人死心塌地，不敢不从。"

央及：请求。《儒林外史》第三回："老太太没奈何，只得央及一个邻居去寻她儿子。"

不睦：不和睦。《红楼梦》第七十七回："本处有人和园中不睦的，也就乘机下了些话。"

着实子地：十分、非常、很。《儒林外史》第十九回："吃酒中间，匡超人告诉他这些话，景兰江着实羡了一回。"

诸如此类的词汇还有很多，可见在武威方言的形成过程中，通用官话的渗透和覆盖也有很大影响，只不过因为发音的不同，不容易被人发现这些共性罢了。

另外，武威方言中叠词与四字响声词的应用也是一大特色。比如叠词：说某人架子大，要说"球势势地"；说"傻"要说"寡势势地"；形容黏糊软烂，就说"绵囊囊地"；形容颜色，有"绿莹莹、白呲呲、黑乎乎、麻楚楚"；很厚实，是"厚墩墩地"；寡淡没味道，是"甜兮兮地"；说某件物体够高度，要用"长晃晃地"；说一个人或物件小，要用"尕唧唧地"；刚结婚的新娘子，是"新新妇"……在武威人的口中，非叠词不能展现其正式形象，是一种活泼而较真的表达方式。

四字响声词就更多了，如：礃碌碾转，形容好动。不适闲，形容闲不住。库出麻闹，形容乱动乱抓。灰浪泼土，形容扬起的灰尘就像浪一样一波一波的。破烦哇达，形容心情烦躁。吭啷溜星，形容物体相互撞击的声音；嘀铃吭啷，形容物品摩擦的声音；咯叽了巴，则形象地模拟了物件扭曲变形时发出的声响；呼噜汤啪，则形容人吃饭快，狼吞虎咽的动作跃然生动，连呼噜呼噜喝汤的声音都仿佛听得见……诸如此类不胜枚举。在武威，不论是什么声音都有着一个对应的十分贴合声音本身的专用词汇，其创意与形象之艺术性和准确性，令人拍案叫绝。

除了词汇，武威人还有很多谚语和充满寓意的歇后语。比如说一个人下定决心要把别人认为办不到的事非要办到不可，常说："三九天的驴还不过河了？"意思是三九天的驴都敢过河，这点困难算什么！"老丫头不吃剩饭——奴地活。"是专门用来督促懒惰人快点完成事情的话，意思是你迟早得吃饭，与其让饭成了剩的不如尽早吃了彼此省心。形容一个人做事不能强求是"牛不吃水角叉里按"，此处武威方言把"角"读作 ge，是说牛要自己不愿意吃水，你按着它的角也不能使其屈服。说圈子里的人耍奸心被识破，武威人会讽刺说"一个河里的水就把你吃奸了"。意思是大家都知根知底的，少在别人面前耍小聪明……太多的这种谚语，武威人都能熟练运用，绝不会出现混淆，比他们区分前后鼻音和翘舌、平舌音都要容易许多，真是别开生面。

对此，有精力的武威人还特意整理了一些武威方言的经典词汇，特摘录列举如下：

草包——对表面华丽而无真才实学人的贬称。

急惶惶——对急性子人的称呼。

杂圪哒——对做事蛮不讲理的人的称谓。

师公子——对以敲扇鼓跳神禳灾为职业的人的称呼。

结嗑子——对口吃人的称谓。

愣棒——不机灵的人。

懒荒胎——对懒惰青年的贬称。

鼻子桶——对经常流鼻涕人的贬称。

待诏——形容恰如其分。

忤意种——不孝顺的子女。

灰圈——厕所。

老哇——乌鸦。

癞呱呱——青蛙，又称癞蛤蟆。

裂别虎——蝙蝠。

扑腾罗罗——飞蛾。

主窈子——棉衣。

衩衩裤——开裆裤。

天门盖——前额。

板颈——脖子。

呼噜系——咽喉。

胳老哇——腋下。

沟子——屁股。

肚母脐子——肚脐眼。

吃纽纽——小孩子们吃奶。

娃蛋——小男孩。

三月——对土豆的称呼。

打臂帮——扇嘴巴，打耳光。

窝索——垃圾，骂人人品不好就说窝索鬼。

刚就么——就是的，表示同意。

饭罢——上午。

夜料个——昨天。

秋不住料——坚持不下去了。

窝眼地很——很讨厌，看不下去了。

得到桑——不知道。

西摸——玉米。

臊鸟儿——叽叽叽喳喳的女孩子。

便公鸡——傻子。

巧娃子——麻雀。

七巧儿——喜鹊。

……还有很多就不一一罗列了。这些奇特的称谓，再配以武威人奇特的口音，武威方言的怪异便经常使得外地人如坠云雾，等到听了解说后恍然或捧腹大笑或呆若木鸡，当真有趣。

根据语言学专家的划分，武威方言归属兰银官话体系。兰银官话又分为四个片：金城片、银吴片、河西片、北疆片。分布于甘肃、宁夏、新疆北部、内蒙古西部地区，共五十六个县市。兰银官话河西片方言中有一个共同的特性，就是人们说话只有平声、上声、去声三个调，没有第三个声调。在一平二上三拐四降的基本音调中，独独拐弯声缺席，这就形成武威乃至整个河西走廊的人说话中缺乏了委婉意味，也造就了河西走廊人直爽的性格基调。武威人说话因此常给人一种霸道不可一世的印象，直来直去非高即低的声调，使他们与人对话总是习惯用肯定的语气，而不习惯或不喜欢征求别人的意见，西北汉子的名声大约就是这么来的。

在社会发展要求下，现在全国人民说普通话蔚然成风，很多地方的方言面临着灭绝，年青一代和青少年群体对本地方言的掌握与运用越来越少，近乎完全抛弃，说方言被视为土和俗的表现。不难预想，在不久的将来，中国方言将会如同那些濒危动物一样，消失在人类语言的长河里一去不复返，这是一种极大的缺憾,亦是地方文化的损失。方言被称为文化的活化石,是地方文化的一种,是民族文化的有机组成部分,我们不应该使其灭绝。所以,当代许多语言学家倡议,对方言要进行保护传承,并提议在必要时写进课本,通过教学的方式来进行方言的学习和传播。有反对的声音则认为,推广普通话可能会对地方方言造成一定的影响,但语言的形成和延续是几百上千年的过程,不可能在一朝一夕之间改变。作为植根于民间的文化形态和文化载体,方言有着深厚的民间文化的土壤,将几亿人口都统一到以普通话作为唯一的语言工具是不可能的。国家大力推广普通话的目的也仅仅是推广一种交际工具,而不是要其取代方言成为唯一的语言。

学界对方言的研究还在继续,不同意见各有见解,结果到底如何还有待时间来验证,而笔者看到听到亲身感受到的却是武威方言的日渐衰退化。过去那些年在武威街头茶摊子上,全是操着地道方言喧谎儿(聊天)的武威人,而近年来到武威街上走一圈,耳边所听到的语言已经有一多半在用普通话了。固然武威方言改说普通话的难度较大,还带有浓重的地方口音,但学说普通话显然已成趋势,被武威人自我调侃的"凉普"取代武威方言只是时间问题。每每念及于此,笔者总是不胜唏嘘,担心某一天"乡音难改"这个词语没了用武之地。乡音不在,故乡又在何方,我们又该到哪里去追寻自己的根呢?

因此,我非常赞成对方言进行保护。正如专家所言:方言是语言文化的遗产,而语言是特定族群文化的重要部分,体现着一个族群对世界的基本认知方式和成果,通常被当作构成一个民族的标志性元素之一;同时,语言作为其他文化的载体,承载着一个族群在长期的历史过程中积累的大量文化信息。汉语的各种方言是地域文化的重要载体和表现形式,也是普通话健康发展的资源和保障。

学者周海中教授在接受媒体采访时指出:语言是人类文化的载体和重要组成部分;每种语言都能表达出使用者所在民族的世界观、思维方式、社会特性以及文化、历史等,都是人类珍贵的无形遗产;当一种语言消失后,与之对应的整个文明也会消失。当今处于弱势的民族语言正面临着强势语言、全球化、互联网等的冲击,正处于逐渐消失的危险之中,因此,有关机构和语言学界都应该采取积极而有效的措施,抢救濒临消失的民族语言。保护汉语方言,有利于人类文明的传承与发展和社会安定。方言是一种独特的民族文化,每一个地方都有自己独特的方言,它传承千年,有着丰厚的文化底蕴。普及普通话固然重要,但是我们却不能因此而废弃方言,抛弃民族的艺术。普通话作为人与人之间交流沟通的工具,普及固然重要,而方言作为文化艺术,蕴含着浓厚的民族特色,也应被保护,二者并不矛盾。某种程度上来说,方言更能代表地区文化特色,方言是一种社会现象。

  我们的社会生活中并不缺乏千篇一律,百花齐放才能异彩纷呈,世界因为多彩而缤纷,语言也因差异而生动有趣。试想,一个没了方言的世界,那该有多苍白,希望不要出现那一天。

三套车及武威传统美食

武威，是一个崇尚吃面的城市，是面食的天堂。在武威，面与面食能够以无限口味和任意形状出现在餐桌上，惊艳时光也充盈岁月。如果没有面食，武威将不再是武威，而武威人的生活也将索然无味。

武威众多面食中，最为知名的莫过于"三套车"，而吃正宗的三套车必须得去北关市场。北关市场，顾名思义就在武威北关十字附近，是一方专营三套车，附带武威其他特色传统小吃而闻名的场所。北关市场近两年翻修过后整洁而宽敞，是武威人自己吃饭和招待亲朋的好去处。一提起三套车，让外地人瞬间就能产生好奇，不少本地人虽然对这道美食熟悉之至，但要论起取名来源亦是模棱两可，鲜少有说得明白渊源的。那么，美食到底是怎样与车马牵扯上关系并以此命名的？这中间到底又有什么样的故事呢？让我们来一探究竟。

首先从三套车的构成与形貌说起。三套车，是由凉州行（xíng）面、卤肘子肉和冰糖红枣茯茶组成。和面饧面是第一道必备工序，首选河西走廊出产的优质面粉加少许细盐，拌水和成面团反复按揉。武威有句俗语说"打到的媳妇揉到的面"。忽略前半句满含大男子主义的论调，揉到的面就专指武威行面了，意思是说要想吃到劲道爽滑的面条，需要在揉面的环节把功夫下够。事实也是如此，武威行面的口感优劣与揉面功夫有直接关系，地道的行面必然要经过三饧三发，反反复复地揉搓，让面团饱受重组、拆解的"折磨"，直到面粉与水

武威北关市场享用三套车的游客

分完全融合,才能拉出细腻如绸缎、劲道赛皮带的好面条来。

　　武威人习惯把行面按照形状再细分命名,饧好的面团切条或擀成面饼待用,吃的时候拉成圆的面条的叫鸡肠子,或者拉条子,拉成扁状的宽面叫皮带面,稍窄些的就是鞭梢子,再细一点的又分韭叶子,可以根据个人口味拉出粗细不一、宽窄不同的面条。在行面的多种形态里,三套车的标配一定是皮带面,就是最宽的那一种,厚薄形似皮带,吃起来特别有嚼劲,就真跟煮熟的皮带一样韧性十足。面和好饧好,接下来就是熬卤汤了。如果说三套车的面条是本质,那卤汤就必须是灵魂,而卤熟的肘子肉则可以说是三套车的门面。三足鼎立,缺之其一不能称其为完整的三套车。

　　三套车的卤汤并非卤肉的卤汁,而是由卤肘子肉、木耳、蘑菇、黄花菜、蒜薹、胡萝卜片为主料,浇入适量卤肉汁、洋芋粉勾芡而成,出锅的时候还要配上葱段,再佐以香菜调色。五彩缤纷的各种食材裹在半透明的汤汁里,一勺舀起明艳透亮香气四溢,还未上桌就已使人食指大动垂涎欲滴了。有喜食辣的人还会加入油泼辣子,就着红亮亮的行面,武威人把美好生活的滋味也一并吞

275

进了肚子。舌尖上品出的醇厚香味熟悉又亲切，满足感就此在四肢百骸汩汩流淌，鲜香火辣充满烟火气的人间幸福，便全都在这一碗面里了。

卤肉，武威人更喜欢叫作腊肉。虽然与当今人们认知里的腊肉大相径庭，跟云贵川名噪全国的腊肉完全不同，但武威人就是这么固执地坚持着叫腊肉。武威腊肉，选取新鲜猪肉切块，再按比例调配各种调味料加水煮熟而成，一般选用的调料多达二十多种，主要有：八角、茴香、丁香、肉蔻、花椒、生姜、桂皮等常见调料，如果有陈卤老汤更加入味。好吃的正宗武威卤肉都有秘方，要用老卤来煮，跟我们自己家买调料卤出来的口味是完全不一样的。

关于老卤还有一个有趣的传说。乡下穷秀才进城会友，朋友招待他吃卤肉，秀才本穷平时并不怎么吃肉，加之肉味鲜美不知不觉一盘肉全进了他的肚子，朋友见他如此当即多加一盘贴心地请他享用，秀才继续吃完。酒足饭饱之后告辞回家，朋友体恤秀才走路辛苦，还慷慨地借了自家毛驴给他当脚力。秀才高高兴兴往家走，没想到半路碰上打劫的匪徒，劫匪抢走毛驴遁去，秀才受此惊吓又丢失了借来的毛驴，便落下个打嗝的毛病从此日渐消瘦寝食难安。月余时间过去，朋友久等毛驴不还便寻到乡下来，这才知道秀才的遭遇。秀才此时已然病势沉重，整个人形销骨立眼看是救不得了，家人都觉得这是因为秀才赔不起毛驴钱愁愧无奈下生的病，只朋友详细询问了遭劫经过后大笑起来，声称这是小病他有起死回生的妙方可治。遂即，朋友赶回城里去拿秘方，并叮嘱秀才家人买二斤新鲜大肉，备好大锅等候。秀才家徒四壁哪有买肉的钱，但想到对方能治好病酬劳二斤肉也是应该，只得东家借、西家求凑齐了钱买肉回家等着。

傍晚时分朋友从城里赶回，抱了一只瓷罐来，人人都道这罐里盛着的一定就是救命良药了，却不想罐里竟是上面长了绿毛不知道发霉多久的物什，秀才家人难免失望。朋友见其脸色并不计较，当着一家人的面从容揭去罐里最上层发霉的物质，倒出底下浓艳透亮颤巍巍一团膏体进锅，并盼咐灶上点火，然后将二斤肉囫囵下了锅。事已至此，秀才家人满腹牢骚也不敢多说半句，到底是丢了人家的毛驴理亏在先，只好按照对方要求遵照执行。随着灶上火头燃起，锅里的膏体开始慢慢融化，其中飘荡出诱人的香味，那是一种闻着就能令人流口水的味道，从秀才家简陋的厨房飘出弥漫了半个村子。村人们循着奇香而来，听说这是能救秀才命的秘方，纷纷好奇围观想要一探究竟。朋友亲自指导秀才家人控制火候，一个时辰后方才熄火起锅，二斤肉已经煮得软烂，体积仅有原来的一半不到。趁热切好了煮熟的肉，就着温好的烧酒让秀才食用。秀才病入膏肓本无食欲，但奇香扑鼻使他食指大动，依言吃了肉又喝了酒方自睡去。

村人们见此情景都摇头散去了，在他们看来，这不过是秀才临死前的特殊待遇，吃了这顿就没有下顿了。朋友看着秀才吃喝已毕也不做停留，当夜就回了城。奇迹就在此后发生了。秀才迷糊睡了半宿腹中鸣鼓如雷地响了起来，一股股气息在他的五脏六腑中乱窜，慢慢便有了上下通透之感，天不亮竟自己从床上起身走到院子里打水喝去了。秀才奇迹般康复的消息传遍村子，人们惊奇万分，情知是那半锅卤汤的功效，便纷纷前来借用。而此时已经冷却的卤汤又恢复成了软软弹弹的一个整体，里面的油脂凝结成块，装进罐子依旧还是那么多。

正当村人发愁如何分配这罐卤汤之时，秀才的朋友再次出现，他告诉众人这是自家存了三十年的老卤，乃其父在世时亲手熬制而成，要取回家去继续保存。一顿卤肉之所以能救秀才一命，则是因为这罐卤汤里面是加了数十味调料经过无数遍熬煮而来，很多香料本就是中医药方中常用药材，老卤本身便具有了药性。那日秀才进城过量食肉原有积食，被劫匪恐吓之下食淤内积上下不畅，又对失去朋友的毛驴无力偿还心生愧疚，几重作用下难免生病。现在用同样的老卤煮肉给他吃，再用烧酒刺激肠胃运动，肚腹之中通畅了病自然也就好了，这就叫作原汤化原食。至于老卤里面具体加了什么料，用量多少，他的父亲却没有任何交代，可以说老卤配料算是彻底失传了。

一餐卤肉能够令人起死回生，村人们自然不愿看着这么好的东西埋没了，便苦苦相求朋友将老卤留下来。朋友看人们诚心也不好拒绝，但一罐老卤数量有限，如何物尽其用是个问题。最后，还是村上在城里酒楼当过大厨的一个人提议，用这罐老卤为引加水重新调制卤汤，那样就能解决老卤不够用的问题了。众人在厨子的带领下调试卤汤加水配料，经过反复试验终于做出了和老卤一样的味道，并由秀才的朋友出资在城里开起了一家专卖卤肉的店铺。老卤救命的故事一夜间传遍凉州城大街小巷，慕名而来的食客把卤肉店围得水泄不通，店里的卤肉每天现卤现卖供不应求，只得扩大店面，后来又不得不开设分店才能满足食客需求。就这样，卤肉成了武威人餐桌上必不可少的一道美食，卤汤秘方也流传下来一直服务大众，让我们直到今天还能品尝到醇正鲜美的老汤卤肉。而武威人吃卤肉喝白酒也成了一项传统，吃肉后适量饮酒能促进消化防止积食，亦是武威人祖辈相传全民公认的常识之一。

  传说难免传奇性的成分比较多，但老卤储存很久依然能够不腐不败却是有科学道理的。卤肉的老汤里面富含各种水溶性的氨基酸盐和核苷酸盐，煮肉时放入盐能有效降低汤中钠含量，阻止氨基酸和核苷酸析出速度。一锅高浓度的氨基酸盐和核苷酸盐的溶液，通过加盐的方法阻止了细菌的生长，又用加热的方式阻止了真菌的生长，卤汤就此达到长时间置放不腐败。而为了保证卤肉的口感醇正，做肉不做全熟，避免细胞完全破坏，核苷酸和氨基酸全部随细胞质流出，吃起来才有鲜嫩富有肉味的汁水。同时，低温慢煮也是相同道理，最终目的还是为了吃到既煮得软烂又肉香十足的卤肉。现代人注重食品安全，讲究低盐低热量烹饪食用，有人就会对老卤中亚硝酸盐的含量提出质疑，认为老卤煮肉不利于健康。其实这都是多余的，我们的老祖宗早就解决了这部分困扰，加盐能使卤汤中的亚硝酸盐随补随带走，远远低于香肠火腿的亚硝酸盐含量。火腿肠能吃，老卤还有什么问题吗？任何时候，抛开剂量谈毒性都是"耍流氓"，老卤卤肉本来就是个动态平衡的问题。

  一锅卤汤，一般在煮肉一百个小时左右达到动态平衡标准，专业卤肉师傅和几代传承的老师傅都叫它三个月养卤期，一个月卤汤煮出来的肉味道和三个月卤汤卤肉的口感差距是很明显的。传统的老字号卤肉店里，最为注重养卤，其魅力除了岁月沉淀的老卤，还有香料配比特殊的秘方，几十种香料可以有N的几十次方的排列组合，所以老字号的卤肉好吃是有传承的。喜欢吃卤肉的人根本不会去质疑亚硝酸盐的问题，毕竟我们吃的是肉不是卤汤，倒是老卤因为反复利用里面含有嘌呤成分相当高，痛风患者应该多加注意，其他人只要钱包够鼓完全不必去做无谓的担忧。

武威卤肉的卤汤是不会变质的，反而会随着时间的沉淀越来越香，就好像酒一样，放的时间越久就越有内涵。卤肉想要好吃，卤汤非常关键，放了半年的卤汤和一个星期的卤汤，卤出来的菜味道是截然不同的。卤汤用久了，食材的精华会全部融化到卤汤里面，蛋白质会和卤汤充分结合，经过长时间发酵，味道就会慢慢稳定下来成为特色。武威卤肉肉质香而不冲，肥而不腻，熟而不烂，肉色金黄，已经成为名副其实的武威名优特色，因此才稳居三套车的门面地位深受欢迎。

　　说完了卤肉，我们再来看三套车的最后一环——冰糖老茯茶。冰糖茯茶由冰糖、桂圆、核桃仁、红枣、枸杞、茯茶茶叶加水熬制而成，在武威有"土咖啡"的美称，能够提神解乏、润肺养颜，加之味道香甜可口，色泽浓艳如血，是武威人特别钟爱的一种饮品。与卤肉一样，冰糖茯茶的熬制也有一套固定的流程，壶要用铁制的熬煮了才算正宗，水必得是山泉水方称清醇，糖要用塔儿冰糖，其他的皆不能入味，而红枣和枸杞等原料的选择也是越精细越好，老茯茶便是那种经过压制做成一块板砖样的茶叶。茶香、果香充盈其内，还有一丝淡淡的药香氤氲流转，入口甘甜醇厚，茶味浓淡相宜恰到好处，是三套车缺一不可的佐饮佳品，也是武威人引以为傲的天花板级别的地方饮料。虽说现在餐馆里熬制的茯茶不用山泉水了，但茶水里的营养物质并没有减少，比起市面上眼花缭乱的各色饮料，武威老茯茶的品质依旧独领风骚，当天煮当天喝，现熬现品没有任何化学添加剂，健康与美味同在本就是一大享受了。

　　关于三套车的来历，在武威也有一个传说。相传清代名将左宗棠去新疆平叛途经凉州，因连日征战，车马劳顿，人困马乏，武威人用行面和卤肉招待军兵，喝的是茯茶和白酒。左宗棠第一次吃这种食物，品尝之后大为惊喜，指了桌上三样食水盛赞道：此乃我军"三套车"也，缺一不可。遂用之犒劳三军，令士气大振，一鼓作气开赴新疆平息了叛乱。此后"三套车"的声名在凉州大地广为流传，行面配卤肉，佐以冰糖茯茶，就形成了固定的套餐。今天的"三套车"已成为一种集饮食文化和营养科学为一体的深得民众喜爱的时尚快餐，也受到外地游客交口称赞。不吃三套车，不算来凉州！到武威旅游，美食首推就是它了。

武威人的硬餐、正餐是三套车，他们的早餐却要更为丰富多样，米汤油馓子就是其一。米汤油馓子，是将黄米和少量扁豆按比例加入砂锅用旺火熬煮成稀粥，待米和豆熬得开花了，再用少许面粉打成糊状兑入，出锅前拿热油炝葱花，加入适量精盐即成。地道的米汤油馓子选料是关键，米不能是小米，而是米粒比小米大一点、颜色更深一点的黄米；豆为当地人自己种植的扁豆，这种豆子产量很低个头也小，很多地方已经不怎么种植了，属于比较稀有的豆类；葱花也有讲究，一般是选用大红葱切成葱花来用的，也有用黄花葱和羊胡子花来代替食用的。这三种葱各有千秋，各自具有独特的浓郁芳香气味，深受当地群众喜爱。不过，黄花葱和羊胡子花属于野生葱类，需要专人在野葱开花时节去山里采摘，市面上几乎找不到它们的身影，能够偶尔吃到已是惊喜。而大红葱栽种耗时耗力，菜农们也不愿意在这上面花费精力，一样是有价无市的特殊葱。米汤好煮葱难找，想要吃到正宗武威口味的米汤油馓子，其评判标准一定是葱，其起到画龙点睛的关键作用，否则将会大打折扣。

再来说油馓子。米汤油馓子作为一道组合美食，必然是要求两者搭配相得益彰的。武威人对油馓子的挑剔程度也相当高，当天现炸是首要条件，酥脆度亦有要求，就是拿手去掰能够应声而折，干吃嘎嘣脆响、泡米汤外柔内酥的标准。如果油馓子不过关，吃的时候柔韧大过酥脆，那就代表是失败了。别看这么一道简易的早点，武威人硬是吃出了自己的特色，就跟他们的性格一样，喜欢凡事干脆利落，最厌烦拖泥带水。用他们的方言来说，那叫"柔撕勾托"，是最磨叽、最讨人嫌的一种行事方式。

说起武威人的早餐，比较怀旧的怕是要属山药米拌面了。在武威，"八〇后"往前的人都吃过这道早餐，就是用小米和土豆煮粥，出锅时兑入面粉糊糊和精盐，并撒上青绿葱花提味做出来的饭。山药米拌面的做法和米汤油馓子类似，口味与食材却完全不同。武威方言中把土豆叫山药，这跟山西晋西北一带人相同，颇有大槐树遗风。把土豆去皮后切块，与淘洗好的小米一起熬煮，等土豆都煮得绵软了，根据锅中稀薄调入面粉糊糊即成。在老辈人记忆里，家家户户在深秋初冬时节都要腌制大缸酸白菜，人口多的可能是两缸、三缸，甚至更多。酸白菜需保证一家人整个冬天的食用，还要延续到来年春天地里新种的绿色蔬菜能下锅才行。所以，老人们已经习惯了在山药米拌面中加入酸白菜来吃，没有反季节蔬菜平民化的年代，酸白菜就是艰苦岁月里饭桌上最提味的那道菜了，而能够每天吃一碗山药米拌面是他们小时候最大的幸福。

武威人的幽默与生俱来，体现在美食上就是特别会取形象的别名，比如山药米拌面里泡上馒头，就叫"癞蛤蟆钻渍泥"，你瞧多有意思！随着生活质量逐步提高，如今的武威人的早餐有多种选择，已经很少有人去吃酸菜味的山药米拌面了，即使做了吃也只是图个稀奇，里面所加的也不只是腌菜，还有新鲜的绿叶蔬菜。山药米拌面，是时代遗留给几代武威人对过去的纪念，吃这份早餐吃的是情怀，更是一种艰苦奋斗节俭度日的励志精神。

如果不喜欢汤汤水水的早餐，还可以选择吃凉面。是的，凉面，你没有看错，而且四季常备。武威凉面算是拉面的另类吃法，所用的面条跟兰州牛肉面的面条相差无几，都是手工拉抻而成的细长面，搁锅里煮熟后晾凉，拌上事先烧好的纯菜籽油或胡麻油，上桌的时候浇上卤子，再加入油泼辣子，就是一道酸辣劲道的武威凉面了。武威凉面有荤素两种卤子，根据个人口味自由选择，荤卤由土豆、木耳、豆角和卤肉等食材熬制，比较接近于三套车行面的卤汤；而素卤里面的主要原料却是干白菜加醋熬煮而成，干白菜是武威人自己地里种的小白菜成熟后晾晒了储存的。晒菜是在夏天的大太阳底下，高温令其快速脱水并锁住了蔬菜内部的营养元素，食用时放锅里稍微一煮捞出切碎，能够做出各种美食来，比如和土豆泥和在一起做馅包饺子就是武威另一道特色美食。武威人吃凉面不分季节，但分早晚，不论寒暑凉面都是无可争议的早点，生意好的店铺不到中午就售卖一空可以打烊了。最出名的"任凉面""郭凉面"都是凉面世家，几代人都靠这门手艺安身立命，在武威家喻户晓。

众口难调是饮食生活中最常见的问题，很多人在面对琳琅满目的食物时都会选择困难，总要为吃什么而犯难。这当然还是因为我们的生活条件日益提高，食物足够丰富。武威人也一样，每天早上出门第一件事就是思考吃什么。面条还是米粥，凉的抑或热的？举目满大街都是餐馆，鼻端各种饭香萦绕，然后就踌躇不定了。其实，武威人喜欢吃面食要多过其他，不然大冬天的凉面店前，人们也不会在寒风中排起长龙等待了。自然，有人喜好这一口，有人就不大赞同大清早的吃凉的。在武威喜食热汤热面者，兰州牛肉面同样受欢迎，所以武威还有很多牛肉面店，既供应早餐食用，也兼顾午饭，一般到了午后，牛肉面店大多就关门歇业准备第二天所需食材去了。

　　真正会吃的武威人早餐却会选择臊子面，还得是杨府巷的老字号臊子面才算正宗。杨府巷颇有历史底蕴，因明代杨家将后裔镇守凉州时在此营建府邸而得名，与武威市中心的步行街广场相距不过百米，因是老式规划，街巷略显狭窄仅够两车并行。街巷虽仄但繁盛不衰，一直以来都是武威市里最为热闹、寸土寸金的好地段，短短一条街经营着天南海北各地美食的餐馆得有几十家之多，而武威人最频繁光顾的是其中一家老字号的臊子面馆。面馆门脸不大毫不起眼，里面也只有简简单单五六张桌子，可每天早上武威人还是挤破了头来吃一碗臊子面，而且只认这家。以前有同行不服气，在隔壁也开起臊子面店打擂台，但无论店面装潢多新多时尚，都吸引不了食客上门，有图新鲜的去吃一次便重新又回到老字号门前来排队，好不好吃不用多说，大家仿佛有了一种无言的默契，甘愿在队伍中拿碗等待，顺带轻睨一眼隔壁门可罗雀的店面，各自便都心领神会了，妥妥就是作为本地人的一种与生俱来的优越感，说不得还有些地方保护主义的情感在作祟。

　　吃饭是这样，买东西也差不多，武威人总是喜欢到人多的那一家，越是人多热闹的地方越往上冲，他们俗称这一现象为"羊性"。据说在羊群里总有一只或几只头羊，羊群都习惯于跟随头羊行动，纵然前方有深沟险壑，只要头羊过去了，后面的就会义无反顾紧紧跟随，这就是羊的性格。武威人戏称自己具有羊性，很大原因还是来自这里曾经是草原民族的聚居地，性格里也就难免带上了羊的个性。

　　武威臊子面亦是特色面食，不同于张掖的糊涂汤臊面，也有别于陕西岐山臊子面。制作时选用肥瘦相间的大肉丁炝锅，依次加入老豆腐丁、白萝卜丁和土豆丁炒匀，加水烩成一锅备用。面条一般都是长面，过去都由纯手工擀制，现在基本是机器面。面条煮熟捞进碗里，趁热浇上臊子，根据个人口味上面撒香菜、青蒜苗或葱花，再淋上红艳艳的油泼辣子就可以上桌了。武威的臊子面分量很足，一整只青花大碗装得都快要溢出来，而且还可以在食用过程中随时免费续加臊子，不怕你吃得多，只怕你吃不够。臊子面里食材搭配科学，荤素相宜，营养丰富，还量大管饱，价格实惠，一直以来都深受劳动人民喜爱。武威人豪爽大气，为人实在，臊子面堪为最佳证明。

武威人喜爱面食的程度一般人绝难想象，因为情有独钟，他们就乐意在面食上下功夫，在面食的加工方面那可真是穷其智慧、花样百出。臊子面或许有雷同，行面拉条子也很普遍，但面条之外，武威人还创出了各种不一样的面食，比如转百刀，顾名思义，这种面食是要考验刀功的。做转百刀，是将和好的面团擀成一张圆面饼，再折叠了拿刀切成一寸长短特殊形状的一种面条。为了把面条切成固定的形状，操作者在切面的时候需要不断调整角度，沿着面片边缘转圈下刀，一张面饼切完百刀不止，故有转百刀的叫法。吃转百刀，在武威也叫拌面，家常土豆丝、茄辣西是标配，但也适用于一切炒菜。吃的时候，把煮熟的转百刀用漏勺捞进碗里，加进自己喜欢吃的菜一拌就成。武威人喜咸口食物，大多还要配备油泼蒜泥、红辣椒油和醋，三者各自加一点进去，一边吃一边加菜拌，虽然看着没什么形状，但那种美味无与伦比，用现在的网络流行语说简直就是绝绝子，面食爱好者绝对不容错过。

拌面，精华就在于一个"拌"字，所以炒菜是关键，搭配什么样的菜就是什么口味。白面精粉之外，杂粮面在武威也得到了充分利用与尊重，洋芋面棒棒子或许只有武威人会做会吃，而最深入人心的还是那道青稞面搓鱼子。青稞生长在寒旱地区，据说地球上只有青藏高原适合它的生长条件，这个说法不知真假，但青藏高原是世界上最早栽培青稞的地区却是有史可查的。长期以来河西走廊均有青稞种植，它能酿酒能做主食，随着人们生活水平的提高，又以杂粮的新地位始终占据着武威人的餐桌一角。成熟后的青稞磨了面粉，兑上小麦粉和成的面团颜色青黑，有着青稞独有的清香味。

青稞面因是整粒磨粉而成，精度不如小麦粉高，做面条或蒸馒头时都需要加入小麦粉来做调和以增加面团的柔韧性。和好的青稞面团稍作擀推，切成棱形粗面条，然后用手掌搓出两头尖尖中间圆寸余长类似小鱼的造型，就是青稞面搓鱼子了。也有喜欢将搓鱼子做长一些来吃的，外形依旧是中间圆两头尖，这是手工搓制必有的形状，保证了面条劲道滑溜。搓鱼子下锅煮熟，拌上你想吃的任何炒菜就可以上桌了，食用前必须预制油泼蒜泥，提升饭食的香味，也有中和青稞面性凉的作用。吃青稞面搓鱼子和洋芋面棒棒子必配大蒜，这是老辈人传下来的吃法，他们或许说不出科学的医理解释，但会提醒你放蒜，否则吃了搓鱼子容易腹胀，吃了洋芋面棒棒子会胃酸倒是真的。当然，脾胃虚寒的人少吃一些，偶尔吃那么一两顿也没什么大不了，毕竟美食当前，辜负与抵御必定是在暴殄天物。

青稞面搓鱼子的吃法由来已久，有着浓重的地域特色，在西北地区的青海、西藏、甘肃等藏族同胞中间盛行。青稞曾经是藏人的主要食粮、燃料和牲畜饲料，是不可或缺的藏医药材，吐蕃统治河西走廊时期，很多藏民进入河西走廊定居带来了食用青稞的传统，而武威则是河西走廊诸地市中最完整保留了青稞食用方法的地区。除青稞面外，青稞糁子在旧中国时期和新中国初建的前几十年里，还曾是武威人赖以果腹的重要口粮。武威人说糁子，毫无疑问指的就是青稞糁子，而不是后来的玉米糁子，或者荞麦糁子。二十世纪六七十年代，武威人的饭食一度非常单调，家里生活条件一般者吃的是糁子糊糊，稍好一点的人家则有糁子面条，青稞特有的寒凉性质使人食用后饱胀感大增，食物给予人们善意的错觉，大家劳动才更有兴头。不过，那些年西北地区的人们罹患胃病的数量位居全国之最，也与青稞当作主食过量食用有直接或间接关系，可谓利弊参半。

时过境迁，如今青稞面搓鱼子早已变成武威人舌尖上的美味，凉州市场专卖这道美食的摊位上常年生意兴隆门庭若市。一到饭点儿，店家卖力的吆喝声荡气回肠，让人很难去忽略那份余音绕梁的盛情，也就有了一次又一次的光顾。饕餮美食在食客与食物之间，人与人之间，便就有了深切的维系与牵绊，青稞面搓鱼子因而长盛，因而辽远。

武威人不但精于制作美食，品尝美食，还擅长为食物取名，形象贴切的名称后也总爱使用亲昵的字眼。例如，"子"这个汉字，就是武威人常用的昵称。寸长的面条叫香头子，切成斜方块的叫面旗子，手工揪了是揪片子，筷子拨的就是拨鱼子……还有一种面食，今天的通俗叫法应该是猫耳朵，天水人和陕西人叫它麻食，而武威人则称杏皮疙瘩子。杏，在武威方言中读 hèng。以前乡下每个村上都种有杏树园子，一到秋天吃不完的杏子采摘下来，去核后晒成杏皮留待冬天煮水喝，晒干的杏皮蜷缩着形如一个个小疙瘩，装进布袋里放在干燥通风的地方能长久保存而不霉不坏。杏皮疙瘩子，因外形酷似干杏皮而得名，可以干拌了来吃，也可以带汤吃，是纯手工制作的一道面食。手巧的主妇们和好面团，坐在案板前，每次揪一小块面用大拇指摁住了，在案板上使劲一捻一滚，一颗卷曲的疙瘩子就做成了。莫说吃，光看这个制作过程就是一种享受，主妇们巧手翻飞轻盈快捷，用勤劳与智慧熨藉着一家人的味蕾，让填饱肚腹的庸常变成尽享天伦的美味，这本身就是一件非常有成就感的事情啊！

除了文中提到的这些，武威的美味面条还有很多，炒面片、炒拉条、肉托面、浆水面、牛肉菜面……每一个武威人的心目当中都有一碗最适合自己的面，或酸辣爽口，或清淡本真，长长短短花色各异的面条，各种口味的调和，随着形状的改变，就是对这座城市和这里的人们性格与情绪的完美诠释。

如果说三套车是午饭中的高大上，那武威面皮就属于午饭桌上的特色小吃了。武威面皮，俗称面皮子，是用高精面粉和成面团，放进水里反复淘洗过滤后，再经过沉淀撇去多余废水，兑入蓬灰水蒸制而成的一种地方美食。面团淘洗到最后析出的精华就是面筋，和面水一同蒸熟了，食用的时候再搭配起来，淋上醋卤子和蒜汁、芥末汁、油泼辣子，再加胡萝卜丝或黄瓜丝，一碗爽滑、酸辣鲜香的面皮子便能上桌了。面皮子是一种制作比较耗费时间，并讲求技术与经验的面食，但武威大多数主妇尽皆熟谙此中技巧。过去在乡村，一到农闲时节，主妇们就会做来给家人解馋。

制作面皮子，第一道工序就是和面揉面，要选上好的面粉来用，揉几遍、饧几遍都有定规，等面团饧好了加水开始淘洗，水只能是凉水，热水会使得面团失去筋骨导致无法析出面筋，蒸出来的面皮子也好吃不到哪里去。反复淘洗数遍，待盆中水清面粉含量极少时，洗面皮就完成了。这道工序中需要注意的是，面粉一定要尽量淘洗干净，面筋出锅能饧发到什么程度，口感好不好全在洗面的过程。一般洗好的面水搁置两个小时左右就基本澄清了，此时倒出上面的清水，把底部洁白的小麦淀粉搅匀了，根据面水的量兑入事先熬好的蓬灰水，以面水微微发黄为适量，再加入盐便能够直接上锅开蒸了。兑蓬灰水特别讲究经验，少了面皮不凝结吃起来弹性不够，多了则会发苦发黑影响口感。武威面皮和我们常见的其他凉皮不一样，需用深度两厘米以上的器皿装了来蒸，自己家做大多选用碗或盆，耗时在一个小时左右。蒸熟了的面皮在刚出锅时还是稀软不成型的，慢慢冷却后才能凝结定型，这个过程也很费时，纯物理冷却冬天尚需半个小时，夏天则更久。

在等待面皮冷却的时间里，就要开始着手熬制醋卤子了。武威人把卤子细分成好多种，像三套车的卤、凉面荤素卤、肉卤等都有特别清晰细致的区分。面皮子的卤，有点接近凉面中的素卤，也是以醋为主打调制，只是少了干白菜，纯清汤卤水勾兑了食用醋和花椒、八角、胡椒、葱花等香料而成，所以也叫醋卤。熬好了醋卤，面皮子也差不多能出盘分切了。切块还是切条全凭个人口味的喜好，切好了形状装盘或是装碗随意，上面搁几块面筋，加一把提前焯过水的甘蓝菜和胡萝卜丝，加上醋卤与油泼辣子、蒜泥，一份色香味俱全的面皮子就做好了，食客们此时早已食指大动，迫不及待要大快朵颐了。

把还是器皿形状的面皮切成想要的形状是个力气活儿，蒸熟的面皮弹性十足，切块还是切条都需要一把好力气，手腕力量小的主妇最为头疼的就是最后这一环。曾经采访过市场上卖面皮半辈子的一位老师傅，他向我展示了自己惯用菜刀的右手臂和虎口，因为常年切面皮，他的虎口处皮肤纹路已经磨平，触摸上去板硬一块质如石铁，而右手臂长时间单侧用力肌肉虬突，明显比左臂粗了一圈，十分令人赞叹。可见，我们舌尖上品尝的传统特色美食，其背后的付出有着不为人知的辛劳与坚持。一粥一饭，当思来之不易；半丝半缕，恒念物力维艰。我们在品尝美食之余，心存感激与赞美非常有必要。

酷爱美食的武威人，从来都不肯亏待自己，他们吃面皮自然也能吃出花样来。不论是市场里的面皮摊位，还是沿街专卖的面皮店里，总有颜色各异的多种凉皮类小吃用来搭配面皮，组合成任意你想要的口味。金亮诱人的黄粉，是用当地产青小豆磨粉，加了水放锅里煮成糊状晾凉了来吃的；清粉则是豌豆粉用同样的方式制作，呈半透明青白色的凉粉；沙米粉最有特色，它是一种叫"沙蓬"的沙生植物的籽实，磨粉后制作而成的吃食。沙米生长在大漠之中，每年金秋十月籽粒成熟就可以采摘了。住在沙漠边上的庄户人，比如民勤县和凉州区长城、吴家井等乡镇，还有古浪黄花滩一带的人们都会结伴去沙漠里打沙米。所谓的"打"，是将布单子铺在沙滩上，把结满了果实柔韧的沙蓬枝条摁在布单上，用棍子轻轻敲打，使其籽粒脱落。沙蓬果实外形与小米相近，所以叫它沙米。沙米采回去晒干、碾皮，做凉粉时先用清水泡米粉一两个时辰，使之变软，拢一把白净光洁的麦秆，铺在案上，将泡软的沙米倒在麦秆上，揉搓成细浆，用细箩滤过．粉浆入锅烧开，煮一袋烟工夫就可倒入盆中，晾凉成型后切细条，单吃或与面皮和其他凉皮搭配凉拌了来吃，那绝对就是人间美味了。

一座城市的饮食文化沉淀，大多跟城市演变有直接关联。武威历史悠久，民族构成多元复杂，便有饮食方面的多样性变化，既有本地特色的传承，也融合了很多外来烹饪方法和食物品类，饺子和包子就是例证。民间传说饺子和包子分别由名医张仲景与诸葛亮发明，前者源自中原地区，后者起源于诸葛亮七擒孟获的云贵一带，都与河西走廊相距甚远，但又都在武威得以传承并深受欢迎。武威老字号的包子店当属迎春包子，位于市中心步行街广场北侧共和街东口位置。迎春包子以皮薄馅大著称，尤以纯肉馅口味最受食客喜爱，在武威享有包子第一家的绝对地位。与杭州小笼包的精致小巧不同，迎春包子分量很足，单个能抵小笼包四五个的量，饭量小的食客一餐最多两个就能管饱大半天。因此，走出迎春包子店的食客们，手里提溜着打包袋是惯常现象，要一笼还得带回家半笼，这样实惠的店家现在已经不多了。

饺子在全中国各地都有，武威的麻腐饺子却绝无仅有。麻腐饺子的特别之处在于馅料的调制，原料来自一种叫麻的植物所结出的果实。开轩面场圃，把酒话桑麻。此麻果实就是麻腐饺子所用的麻籽儿，也是"昼出耘田夜绩麻"里面的"麻"，属于桑科大麻，亦是油料类作物的一种，曾被列为"五谷"之一。大麻沤制取皮加工后纤维可做衣料，西北手工布鞋纳鞋底用的麻绳也是它，古代到现代都广泛应用于纺织业生产。制作麻腐饺子，首先就要做麻腐，工艺不复杂，但过程很烦琐。将麻籽儿挑除杂质后放入盆内浸泡一夜，捞出沥干水分放在石磨上碾成糊状。此时麻籽儿泥糊呈灰白色，加水搅匀了用细纱布进行挤压过滤，以去除麻籽儿的外皮。过滤后的汁水上锅用小火熬制，水分煮散后锅里半凝结的灰状物就是麻腐了。小火慢炖的这个制作过程在武威叫"颠麻腐",其实就是沉淀析出麻腐的意思,应为"淀"的谐音。颠麻腐时麻籽儿独有的清香味便开始勾人馋虫,小时候常在母亲身边半撒娇、半耍赖地提前偷吃,那种香味记忆犹新半生难忘。

麻腐结构松散,水分含量大,直接用于包饺子过于稀软,智慧的武威人就会掺入土豆泥来做调和,想吃素馅的再加葱花进去,盐、花椒粉一拌就好了,喜欢吃肉的还可以炒制碎肉丁拌上,包了饺子会更鲜美。麻腐的吃法很多,外地有做成豆腐炖菜吃的,也有直接做汤的,但吃麻腐饺子只流行于武威,是一代人的美好记忆,更是当今尝鲜待客的一大特色美味。来武威旅游,不尝尝麻腐饺子一定不算圆满,这是地方传统与舶来餐饮融合后的创新饮食,亦是武威人民劳动生产智慧的经验总结和追求美好生活的实践与象征。

作为怀旧食物的一种,洋芋搅团与麻腐饺子享有同等地位。洋芋也包饺子,土豆泥和肉丁的一样好吃,不过没有麻腐饺子稀罕。洋芋搅团相对来说就很地方了,制作方法简单易学,小白也能轻易上手。搅团在西北不算稀奇,陕西人常用玉米面来做,而武威人只喜欢洋芋口味的。锅中加水,洋芋切厚片入锅煮,等洋芋片煮得软烂了加面粉进行搅拌,一边用小火继续供热,一边匀速兑入面粉不停搅拌,以锅中插筷子能立得住不倒为软硬标准。喜欢吃软一点可以少放两把面粉,偏重于吃硬一点口味的,则多放一点面粉。在等待洋芋片煮烂的过程中,配菜就已经制作好了,多选素菜或凉拌菜来佐餐,比如素炒茄辣子、凉拌茼蒿、虎皮辣子、拌三丝等常见小菜,口味随自己喜好任意搭配。油泼辣子与油泼蒜泥,是洋芋搅团必备的调味品,没有这两样搅团就失去了灵魂。许是因为自小习惯了武威口味的饭菜,在西安吃过一次陕西搅团后,窃以为陕西等地的煮了臊子来浇着吃的玉米面搅团,与武威洋芋搅团相比到底是缺了一份醇厚鲜香,委实不可同日而语。西安还有一种捶打制作韧性十足的搅团,虽然也是选用了洋芋做成,但过于讲究加工反倒失去了洋芋的原味,吃起来也不如武威搅团的口感好。

武威的美食还有很多很多,远不止笔者所列的这些种类,需要食客亲自尝过才知其中滋味。什么时候吃什么饭,仪式感也很被武威人所看重。冬至日吃猫耳朵不冻耳朵,吃羊肉香头子一个冬天寒气不侵;腊八节吃红豆豆饭,来年红红火火;端午节吃油饼子卷糕,十月初一吃饺子等都是传统。还有过年时节讲究三十饺子初一面,初二早上大烩菜,正月二十吃煎饼补天补地……总有那么多的说道和特殊的习俗,令武威人的日常生活满溢趣味,在平凡的烟火之气中折射出丰富多彩的生活意蕴。

  中华饮食文化博大精深、源远流长。中国人讲究饮食,不仅仅只为一日三餐解渴充饥,一餐一饭中往往蕴含着我们对生活真谛的认知。人间烟火气,最抚凡人心。饮食表面上看是一种生理满足,但实际上是借吃喝这种形式表达了一种丰富的心理内涵,酸甜苦辣咸五味俱全,正是我们体味到的人生滋味。从这一层面讲,饮食文化已经超越了食物本身的意义,能够成为中华民族优秀传统文化的一分子,饮食便具有了更为深刻的社会意义。我们对于餐饮向来讲求色、香、味、型,又何尝不是从中折射了优秀传统文化的特质,"食不厌精,脍不厌细"的饮食基本原则,高度概括了中华民族对饮食的深层次理解。一餐饭从烹饪到端上餐桌围坐享用的过程,集饮食品质、审美体验、情感活动、社会功能等所包含的独特文化意蕴,都是在佐证饮食文化与中华优秀传统文化的密切联系。所以,对于一个喜欢美食的人而言,研究饮食文化,其实就是在研究传统文化。毕竟大家都公认,人生在世唯爱与美食不可辜负也。

凉州风俗知多少

民风民俗是中华民族几千年的传统,"为政必先究风俗""观风俗,知得失"是历代君主恪守的祖训。每一个新朝代的开始,最高统治者不仅要亲自过问风俗民情,还要委派官吏考察民风民俗,在制定国策时以它作为重要参照,并由史官载入史册,为后世的君主留下治国理政的经验。作为曾经的五凉王都,汉唐丝路重镇,武威完整融合了中原民俗与本地少数民族风俗,将之发展成为具有武威特色的民俗传统。

武威人向来重视礼节,从古到今都尊崇儒家文化中的仪礼,首先就体现在待人接物方面。有朋自远方来不亦乐乎。武威人热情好客,见人总带三分笑,待人接物尤其重视笑脸相迎,必要使客人乘兴而来尽兴而归,耷拉个脸是最不可取,也最为人们反感的,认为这是一种极为失礼的表现。如果有谁脸色不善会被形容为"球鞋底",嫌弃他"模样子不展挂",看到这样的表情,人们就都对其避而远之了。家里过日子,武威人也喜欢和睦欢笑,主妇们心情不好耍脾气,家人也会避其锋芒,怕她"搥碟子掼碗"让人难堪。最能展现待客热情的莫过于逢年过节时候,亲戚朋友来访,主家必先出门相接,要把来客请到家里上席的位置落座。过去农村人家一般都是请客人上炕,坐至炕的正中上方位置,然后再摆上炕桌,沏茶端馍馍来招待,而主人于侧座相陪聊天。武威方言中,把聊天叫"喧谎谎",或是"喧谎儿",内容有彼此间嘘寒问暖的关切,亦不乏天南海北地闲聊，总之就是为了活跃气氛避免冷场尴尬的必要过程。

自然，如果家里有老人，来客是坚决不肯坐主位的，必得请了老人来坐镇上席，吃饭饮茶也以老人为尊。等主客双方都坐定了，女主人就要开始着手做饭来待客，这种时候都会视双方关系亲疏远近而准备饭菜。武威人注重亲情血缘，姑舅亲是公认的最为血缘密切的亲戚，女主人都不用和另一半商议就知道什么样的亲戚该做什么规格的饭菜，大家都生活在约定俗成的规矩里，彼此有了很好的默契。杀鸡待客，是武威农村最为常见的招待规格，也是体现亲戚间相互关系和客人受尊重程度的显明方式。包括上炕落座也一样，一般泛泛之交者是没有这个待遇的。等到女主人端上大盘鸡，男主人也预备好了酒具，相邀了兄弟朋友来陪客，一顿至高无上的宴饮这就正式开始了。席间难免猜拳行令、推杯换盏，那又牵涉到了另一套民俗礼仪，便是酒桌风俗了。酒足饭饱，宾主双方尽兴而散，主人家依礼要欢送客人离去，一边谦虚告罪声称慢待了客人，一边还会相约下次再聚，直到将人送出大门很远才挥手作别，极尽热情周到。

随着时代更迭和农村人口结构的调整，过去武威农村的待客风俗已经慢慢简化，人与人之间的关系也仿佛淡薄起来，小事电话商谈，大事才能聚在一起。不过，尽管亲戚间走动不似以前频繁了，但武威人对传统风俗的执着坚守还依然保留着，每逢相聚，待客之道并没有改变，该是怎样还是怎样，半点马虎不得，那些熟谙俗礼的老人和长者会带着所有人重温一遍传统，有所经历倒也非常有趣。

武威人素有留须的风俗。旧俗中，男子留须是一件相当严肃的事情，不亚于弱冠礼。如果说弱冠之礼象征着一个男性的成年，那留须就证明男性在社会上拥有了话语权，能够独当一面决断大事了。因为，武威俗礼规定男过四十五岁方可留"盖须"，即"八字胡"。古人常有"三十而立、四十不惑"的观念，四十五岁留须，就是对这个人能力的肯定，认可了他作为一家之主的正式权益，在大家族中留须亦是获得家族大事参与权的开始。盖须之后，直到六十岁始留全须。全须是指盖须以外，能够续起下颌胡须了。留须要择虎年或龙年，其须称"虎须"或"龙须"。留须要择吉日，并请至亲好友，备酒筵招待。同时，武威人也遵循儒家文化，奉行"母在不庆生，父在不留须"的观念，倘若父亲长寿健在，儿子即便到了六十周岁也是不留全须的，顶多只能留个盖须，这是孝道文化的一种延续。同理，高堂健在儿女也不会办酒席大肆庆祝自己的生日。

过生日，在古代叫祝寿，父母双全的儿女要优先照顾老人的寿辰，六十大寿、七十大寿、八十大寿都是非常隆重的大节日，只有父母故去，儿女才有资格为自己办寿礼，或者由儿孙辈来操办。还有一点，在旧时代的观念中，只有上了年纪寿命日渐缩短的老人才办寿礼，一来是儿孙为了孝顺长辈的讨喜之举，二来也有借办寿礼为老人祈求延长寿命的寓意。一般年轻人，或正值盛年的人都是很忌讳给自己办寿礼的。在古人心目中，能办大寿者基本上就意味着一个人已经步入风烛残年了，所以不到年纪绝不会大办寿礼，到自己生日顶多加几个菜意思意思也就罢了。

继续说祝寿，武威人习惯称之为"过寿"，一般是在整寿时举办，比如五十岁、六十岁、七十岁、八十岁的整岁诞辰之日。非整岁不能称其为大寿。是日全家团聚，邀请亲朋好友都来参加，邻居路人也可观礼。寿礼的主人公不论男女统称"寿星"，要穿戴喜庆的礼服，接受子孙人等的磕头拜寿。亲友馈送寿面、寿桃、寿糕等礼品，以示祝福。家人备酒席招待，还讲究吃长寿面（即长面），意在延年益寿。

留须与过寿，都是旧俗，因为古人寿命普遍很短，能活到六十岁已经算是高寿，七十岁则很稀少，固有"人生七十古来稀"的感叹。到了当代，中国人的平均寿命都超过了七十岁，九十多岁依旧精神矍铄的老人比比皆是，百岁老人更是常见，人们对这些旧俗就难免不以为然，很多传统都在时代进步中自然淘汰了。

过去的武威乡村间还保留着备棺习俗，家里老人年满六十周岁，儿女会提前备办棺木放在家里，意为辟邪镇宅延年益寿。备棺亦有特别的讲究，须得选闰年请了木匠师傅来打造，忌讳在平年备棺。因为旧时代人们遵循的月令是农历纪年方式，普遍认为闰年要多一个月，在这一年备办棺木有为老人祈求长寿的意思，而平年少一个月，备棺有诅咒老人之嫌。备棺对木工师傅的技术要求很高，而木工手艺只是一个方面，另外还讲求师傅的人品和资历，四乡八社会做木工活计的师傅很多，但能够有资格被请去为家里老人"打寿材"者寥寥无几。木工师傅不能简单只会做工，还得通晓木匠行的所有规矩和知识，什么尺寸有什么说道，阴阳风水不求全懂但必须有所浸淫……条件不一而足。可以说，过去的木工老师傅们还兼任风水先生，所以在乡里民间十分受尊敬。

动工这日，主家须上香供奉，由木工老师傅主持仪式宣告开工。照古礼，香案上的贡品尽数归木工师傅所有，条件好的人家随心意可选择多供，饶是贫寒之家，十五个大白馒头（武威民间称"盘"）、一匹红绸被面、一只大红公鸡是标配，没有这三样开工仪式便不能成礼。祀告天地之后，木工师傅正式动工，手艺精湛的师傅打制一副棺木只消七天左右，等打制完成又有一套仪程。武威人口语中忌讳说棺木，而是惯称"寿房"或"老房"，意即寿终正寝之后的安身之所。因此，打制好棺木的仪式便叫"涨寿房"，是用红枣、核桃、水果糖、钱币等物品撒进寿房，家人争相捡拾为主要形式。老规矩里说，儿孙抢夺捡拾新棺中的物品，是在为老人添寿、涨寿，家里有小孩子的还会将孩子放进刚打制好的寿房去跑两趟，有祛病消灾的吉祥寓意。

"涨寿房"仪式的最后，必有一挂鞭炮轰然炸响，宣告寿房大成，然后家中儿孙合力将寿房抬至事先预备好的空屋里放置好，再往里面倒入麦子等谷物粮食，还要放几件健在的老人常穿的衣物，总之寿房是不能空置的，必得放东西充实其中才视作吉利。寿房在此时是原木色不需要任何装饰彩画，等到老人故去之后才会请专门的画师来填装颜色，两侧配图还分男女，男棺多画虎啸山林、龙行云雾的图案，女棺则饰以鱼戏莲花、凤穿牡丹等吉祥画图。而不论男女，棺前都固定绘有金童玉女，后为仙鹤指路。棺木两边图案对称颜色艳丽，有别于国内其他地域的丧葬风格，画工与配色都十分美观，堪称艺术品。当然，这是老年人故去才有的规格，如果是年轻人或发生意外去世的人，是没有这般棺木随葬的，简单油漆了便是。

武威城乡人民日常生活中，忌讳人殁后说"死"。对老年人应说"过世了""不在了"。对中年人说"走了"。对小孩则说"糟蹋了"。这样的风俗，不知传承自哪里，却在武威这片地域上发展形成了独特的丧葬仪俗，颇有岁月痕迹。天增岁月人增寿，长寿健康是儿孙对长辈的美好祈愿，备棺本身也是孝道文化的体现，武威尊老之俗可见一斑。

武威这座城市，这片地域，在历史上和世人眼中总是与征战和野蛮相关，以为这里缺少传统文化的沉淀，实则不然。武威人从出生那一刻起，就在各种传统习俗中度过，传统习俗伴随一生又怎能没有传统文化？

婴儿出生后第三天要办洗三礼，即给婴儿洗澡。洗三礼与名著《红楼梦》等有关书籍中所载的仪礼一般无二。添盆添喜、添财添寿的讲究一样都不能落下。未足月期间，亲朋邻里都会来看月子贺喜、慰问，武威人称为"送奶"。送奶的礼品过去年代常见有馒头、锅盔、鸡蛋等农家自产食物，邻里之间也有做一碗臊子面或羊肉香头子送给产妇吃的，意在为产妇补养身体和祝愿奶水丰足、母婴皆安康的意思。现在大家生活好了，一般送奶时会购买小孩的衣服鞋袜，并准备蛋奶水果等礼品。

过满月，是一个人出生后第一个盛大的纪念日。是日，要请理发师来家为孩子剃胎发，出生后第一次剃下来的头发不能乱扔，要收集起来团成发球，等货郎挑了担子来村里，扔进货郎担里让其带走。货郎走村串巷各地游走，带着小孩子的胎发一起远行，就能让孩子远离各种疾病灾厄，是谓"游毛病"。剃了胎发意味着又一次新生，小孩子穿着新衣由父母抱出门与亲友见面，亲友们送上衣物或金银锁、手镯、项圈等礼物以示庆贺。产妇的娘家人尤其注重外孙满月，要做两个大大的锅盔，用大红包袱包了，上面缚以穿着钱币的红绳，在满月当天当着众亲友的面展示出来，还要给刚满月的外孙红包，这叫"压福"，寓意孩子还小不可令其福气太过，亦是期盼孩子顺遂平安之意。送红皮熟鸡蛋是南方的礼仪，武威并不遵循。满月宴上，亲朋好友觥筹交错，一边说着吉祥话，一边再聊一聊彼此近况，家长里短间一个红火喜庆的重要日子也便宾主尽欢了。

满月之后还有百日，也就是新生儿满百天的日子。武威旧时风俗，小孩满百日要"过百禄"。家人走街串巷，向别人家讨要各色线头或布片。用彩色丝线编成长带，缝于小孩的帽子后面。用布片连缀做成的小衣服，叫作"百家衣"。小孩子穿"百家衣"是受百家保护、健康成长的意思。

如果小孩爱哭，总有一些头疼脑热，首先会选择"贴夜哭郎"。这是武威民间曾经盛行的小风俗，孩子夜哭不止，要请会写字的先生写黄纸帖粘贴到人多的大路两边树上，据说过路人看见念得越多，对孩子的夜哭毛病就会越快起效。纸帖上写着如下文字："天皇皇，地皇皇，谁家出了个夜哭郎？过往的君子们读一遍，一觉睡到大天亮。"以前住乡下村里的时候，每天早起去上班，总会看到若干这样的纸帖，不赶时间的话也会看一看读一读，便记住了这段朗朗上口的文字。

这样的方式哪能真的治愈小儿夜哭？实在磨人那便需要拜干亲了。旧时有的人家，即便孩子一切顺遂，也会为了小孩健康成长驱灾避难，而主动为孩子找干亲。拜干亲，就是为孩子请干爹干妈。干亲当然不能随意乱找，而要经过阴阳先生查询皇历，根据孩子的生辰八字去推算，以此确定要找什么属相的人来认作干爹或者干妈，八字相合了是首要条件。接下来，孩子的父母就会依照皇历推算结果去物色干亲，大多还是从身边熟识的人中挑选，选定后带了礼品去拜访对方，获得被请者欣然应允后便择定吉日，请到家中来为孩子举行拜干亲仪式。在武威城乡间，拜干亲也是一件大事，是日必然又是亲友相聚作为见证，结了干亲的两家人从此后就互称"亲家"常相来往，当作正经的亲戚来走动了。拜干亲的双方互称亲家，与婚嫁中的亲家是有一定区别的，为了便于区分，武威人一般会把孩子的干亲直接叫作"干亲家"，而婚姻中的亲家称谓上则不需要这个"干"字了。

拜干亲仪式上，小孩当场由干爹、干妈换上新衣服，干爹一方要保证给孩子衣帽袜履齐整，还要特备一块银锁来"拴住"孩子，寓意锁住平安康健，拴住幸福和顺。因了这一个"拴"字，民间多把拜干亲叫作"拴娃娃。"武威人但凡说"拴娃娃"肯定就是拜干亲了，大家心领神会不会再有别的意思，跟现在游乐场的那个经典游戏"抓娃娃"可完全是两回事，混淆了会被人嫌恶的。

"拴娃娃"时，干亲家双方先到供案前上香礼拜，然后于案前倒扣一只斗，斗上面再倒扣一只升子，孩子坐在这上面接受干爹给予的祝词："坐的升子扣的斗，娃娃能活九十九；披的红戴的银，长大了肯定是人上人……"斗和升子，是武威农村过去用来称量粮食的木制容器，一斗麦子为二十公斤，一升是两公斤，现在已经很少见了，只有民俗博物馆才可见其踪影。"拴娃娃"的祝词都是惯有旧例的，不外都是些吉利话，请诸神护佑孩子长命百岁、百病不生之类的美好祝愿。说完了祝词，请干亲上座，小孩子给干爹干妈磕头认亲，这项俗礼就算完成了，以后两家常来常往，终生视为至亲，关系亲密者这份情谊还会延及儿孙，成为通家之好。

  度过年少时光，步入成年后，武威人人生当中最重要的日子毫无疑问就是结婚成家了。不同于当今时代赶时间、图省事的婚嫁新形势，过去的武威城乡间要想结一门好亲事，一定是按照古礼而行，问名、纳吉、行聘、请期……流程都要过整套，从相亲到娶媳妇进门，没有个一年半载是进行不完的。这套古礼在很多书籍中可以追溯到源流，来自中原地区，以及南方大户人家结亲风俗，应为明代河西大移民时，随着移民流传到武威，并在这里传承保留下来的婚嫁风俗。一整套古风婚俗举行到最后，新娘子顺利娶进家门还尚未结束。三日回门是送亲的娘家人早就和新郎家商量好的，新婚第三日，一对新人备了酒肉等礼品回娘家。这一天，娘家人会准备丰盛的午餐来招待新姑爷，但不会允许新婚夫妇在娘家留宿，须得赶在天黑之前回去。等"坐对月"的时候，才会由娘家人亲自上门去接新嫁出去的女儿回来小住。对月，顾名思义就知道日子不短，少则七八天多则半个月，需要婆家人和娘家人事先约定。古时女子若嫁到婆家受了委屈，或者对这桩婚事不满意，可以趁这段时间提出来，由娘家人做主处理。过了新婚期若再有矛盾，娘家人就不便再插手了。

  接下来一对新人展开全新的生活，往后孕育儿女、持家过日子，一切都得自己拼搏奋斗。在一个新家庭不断成长的过程中，便完成了传承与延续，祖祖辈辈就此在这片沃土上扎根繁衍孕育壮大。而城市始终默默相伴，静静相守，见证着一代又一代人的新生与故去，把喜怒哀乐藏进了时光深处，任人猜想。

石羊河母亲河

在中国文学史上，很早开始就有了"大地母亲""母亲河"的字眼，并有"父爱如山，母爱如河"的比喻。人们用拟人化的文学语言将滋养我们的皇天后土、山川河流赋予人的感情与性格，以示人与自然无比亲厚的关系。

历史上石羊河流域优越的自然条件，润泽抚育了古凉州人民，促进了社会经济的发展。在中部绿洲地区，由于石羊河各支流引灌农田，河水长流，经渗流形成中部从古浪河尾端的红水村涌出地面的泉源汇流成红水河，自东向西，各河陆续在尾部涌出泉源汇流成白塔河、海藏河、南沙河、北沙河等泉水河流，引灌农田，成为古凉州的精华地带。毫无疑问，对于凉州大地上生活的人们来说，石羊河就是武威人的母亲河。

石羊河，古休屠泽水系支流，是甘肃省河西走廊内流水系的第三大河。古名谷水。发源于祁连山脉东段冷龙岭北侧的大雪山，河全长二百五十公里，全水系自东而西，主要支流有大靖河、古浪河、黄羊河、金塔河、西营河、东大河、西大河这八条河流及多条小沟小河组成。河系以雨水补给为主，兼有冰雪融水成分，年径流量十五点九一亿立方米。上游祁连山区降水丰富，有六十四点八平方公里冰川和残留林木，是河水源补给地。中游流经走廊平地，形成武威和永昌等绿洲，灌溉农业发达。下游是民勤绿洲，终端没入白亭海及青土湖。石羊河全流域建成一百万立方米以上水库十五座，其中以黄羊河、

黄河水注入石羊河

大靖峡、南营、西营、红崖山、十八里堡及金川峡等水库较大，为武威人所熟知。

"谷水流，流到潴野头。"被古人称为"谷水"的石羊河，滋润着武威大地近两百万儿女。但是，因气候变化和人类活动影响，清末民初石羊河流域荒漠化严重，生态环境不断恶化曾经一度断流。武威缺水，一旱就是数百年。几百年风云变幻沧海桑田，从水草丰茂的潴野泽变成受沙漠威胁的干旱地带，大凉州如同贫病缠身暮气沉沉的枯槁老妪，百孔千疮衣衫褴褛。到了近现代，风沙更是长驱直入横行无忌，成为武威乃至整个河西走廊，以及西北地区的噩梦。"一夜北风沙砌墙，早上起来驴上房。"风沙成魔，如影随形，是蒙在武威几十辈人眼球上的浑黄翳障，盘踞在武威人精神深处的恐怖梦魇。肆虐的风沙致使母亲河枯竭难以为继，河流亟待拯救，武威人民更加迫切需要解决缺水问题。

1957年，新中国于羸弱残破中茁壮成长，这一年党中央、国务院发布了《关于在今年冬明春大规模地开展兴修农田水利和积肥运动的决定》，提出了

"以小型为主，中型为辅，必要和可能的条件下兴修大型工程"的水利建设方针。10月，省、专、县先后做出了贯彻中央决定，大力开展兴修农田水利运动的安排部署。通过动员会、誓师会发动群众，武威掀起了水利建设"大跃进"高潮。母亲河欣然张开眼睛，与武威人民一起精神抖擞满怀豪情地投入水利工程建设。

要实现"万水归库"的宏大目标，就得从石羊河流域源头做起。黄羊河、南营、西营、大靖峡等处水库上马动工。那是一个红旗猎猎迎风招展，劳动号子喊声震天的年代，人们的生活虽然还在温饱线上挣扎，但大家都争先恐后地踊跃参与，誓要恢复母亲河的勃勃生机。出生在二十世纪五六十年代以前的武威人，鲜少没有参加过修建水库的，或在"青年突击队"，或在"党员先锋队"，又或者是"先进公社""模范生产队"等队伍里，每一个人都在卖力拼搏，目的只为不让一滴水白白浪费，不让子孙后代被干旱和风沙继续侵害。

那时候在水库工地上，最引人注目的还有一支特别队伍"铁姑娘队"，由当地青春正盛的年轻女孩子组成，因为能吃苦，有耐力，干劲足，这些姑娘身上充斥着最为朴实而坚韧的劳动人民的优秀品质，她们不怕苦，不怕脏，敢于在泥水中摸爬滚打，不甘落后地奋战在工程第一线，总能率先完成劳动任务。人们提起"铁姑娘"都会竖了大拇指赞不绝口，夸她们不但有铁一样坚硬不屈的身体，还有钢铁般的意志。其实，世间哪有真正钢铁样坚强的身体？大家都是肉体凡胎，谁家十七八岁的姑娘不是父母手心里的宝？只不过为了一个共同的目标，姑娘们是勇挑重担、乐于奉献罢了。

任何时代，英雄不问出处，都只管风雨兼程，但行好事，前程如何，需要奋斗过了才能知道。总有那么一群人在替大众负重前行，才有我们眼前的盛世太平、岁月静好啊！

那些年修建水库各个公社、生产队轮流上工，苦是真苦，乐也是真乐。每天工余时，人们会自发组织节目表演，拉起几支歌舞队来相互比赛，唱红歌，排演《白毛女》《学毛选》等经典曲目，没有乐器，没有专业指导，但丝毫不影响表演者和观众们的兴致。如果这中间有特别出色的姑娘或者小伙儿，就会成为所有人瞩目的焦点，等轮值下了工地回到村里，这家人的门槛大概率是要被来说媒的人生生踩秃下去一大截的。也有那胆大并心眼子活泛的年轻人，不等媒人上门便早已经与姑娘互相看中暗暗许下姻缘了，小伙儿只消带上彩礼直接去提亲就好，双方都有了默契，那亲事将十分顺利地定下来。

彼时还没有离谱和悬殊的贫富差距，男方提亲、送彩礼，也不过二斤肉、四尺布、一块花头巾，女方家便欣然应允同意姑娘出嫁了。而那时候的新媳妇能带着一口木箱、两床棉被就是顶豪华的嫁妆。婚礼用车自然是驴车、骡车，路途不远的甚至连车都省了，新娘子骑在毛驴上就能驮过门。不知道是不是为了纪念修建水库的缘故，抑或人们对于水本身就有着无上的尊崇与期盼，那个年代出生的孩子名字中很多都带有一个"水"字：水生、水花、水贵、水宝、水成……盼水、惜水之情已经融入武威人的生命，成为一代甚至几代人的心头执念。

水是眼波横，山是眉峰聚。诗词里的山水永远都是含情脉脉的韵致、锦上添花的情致，而对于武威人来说，山如父，水为母，山和水是武威人的骨骼与血肉，是精神和信心。1963年前后，几大水库陆续建成投入使用，最艰苦的三年困难时期，人们勒紧裤腰带克服一切困难，到底还是完成了浩大的水利建设工程，黄羊河水库率先建成。此后十年间，沿着石羊河流域八大干流，一座座水库拔地而起，依山纳川，聚水成库，河流从此变得熨帖温驯，山水之势也便有了原本就该具备的壮阔浩渺。

黄羊河水库，位于石羊河流域上游的黄羊河上，地处张义堡盆地出山口位置，天梯山大佛脚下。当地人口语中，习惯将这座水库称作"海"。并非没有人见过真正的海是什么样子，他们坚持把一座水库叫海，也不是没有见识，而是源自几代人对水与河流太过长久的渴盼与期待。武威境内几大水库各有特点，库容量也不尽相同，但毫无疑问，黄羊河水库的景致是最为秀美的。许是天梯山大佛赋予了山水灵气，这座水库碧波荡漾间，总有一种空灵毓秀融入其中，它没有红崖山水库的宏阔壮美，却胜在秀雅柔静、婉约清新。站在大坡山顶俯瞰，山水景象尽收眼底，水库被群山揽入怀抱，与大佛相伴相看彼此守护。它就像一位娴静的大家闺秀，万千宠爱集于一身，淡泊宁静秀外慧中。没有海的辽阔汹涌，却有海的神秘从容，是母亲河最为骄傲的明珠一般的女儿。

唯有黄羊河水库，在石羊河流域各大水库中担得起"女儿"的身份，余者皆为"须眉"。与黄羊河水库同年动工修建的红崖山水库，是其中最桀骜不驯，而又最为出色的一个。

红崖山水库位于河西走廊东北部，石羊河下游，处于腾格里和巴丹吉林两大沙漠的包围之中，是一座以保护和改善民勤生态为主，兼顾灌溉、防洪、供水等综合效益的大型水库，更是亚洲最大的沙漠水库。红崖山水库修建历时最久，从动工到完全建成用了四十年时间，被中央电视台列为"中华之最"，是人们口中的"瀚海明珠"。2011年，红崖山水库被评为国家AA级旅游景区、国家级水利风景区。主要景点有库区水面、黑山头、聚龙厅、泄水闸、蒙古包等。

在党中央和国家领导人提出的"绝不让民勤成为第二个罗布泊"的口号中，武威人民团结携手共建沙漠绿洲，上游人民即使在干旱年份，水流量捉襟见肘的困难时期，也会优先照顾沙漠中坚守的民勤县，保证沙乡民勤用水充足。青土湖的干涸是武威人心头永远的伤痛，如果不能确保红崖山水库储水量，沙漠将进一步侵袭我们的家园，如魔风沙虎视眈眈，武威人想要寸土不让，想要人进沙退守住家园，就需要把更多的爱与包容给予母亲河的幼子——红崖山水库。

红崖山水库是民勤县唯一的水利调蓄工程，浇灌着全县六十多万亩耕地，支撑着民勤绿洲的生存与发展，是沙乡人民的命脉。水满时节，水库碧波万顷一望无际，微风吹过细浪粼粼，水鸟掠水低飞捕猎游鱼，岸边水草葳蕤云霞倒映，倒是颇有"海"的气韵。红崖山山头是库区制高点，登上山顶极目四望，大漠之中一汪碧水绿浪层漪，远有祁连雪峰顶天立地遥遥在望，葱茏绿洲正如楔进沙海中的一颗心脏，在这片无垠沙漠里强劲脉动、生机勃勃。

事实证明，石羊河流域的治理和八大干流上的水利建设是卓有成效的，武威人民因为修建水利学会了科学节能地利用水资源。特别是生态建设成为国家刚性政策以来，干枯了半个多世纪的青土湖再次充盈重现生机，就是对几代武威人民在水利和生态建设方面所做出的艰苦奋斗、不懈努力的最好慰藉。青土湖是石羊湖的尾闾湖，地处石羊河下游末端的沙漠中。《尚书·禹贡》中曾有"大禹治水，至于潴野"的记载，潴野泽就是今天的青土湖，西汉武帝之前因为匈奴占据河西走廊，武威民勤一带是匈奴休屠王的封地，故又称休屠泽。青土湖在明清时期依然有四百多平方公里的浩大水域，当今被誉为亚洲最大的红崖山水库，在曾经浩瀚的青土湖面前简直不值一提，据测算青土湖当年的水储量是红崖山水库的一百六十倍，水量仅次于大名鼎鼎的青海湖。

1959年青土湖完全干涸，湖区形成了十三公里的风沙线，生态环境急剧恶化。2007年对石羊河流域重点治理，2010年青土湖重现碧波。目前，青土湖水域面积为二十六点七平方公里，虽然仅有原水域十分之一不到，但湖区如今碧波荡漾，飞鸟栖息，沙湖相映，蔚为壮观，于这一片无垠沙漠中已是非常难得了。青土湖与红崖山库区，构成了民勤石羊河国家湿地公园的主体景观，统计数据显示，石羊河国家湿地公园以胡杨、红柳、垂柳为主的生态植物植被覆盖率达百分之八十六点零八，两万多只水鸟在这里栖息安家，成为沙乡民勤一道亮丽多彩的风景线。

甘肃民勤石羊河国家湿地公园位于民勤县城以南三十公里处，南起洪水河桥，北至红崖山水库北缘，南北长三十一公里，东西间于零点六至三点五公里之间，总面积九点二六万亩。湿地公园所在区域是石羊河进入民勤后，唯一由河流湿地、沼泽湿地、人工湿地形成的复合湿地生态系统，处于民勤盆地的核心区域，保存着民勤境内较为完整的植被群落和丰富多样的野生动物资源。湿地之内、水泽之中鸭飞雁鸣、水天一色，灌溉区阡陌纵横，村郭相连，既有江南水乡的田园青碧，又有大漠沙州的壮美辽阔，当真是占尽了天时地利人和，瀚海明珠独有的人文景观奇特而壮观，令人不禁心生赞叹。

红崖山水库四十年的发展历程，倾注了各级政府和领导对建库的关怀与支持，是水利专家、学者及工程技术人员呕心沥血的写照，更是全体武威人民勤劳勇敢、战天斗地、誓把沙地变绿洲之英雄气概的体现，民勤县林茂粮丰、防风固沙的累累硕果中，有太多人平凡中彰显伟大的身影。红崖山水库发展史就是民勤绿洲在新中国建设发展史上的缩影，它为考察研究沙漠水库建设提供了珍贵的可借鉴史料，当之无愧成为爱国主义教育基地。参观红崖山水库，我们亲临库区，眼中所见之震撼要远超一系列数字化的介绍，只有亲眼看过，才能对这座设计坝高十五点一米、坝长八千零六十米、总库容量一点二七亿立方米、水库面积二十五平方公里的沙漠水库有直观的感受。红崖山水库控制流域面积一万三千四百平方公里，设计灌溉面积九十万亩。这比母亲河的"女儿"——黄羊河水库要大二点五倍，比主供武威城区用水的西营河水库大五倍，是石羊河流域最大的水库。红崖山水库在整个河西走廊乃至全国水库中，都以过亿立方米的库容量和地处沙漠深处的独特位置而独树一帜，更有亚洲最大沙漠水库的盛誉。

除上述两大水库外，石羊河流域至今仍在发挥水利效能的水库还有西营河水库、南营河水库、东大河水库、西大河水库、曹家湖水库、十八里水库、大靖峡水库、毛藏水库、石门峡水库等一大批规模不等的大小水库。这些水库像一颗颗镶嵌在大地上的名贵珍珠，串联起母亲河的慈爱与丰润，装扮着母亲河的如花容颜，为凉州大地源源不断供蓄能量，为武威人民的幸福生活保驾护航。

石羊河流域的众多水库，基本上都是以灌溉为主，兼顾防洪、发电功能。说起武威的水利工程就免不了要提到一个人——刘尔能。

刘尔能是武威的传奇人物，二十世纪八十年代曾任武威县县长、武威县委书记、武威地区行署副专员等职务。在那之前，他一直都深扎基层负责农业农村工作，并先后担任古浪县曹家湖水库总指挥，永昌县西大河水库主任、书记，指挥和参与修建以及维修了曹家湖、大靖峡、西营、南营、黄羊、西大河等水库，修了近万公里的干、支、斗、农渠道，建设了十一座水电站，测绘出了五千分之一的武威地区水域规划图。

1958年9月23日，国务院副总理兼秘书长习仲勋到武威水库工地视察，与刘尔能促膝长谈。当了解到指挥部将人拉羊角碾改为牛拉的举措后进一步指示，套上牛，解放人，共产党的领导干事情，不但要猛干、苦干，还要干得聪明，干得巧妙，并称赞说："刘尔能同志就是我们的土专家。"老百姓为此还专门编了顺口溜来传唱，说：套上牛来解放人，水利项目门门清。苦干巧干头脑灵，谁也骗不了刘尔能。那时候还有"六老汉治沙，刘尔能治水"的说法。出生于古浪县的这位人民干部，以擅治水、能治水被群众所熟悉并爱戴。

在蓄水工程建设上，刘尔能组织完成了金川峡、黄羊河、大靖峡、曹家湖、十八里堡水库的除险加固工程，完成南营水库、西营水库、西大河水库的建设及一批小型水库的建设、加固工程。在渠道工程建设上，以高标准衬砌改建干、支渠为主，着力进行农田基本建设。此外，牧区水利和农村的人畜饮水工程以及并改水工程的建设，有效地改善了人畜饮水条件。

1957年5月23日，时任古浪县委农工部长的刘尔能与古浪县委第二任书记张树春及刘会海赴北京参加全国水利工作会议，受到了毛泽东、周恩来、朱德、刘少奇、陈云等党和国家领导人亲切接见。1974年，武威县被评为全国渠道建设标兵县。1977年，刘尔能作为甘肃省水利先进代表出席了全国水利先进代表会议。《人民日报》报道了他兴修水利的事迹。原中共中央政治局常委、中共中央组织部部长宋平为他题词"刘尔能治水"。他勇担责任、务实创新的治水故事也家喻户晓，被大家广为传颂。刘尔能带领武威人民治水、管水、兴水，把一名共产党员的初心与使命铭刻在了武威大地，用实际行动为后人树立了一个坚守初心、一生为民、永葆本色的生动典范，成为新中国武威历史上标杆式的党员干部，活成了一代人的精神偶像。

有了水库，灌区也就相应形成了。在武威，灌区分为水库灌区和河流灌区，而几大灌区的河流又与水库息息相关。

石羊河流域上游的黄羊河水库灌区，位于凉州区张义堡天梯山石窟北翼水峡入口处。灌区地处武威市东南隅，东靠古浪县，南邻天祝藏族自治县，西、北面和杂木河灌区接壤，控制面积达三百五十五平方公里。分为山内、山外两个灌区。山内张义灌区在水库以上为山间盆地，有河谷阶地两万多亩，山外黄羊灌区在水峡口外冲积扇面上。黄羊河源于祁连山北麓冷龙岭双龙山一带，即有着"武威黄金谷"之称的双龙沟一带，主河道流经清源镇入白塔河，于羊下坝镇北侧汇入石羊河，全长一百二十六公里。水源系南部山区集雨径流和冰雪融流，山内地下水距离地面很浅，早年挖井几米深处就有丰富的水源，山外灌区地下水埋藏较深，在七十米至一百七十米。黄羊河水库灌区内包括张义、河东、谢河、黄羊、黄羊河农场等区域，有耕地面积三十多万亩，主要农作物有春小麦、油籽、豆类、洋芋、甜菜、瓜果等。黄羊河灌溉工程是甘肃省首批水利工程，于1961年建成水库，总库容量六千万立方米，建有装机两千六百千瓦的坝后式水电站一座。

西营河灌区位于武威市城西，东临金羊、永昌两个井泉灌区，东南邻金塔河灌区，西北与永昌县东大河、清河灌区相依，西与张掖市肃南裕固族自治县铧尖乡接壤。西营河主干流宁昌河，支干流水管河，支流从东北往西南起有土塔河、响水河、龙潭河、驼骆河、青羊河，主干流宁昌河在肃南裕固族自治县铧尖乡水关口处汇合始称西营河，流经西营镇入四沟咀西营河水库，往东北流十公里经西营河渠首引入总干、五干渠，河源到渠首全长约八十公里，总干下部分四条干渠，五干下分二坝支干渠，东通石羊河，北接东大河。四沟咀以上流域面积一千四百五十五平方公里。老河道分割成两条主河道，东南侧清水河，流入海藏湖、西北侧为五坝河、流入南沙河，汇入石羊河。西营河灌区耕地面积四十余万亩，设计灌溉面积三十八点四六万亩。

西营河水库总库容二千三百五十万立方米，引水渠首枢纽一座，干渠七条，长一百〇七点二四公里；支渠七十九条，长二百三十二点七九公里；斗农渠道四千〇二十二条，长二千〇九点二二公里。西营河灌区及水库灌区，地处石羊河中上游位置，区内有川田平地，亦有梯式水浇地，夏季温度凉爽风景怡人，是武威人经常踏足的避暑游玩之地。

南营水库灌区位于武威城南，金塔河出山口。是一座以灌溉为主，兼顾防洪、发电的中型水库。于1971年9月基本建成，尔后两次进行除险加固工程。灌区南依天祝藏族自治县的祁连、旦马乡，东邻杂木河灌区，西与西营河灌区接壤，北和金羊灌区毗连。水库灌区辖南营、新华、高坝、羊下坝、金羊、柏树、金塔等乡镇，耕地面积十余万亩。南营水库总库容两千万立方米，总干渠和东、西干渠三条，长逾三十多公里，支渠二十一条，长六十多公里。南营水库距离武威城区最近，不仅承担着灌区农田灌溉和人畜饮用水，还供给城区用水，是武威市城区居民生活用水的主要来源。

杂木河灌区位于武威城东南。南依天祝藏族自治县，东邻黄羊河灌区，西与金塔河灌区接壤，北面和清源、金羊井泉灌区毗邻。东西宽约二十公里，南北长约四十公里，控制面积五百四十余平方公里。杂木河水源于祁连山东端冷龙岭北坡一带，以降水和冰雪融水为补给水源，山区流域面积八百五十一平方公里，山区干流长约六十公里，出山后河床逐步扩展，至磨咀子处宽约五百米，以下河道明显分为三支，主河流为大七坝河，经磨咀子马儿坝、五里墩至大柳镇桥坡村汇入白塔河，于下双乡归入石羊河。地下水埋藏深度由南转北逐渐变浅，埋深为五至七十米，适宜灌溉和人畜饮水，灌区沿武南镇、古城、校尉、东河、河东、六坝、高坝、新华、大柳、羊下坝等乡镇及黄羊河农场等地，共灌溉耕地近三十万亩。农作物以春小麦为主，其次有谷子、玉米、洋芋、胡麻、蔬菜等，是武威市主要的粮产区。

清源灌区位于武威市东侧白塔河以东，南和杂木、黄羊、古浪河等灌区接壤，东部紧连腾格里沙漠至红水河为界，北面与金羊灌区毗连。灌区总面积三百二十平方公里。灌区地下水较丰富，主要靠祁连山冰雪融化和杂木、黄羊、金塔三大河系流程渗漏补给，灌区内主要有白塔河、红水河、大沙河三大河渠，纵贯全灌区进入金羊灌区，然后流入石羊河。由于山洪频发汇集，造成严重水土流失，天长日久，上游成河，下游呈高崖深沟宽槽型河集，灌区辖吴家井、长城、清源、清水、大柳等乡镇，有耕地十多万亩。主要农作物有春小麦、玉米、胡麻、油菜、甜菜和瓜菜等。

永昌灌区位于武威城北，东邻石羊河，西与西营灌区相连，南接金羊灌区金羊乡，北和永昌县、民勤县交界，总面积二百七十六平方公里。永昌灌区的灌溉水源，依次以河水、泉水、井水为主，河水主要依靠西营河水灌溉。泉水主要在西营河下游区及东大河下游区的潜层水，在本区内冲击带所形成的三个泉系，即以东大河和西营河渗漏补给为主的北沙河泉系；以西营河渗漏补给为主的南沙河泉系；以西营河渗漏补给为主的石羊河支系泉系。这三大泉系共形成大大小小泉水沟道一百余条，是早期的主要灌溉水源。随着河水、泉水逐年减少，灌区从五十年代后期开始用打井提取地下水的方法来补充灌溉水源的不足，成为灌区的主要灌溉水源。灌区共辖永昌、四坝、洪祥、双城等乡镇，耕地二十余万亩。主要农作物为小麦、玉米、洋芋，经济作物有胡麻、甜菜、瓜菜等。

红崖山水库灌区位于民勤县"绿洲盆地"，民勤县耕地绝大部分属红崖山水库灌区，东、北及西北三面被腾格里沙漠和巴丹吉林沙漠所包围，南接武威县，西邻永昌县和金昌市，是石羊河的最下游。红崖山水库灌区负责全部民勤县的耕地灌溉和人畜饮用水，有效灌溉面积八十多万亩，保灌面积近五十万亩，人口二十三万，其中农业人口就超过了二十一万。因毗邻大漠，风沙大，降雨少，年降水量一百毫米左右，而蒸发量高达两千六百多毫米，全凭河流和井水灌溉。但日照长，有利于农作物生长，主产小麦，次为糜谷和豆类，经济作物有油料、甜菜及棉花，并因盛产白兰瓜、黄瓜蜜、黑瓜子而闻名于省内外。

大靖峡水库灌区位于古浪县东，灌区南依祁连山北麓，北靠腾格里沙漠，东邻景泰县，西与古浪灌区相接，东西、南北各六十余公里长。灌区主要水源为大靖河，有耕地三万余亩，主要农作物有小麦、糜谷、胡麻等。新中国成立后，于1959年至1960年兴建了大靖峡水库，以保证群众灌溉和生活用水。

古浪河灌区位于古浪县城北东方向，地处古浪河形成的冲积扇平原，东靠大靖河灌区，南依天祝藏族自治县，西邻武威市黄羊灌区，北与腾格里沙漠接壤。古浪河是古浪县境内最大的河流，属石羊河水系，全长一百〇三公里，总流域面积一千四百五十五平方公里。灌区内从汉武帝时就开始筑坝开渠、移民屯田，历经各代至民国时期，引古浪河水灌溉，都是在自然河床上建坝引水，并以河为界，分东西两片，东片有古头坝、土头坝、二坝西沟、二坝东沟、长流坝、漪泉坝；西片有三坝、四坝、五坝等，各坝分水以地载粮，按粮均水。新中国成立后，进行合渠并坝。共修建总干渠一条，长七公里，干渠及支干渠三条，共长九十五点二七公里；支渠一百多条，共长一百七十五点九公里，修建小型水库漫地工程。灌区耕地面积二十五万余亩，其中水库灌区八万亩，井灌区两万多亩，其余均依靠古浪河作为主要灌溉来源。

西大河，水库建成于1974年，总库容六千八百万立方米。灌区地处永昌县城西南祁连山北麓，西以大黄山（古称焉支山）为界，南靠祁连山北坡，东和东北部与四坝灌区相连。灌区是西大河和马营河形成的冲积洪积扇平原，地势由西南向东北倾斜，是河西走廊冷凉地区之一。永昌县以及金昌市，在二十世纪八十年代前属于武威地区的两个县，1981年金昌设市，因市辖金川区和永昌县，合称"金昌"。西大河源于祁连山冷龙岭北麓鸾鸟沟、平羌沟诸山间，并有马营河、深沟、水沟、月牙湖和大、中、小泉等间歇性沟水汇入主流。灌区包括新城子镇、红山窑乡的全部，军马四场、八一农场黑土洼分场全域和焦家庄乡的双么街、河滩杏树庄及两个国营农场，总面积五百〇七平方公里，耕地面积四十五万多亩。西大河水库保证了金昌市和永昌县的耕地灌溉，同时还提供城乡居民生活用水，是石羊河水系中又一明珠般的存在。

东大河水库灌区位于永昌城以南、祁连北麓倾斜平原洪积扇地带，总面积约六百平方公里。河流上游建有皇城水库，总库容八千万立方米，枢纽工程包括大坝、输水泄洪洞、水电站等主体建筑。灌区东与武威市西营灌区的青林、金山两地接壤，南靠祁连山北坡，西邻四坝灌区的北海子乡，北与河西堡镇黄家泉为界，东北至九坝滩。东大河灌区包括永昌县东寨、六坝、南坝、国营八一农场二、三、四营、土佛寺红光园艺场、永昌羊场和武威金山、青林部分耕地，共有耕地三十余万亩。

皇城水库是金昌市蓄水量最大的一座水库，是供给这座城市的主要水源。皇城水库坐落在肃南裕固族自治县境内肥沃的草原深处，这片草原名叫皇城滩，草原上的村落又叫皇城村，盖因古城名为皇城而来。皇城是元代永昌王只必帖木儿所筑的牧马城和避暑行宫，新中国修建水库便因此地直接命名了皇城水库。

石羊河水系各大水库的修建，几乎都利用山川地理的优势而设计，以山为屏、截流拦坝，便多有高峡平湖之壮美气势，每一处库区风景也都有山明水秀的景象，在为人们持续供给水利资源的同时，还营造出一派天然风光，给缺水的凉州大地平添一处处湖光山色。盛夏时节，或家人相聚驱车出行，或邀约三五知己野游避暑，山间河流边、库区树荫下皆为最佳打卡地。

水是生命之源，河流是大地母亲给予万物生灵的甘美乳汁，它来自母亲体内精血的凝聚，因而涓滴珍贵。武威人数百年来遍尝河流干涸的苦楚艰辛，一代又一代人为水而笑，为水而哭，因水而生，因水而灭。从古代游牧民族逐水而居，到历尽沧桑熙熙攘攘的现代城市，人们的生活都离不开水，世间生灵更是无水不存，无水不长。那些曾经在焦渴中煎熬生命的年月告诉我们，人与自然应该如何相处？无数水利人还在治水、管水、兴水的路上不断探索……有人说"一部水利史就是一段劳动人民用智慧、勇气与水搏斗的历史"。这个说法，也许在某种程度上是可以站住脚的。但是，水又何尝愿意与人类以命相搏呢？既有上善若水，何来斗智斗勇？静水流深，万古东去，贪得无厌的永远是人罢了。唯愿母亲一样的河流，未来丰润常存，青春永驻，淘气的儿女们不致令其一次次失望，也便算是对慈母之拳拳爱心的一份感恩与回馈了。

四十里堡红色往事

沁园春·凉州
陈玉福

春犁新翻,极目遥看,祁连峰头。有朝云晴日,平沙落月,天梯映雪,烟锁南楼。莲岭壶天,凌空奔马,千里乡音桑柘稠。谒文庙,学冠之陇右,辞采风流。

此生但入凉州。羡煞了、江东孙仲谋。把夜光美酒,胡笳琵琶,三弦乐舞,一曲相酬。丝路驼铃,已成旧事,瀚海明珠绿野幽。同筑梦,谱中华新韵,唱响金喉。

我的家乡武威,古称凉州,是丝绸之路河西走廊东端的重要节点城市、军事重镇,亦是走廊五地市中人气最旺的城市。数千年来,这里发生过许许多多的传奇故事,而几乎所有的大型历史事件都与战争有关。小时候看到四十里堡坡子底下院墙上排列整齐、大小不一的墙洞,老辈人说,那是当年红军和马家军打仗的战场。幼时的记忆里便有了关于"战争"的深浅烙印,伙伴们玩游戏会为了谁来充当"红军"争得面红耳赤。长大后读书,从书本里看到的凉州和自己亲眼所见是完全不一样的,每每读到边塞诗词总能使人一咏三叹,豪气顿生，原来这片土地、这方空间在浑黄贫瘠的背后也曾经有过无双风华。

醉里看剑，吹角连营；沙场征战，铁马冰河；雪满弓刀，大漠寒月；塞风吹折，羌笛幽怨……似乎凉州的一切在过去，在古代都是苍凉冷硬的象征。这片土地曾经是军人驰骋的战场，也是诗人藏进书卷里的梦想，是那么的引人入胜，又是那么的难以靠近，安放得了孤独的灵魂，却盛不下气血丰满的肉身。

凉州之凉，一度让不少人望而却步，只能从诗文里遥遥观望，从史册里隔空触摸。然而，对于我来说，凉州是家乡，四十里堡是生我养我的地方，无论离开多少年，无论这里有多少爱和恨，每当踏上这片土地，感觉总是温暖的，像久违了的母亲的怀抱。

四十里堡，仅地名就可看出这是一个有故事的地方，有历史底蕴的地方。武威人的口音里，堡不是碉堡和堡垒，发音为 pù，这又是非常鲜明的武威特色了。

事实亦是如此，与武威众多以"堡""寨"命名的村庄一样，四十里堡的地名是明代卫所制度的遗留产物。四十里是距离，堡寨为建制，意为距离武威城四十里处的屯垦之地。小时候常听村里老人们说，我们这个村子的祖先来自山西大槐树，并搬了指甲盖有裂痕的小脚趾来验证，以此说明这就是大槐树的印记。说来也是神奇，武威人差不多一半以上都有这个印记，小脚趾的指甲盖怎么保养都长不出圆滑饱满且完整的样子来，仿佛天生就该是剪成两半的样子似的。

长大后读书，终于理解了老人们口中的大槐树，原来指的正是明代凉州大移民事件，而武威乃至整个河西走廊的汉族人口，一大半来自明代中原移民。明王朝未收复河西之前，河西走廊受少数民族统治数百年，境内胡汉杂居，又以胡人为执政主流阶层，虽推行汉文化，但婚姻、生活、语言、饮食等方面互相同化早已没有了胡汉之间的明显区分。洪武皇帝移民河西，一方面是为了屯垦戍边保卫西北，另一方面恐怕也有以大量汉人来改善民族结构的意图。堡、寨就是移民进入河西建立的屯垦基本建制的象征，当时河西虽然已经收入大明王朝版图，但并非天下太平，为了防范少数民族政权侵袭，以及保证移民生产生活秩序，便以堡、寨为单位建起了屯垦庄园。屯垦区内兵农一体，和平时种地务农，战事一起操刀上马即为兵士，既能防守又能随时出征，非常适宜于当时的国情。

　　阔别家乡很多年了，梦里时常会浮现出小时候的情景，那时候胆大包天，敢在三干河与六支渠交汇的地方打澡儿（洗澡），敢骑在摇摇欲坠的低矮破旧的土坯房墙上躲避母亲的体罚。还有门前那条晴天一身土、雨天一身泥的路槽小路，祖屋西边浑浊的洪沟水和村头老树上惨淡的老鸹窝。就连不远处铁道上穿行的绿皮火车，在记忆里也是慢吞吞、不急不缓的样子。梦醒之后便不由去想，大约这辈子有关家乡的印记在我的心里、脑海里已经凝固成型不可更改了吧！而梦中所见和记忆中封存的景象是基本重合的，家乡的底色永远都是黄澄澄的，朦胧并寡淡，就如相册里保存的那些老照片，总是给人一种遥远而又不甚真实的陌生感。

　　正如一位诗人朋友用诗歌描绘的那样：小时候拼命想逃离，成年后想回，却再也回不去的地方叫老家。老家，于我而言正是如此。当初远走千万里，回头已成半百身。让人念念不忘的，引为遗憾的，永远都只有过往，而远去的时光里最有味道的、永不褪色的还是这些深入骨髓的、曾经却怎么也看不上的老家的一切。这份懂得，终会随着年轮加深渐渐领悟。于是，花甲之龄便尤为迫切地想回老家去，到四十里堡看一看走一走，这便成了心头执念。哪怕故人不在，故园无存，那里也是一个人的孕育之地、血脉牵系之地啊！

　　古人曾说：富贵不归故里，犹如锦衣夜行。衣锦还乡，仿佛是粘贴在中国人精神世界里的一道奇怪的符箓，游子归家非要与成就相挂钩，无形中也给人以压力，似乎只有非富即贵混出点名堂来了才能回家。不知道这样的桎梏，阻挡了多少游子回归故里的脚步？

　　2022年6月，在河西走廊最美好的时节里，我终于回了一次老家，凉州区永丰镇四十里堡村——这个生我养我的小乡村。因为距离凉州城四十里而得名。小小的四十里堡，尽管声名不显、无关富贵。时隔多年再次踏上这片土地时，欣喜满怀之余，自然也难免惴惴。印象中陈旧的满墙千疮百孔的土房子都变成了黛瓦白墙的农家院——宽大的玻璃窗，明亮的贴瓷墙面，院中心的小花圃造型别致，绿菜香艳欲滴，花草千姿百态。少了小时候秽土迷蒙、鸡飞狗跳乱糟糟的景象，多了洁净整齐、赏心悦目的温馨怡人。褪色老照片果然已成历史，眼前的一景一物鲜活生动，满满的新鲜感中又饱含烟火之气，仿佛神话传说里的景象，这村庄竟也返老还童了。若非亲眼所见，当真不敢相信这就是我无数次魂牵梦萦的老家。幸福人家、小康生活，概莫能外。老家人热情依旧，并没有将我看作外人，年轻人和孩童操着不太标准的普通话来问好，让我清晰感受到老家正在与时代接轨，而老人们那一口地道的乡音，又真真切切告诉你，这里就是没变的老家。未改的乡音在外交流时常常令别人困惑，即便努力改了很多，但还是口音难变，唯有回到老家才不会在张嘴说话时费力斟酌，舌头跟心情一样，倏然间便轻快起来。

年逾八十的叔叔笑言，再不回来你都不认识四十里堡了，也快没有人认识你了。话语里不无怨责，令我深深感喟。是啊，四十里堡大变样了，我几乎都辨不出当年读书时走过的小路在哪里，后来教书时带着学生们植树的小水沟在哪里，也难以相信脚下宽阔的柏油马路横贯东西的四十里街（gāi）就是年轻时我曾经走过的那条长长的、坑坑洼洼的砂石路。当年推了自行车驮着几大包书，跌跌撞撞行走在四十里堡街头，一心向往远方的倔强青年和那一间承载着无数农家少年梦想的小小书店，映射着一代人的身影——凄惶、贫寒，却埋首书卷满眼不屈。

一个人能有多少执着奋斗的大好年华呢？对很多人而言，这个小镇，已是能够预见的人生全部。包括八十多年前，那一群军帽上簪着红星的战士。四十里堡，并无多少辉煌可以言表的一个小镇，只因为红星闪过夜空，便多出一层硬气和豪气来，也多出了一道亮丽的颜色。那颗红色的火种撒在四十里堡的土地上，种进人们的心田里，生根发芽，开花结果，逆风而生，不屈不挠，不经意间就长成了一种精神，播撒下一种文化。红军精神，红色文化，赋予这片土地和生长在这片土地上的人们以火焰的气质，焚烧黑暗腐朽的火焰从此燎原，一个崭新的国家便拔地而起巍然耸峙了。

"新时代武威精神是红西路军精神的传承和延续"的报告，是我本次回到老家要做的演讲。做报告的地点在永丰镇政府会议室，看着永丰镇政府对面的商业铺面,想起上小学时,这里有一户人家,女主人叫"陆奶奶"。据说,陆奶奶是红军,陆爷爷是马家军。马家军把抓住的红军女战士排成一排,马家军站成一排,"立正、向后转",面对面碰上谁,谁就是对方的媳妇(丈夫)。大多女红军不甘受辱,奋起反抗,被马家军处死。陆奶奶见陆爷爷身上有伤,就约法三章,可以是"夫妻关系",也可以照顾陆爷爷到康复。结果,在陆奶奶的动员下,主动退役的陆爷爷对陆奶奶很好,最后两个人就真的成了夫妻。之后他们的感情很好,有了一个儿子,在县糖酒公司工作……西路红军失利后,流落下来的红军不少,像陆奶奶这样有了归宿的相对而言是再好不过了。

"少小离家老大回,乡音无改鬓毛衰。"来到家乡,我终于可以不必刻意卷了舌头说话,畅快地用我这辈子都改不了的武威口音去发言了,那过程委实惬意而放松。面对我的乡亲,他们可以毫无负担地听懂我在谈论什么。如同小时候在生产队牛院子的南墙根下喧谎谎(聊天),所言无非是大家伙儿都关心、关注的那些事情。而如今乡亲们目光聚焦处,就是"四十里堡凉州战役纪念馆项目"了。

四十里堡战役纪念馆所在地,就是以前的四十里小学,更早一些叫祖师宫,道教供奉天师张道陵的观宇。当年红西路军三十军驻扎武威,祖师宫是临时指挥部,三十军政委李先念曾在这里部署战斗。当时我家所在的村庄叫坡子底下,距离四十里堡一公里,也是当年红军抵挡马家军的主战场,战士们在此浴血奋战了三天三夜的地方。我的小学生涯就是在四十里堡小学度过的。那时候半天上学半天学工、学农,我是学校宣传队的队员,我们就在祖师宫东边的空地里学习跳舞,排练《洗衣歌》等节目。

现在,这里大变样了,成了凉州战役纪念馆的一部分。进了正门是正在装修中的"四十里村党性教育基地初心馆",左手边依次是"村史馆""微电影馆""红色文创展馆";右手边依次是凉州战役纪念馆第一展厅、第二展厅;出了"祖师宫"往东,是新建设的"凉州战役纪念馆"纪念碑,碑前是硕大的文化广场……整个纪念馆设计简约大气,动线流畅,功能齐全,给人一种庄严肃穆的感觉。展厅空间利用合理,突出了四十里堡红色地域特色。

为了推动乡村振兴工作,围绕四十里街区设计修建了一环路、二环路

（二环、三环是我为了便于分辨方位取的名字）。二环路从四十里堡街东一公里的新四十里堡小学，现在是村委会所在地往南，沿着高狐子坡我出生的地方就在高狐子坡下，从四十里堡村五组绕过，通往四十里堡街上。整个二环路上连接着集贸市场、红色食堂（餐饮街区）、养殖基地和采摘园。从我叫的"二环路"概念说，我的家乡四十里堡已经成了一座以红色文化为主，红色文化食堂等餐饮区和采摘园、养殖园、集贸市场为辅的乡村振兴示范园区。

四十里堡街可以说是我最熟悉的地方，我的童年生活、小学生涯都在这里度过，后来我又在新四十里堡小学担任过民办教师、永丰乡政府担任计划生育专干多年。这里给我留下了太多的记忆，我在这里萌生出美好的向往，不少的痛苦让我猛醒、振奋，选择了一条荆棘丛生的道路；我的青春、爱情，在这里生根、发芽、成长、壮大，让我摆脱了迷茫，走向了成熟；我的事业从这里起步，跌跌撞撞，从凉州到兰州，又到北京……

人这辈子走过很多地方，遭遇无数，许多如画风景令人深深陶醉，亦有不少转瞬即忘，唯独家乡的记忆如刀镌刻，一草一木都雕琢在大脑里、心坎上永不磨灭。可今天，家乡大变样了！

首先是街道变了，从东边的大路村四组往西到西边的三干河往东，清一色的"步调一致"的门脸，整齐划一的牌匾……马路两边是熙熙攘攘的人群和摆摊的小商贩……其次是马路拓宽了，漂亮了，街两边的建筑、单位有序了，且格调高雅，显示出了新时代新乡村的本来面目；再加上商铺林立、人头攒动，感觉就像走在城市的街道上一样。

四十里堡红色文化项目已经投入了四千多万元了，其中百分之九十以上的资金是区上自筹的。正在建设中的四十里堡文化广场上，西路红军纪念碑高高矗立，据介绍纪念碑前面竖立的旗杆高二十二点七一米，寓意该项目于 2022 年 7 月 1 日建成。旗台至纪念碑的距离是三十六米，纪念碑基座宽度是十一米，纪念碑到舞台的距离是二十四米，寓意为 1936 年 11 月 24 日，西路红军在四十里堡战役结束后离开武威的时间。中国工农红军西路军纪念碑，碑高十九点八二米，取意于习近平总书记于 2019 年 8 月 20 日走进甘肃河西，参观中国工农红军西路军纪念馆，留下了"西路红军精神"的铿锵之声。军民联欢大舞台，取意于1936年11月19日，红西路军总部在四十里堡召开了军民联欢大会，徐向前总指挥在台上发表了讲话，这是宣传红军西进新疆，打通国际线，争取苏联援助，抗击日本帝国主义的动员令。会后，西路红军前进剧团演出了反映我党建立抗日民族统一战线政策的精彩节目。模拟大舞台，象征了西路红军在艰难险恶的环境中，坚定不移地保持革命信心和革命斗志，同时兼顾传播红色文化的伟大壮举。舞台上方的火炬象征着"星星之火，可以燎原"。七颗红星象征着"红星闪闪，世代相传"的革命精神。

看得出来，策划者高屋建瓴，是"不忘初心牢记使命"的践行者；设计者具有大智慧、大才华，四十里堡因为红色文化熏陶，将要超越历史摆脱陈旧，融光纳辉振翅高飞了。看着今非昔比的四十里堡，我在想，往后的往后，我的笔和我的文字，是否能够跟得上她腾飞的脚步、多姿的身影？崭新的、天翻地覆的家乡，又将会发生多少可歌可泣的故事？我的笔，还能描摹出几分她的风姿？

因为离着武威城很近，以前村子上的人进城都不坐公共汽车，骑个自行车就去了。进城路上有一面大坡，俗称高狐子坡，曾经是自行车爱好者的噩梦，蹬车上坡能累断腿，但下坡时也可以享受风驰电掣般的飞速，十分刺激。高狐子坡当年还是红西路军阻击马家军的一块天然高地，这里留下过许多关于红西路军的红色故事——

1936年11月10日，红西路军第九军先头部队抵达古浪境内，拉开了红军在武威激战的血色战幕。古浪一战，红九军面对数倍于自己且装备精良的国民党军艰苦鏖战八个日夜，终因实力悬殊损失惨重被迫撤离古浪，在红三十军的接应下，进驻凉州四十里堡进行短暂修整。四十里堡是一个东西长、南北窄的长方形堡寨，从东南到西北依次有高家磨、沈家庄、南魏家庄、北魏家庄、厉家寨等几个大堡寨，是由凉州通往永昌和张掖的要道，古来就是兵家必争之地。20日，红军地方工作部惩治地主魏茂盛等几个平时欺压乡里的地主头子，把地主家里储存的粮食没收了堆积在北魏家庄的一块空地上，分给饥饿穷苦的百姓。红军自己也正是严重缺粮的时候，却还是优先照顾劳苦大众，先紧着村里贫穷的百姓给他们分粮，这一善举得到四十里堡群众的爱戴。看到红军又是惩治恶霸地主，又是分发粮食的一系列正义之举，此前受马家军蛊惑抵触红军的乡民们纷纷改变态度，出逃在外躲避战祸的村民也都陆续回到家里，主动帮助红军修筑工事抵御马家军。

高狐子坡（我家祖屋西边）南面的松洼里，当时生长着一片松树林，四十里堡的百姓们自发组织起来一支支前队，连夜伐木运输帮助红军抗敌。村民们肩扛手拉，一夜之间就用松洼里的树为红军在高狐子坡建起了一道防御工事。天亮时分，马家军骑兵发动进攻，战马被阻挡在树障前无法跨越，骑兵优势尽失，红军趁机反攻，成功打退了马家军的疯狂攻势。

11月的凉州冰天雪地、朔风摧折，生于斯长于斯的凉州人都难耐寒冷穿起了棉袄，可红军战士们大多还只是身着单衣，脚缠草鞋，年轻的战士手背上到处都是冻裂开的血口子，还要紧握刀枪冲锋陷阵。这般凄冷看得人心里也豁开了口子，四十里堡的老人们以前如是说。这样的话语，我母亲健在时也曾讲过，她还清楚地记得，当年红军驻守我们村时在寒风中瑟瑟发抖的样子。特别是女战士，她们来自川豫之地比较温暖的地方，西北的寒冷很难适应。我母亲说，当年亲眼看着红军女战士冻裂了口的手脚，村里稍微有点年纪的人无不悲悯落泪。尽管自己也饥寒交迫，但大家看不得年轻的红军战士挨冻受饿。用毛毡做大衣的方法是我母亲的主意，她把家里土炕上唯一的旧毛毡拿出来给红军做毡衣。毛毡对折，中间剪开一个圆洞保证头能露出来即可，然后两边拿针线缝了，留出两只胳膊的位置便于穿脱，穿在身上再拿草绳直接拦腰一扎，勒成个衣服的样子也就是了。农户人家本就穷苦，一条毛毡便是家里最为值钱的东西了，好多人家一条毡还是两代人甚至三代人的传承，娶媳妇时炕上有没有毡足以衡量一个家庭的贫富，被视为重要的家底子之一。

有了毡衣，红军战士们勉强可以抵挡寒冷了，村里人都安心了许多，这已经是他们倾其所有的支持与帮助了。穷苦的村民们说不出革命大道理，但大家眼里所见点点滴滴都是红军一心为民的具体行动，同样来自劳苦大众的红军，与那些脑满肠肥、凶神恶煞的马家军是完全不一样的。百姓的心里自有一杆秤，所以他们才心甘情愿去帮助红军。一个鸡蛋、一碗面糊糊、一方破旧的毡筒，虽然不是山珍海味，不是锦衣华服，但乡亲们给予对方的都是自己最看重的。军民鱼水情，就是这么朴素，又是如此浑厚。

11月21日，西路红军先头部队已西进张掖，红三十军二六三团和二六八团依旧驻扎四十里堡阻挡马家军的追击，掩护大部队西进。马家军组建步骑兵部队九万人阻截红军西进，由嗜杀成性的西北军阀马步芳亲信马元海担任总指挥，向红军四十里堡阵地疯扑而至。马元海亲自率领五个团的兵力，向守在四十里堡的红军发起猛烈攻击。敌人弹药充足武器完备，还有飞机大炮助攻，对红军阵地内狂轰滥炸，二六三团和二六八团在当地村民的帮助下，顽强对敌坚守不退。已经于此前西移至永昌八坝与永昌县城的八十九师一部与八十八师二六八团被迫东返驰援，与敌展开生死激战。22日夜，有"夜老虎"之称的红八十八师二六五团悄然穿插，奇袭敌祁明山旅驻地戚家栈院获得大胜。敌人仓皇应对，在黑夜里胡乱开枪自相践踏，红军战士在此战中缴获战马百余匹，打死打伤敌人数十人，有效震慑了围追之敌。

从红军进入古浪到绕凉州城而过，再到激战四十里堡，短短几天之间，"二马"之一的马步青，上演了一场无耻变脸的鬼把戏。马步青因为素来不满屈居其弟马步芳之下，早就有意要摆脱马步芳的统领独立称霸，趁红军渡河西进之际频频派人联络，意欲假借红军之手打击马步芳，以期达到他脱离马步芳控制的目的。红军见马步青态度积极，遂与之达成谈判意向，为了表示诚意还主动撤除了对马步青旅六百余人的包围，使得马步青这一支人马安全退回凉州。马步青蛇鼠两端，一面派出代表与红军商谈，做出愿意接受红军提出的抗日统一战线主张，一面打着自己的小算盘，暗示红军不要在他的地盘上久驻，催促红军前往甘州与肃州。甘、肃二州是马步芳的辖区，马步青之所以选择与红军在凉州城下和谈，不过是想保住自己的势力，把战火引到马步芳一边去而已。即便红军在古浪失利后，马步青依然伪善地与红军交好，当红军包围凉州城时，他还是一副和蔼可亲的面容，并下令自己的部队不许主动与红军交火。红军归还其在古浪土门堡俘虏的回民士兵后，马步青"投桃报李"赠予红军五十双鞋和十听炮台铁皮装香烟，红军随即撤掉对凉州城的包围继续西进，而马步青也颇为守信，任由红军绕城而过没有阻挠。

然而，短短三天之后的11月22日，马步芳嫡系马元海率兵追到凉州城，马步青见马步芳派的援兵到了，顿时原形毕露，协同马元海组织对红军的追剿。此时，马步青信义全无，将他骨子里的那份心狠手辣表现得淋漓尽致。23日，马元海用于打击驻守在四十里堡的红军而调集的骑五师重型山炮团，就是马步青提供的。此时，马家军组织四个团的兵力向高家磨红军阵地疯狂进攻，以集团冲锋逼近红军构筑的工事，头天轰炸中毁损的缺口才刚堵上，转眼就被马家军再次推开，红军战士奋起抵挡悍不畏死，杀得敌人不敢上前。马家军军官调集机枪手用密集火力掩护，自己举枪在后面督战，逼着匪兵往红军阵地上冲，匪军从四面八方包围红军，意图用人海战术冲垮红军防守。红军战士刀枪齐上拒不后退，战斗从拂晓时分打到下午五点，冬天的白昼比较短，眼看又将是一个黑夜来临，马家军不由得气急败坏。因为，夜战是红军的强项，养尊处优的马家军在夜里则像是无头苍蝇。黑夜来临前的傍晚，马家军再次组织进攻，拉起一支四十多人的敢死队向围墙里的红军实施自杀式爆破，敌人的山炮也连续向围墙西南角的高家碾坊轰击，红军外围防守被炸开一个大缺口，敌人像潮水般涌进围墙。

红三十军军长程世才和政委李先念亲自率领部队向敌人反击，以红二十三团撤至大路庄的行动来迷惑敌人，诱敌移向大路庄方向。大路庄位于四十里堡街南面，与高家磨之间有一条很宽的干河沟，红军在那里设了伏兵。马家军杀红了眼不辨东西，一心只想追击红军，待他们追到干河沟里时，红军的机枪、步枪齐发，将马家军死死按在干河沟里抬不起头。敌人的尸体如同庄稼地里的麦捆子一样堆满了河沟，后面的马家军见状不敢再追……夜幕四合，马元海惧怕红军的夜战本领，遂下令从坡子底下往东的朱家老窝撤退。

一夜硝烟未散，天明又是战火重燃。24日清晨，敌人向四十里堡大量增兵，"二马"联手欲置红军于死地。驻扎在赵家老庄的韩起禄旅从四十里堡北面向陈家烧坊、厉家寨、北魏家庄等红三十军八十九师二六四团阵地猛攻。前日夜里畏战退守在朱家老窝的祁明山旅，向红三十军二六三、二六五团阵地所在地坡子底下、沈家庄、南魏家庄等地进攻。敌人对四十里堡形成合围之势，意图再显明不过，就是要对红军赶尽杀绝，这正符合蒋介石对红西路军"势必肃清"的反动主张。

二六三团驻守的围子终因寡不敌众被敌人突破，数千马家军冲进围墙，红军战士与之近身肉搏誓死守卫阵地。此时，又有一部敌人向二六三团包抄而来，情况十分危急。红八十八师政委郑维山坐镇指挥，急令二六五团进行增援，从围子两侧反击包围冲进阵地的敌人，结果遭到敌纵深火力杀伤，付出了很大代价才将围子内的敌人歼灭。打到最后，红军用大刀片等白刃与敌拼杀，红军战士们硬是凭借原始的武器与装备精良、人员充足的马家军血战三天，最终取得了胜利。四十里堡战役的胜利，是继红九军在古浪失利后的第一个胜仗，为红军此后在永凉地区的驻扎盘旋与创立革命根据地提振了极大信心。

11月25日，参加四十里堡战斗的红军完成掩护大部队西进的任务，全数撤离西进永昌。他们踏着烈士的鲜血，迈上了更为艰苦的革命征程。此后，马家军穷追不舍步步紧逼，红西路军在东起凉州四十里堡、西至山丹三百余里的地段上与敌周旋艰苦鏖战，创建红西路军永凉革命根据地。从此后，红军在凉、甘数月时间内无一日不战，用最顽强的革命意志与革命信仰，创造出一个个红色奇迹，他们用鲜血谱写了一曲悲壮绝唱，在河西大地上播撒下革命火种，也为我们留下了最珍贵的红军精神。

红西路军在武威驻守时间并不长，却深受百姓拥戴，结下了深厚的军民鱼水之情。根据四十里堡村民回忆，红军刚到四十里堡，一位营长带着部队借宿来到王昌岳家。王昌岳夫妇惊慌失措上到屋顶上躲避，由于马家军的反动宣传，村民们乍闻红军上门视若洪水猛兽，王家媳妇太过于惊惧将房顶上一块石头踢下屋檐，凑巧砸伤了红军营长。王昌岳见媳妇闯下大祸，吓得面如土色，以为他们一家人都没有活路了。反倒是红军营长不顾个人伤势极力安慰，告诉王昌岳一家不要害怕，红军和穷苦大众是亲人，不会因为这点小事就为难他们。王昌岳见红军说话有理有节，这才打消疑虑，领了家小从屋顶下来安排红军借宿事宜。四十里堡的村民们听说这件事后奔走相告引为奇谈，他们甚至都不敢想象，同样的事情要是发生在马家军身上，王昌岳一家会有什么样的下场，恐怕根本就不会有活着的机会了。莫说一个营长级的"大官"，在马家军中，普普通通的士兵在百姓面前都是大爷，谁敢得罪他们呀，遑论砸伤人家。仅凭这一点，村民们便看出红军是仁义之师，是真正的穷人的部队。此后，王昌岳积极为红军服务，带领一群支持红军的村民为红军磨面粉，把自己家里的毛毡都拿出来给红军做毡衣御寒，带动更多人支持和配合红军抗击马匪。红军撤出四十里堡时，王昌岳还与大路庄村民盛延林为红军带路，送他们直达永昌县城。之后考虑到回家将会受到马匪迫害，一直流落在外四处躲藏，差一点就遭到马匪狗腿子的残害。

四十里堡村三组村民，现已九十多岁高龄的姚万秀老人回忆说，当年红军在四十里堡时，他的父亲正是与王昌岳一起为红军磨面、带路的一分子。那一年姚万秀还是个孩童，但他奶奶为红军做饭、缝衣，父亲为红军碾米磨面的情景还记忆犹新。在老人的记忆里，北魏家庄（今四十里堡街上）看完戏，他们排队去领取粮食，大人们用破旧的衣裳前襟兜着，而他们一帮孩子就脱下裤子来扎了裤脚，塞满两裤腿粮食背回家里去。他还吃过红军做的面糊糊饭，用双手比画着红军煮饭的大锅，老人感慨地回忆，他这辈子也忘不掉曾有一个红军大官递给他的那一块刚刚从马匪手里缴获来的锅盔。马家军粮食弹药充足，吃的自然是白面锅盔，在姚万秀老人往前数和往后数的一二十年里，他吃到白面锅盔的日子屈指可数，那是一辈子都难以忘怀的味道，浸润着硝烟味，更多的还是红军对穷人的照顾和体恤。只是可惜，那时候年纪太小，没有问一问那位红军首长是谁，后来怎么样了？有没有活着回到延安？这份遗憾老人一直耿耿于怀直到今天。

红西路军途经武威，与盘踞在河西走廊凶悍残暴的"二马"匪军和国民党胡宗南部在武威境内浴血鏖战二十余日，红军将士视死如归英勇杀敌的革命英雄气概，团结人民群众、宣传抗日主张，为共产主义事业甘愿奉献一切的崇高气节，深深鼓舞和感染着武威人民，也为武威大地的军民带来了革命的信念。至此他们舍生忘死为红军做向导，慷慨解囊给红军送米送面，机智巧妙掩护红军伤病员，还有慈悲为怀的出家人宁可被敌人严刑拷打也要收留掩护失散的红军战士，以及那些挥泪掩埋红军烈士遗骨的义举……武威人民用自己微薄的力量支援红西路军，帮助红西路军，谱写出了一曲军民鱼水情的赞歌，与红西路军悲壮的英雄故事一起流传在凉州大地上经久不衰，一直到了今天。

经过四个多月浴血奋战，红西路军全军将士在"二马"的围追堵截下最终弹尽粮绝，饮恨祁连山。在力量、装备、武器不对等的情况下，在恶劣的环境里，大量红军指战员壮烈牺牲（不少因为寒冷牺牲），还有一部分受伤被俘，或者失散。对此，"二马"授意当地反动民团武装对被俘、伤病、失散红军进行了惨绝人寰的迫害，红军战士们没有牺牲在战场上，却纷纷倒在敌人战俘营里，备受凌虐欺辱，最终含恨离开了人世。

红西路军在古浪战役中伤亡惨重，部队被迫西撤时将很多重伤员安置在当地可靠的群众家里养伤，九军政治部主任曾日三以红西路军名义给马家军留下一份书信，希望马家军能够从人道主义出发，不要杀害伤病员。可是，马家军进城后完全无视红军请求，将数百名红军伤病员全部搜出并杀害，其残害形式大多采用砍头、活埋等非人手段，残忍程度令人发指。除对手无寸铁的红军伤病员残忍凌虐，马家军还对那些曾经帮助或支持过红军、救治过红军的无辜百姓进行搜捕杀害。马匪在古浪城大开杀戒，制造了骇人听闻的"万人坑"。

1937年2月，马步青将被俘红军中的一千三百多名重伤员从武威押往永登，由匪补充旅分批运往西宁马步芳处。押运途中，马步芳授意匪军将九十多名红军伤员活埋在东山背后，到达西宁的其他伤员都先后被残忍杀害。骑五师军法处执法队的刽子手李贵杀人成瘾，经常以杀人为乐，为炫耀他的杀人绝技肆意残害被俘红军，仅此悍匪在武威杀害的红军就达五十多人。马匪另一副官更是灭绝人性，将抓到的红军流散人员捆在树上，亲自动手开膛剖腹，取心为乐，并强逼百姓观看以作震慑，威胁群众不得救助红军。马家军对被俘红军动辄实施酷刑，敲碎踝骨是惯常做法，砍头、活埋亦是家常便饭，三九寒天扒光衣服沉塘冻毙更是他们习以为常的暴行。

红西路军被俘女战士的命运比起男兵更为凄惨。马匪先后在武威关押了一百三十多名女红军，其中除个别被强迫成为匪首的妻妾外，其余收编为妇女团集中关押于凉州旧城的大衙门院内（今凉州市场处）。后来，马步青从中挑选了十九人组成歌舞队，移住新城骑五师师部副官处专供马步青玩乐消遣。副官处的副官和传令兵对女红军随意侮辱，马步青也不加管束。其他被关押的女红军战士被马匪军轮班奸污，有的直接被折磨致死，有的不愿意受辱而自杀。后定居武威的女红军李文英回忆说，当时她们一百多人被马匪关押期间备受凌辱，没有饭吃，放风时连院子里的花叶子都拔着吃光了。马匪假意优待战俘，押她们到海藏寺的湖里去洗澡，同时把狗也推进水里一起洗，侮辱女红军连狗都不如。八月的一天，马匪把这一百多名女红军押到师部大院排成长队，马步青欺骗称国共合作了要释放红军战俘。女红军们半信半疑，大院里忽然冲进一群匪军，马步青命人往空地上撒下来一堆纸团，那些匪军争先恐后地趴到地上争抢，有的还互相撕扯着打闹起来。原来，那些纸团上马步青给红军女战士都编了号码，谁抢到了就可以按照编码领一个女红军回家当老婆。一百多名女红军就这样被马步青以"抓阄"的方式赐给了他的部下们，极尽侮辱之能事。此后，红军女战士们不堪受辱，很多都选择了自杀，还有的在被逼成亲时与敌人同归于尽，幸存者历经种种非人磨难，在党中央多方努力下终于回到党的怀抱。关于被俘期间的悲惨遭遇，这才经由幸存者而公之于众，其中血泪伤痛非亲历无法诉清，非文字所能尽数表达。

河西战役结束后，马步青还将俘虏的两百多名红军小战士编成童子军，后改编为工兵营，强迫小红军做苦工。这支平均年龄仅有十五岁的小战士队伍，每天都要承担超出自身负荷好几倍的重体力活，背石头、砌墙、修路，身上的伤病得不到医治，食不果腹、衣不蔽体，饥寒交迫中干苦力还要遭受毒打，有的还被罚站在粪坑里一站就是一整天。在被押武威的两年时间里，光冻饿而死的小红军就有八十多人，八路军驻兰办事处为营救小红军几次与马步青交涉，马步青始终不肯放人。直到1939年，经过党中央领导和八路军驻兰办事处的不懈努力，马匪扣留的二十多名小红军被送到河西医院当看护，三十八名在临送兰州前被马步青活埋杀害，剩余的拖着一身伤病总算回到了革命队伍。

红西路军在四十里堡乃至河西走廊和马家军的战斗失败了，但红西路军指战员用钢铁般的意志铸就的革命精神留了下来，他们用崇高信仰与无限忠诚奠定了革命的辉煌，为中国人民走向独立、民主、自由的新道路点燃了星星之火，把红军精神与红色基因深深根植于这片沃土，成为我们砥砺前行、不断进取的精神动力。回首悲歌无限感慨，近一个世纪如风而过，红色文化已经深入人心。我们建设红色文化基地，树立红军纪念碑，建立战役纪念馆等一系列活动,不止是为了缅怀先烈不朽功勋,还为了教育我们的下一代懂得感恩,珍惜当下、热爱和平,把红色基因一代代传承下去。红军精神浩气长存、万古流芳,祖国必然继往开来、繁荣富强,我们也才有底气安坐桌前,一遍遍梳理历史,顺着红色脉络上溯两千年,去追寻凉州历史上的故事。

WUWEI
THE BIOGRAPHY

武威传

第二章
民勤

民勤——瑞安堡

民勤物阜瓜果飘香

人民勤劳,始为民勤。

武威市民勤县的得名源于1928年,在那之前,这个小县城几易其名,其历史可以追溯到史前。《尚书·夏书·禹贡》载:"原隰底绩,至于潴野。"隰(xí)指低湿的地方。到《史记·夏本纪》中又说:"原底底绩,至于都野。"厎(dǐ),意为水去后其地已至平复。大约是指当年大禹王到都野泽治水,才有了可供人们生活的平整土地。后来的《水经》便沿用了"都野泽"的叫法,并说都野泽在武威东北。《汉书·地理志》却注解曰:"休屠泽在东北,古文以为潴野泽。""潴野"与"都野"一字之差,地名来历已经无从考证,但不可否认,指的都是这片地域。

因为"沙井子"的发现,人们知道这里于公元前800年便进入了青铜文明时代,更由此推断沙井文化的居民就是古月氏族,这是有可考依据的境内最早的居民。秦汉之前,整个河西走廊都是月氏人的领地,民勤县也不例外。至霍去病征战河西时,曾经盛极一时的月氏人已经被匈奴所取代,匈奴首领甚至将战败被杀的月氏王的头盖骨做成酒具,以此来彰显他们的强悍。祁连山大捷后,匈奴万般不舍地败走西域,河西走廊自此始入中原版图,终于圆满了"大汉"之宏大雄伟。

汉在河西走廊设郡置县,此时的都野泽早已因为匈奴休屠王长期驻牧,称作"休屠泽"。赶走了宿敌匈奴，汉武帝君臣扬眉吐气，置县取名"武威""宣威"就是明证。扬武功军威，宣大汉之威，两座县城便落地而生。西汉的武威县可不在今天凉州城的位置，而是位于民勤县东北方向的收成镇一带，宣威县则在今民勤县西南的薛百镇，两城均在民勤县境内。武威郡是后来才设置的，至武威县升为郡，郡治才逐渐东移迁出民勤，安置在原休屠王城——姑臧。汉时的姑臧，也并非今日凉州城，而是城外位于今凉州区四坝镇境内的三叉堡遗址处。

东汉管理天下初置十三州，河西走廊及西北大部的区划统归凉州所有。东汉末年，凉州的治所还在金城郡以东的陇西境内，河西地区成长起来的最大部族为羌人。三国风云激荡，一时名臣良将辈出，杀得曹操割须弃袍狼狈而逃，战神一样的西凉马超就是羌族杰出英豪。时至今日，河西走廊很多马姓家族皆奉马超为祖，为武威尚武之风提供了可以追溯的源流。从大凉州到专指武威一郡的凉州，见证与经历了一个战火纷飞、铁马金戈的宏大时代，以曹魏灭蜀、司马篡魏、东吴归晋而结束了三国鼎立。曹魏黄初元年（220），重置的凉州才安在了武威郡，州治姑臧县，境内仍有武威、宣威二县。此时的宣威县，已是一个拥有过万人口的大县，姑臧城也迁址到了今天凉州城的位置。宣威这片土地在当时必定水草丰茂，任谁也没有想到后来会被无尽的沙漠所包围。

历史的车轮辚辚前行，两晋十六国粉墨登场，除却僻居江南偏安一隅的东晋，整个华夏版图被少数民族瓜分占据。十六国你征我伐战火不断，汉文化一度面临灭绝，唯有河西大施儒学。前凉张轨在武威县侧近设置祖厉县，专门用来收留安置从中原地区逃难而来的官民，为这些人提供庇护。北魏一统北方后，将宣威县升格一级设置成武安郡，下设襄武县，这是民勤县历史上最高级别的建制。此后虽有隋文帝的南北大统，但民勤县已然并入姑臧辖域，有隋一朝再无建制。

隋唐交接完成得快速而彻底，唐初，古宣威县改名明威府，又改明威戍，后于县城东北驻军曰"白亭军"，地名与建制便因此更改为"白亭守捉城"。

守捉，是唐朝在边地的驻军机构，其主要分布在陇右道与西域，大致于今天甘肃、内蒙古阿拉善右旗及新疆天山南北部分地区。《新唐书·兵志》

民勤蜜瓜驰名四海

载:"唐初,兵之戍边者,大曰军,小曰守捉,曰城,曰镇,而总之者曰道。"用我们现在的白话解释就是:唐代边兵守戍者,人多、建制大的地方可以称军,小的建制称守捉,其下则分城、镇,城镇等各级机构又归"道"来统辖。唐代在沿边置道,各道设大总管(大都督)统兵戍边,唐玄宗时,全国分十五道,河西走廊全部为"陇右道"统领。陇右道下辖甘肃境内的守捉城分别有:平夷、绥和、合川、赤水、乌城、蓼泉、张掖、交城、酒泉、白亭。守而捉之。单从字面意思就可看出,这一唐朝独有而别朝所无的建制名称,特别具有攻击性。戍守边城、捉贼逐凶,浪漫的唐人难得竟有如此直白霸道的一面。

宋循唐例,说明宋代时的民勤县很有可能还是沿用唐代建制。不过,唐末开始河西走廊实际上已经不在中原王朝统治之下了,在蒙元铁骑还未统一华夏版图前,民勤县分属吐蕃、党项等少数民族政权统领,因为西夏史的缺失,那段时间民勤是否改名还有待考证。

有趣的一点是,唐置守捉很大程度上与军屯移民相接近。民勤古来便是移民县，自西汉纳入中原版图后历代都有移民，只是规模不等，唐代移民远不如汉时和后来的明洪武年间大移民的规模盛大。有史可查，唐守捉建制以边兵为主，驻兵人数没有明确定额，三百至七千多人不等。唐代西北军屯人员来源主要有四个方面：一为正规部队，是军屯人员的主力，数量占比较大，大多是从陇右道和山东等地征调来的青壮年；二是内地犯人，流配后被分编在各地区的屯垦部队里服役，便于随时监督和管理，并承担着种地垦荒等苦役；三是当地各族参与基层军垦者。因为西北边塞人丁缺乏，特别是烽燧的守兵难以依制配定，因此就出现了一种雇人代替的情况，类似雇佣兵的形式；四是边兵将士及随军家属。古代从军没有年限规定，一般边兵在军中服役期满时不是年老就是受伤才会被允许退役，而退伍的老兵经过数十年服役，基本家也安到当地了，便就此长居边地成为本地居民。

在这之后的明清两朝，民勤更名"镇番"，明时建卫，清代设县。镇番，即镇压、镇守番人的意思。明洪武初年，大将冯胜从元人手中夺回河西走廊，沿路置卫所多存"虽远必诛"的豪气，便有了镇番、平番、镇夷、靖夷等地名。河西走廊一直都是边地，武威更是边郡，民勤县又是武威的东北门户，的确需要有镇番的魄力与担当。但在明洪武后期改设镇番卫前，民勤还曾有过"临河卫"的一段时期，治所正是今天民勤县城的位置。元代叫小河滩城。从这两个地名可以看出，元明两朝时，民勤境内依旧还是水泽丰润之地，有水量可观的河流存在。自然，这条河便是石羊河了。

民勤沙化与石羊河流域生态遭到破坏有莫大关系，生态变化主要来自水源的变化，而人类生产生活是导致水源枯竭的直接推手。石羊河作为武威人民的母亲河，亘古从容、慷慨无私地滋养了亿万生灵。古代社会还没有生态建设的概念，人们完全想象不到，有一天河流也会干涸，人的脚步与目光只知道哪里更适合生存繁衍。

历史上明文记载的河西移民，是从西汉驱逐匈奴后开始的。而规模最大、影响力最广的则属明洪武年间的大槐树移民。大槐树在开始时指一棵树、一个地方，或者说是一个身份，到后来却成了一种印记、一种象征、一种精神、一份情怀。大槐树几乎能够与上古图腾的龙、凤等神物相媲美，早已成为中国人思想深处图腾一样的存在了。"祖先故居在哪里，大槐树下老鸹窝""问我祖先在何处，山西洪洞大槐树"等歌谣的传唱，皆出自洪武移民之口。有研究称，中国一半以上的姓氏，都是以大槐树为中心散播四方的。大槐树有"华夏之根"的赞誉。

民勤县，乃至整个河西走廊的居民构成，在明初大移民中基本定型。经过长达数百年的少数民族政权统治，朱元璋在夺回河西走廊后，需要进行人口大调整，以此来守卫这片地域。人口结构调整，在一定意义上也可以叫作民族大融合，河西走廊的汉族人口在明初仅有十分之一，朱元璋移民充边的举措就不仅仅是为了守护边防了。于当时而言，河西大移民对稳固西北无疑是最为直接有效的做法，但随着大量人口的到来，土地前所未有地被开发利用，古老的石羊河逐渐力不从心了。人口过载，屯垦过度，再丰饶的土地、再充沛的河流都将不堪其重。石羊河的喘息没有人听得到，而人们还在为水源分配大打出手。史料可查，至清雍正年间，因为石羊河上游耕地与人口的持续增加，民勤县用水已经严重不足，很多民勤移民又开始拖家带口继续踏上迁移之路，往新疆、内蒙古等地搬迁。而这些人中，不乏祖上几代奋斗拼搏好不容易在民勤站住脚者，却最终还是背井离乡无奈远走了。

河流无言，但她会用实际行动来告诉人们，她有多么吃力，有多么疲累。石羊河萎缩了，两大沙漠得意嚣张，向人类的家园步步进逼。镇番守边亟须治水治沙，牵住人脚步的唯有土地，但土地却养活不了人，这是沙乡绿洲的悲哀，曾经肥沃的潴野泽向人类发出绝望的哀叹。沙进人退，是大自然给予人类的狂野报复。

有的人离开，还有人陆续进来。民勤人拉上骆驼背起行囊逃离这片土地，而新来的移民延续着战沙斗水的生活，像一株又一株梭梭树，努力扎根沙漠，把自己活成了顽强的沙生植物。民勤，兴于移民，是一个地地道道的双向移民县城。有赖于中国人惯有修家谱的习俗传承，让我们对家族源流和地方人口结构有了可供追溯的实证。据地方史志记载和相关姓氏学研究者考证，民勤约有一百多个姓氏，原来几乎所有的姓氏都有家谱，后因种种原因，很多具有重要价值的家谱毁于一旦，所幸还有部分家谱在动乱的年代里被保存了下来。通过这些残存的家谱信息体现，民勤人的祖先大多于明清两代落籍此地，比较古老的家族正是明洪武年间那场声势浩大的大移民中来到了西北地区这片沙洲。

查阅《镇番县志》《民勤县志》，还有李万禄先生的《西北角轶闻》、李玉寿先生的《民勤家谱》等资料可知，民勤人的祖先基本上都来自迁移，且以中原地区和南方人士为主。根据以上志、谱考证，民勤移民来源与大槐树渊源甚深，但又并非全部来自大槐树，民勤人常说他们的根在大槐树，很大可能还是因为大槐树移民规模宏大，对当时及后世影响深远的缘故。

由清代民间学者谢树森、谢广恩祖孙所著，李玉寿整理出版的《镇番遗事历鉴》一书中，对明清两朝民勤移民有着详细考证。镇番移民正是源于明初，曰："是年（洪武五）春三月，宋国公冯胜师次兰州，傅友德率骁骑五千为前锋。骑马趋西门，遇元失交罕兵，击败之，追之永昌，又败元太尉尕儿只巴于忽刺罕口，大获其辎重牛马。嗣六月戊寅，元将上都驴知大军至，率所部吏民八百三十余户迎降，（冯）胜抚辑其民，留兵守之。事《明史纪事本末》。据守备陈辉《置真武庙碑记》：'洪武初，镇邑属民多原籍。'今考其户籍谱牒，知什有二三即为《本末》所谓冯公当年抚辑之民也。"

"八百三十余户"，约有四千多人，于当时已经人烟稠密的镇番县而言，其实仅占全县人口的一小部分，这与《镇番遗事历鉴》所考证的结果如出一辙："今边邑之民间之户籍，辄谓本山西大槐树人氏也。余考旧志及诸家谱牒，所为大谬。此如柳林湖今之户族，据王介公《柳湖墩谱识暇抄》记，凡五十六族，十二族为浙江金陵籍，五族为河南开封、汴凉、洛阳籍，三族为大都籍，十五族为甘州、凉州籍，一族为湟中籍，一族为金城籍，三族为阶州籍，三族为宁夏籍，五族为原籍土著，仅有八族为山西籍，故所谓镇人为山西大槐树之民者，不过传说而已，实非然也。"

无独有偶，民勤大族保留下来的《何氏宗谱》中亦有相似记载："太祖洪武王年秋季，饬命山西、河南等地氏人约二千多众迁徙是土（民勤），多属蔡旗、青松环围。"类似记叙正是对《镇番遗事历鉴》的有力补充，也侧面印证了民勤人的祖先并非都来自山西大槐树下。明代六次大型移民，都是为了充实边疆持续稳固西北防线，所以移民地主要集中于西北，他们分别来自全国各地，除大槐树外，还有不少从江南迁移来的家族。根据相关史料罗列，有安徽、江苏、浙江、河北、河南、陕西、宁夏等地人口，更有甘肃籍与本土人口迁入民勤，如甘肃文县、陇西、临洮、甘州、凉州等地人也在沙乡生活居住，范围涉及黄河两岸、长江南北的全国各地。

有了数量可观的各族家谱，再有学者研究成果、地方史志等书籍作为参考佐证，可以得出一个确切的结论，即民勤现在的居民，其历史户籍大体可分为因戍边而入籍、由宦游而侨寓、缘商贾而居家、伙移民而安室和原当地土著五种。

戍边入籍的主要来源就是明初河西走廊收复后，驻守在此的戍吏兵卒，其中以王氏为代表。根据王氏家谱所示，他们原籍江南滁州，即现在安徽省滁州，明清时代区划归属为江南省，欧阳修那篇千古名文《醉翁亭记》中的醉翁亭就在滁州西南的琅琊山上。中国古代史上被誉为"华夏首望""中古第一豪族"的琅琊王氏后裔遍布四海，民勤王氏是否与之有关还有待考证。民勤王氏始祖在明洪武初随徐达西征王保保，调镇番营掌印指挥，后落籍本县。《王氏家谱》有记："二世义，明千户升武略将军；三世刚，世袭千户，战于青松堡，阵亡，题叙入忠义祠，县志有传。王氏历经十五世，凡五百余载。世居城南、西。今红沙梁，湖区有分支。"由上述可见，这是一个承继有序的家族，祖上出过有功、有名的武将。

同样来自江南的还有原籍浙江宁波府的孟氏。孟氏始祖亦为随徐达西征而留居的武将。据家谱辑录，其九世祖孟良允历任户、兵部主事，昌平兵备道，浙江布政使司等要职。十一世廷简，甚至远赴闽地任职，历官福建、台湾镇副总兵。不愧武将之家，尚武之风可见一斑。还有阶州何氏、金陵卢氏、蓟州马氏、凤阳彭氏等家族，皆因戍边入籍镇番，经过一代又一代人的努力奋斗，成为民勤当地名门望族，传承不衰。

宦游侨寓者是指调遣一地为官，或出游暂住，后来在此地落户安家的人。有原籍凤阳的方氏，来自北直隶的李氏，山西翼城的周氏，金陵许氏，河间府汤氏等家族。此中有文有武，但以武职来此者为多。河西走廊素来尚武，一来由于历代皆为少数民族聚居地，糅合了"胡风"中彪悍的一面有关，二来也因为地处边塞武将遍地、士卒勇武，三来屯垦戍边的政策下，需要人们勇于拿起武器保卫家园，三方面共同作用，形成了全民尚武的特殊人文环境。民勤现有"教育之乡"的美誉，却是在当代家国安定社会繁荣的大背景之下，民勤学子们刻苦学习、努力拼搏的结果。

民勤县早期人口构成中，商贾家居必须占有一席之地，尤其以山西商人落籍经商为典型。山西简称"晋"，擅于经商的山西人便是晋商。我们都知道，晋商兴起于明朝，发展到清朝商业模式已趋成熟，他们的经商范围立足中华大地，远涉欧亚诸国，成为明清两朝三大商帮之一，与潮商、徽商共同架构起中国封建时代的商业三驾马车。晋商之所以称雄，他们经营并取得成功的驼帮、船帮和票号居功至伟。而其中的驼帮，延续了丝绸之路的繁盛，也成为当时民勤人的重要谋生方式，"骆驼客""驼户"由此而来。《李氏家谱》追溯源流，记载详尽，曰："李氏，原籍山西洪桐县胭脂巷，于明嘉靖二十一年至镇经商，居家不去。三世资生，生七子。第七子渐才臂力过人，从行伍而得正千户，后为怀远将军。李氏初居红沙堡，后迁六坝，后又迁新河。历传十四世，四百余年，现大部居于新河上浪、西茨等地。"当然，除晋商之外还有其他地区行商留居此地的，如原籍陕西咸阳的谢氏等。谢氏后裔甚至还弃商从文，设馆教书，在儒学一道取得过不错成就，佼佼者辑入地方志存留其名。更有初以经商，继则务农的移民，参与开垦柳林湖，成为民勤人口的重要构成部分。

至于移民安宅者，当为数次移民政策的引导下，举家搬迁而来的外来人口。民勤地方志中对这一部分人，还分列出两种特殊情况，其一称为"罪谪之人"。罪谪，是指因为获罪遭到贬谪外调充边的官吏，也就是我们在历史剧或书籍中常见的"流放"与"发配"。见于记载的有两例：王慎机，永乐间进士，原籍无考，谪镇番，善书能文，工于诗；徐文彪，上虞人，明洪武时，以布衣征召宫廷为官，后因得罪权贵，被谪镇番。第二种是逃荒避乱者，这部分人要比罪谪之人多很多，更有自愿性，且以山西籍为多，他们分别是三雷镇一带的王氏，与中渠、收成一带的王氏为主，前者于明万历年间逃荒来此，后者则于清乾隆年间流落民勤，参与了柳林湖垦荒遂入籍当地。甘肃临洮等地亦有迁入民勤者，皆因饥疫所迫逃荒而来定居于此。

最后一部分就是当地原住民了。民勤并非从明清开始才有人居住生活，史册中早在远古时期就有记录的莫过于"潴野泽"的传说。可见早期生态还没有遭到破坏时，这片土地上生活的人们从数量到文明或许更甚于后来。因此，原住民是一直都存在的，且人数不少。有人提出民勤原住民多系元代移民的观点，恐怕是要打个问号了。原住民并不是元代才有，要追溯到更早时代、更远的历史中间去考证，想必更具说服力。

于沙漠包围的一隅苦苦挣扎求存，民勤人祖辈受风沙侵害之苦，但根已深扎沙乡对这片土地有了斩不断的归属感，便将走出去的希望寄托在孩子身上，盼望下一代能够走出去获得更好的生活。所以，民勤人对孩子的教育和学业非常重视，都是为了把下一代送出"苦焦之地"。苦焦，顾名思义就是艰苦至极、严重缺水的意思了。受了太多苦的民勤人，自己认命地坚守沙乡战天斗地，把走出去的梦想与期盼都给了孩子，当真是父母爱子女则为之计深远的最好诠释了。

民勤是教育之乡，也是瓜果之乡。从民勤走出去的学子数目十分可观，可谓名人辈出。与教育一起令人叹服的，就是民勤瓜果了，其中以民勤蜜瓜最为有名。

民勤蜜瓜以香甜水润为特色。没有亲眼所见、亲口所尝的人很难相信，在民勤这样一块土地上能够长出甜如蜜糖、香胜桂露的瓜果来。这份甜蜜属于民勤特有，也唯有民勤这样"苦焦"的地方才能结出如此馥郁香甜的瓜果。专业人士的见解说："民勤每日超过十二小时的日照，昼夜二十摄氏度的温差和碱性的沙质土壤，都让这里生长着的蜜瓜积累了充足的糖分，甜度飙升到百分之二十以上！"甜蜜的缘故便都在这里了。民勤蜜瓜香味浓郁，甜度很高，吃一次便从此沦陷，品尝它总有一种幸福满足充斥心房，纵然前方苦痛艰难，有此甜蜜足慰风尘。

每年的七月底到八月上旬，是民勤蜜瓜成熟上市的最好时节。劳碌大半年的民勤人向世人奉上甘甜，瓜农们面目黧黑、双手皲黑，把一颗颗芬芳甘美的蜜瓜送到我们嘴边。甜了别人的齿颊，也圆了自己的梦想，一场辛劳便不算辜负了。民勤是驰名中外的"中国蜜瓜之乡"。民勤蜜瓜是国家绿色食品认证产品，还是国家地理标志保护产品。在沙漠里成熟的蜜瓜，许是吸收了太多民勤人的品格与灵气，它长得小巧玲珑外形普通，但剖开瓜腹内里汁水丰润，果肉晶莹如玛瑙，色香味皆为上品，一口咬下去口感绝美惊艳大众。这两年民勤蜜瓜不断提升品质、丰富品种，名气也越来越响，借由发达的互联网助力，每到蜜瓜成熟期，全国各地的网红主播们蜂拥来到民勤进行直播带货，更有像俞敏洪这样的教育界名人，也受邀来沙乡现场直播民勤蜜瓜，助力"三农"经济发展。民勤蜜瓜，这份沙漠出产的香甜，带着民勤人的热情坚韧、勤劳朴实走出沙乡，走出武威，走出甘肃，走向更广阔的天地，同时也让更多人看到了沙乡人民的梦想与坚持。

骆驼客

在西北广袤的土地上,绵延数千里的戈壁和沙漠构成了西部独特的地理风貌,与丝绸之路一起为世人所向往,千百年来受无数诗人钟爱,成为唐诗宋词中一咏三叹的边塞意象。大漠长河,丝路驼铃,定格于历史画卷,钩沉了古中国深厚的历史文化底蕴,也延续着中华民族包容开放的格局与胸怀。这帧画幕,或壮阔辽远,或苍凉凄清,浓妆淡抹的背景里,总有一行身影不可或缺,那就是骆驼。

隔着遥远的岁月风尘,我们已经听不到悦耳的驼铃之声,却明白无误地知道,骆驼并非丝绸之路的点缀,而是连贯东西的主力军,更是确保商道行旅的生命之舟。而饲养骆驼,与之一并参与丝路商贸的那一群人,有一个媲美侠客的名称——骆驼客。武侠文学中的侠客们,仗剑天涯快意恩仇,潇洒不羁令人称羡。骆驼客,却是一群为了生计远走他乡,无奈之下才选择四海飘零的奔波者。

民勤地处沙漠腹地,很早时候人们就学会了豢养骆驼,用以行商赚取家用,也因此诞生出骆驼客这样一个特殊群体。骆驼客是人们对这群苦力人的一种文艺化叫法,在民勤,乃至整个河西走廊的民间,更多人称他们为"拉骆驼的",或是"赶骆驼的"。拉骆驼,赶骆驼,形象地刻画了这份工作的性质,而在后面缀上一个"的"字,便是对从事这份工作的人身份上的定义了。想来也是，饲养骆驼的驼户人家，必定是舍不得让骆驼时刻负重而行，自己步行使其减负，只为长途漫漫中保证骆驼的体力长久。毕竟，对于驼户来说，骆驼就是一家人生存的最大倚仗了。驼户与骆驼客亦有很大区别，骆驼客有可能是单纯"拉骆驼的"，而驼户是骆驼的主人，在行商过程中既承担着拉骆驼的工作，也负责所饲养骆驼的食水行动，确保雇主的货物顺利到达目的地。所以，驼户往往有着双重身份，既是骆驼客，又是商队的扈从。很多时候，驼队远赴千里之外一趟行程至少耗时几个月，更远的地方有可能是一年，甚至几年。为了生计，骆驼客撇下家小被迫远行，用双脚丈量前程，内心饱受煎熬。

流行于河西走廊的民歌《拉骆驼》，真实反映了骆驼客的心理，可谓这一行当发自灵魂深处的呐喊。唱词如下：

> 拉骆驼上了个工，喊了个第一声
> 骆驼多，链子长，时时步步要小心
> 这就是我们拉骆驼也不是个好营生
> 拉骆驼上了个工，喊了个第二声
> 张家口，驼垛子，丢掉了一根绳
> 这就是我们拉骆驼也不是个好营生
> 拉骆驼上了个工，喊了个第三声
> 走口外，去驼盐，两眼泪涟涟
> 这就是我们拉骆驼也不是个好营生
> 拉骆驼上了个工，喊了个第四声
> 丢父母，撇妻子，大坏了良心
> 这就是我们拉骆驼也不是个好营生
> 拉骆驼上了个工，喊了个第五声
> 翻过梁，爬过了山，丢掉了一只鞋
> 这就是我们拉骆驼也不是个好营生
> 拉骆驼上了个工，喊了个第六声
> 端起碗，想起了，八十岁的老母亲

>这就是我们拉骆驼也不是个好营生
>
>拉骆驼上了个工，喊了个第七声
>
>年轻人，撇下了，家中的小情人
>
>这就是我们拉骆驼也不是个好营生
>
>拉骆驼上了个工，喊了个第八声
>
>刮大风，下大雨，冻坏了一双脚
>
>这就是我们拉骆驼也不是个好营生

全曲类似咏叹层层强调，都在突出一个主题，即"拉骆驼也不是个好营生"。我们劝慰别人，或是激励自己总说三百六十行，行行出状元。可是，底层老百姓的苦累生活里能够脱颖而出，成为某一行当的翘楚，必然是经历了无数磨难还要苦苦咬牙坚守的无奈。哪有什么浴火重生，不过都是时势所迫下的拼命抗争罢了。民勤骆驼客，之所以代代传承延续下来，无非也是骨子里不肯服输，一心只想拼个家小平安才含泪扛起的苦营生。

不知道是骆驼继承了人的品格，还是人类吸纳了骆驼的品质，民勤人骨子里吃苦耐劳、勇于拼搏的精神深处，都有着骆驼的印记。这一古老的动物种族，在与人类长久相处、相互借鉴中，彼此成了伙伴和朋友。自然界里，也许唯有骆驼是自始至终与人为善的大型动物了，它接受人类驯养，为人所驱，纵然被人役使长途跋涉无畏寒暑，也从不背叛主人。相应地，骆驼客们看重骆驼、依赖骆驼，视其为结伴而行的朋友和亲人，从不吝惜对它的赞美与爱惜。在那些风沙弥漫、前途未卜的苦闷旅途中，骆驼客与骆驼只有彼此，也唯有彼此能够给予对方安心和信心，相伴相携共同走出迷津、走向远方。自然，骆驼客脚下的远方没有诗，没有心灵的归属，等待他们的依旧是日复一日的奔波，年复一年的远行。

在民勤人心目中，骆驼并不是单纯的脚力，是一家人活下去的希望，是生活得好与坏的底气来源。有财力、有人力的人家往往饲养着数十峰、上百峰骆驼，自家就能组建一个独立的驼队。没有实力的人家喂养上三五峰，只能捡大户看不上的生意来做，经常需要几家人联手组建驼队，相互协作去完成一单商贸运输。实力小，赚钱自是没办法与大驼队相比，但只要肯吃苦维持家计也不成问题。毫无疑问，古代运输业的最大倚仗就是骆驼，马匹只适合短途运输，骆驼可是当仁不让的沙漠之舟，以耐力长久而著称。

　　肩上有责任，前行就有动力。民勤人的"勤"，是勤勤恳恳，勤能补拙，勤俭节约，勤劳质朴……一切跟"勤"字有关的褒义性词汇，放在民勤人身上都是恰如其分、浓淡相宜的。民勤骆驼客名震河西、扬威丝路，固然与他们勇于拼搏的精神品质有关，最大的利好却是早早开始蓄养骆驼带来了经济收入，让生活能够过得更好一些，对未来的憧憬更具象一些。骆驼为民勤双向移民带来了便利，骆驼客们的生活阅历随着行商而增加，眼界与脚步就会比其他人放得更开阔，会挑选他们自己觉得更适宜于生存的地方安家扎根。

　　驼铃摇曳，顺着丝绸之路走出去的不仅仅有华美的丝绸，精美的瓷器，芳香的茶叶，还有不断跋涉的脚步，不甘于贫弱的志向和向往美好的心愿。于是，民勤人从未停止远行，不论是过去还是现在，他们的心里有着比头顶那方天更为广阔的远方。商贸往来，东迎西送，走出去的是梦想，随着驼队带回民勤的却是五花八门的异域见闻，以及丰富琳琅的异国货品。增长的是见识，开阔的便是胸襟，然后便有了汇聚四海、有容八方。在这里流传着一句话："民勤有天下，天下无民勤。"前半句所指正是民勤开放包容的心胸气度，而后半句不无幽怨地感慨着这块土地不被看重，这里的人生活艰难的现实境遇。

　　清代，民勤县规模最大的商号是"永盛茶号"。永盛茶号，创始人马合盛，清初由原籍山西移民民勤，开创了兼顾农、商、运输为一体的商贸团队。民勤马家后裔一直尊奉马超为先祖，把陕西茂陵看作郡望，称马氏是东汉马援后人。永盛茶号初时并不叫这个名字，据称乃清初年羹尧讨伐罗卜藏丹津时，马家驼队自发支前，为清军运送物资保障了后勤工作，而后雍正皇帝论功行赏钦赐"永盛"二字才得名的，意在褒扬马家商号的贡献，并祝福马家长盛不衰。

　　永盛茶号立足沙漠小城，却把业务做到了全国，镇番马家的名头在当时的商业圈不容小觑，并获得过清政府颁发的"护国员外郎"的荣耀头衔。有了这道御赐招牌，永盛茶号就像穿上了黄马褂的宠臣，以皇商的身份对外行商自然水涨船高。到清末，马家的产业更是遍及陕甘，并由朝廷授予西北五省区的茶叶专营权，甘肃省会兰州城里曾经有一整条商业街都是马家的私产。

　　镇番马家的故事广泛流传于民间，并见诸民勤地方志史，是一个相当具有传奇性质的商业家族。传说马合盛凭借一根扁担发家致富，从山西半逃荒半行商来到民勤，这根桑木材质的扁担挑过货郎担，打过戈壁滩的豺狼蛇鼠，晋商骨子里的敏锐助他掘得第一桶金，而后长留民勤创立了茶号。民勤坊间传说马家鼎盛时期蓄有数量庞大的骆驼群，其中仅白骆驼就多达几百峰，可见当时永盛茶号实力有多么雄厚。白骆驼是十分罕见的一个品种，通身雪白，身躯高大，在沙漠里存在很多神异的传说，被人们视为吉祥瑞兽。关于白骆驼到底是否通灵，没有人能够说得清楚，绝大多数人对它的了解都来自文学作品，如畅销网文《盗墓笔记》中就有白骆驼于黑风暴中救人脱困的描述，说得神乎其神、玄之又玄。而对于沙乡人民来说，特别是饲养着骆驼的人家眼里，白骆驼亦是司空见惯的动物，纵然因为毛色洁白看起来更稀奇一些，也依然只是驼队的一员，远征行商同样要载重骑乘。

　　永盛茶号的主要贸易就是在丝绸之路上往返运输行商，足迹远至欧亚，对丝路起点的长安更是熟悉无比。清末八国联军入侵打到北京城，慈禧太后仓皇出逃驾临西安，镇番马家当即调遣驼队入西京护驾。这支由三百峰白骆驼组成的民间商队得到慈禧及文武官员百般称赞，一是因为数量如此可观的白骆驼带来的震撼，二则却是马家忠心扈从的家国情怀令朝臣感佩。俗语常有"天下兴亡匹夫有责"之说，可是能真正做到者却寥寥无几，腐朽的清政府官僚阶层在八国联军进逼下被迫出逃的屈辱中，看到来自小县城的茶号不远千里赶来鼎力相助，不知道可有半分羞惭？古代阶级人为划定三教九流，几千年的阶级固化中，士农工商早已定性了行业的高低贵贱，商人无疑是处于最下层的那个群体。便是到了清末，商人通过努力争取拥有了相对提升的地位，但闭关锁国的清政府对西方工业革命嗤之以鼻，这才导致了八国联军侵华。在这种特殊时期，永盛茶号倾囊相助，代表着民间商人对皇权的支持与拥护，给了官僚阶层安慰，也提振了国人抵抗外侮的信心，镇番马家的名号与他们的实力一并成为官民百姓称颂的对象，在河西商道上一时风头无两。

腐朽的清政府穷途末路，中华民国取而代之是人心所向。与历史上每一次遭逢乱世异常类同的便是杀伐无休。在那个督军多如狗、职方满街走的混乱时代，中山先生倡导的"三民主义"是军阀、官僚们掩人耳目的幌子，"联俄联共扶助农工"落到具体行动上还得是脚踏实地做事的人。民勤驼队授命出访苏联，永盛茶号当仁不让又挑起了大梁。民勤驼队装茶起程，历时两年长途跋涉方才抵达苏联首都莫斯科。这支连接起中苏两国友谊的驼队，受到苏联元首加里宁先生的热情款待，列宁等苏联领导人与各界友好人士还和驼队成员合影留念。直到如今，民勤驼队的这段经历仍然是民勤人引以为傲的谈资，也正是这件事情，让民勤骆驼客的名头蜚声国际，成了超越文学作品中侠客一派的现实传奇人物。

"马合盛家"是民勤人口语中对马家的通俗叫法，类似于中古时期的"琅琊王氏""清河崔氏"等，是对大家族的一种泛指。据有关姓氏学者研究论证，西北地区汉族马姓之人，基本上都与永盛茶号沾亲带故，家族范围不可谓不广。

鲁迅先生曾经说过：世上本没有路，走的人多了便成了路。民勤驼道四通八达正是骆驼客走得多了，硬生生闯出来的商道。民勤驼道东达京津，西至西藏、新疆伊犁，北至库伦、莫斯科，南到河南等中原腹地，驼队走南闯北、东来西往，行商范围数万里，足迹遍布全国。西北沙漠驼队与东南的茶马古道，以及草原商贸通道，共同撑起了陆上丝绸之路的繁荣畅达。

马家驼队深受商旅和百姓爱戴，原因来自他们正直善良、扶弱济贫的行事品格，仗义疏财、忧国忧民的家国情怀。马家驼队曾经救过逃荒路上的于右任，帮助过《大公报》爱国记者范长江，还掩护过红西路军总指挥徐向前，并一路护送徐帅安全抵达延安。1937年抗日战争爆发后，民勤人民节衣缩食募捐五千两黄金支援抗战，也是马家驼队甘愿流血牺牲，行程中与军阀、山贼斗智斗勇终将这笔捐资运送到抗日前线，为抗战作出了巨大贡献。这段故事被西安电影制片厂改编拍摄搬上银幕，取名《骆驼神卦女》，感兴趣的朋友可以搜索欣赏。

抗美援朝战争时，经历旧中国各种磨难的镇番马家已经元气大伤，实力大不如前，马家后人依然毫不心疼地变卖了兰州"合盛谦"茶号，捐赠一架飞机来支援抗美援朝。1950年，在护送班禅大师回藏，和平解放西藏的历史时期，以马家为主的民勤驼队接过了这份护送任务，这支驼队在民勤共征集骆驼三千六百峰，驼工三百六十人，兼顾运输与保护双重责任将班禅大师顺利送到目的地，为解放西藏作出了不可磨灭的贡献。西藏和平解放后，民勤人民更是向藏区献出多达六千峰骆驼，用以支援西藏的经济建设。

特别是在援藏过程中，民勤骆驼客与骆驼经历了血与火的考验，付出了相当惨烈的代价，其中艰辛苦痛堪称荡气回肠。骆驼耐寒耐旱，常年生活在沙漠里，相对于藏区的冰天雪地，它们更适宜干燥炎热的沙漠。因为气候和水土的巨大差异，援藏驼队初入藏区便遭受了前所未有的考验，大批骆驼倒在冰天雪地里再也没能爬起来，即使强壮如牛的骆驼客们一时之间也难以适应高寒缺氧的恶劣气候，最终长眠在了雪山冰峰之中。口口相传下来的民间故事中说，向来视骆驼为宝的骆驼客们，为了抵御藏区严寒，不得不用冻死的骆驼搭建简易地洞用以避寒。驼户与骆驼千里相伴彼此相依，沦落至此心痛难耐，但他们肩上还有重任，心里还有一腔报国热情，便只能含泪忍痛掩埋了同伴和骆驼，而后顶风冒雪继续前行。

踏平坎坷成大道，斗罢艰险又出发。不要问前路如何，只管风雨兼程，一路豪歌。这就是骆驼客的精神，骆驼客的担当，亦是民勤人的襟抱，民勤人的荣耀。

骆驼客，先有骆驼后有客。在民勤人的生命中，骆驼从来都是吉祥与力量的象征，亦代表着团结拼搏、坚韧执着、脚踏实地、挑战极限等饱含坚强寓意的大美精神。因为有了骆驼的加入，直接决定了丝绸之路的长度，万里征途也因为骆驼而有了几分诗意、几分浪漫，也算是远行路上的苦中作乐吧。从民勤人身上体现出的这些美好的精神品质，也折射出整个中华民族的气节与灵魂，这种精神一脉相承代代延续，是我们民族脊梁构建部分中最坚实牢固的基础。

瑞安堡

瑞安堡位于民勤县城西南三点五公里处的三雷镇三陶村，是民国时期民勤县地方保安团团长、大地主、大商人王庆云的私人庄院，俗称"王团堡子"。瑞安堡始建于1936年，三年后竣工。是甘肃省乃至西北地区目前保存最完整的私人庄院。现为国家一级文物保护单位。

武威人的口语中，堡，是堡垒的堡，但发音从来都是 pù，这个字专用于地名。与类似"十八里堡""五里堡""张义堡"等地名不同的是，瑞安堡仅指这一座私宅。从这个意义上来看，似乎应该读成瑞安堡（bǎo）更贴切一些，表示堡寨、城堡的意思。事实上也正是如此，瑞安堡属于私人堡寨，修建初衷不单单只是为了居住，还有军事防御的功能。宅子主人王庆云，字瑞庭，宅名瑞安寓意祥瑞不断安居乐业，大约也有祝福主人王瑞庭能够一生平安的意味。

民勤在历史上的特殊地理位置，注定了这里战乱不休，镇番二字既是提振信心震慑外敌，也是这片土地军事地位的体现。至民国时期，风雨飘摇中的民勤已经失却了镇番之力，更多的威胁并非来自外族侵袭，而是匪患。土匪啸聚山林打家劫舍，普通平民战战兢兢无力自保，而有钱的富户为了保住家业，便开始修筑寨堡抵御抢掠。像瑞安堡这样的家族式堡寨，兴起于清代末期，主要功能就是保护自身安危和财产不受损失，故有高墙坚壁、守卫森严的特点。基本的防御设施都会在大门和寨堡四角设置军事瞭望和打击武器，清末民初时，比较好的家族寨堡上都装置了铁铸的土炮，俨然就是一个军事堡垒。比如名扬三晋、誉满海内外的山西"乔家大院"便是同类建筑中的翘楚。

瑞安堡俗称"王团堡（pù）子"，占地五千多平方米，庄园东西宽五十六米，南北全长一百米。院内共三进，一道大门称台门，是庄院唯一的出入口，门高三点六米，门洞长七米，门厚十二厘米，铁皮包松木，防止火攻。二道门为花大门，三道门称街门，是内外宅的分界线。堡墙高十米，上有女墙、迈道、暗堡、砸孔、射击孔等。院内暗道机关无数，是河西走廊乃至整个西部保存最完整、修建规模最大的民国风私家豪宅。民国时期的住宅风格沿用了清代建筑特色，又兼容了南北方不同的建筑新风尚，在整体构建和细节把控上做到了南北相融的修筑布局。瑞安堡的墙体建筑采用夯土砌筑，这是最典型的北方建筑风格。夯筑，就是过去机械化匮乏时代，完全凭借人力一点点夯实地基，逐级加土垒砌墙体的一种建筑方法。蜿蜒挺立河西走廊两千年的汉长城就是此类建筑。夯土墙与南方的青砖碧瓦有着截然不同的建造方式与外观，以经久耐用、宽厚坚实而著称，墙体上面能够跑马车。王庆云修建瑞安堡时，正是他人生中最为风光得意的高光时刻，作为"武威王"马步青的得力干将，时任民勤县保安团团长，有此权势加身，轻易便能征调民夫为己所用。据说，王庆云当年动用八百民工日夜夯筑堡寨墙体，曾令民勤人怨声载道。正因盘剥压榨之苦，后来王庆云倒台，百姓们才对其深恶痛绝，半分想要宽赦他的意思都没有。有民间说法称，当年民勤解放，王庆云作为头号公敌被翻身的农工抓获，武威城里有关部门的原意是等待调查再量刑，但等命令抵达民勤县时，王庆云已经被受其奴役多年的劳苦大众公然处决了。此说并不见于正史，究竟如何还有待考证。

这座庄园体现南北相融的地方，在于房舍的细节上，部分装修还借鉴了当时流行的西式风格。其中会客大厅内部有传统的中式桌椅，亦有西式的点缀，很显然是仿照一线城市的装修而来。剩余如东西厢房、祠堂、佛堂、绣楼等房舍，则多为传统中式风，雕梁画栋、轩窗廊柱，精细处有江南宅院的婉约灵动，宏阔处亦有北方建筑的规整厚拙，而总体却又极致凸显着主人的身份显赫，处处彰显富丽堂皇。更有望月亭、文楼、武楼等建筑，采用中国传统式建造风格，错落有致、实用美观。

　　堡内民居院落房舍之外，作为防御工事在外墙和地下还设有暗道、暗室、射击孔等。特别是暗道的设计匠心独运，十分神秘，宽一点六米、高三米的暗道夹层在堡内纵横交错，角楼及护墙上装满了射击孔。瑞安堡的夯土墙厚实坚固，外面枪弹无法射穿，除非重型火炮轰才能破开，墙顶通道正常可以两架木车并排而行，防火防攻设施齐全，颇有铜墙铁壁、固若金汤的架势。

　　如果不曾亲眼所见，很难想象偏僻的沙漠小城会有一座如此规模的庄园。外貌土里土气，内中大有乾坤，从布局设计到施工装修，处处都有讲究，处处都有学问。有建筑学家和擅长观宅相风水的先生，对瑞安堡的设计修建亦多有称赞。堡寨呈长方形，大方位坐北朝南，方向上稍有偏移，遵循的是中国传统中前朝后寝和中轴对称式建筑格局。主体为土木建构，梁柱木椽采用中国榫卯建筑工艺，搭配黏土柴草用以密封遮挡。院落屋舍凡有榫卯相接处雕龙刻凤，描花绘草，兼具采光、防震、防水、防火、防盗以及军事防卫，建筑水准可圈可点，放在当代也依然有值得借鉴之处。

　　登上瑞安堡的制高点俯瞰，正如相关资料中记载的那样，这座庄园的整体造型有"凤凰展翅"的气象，而这般造型来自"一品当朝"的布局。在简体字还没有普及以前，汉字的书写遵从繁体，当，做"當"字，按照字形设计修建的宅子自然而然就有凤凰展翅的形意。只不过，瑞安堡设计者有意而为，调整了南北墙的高度使之失却对称，状如凤凰一侧翅膀收拢欲飞未飞之态。这般建筑大有讲究，又称作"凤凰单展翅"，寓意飞不走的凤凰，取固守久长、祥瑞永存的特殊含义。凤凰是中国人崇拜的图腾之一，也是上古神兽瑞禽之首，仅次于龙图腾，王庆云别出心裁设计修建这座庄园，也算是费尽心机了。

　　如果说凤凰单展翅的造型是为了寄托祝福、期盼祥瑞，那一品当朝的布局就彻底展露了王庆云的雄心勃勃。一品当朝，最早的出处已经无从考证，为后世熟知者乃是明末清初的文学家李渔所著《笠翁对韵》一书，书中有"三元及第才千顷，一品当朝禄万钟"的诗句。不管出处如何，这个词汇富含的意境就已经征服了无数国人。试问哪一个人不想出人头地、富甲一方？但凡对自身以及子孙怀有殷切期望的中国人，就没有不喜欢此类大吉大利辞藻者。一品当朝，既是身份地位的象征，更是无数人为之努力奋斗的目标，为了实现这一梦想，有些人当真是无所不用其极。修筑家宅也要以此布局，并非王庆云独创，但民国时期还执着于此，把未来寄托在一幢宅院上的人，应该已经不多见了。最起码，在河西走廊的众多地主中，王庆云和他的瑞安堡，是独占鳌头的。

一个小县城的土财主，何德何能修筑了恢宏如斯的庄园呢？单凭财力是说不过去的，因为皇权刚刚幻灭的乱世，人们根深蒂固的阶级观念还牢牢盘踞在思想认知里，没有一定的身份地位要想超品修建私宅，恐怕不会被大众接受。王庆云到底因何发家，有何过人之处？就需要我们来挖一挖他的生平了。

公开资料显示，王庆云生于1892年，祖上是明清移民的后裔。其父王尚文，经营有农商产业，主要从事驼运、绸缎、食盐和茶叶等生意。王家拥有土地多达三百亩，骆驼上百峰，商铺多处，堪称当地大户人家。王庆云是家中次子，长子王步云勤勉上进，曾任民勤县教育局局长一职。在能干的父亲和功名加身的兄长庇护下，王庆云三十七岁之前并无任何出彩之处，更多时候倒像是一个纨绔子弟，只知纵情享乐。

王庆云命运的改写来自其兄死难之后，1928年搅乱武威风云的"凉州事变"。本地军阀马廷勷与国民军争夺军政大权，双方大打出手引起战争，凉州人民还没有从上一年大地震的恐惧中走出，战争又接踵而至，无数人死于炮火与军阀屠刀之下。次年春，河州军阀马仲英败退河西攻占民勤，国民军吉鸿昌部追赶讨伐，将战火引入沙乡小城。马仲英盘踞民勤短短二十天，但对民勤人民犯下了滔天罪行，屠杀无辜平民百姓多达四千六百多名，而这些遇害者中就有王庆云的大哥王步云。时任教育局局长的王步云为了保护师生惨遭杀害，受到民勤官民人等尊敬，王步云用自己的生命为其弟换来出仕，王庆云继任了教育局局长。

纨绔子弟王庆云上任后，半点没有其兄正直高洁的品质，反而因为屡次贪污教育款项，遭到师生控诉揭发。王庆云也算识趣，见此情形主动提出离职，结束了他为时一年多的公职生涯。可叹王步云大义凛然慷慨赴死，用鲜血与生命挣来的这份荣耀，被其弟践踏得面目全非人人喊打了。许是自觉无颜继续待在县城，王庆云离开民勤跑去凉州城里厮混了。王家在凉州的商号也算小有名气，凭借商业地位，王庆云呼朋唤友、结交广泛，逐渐与军政界有了接触。不得不说，前半生的声色犬马锻炼了王庆云一身交际本领，他四处钻营，出手阔绰，如愿拍上了凉州军阀马步青的马屁。

经过五年经营，王庆云爬到了马步青所率骑五师参谋的高位。1936年，民勤成立保安团，王庆云深得马步青信重，任命他为保安团长。一介纨绔摇身一变，成为手握兵权、执掌百姓生死的"大官"，王庆云是衣锦还乡了，民勤人民的噩梦也开启了。巧立名目征收军饷，中饱私囊奴役乡民，王庆云成了民勤的头号财主，也成了民勤人敢怒不敢言的黑恶势力。人们形容小人物忽然掌了大权开始膨胀，有一个成语叫"小人得志"。王庆云背靠马步青这棵大树，顶了团长军衔回乡，果然便十分膨胀了，修建庄园就是明证。

据说王庆云很早以前就有了修庄园的想法，但那时他的父亲还健在，硬是没有同意儿子的主张。想来彼时的王家还没有足够底气高调行事，即便有些家财也舍不得挥霍。而到王庆云发迹回归，其父已是病入膏肓无力阻拦，也没有时间规劝了。父亲去世后，王庆云终于放开手脚大兴土木，将他多年的夙愿付诸行动。以王家老宅作为基础，向四面扩张，在王庆云的计划里，未来的庄园必定要一鸣惊人。占地十五亩来修建一幢宅子，在当时的民勤是令人咋舌的壮举，也唯有不惧骂名与非议的王庆云能够做到。或买卖置换，或威胁强占，总之王家周围的民宅全部被兼并，王氏庄园正式动工了。

通晓凉州近代史的人大约都听说过"蝴蝶楼"，这幢建筑至今保存在武威市区内凉州植物园一隅，青砖灰瓦的小楼破旧灰败尽显落寞，却是当年马步青金屋藏娇的所在。据说，马步青长驻武威期间，蝴蝶楼上住着他从民间搜罗来的一众妙龄佳人，按照到手的先后顺序排大小，通通以"姨太太"身份相处，多的时候有十几个。不知道是否受了顶头上司的影响，王庆云修建的庄园，竟是差不多与蝴蝶楼同期完工的，大有效仿的嫌疑。

瑞安堡工程浩大，用时自然就长，从1936年动工，两年多才完成了主体修建，而后陆续施工增修，一直维持到了中华人民共和国成立前夕才罢手。民勤文史资料中记载，王庆云当年征调民工为他修建庄园，每天用工达到了八百人之多，都是各个乡镇摊派轮流来干活的，至于工钱多寡谁敢多问半句，全凭王大团总心情好坏而定。可以想象，八百民夫喊着号子夯土筑墙是怎样一种震撼的劳动场面，而中间有几个人是心甘情愿出力干活的，恐怕就无人知道了。瑞安堡拔地而起耗资靡费，整体造价超过了十万大洋。据有关研究比对，1912年以前，一块大洋的价值相当于现在六百元人民币，到1936年时更为值钱，达到了八百元人民币左右。照此换算，当时王庆云修建瑞安堡的花费，相当于现在八千万元，其财力当真令人惊叹。

民勤老一辈人回忆说，瑞安堡初建时要比现在看到的规模还大，除了铜墙铁壁的庄园主体，外面还环绕有草坪和三亩多地的果园。而瑞安堡如今光秃秃矗立，是因为外围土地沙化和为了更好地保存庄堡才没有继续种植作物。的确，当我们慕名而来参观这座庄园时，也常常对周边的荒凉感到奇怪，联想力丰富的朋友甚至以为这是地主有意而为，目的是用来防御外敌入侵便于看清来犯之敌的故意留白。

一座私人地主庄园，造价昂贵也就罢了，还有工整庄严的匾额高悬于上，使人对其好奇之余，也不得不叹服拥有者王庆云的魄力，以及他八面玲珑的交际能力。受封建阶级观念的影响，即使到了民国时期皇权颠覆王朝不存，科举制度彻底告废，但人们的潜意识中依然视读书人为清贵之流，中过举的读书人在当地也依旧受人尊崇。而这一群人自视甚高，轻易不会跟商贾结交，骨子里还秉持着文人的一份气节。然而，文人的清高在王庆云这里貌似是大打折扣的，因为匾额的题写者卢殿元正是清末举人，祖上还曾于雍正年间高中进士，做过翰林院庶吉士，外放后担任过县令。书香门第、当地清流之家亲自为王庆云撰题匾文，再由当时的教育局局长李发荣校正，民勤商会会长姜振邦书写。这样的组合似乎也说明了一件事，那就是王庆云的权势和手腕。说不定，这是一个长袖善舞、八面玲珑的交际高手，也不一定非要刀枪加身胁迫勒令，或许还是那些人本身便十分乐意而为呢，否则，又怎会留下一篇吹捧撰文，使人读来肉麻牙酸？

匾额全文曰："杜工部云，安得广厦千万间，大庇天下寒士俱欢颜，此老胞与为怀，深情若揭。今瑞庭筑宅，同人睹此规模，思拟嘉名。余谓瑞庭身任保安职责，工役之典，虽为创垂计而修己安人，以安百姓，实欲保障地方，作国家干城。樑雾栋云，不独为一家瑞，且为一邑瑞，并为一国瑞也。名义所关，故取瑞安二字以赠之云。"落款为"民国戊寅夏，举人卢殿元撰，局长李发荣校，会长姜振邦书"。

全文洋洋洒洒引经据典，无非是在借古人之言标榜王庆云胸怀天下、心系百姓的至高情操。堡寨取名"瑞安"，还必须找出这个名称的出处和含义，大有将民勤人民与地主王庆云绑在一根绳上的意味。庄主王庆云有没有杜甫一样仁爱百姓的情怀，修建这所庄园到底是为了自己享受，还是真的如文中所说，为了百姓安定、保障地方，人民心上都有一杆秤，又何须刻意描摹。而"这座奢靡坚固的堡寨不单单是一家祥瑞，也是民勤县的祥瑞，更是国家的祥瑞"这样的话，当真能令人浑身起一层鸡皮疙瘩。地主的私产，何时与一县百姓甚至国家祥瑞与否扯上了关系？难道建造如此豪奢的庄园，是要分给百姓们一房一舍，上交给县府办公，抑或捐献给国家？为了给王庆云脸上贴金，还真是说的敢说，受着的人也大言不惭呀！还有一种可能，难道是这些人提前预知，瑞安堡不久之后就会由人民接管，回到人民手中而故意为之？那这事可就厉害了，"瑞安"之祥瑞算得上实至名归了。

如今看来，匾额铭文中所说一切美好寓意，正是民勤人一直企盼国富民强的心愿凝聚和劳动人民智慧的结晶，或许冥冥中自有天意也未可知。毕竟，十万大洋的巨额财产，王庆云如果不修筑庄园，存起来追随马步青溃逃台湾，也足够让他阔绰地度过后半辈子。以不动产的形式留给民勤人民，回归人民，这是王庆云无形中为这块土地所作的贡献，倒也值得一番唏嘘。

抛却批判意味，以单纯观赏的眼光看待这块匾额，颇具艺术价值。有书法家专门研究过瑞安堡匾额题字，一致认为书写者匠心独运，"瑞字的书写有极大的艺术性和隐喻性"。书法一道仁者见仁智者见智，姑且借用有结论的观点来看个热闹，说法如下：这个"瑞"字由五个山字组成，左边的"王"字可以看成两山相背而立；右边上部是一个即将倾倒的"山"字；而山字下部的"而"字，可以看成两个相互借势、山峰下垂的"山"字。五个山字组成了祥瑞的瑞字，似乎暗含了三山五岳的意思。

看过这番解析，再结合瑞安堡"凤凰单展翅"的造型，"一品当朝"的布局，里面的含义是什么就不言而喻了。难怪民勤当地人对其有"小皇城"的叫法，位极人臣、世代勋贵，美梦终究是梦境罢了，乱世之下注定了这必然是黄粱一梦。

瑞安堡建成之后不久，新中国便成立了，民勤解放后王庆云被定性为恶霸地主，年届花甲即被枪决。之后瑞安堡由人民政府接管，成了国营农场后划归农场使用，方才得以保存下来。民勤当地人提起王庆云多有惋惜，认为其罪不至死，固然这个地主恶霸曾经大肆搜刮民脂民膏中饱私囊，也曾鱼肉过百姓，但他也为民勤做过一些贡献，比如建立庆云学堂、修缮民武公路这样的公益工程。中国人注重因果，讲究"穷则独善其身，达者兼济天下"的伦理哲学，越是显赫者越相信善恶果报，也许王庆云也深知自己不得民心，一边穷奢极欲地修筑豪宅，一边也兼顾着教育和民生问题，借此来抵消或偿还自己的恶行。但备受压迫的百姓们并不打算以德报怨去原谅他，将恩仇功过捋得清清楚楚，给了他应得的惩处。将自己的发达风光建立在百姓的贫弱困苦之上，这本身就没什么值得褒扬的。即便当年因为修建学堂获得过褒扬，"同修仁德""品节详明""学而不厌""壮志凌云""爱育桑梓""白亭贤豪"六块匾额的肯定也没能减免掉必死的罪责。

瑞安堡伫立沙乡八十余载，辉煌过，寂寥过，经历了腥风血雨，终于回归宁静淡然。关于这座庄园的种种传奇，神秘抑或杜撰的那些故事，都已随风而逝，变成史册上一缕浅淡磨痕，留存下来的唯有无言的建筑，在日升月落里静静沉默无悲无喜。参观瑞安堡，行走在古色古香的院落里，触目皆为历史，时间的流速在这里仿佛格外缓慢，土木保持着固有的原色，沙乡的暖风拂过，空气里荡起沙漠的味道，那些褪色的雕梁画栋就有了旷世之厚重，不经意间就向游客展露出岁月的本真，让人深刻地感受到属于民国的独特韵味。如果可以忽略院中几株老树上葳蕤的葱茏，瑞安堡还真有几分古画的意境。

大漠赋予瑞安堡沙粒的颜色，闪光耀眼，也单调苍凉，树木的青翠便为院落勾画了灵魂。几株老树顽强挺立，皲裂的枝干坚硬不屈，在极度缺水的沙乡孤宅中盛放着一棵树的风华，使这座庄园平添了灵动和生机。尤其是庄园门口那棵老槐，见证了瑞安堡的过往，不离不弃陪伴至今。大多数中国人在院门口栽植树木，都会选择对称栽种，只有瑞安堡别出心裁，只种下了一株槐树。很多人来此都以为是原属堡寨的树木受到砍伐才失去了对称，那民勤当地人就会告诉你，这里的民俗中有谚语云："门前一棵槐，不出三年就发财。"瑞安堡大门外栽种一棵槐树是有意而为，正是企盼快速发财之意。财帛动人心，不能免俗的又何止一二人。

除此之外，槐树在民间还有长寿树的叫法，选槐树种植在家宅内外，也有民俗传统。松柏长青固然好看，但中国人已经习惯了将它们种植在陵园墓地荫蔽后人，或为大型公众场所增添景观，家宅绿植只好退而求其次选了槐树。民勤人自称大槐树移民后裔，象征着财禄双收的槐树栽植于房前屋后，也是一种地方传统了。细细了解会发现，王庆云当年虽然只是一个小小的县保安团团长，但他在修建庄园上还是煞费苦心的，大到堡寨布局设计，小到树木花草，每一处都做足了功夫，其中肯定还聘请或雇佣过行家里手来做参谋。只是为这座庄园献策出谋的人，现在已经无从追寻了，瑞安堡的神秘与争议也因此又多出一个话题来。

一座庄园，几株老槐，半世风云，百年沧桑。瑞安堡的前尘过往，正是沙乡小城乃至河西走廊民国时期的缩影；瑞安堡的由废变兴，又是新中国从贫弱走向强盛的写照。沙乡人民躬耕田地默默坚守，他们不畏艰苦翘首期盼，所思所求从来都不曾改变，为的只是家国长兴、安康宁和；为的只是头顶的蓝天清朗，脚踩的大地丰收。良田千顷不过一日三餐，广厦万间只睡卧榻三尺。烟火人间平凡如你我，把小日子过得红红火火便足矣。

苏武故事在民勤

　　九百六十万平方公里的中华大地上,苏武牧羊的故事早已家喻户晓深入人心。相对于历史记叙,苏武牧羊的故事在民间更具有传奇性,很多与此相关的事迹基本上都是口口相传下来,然后在传诵过程中又经过了无数遍加工,才形成今天我们知道的版本。人们之所以对苏武牧羊如此热衷,其实看重的并非故事的传奇色彩,而是通过这一事件所体现出的精神含义,进而衍生凝聚出的一种文化现象——苏武文化。

　　武威市民勤县是苏武文化的发源地之一,也是苏武文化传承有继的兴盛之地。在民勤县城东南十二公里处,有一座黛青的土石山名苏武山,是全国唯一以汉代名臣苏武命名的山,相传是汉中郎将苏武牧羊之处,当地流传着许多有关苏武的传说,很多故事中的苏武已经被神化,历史事件之外更具传奇和神话色彩。西北多崇山峻岭,苍茫祁连山远古时期便是神话传说中"昆仑虚"所在,山势常为挺拔巍峨的峰岭,苏武山算是个例外,相比于耸峙天地的祁连山脉,低矮如同一个小山包。然而,就是这个其貌不扬的山包下,却诞生了厚重不输岱岳的苏武精神和意蕴丰富的苏武文化。

　　《镇番县志》中赞颂苏武有"英爽疑随川岳在,传闻尽与史书同"的诗句。为了彰显苏武忠贞隐忍誓死守节的精神品质,民勤人在苏武山修建苏武庙、苏公祠,定期洒扫祭拜,修撰、编写苏武故事在民间广泛宣传纪念。这种

红崖山水库

纪念活动,数百年如一日坚持下来,传承至今已经成为一种习惯,或者说已然融入民勤人的精神生活中不可更改了。据考证,民勤建庙祭祀苏武有至少五百年的历史,《镇番卫志》明确记载:"苏武山有苏公祠,洪武初,犹觑其遗迹,因知为先朝之制。"可见,明朝建立之前便有苏公祠。苏武庙的最确凿记载出现在明成祖永乐七年(1409),史料中说镇番卫镇抚李名募资兴建苏武庙,立"苏武山铭"。崇祯年间,凉州杨家将杰出将领杨大烈、刘道揆等募资整修,于庙前立"汉中郎将苏武牧羝处"石碑一通。此碑现保存于民勤县博物馆。修庙之后,民勤人供奉苏武敬之为神,焚香祭拜、祷告许愿一如佛寺禅刹,据说拜苏公能够护佑国泰民安,风调雨顺,世道兴旺,事遂人愿。

明成祖永乐七年(1409)镇番卫镇抚李名修建苏武庙,同时还撰写了一篇文赋,称《苏武山铭》。这篇赋正好一百字,故又称《百字铭》,全文如下:"高山仰止,勒石俨然。上多美景,下多飞泉。名花勃勃,芳草绵绵。古祠高树,黄河盘旋,吞毡卧雪,皓首苍颜。羊归陇上,雁断云边,持旄节而不遗,叹帛书之难传。回日原非甲帐,去时乃是丁年。老骨侵胡月,孤忠吊南天。白亭留芳名,麟阁表云烟。一生事业,谁敢争先。"此文后来被有关学者引入论证，以此作为民勤苏武山就是两千多年前苏武被流放牧羊地的证据之一。山不在高，有仙则名。山岭因为苏武得名，又因为苏武名冠古今，是中华大地上极为稀少的以历史人物姓名直接命名，且保留至今从未改名的山峰。

民勤苏武庙山门楹联，由清顺治元年镇番贡生许致庆题写，上书："十九年身老羊群，杖节不移匈奴事；三千里书传雁信，生还犹是汉廷臣。"楹联对仗工整豪气纵横，将苏武精神体现得淋漓尽致。庙中还留存一副楹联，亦是由镇番学子马子静所题撰，曰："三千里持节孤臣，雪窖冰天，半世归来赢属国；十九年托身异域，韦鞴毳幕，几人到此悔封侯。"意境稍逊前联，但也是相当不错的楹联佳作。虽然不是名动华夏的大家、名人，这些平凡朴实的文字，却实实在在反映出民勤人民对苏武精神的崇敬与赞颂。

研究苏武文化，继承苏武精神，势必就要先深入了解苏武牧羊的故事内涵。公元前100年，河西走廊虽然纳入汉朝版图已经有二十年了，但匈奴仍然对失去焉支山的败绩耿耿于怀，时刻窥伺意欲重掌祁连草场，对汉属河西走廊一直虎视眈眈，不时派兵骚扰劫掠边境。汉武帝对匈奴连续用兵，匈奴单于一边与汉朝虚与委蛇，派人送回扣留的汉朝使臣假意求和，一边又暗中积蓄力量想要夺取河西。汉武帝也有意与匈奴交好，便派遣中郎将苏武持节出使匈奴，带着珍宝丝帛之物远赴西域进行友好外交。也是苏武运气不佳，此时匈奴朝中遭遇反叛，有汉臣参与其中，单于怀疑汉使也在情理之中。苏武就这样被牵扯在内，受到匈奴刁难羁押。

扣留期间，单于派汉朝降臣卫律来劝降，苏武大义凛然痛斥卫律的卑劣行径，当场抽刀自刎以死明志。匈奴单于爱惜苏武是个人才命人救治，卫律也被苏武的壮烈之举所感动，全程陪护照顾，将苏武从濒死边缘救了回来。康复之后，单于继续命人威逼利诱，企图迫使苏武投降匈奴。苏武不为所动，拒不降胡，单于一怒之下将他关进地窖，断绝食水供给，想用饥饿迫使苏武屈服。苏武渴了就吃一把雪，饿了就吞一块毡，艰难维持生命，要完成汉武帝交付给他的使命就必须活着。当所有人都以为苏武已经被饿死，打开地窖一看，苏武竟然安然无恙地活着。这回倒把单于给吓坏了，以为苏武是天上的神仙下凡。匈奴人最是相信神灵之说，单于既不敢杀死他，又不甘心释放苏武，便将他流放北海牧羊，并扬言什么时候等到公羊产了羔，再放苏武回汉朝。

北海人迹罕至，自然条件十分恶劣，单于本意其实就是任由苏武自生自灭，大概率认为他坚持不了多久就会屈服投降，或者是冻饿而死。初时还有匈奴人不定期来监管苏武，时日一长随着单于去世，苏武也被匈奴遗忘，他彻底成了无人问津的囚犯。北海距离长安万里之遥，苏武也动过潜逃回汉的想法，但回去的路线要穿越匈奴腹地，北海边境上还有匈奴各部落巡逻，苏武数次行动都以失败告终，只得继续留在冰天雪地中艰难求生。其间也有普通匈奴百姓接济苏武，甚至有善良的匈奴女子嫁给苏武为妻，还为他生下了一个儿子。有了新家庭的温暖来抚慰孤寂的心，苏武更加坚定了自己的家国情怀，即使后来汉朝降将李陵前来劝降，他也没有丝毫动摇。

许是苏武这份忠贞不渝的情感令降将们自愧不如，后来汉朝使臣再到匈奴时，有人帮忙将苏武还活着的消息悄悄透露给了汉使。公元前86年，汉朝皇位上坐着的已经是汉昭帝了，皇帝听闻苏武的事迹深为震撼，遂即派遣使者到匈奴专门寻找苏武。十九年的流放生涯，苏武清楚地知道匈奴不会轻易放他离开，便费尽周折与汉使取得联系，并出谋划策定下脱困之计。事情果然如苏武所料，匈奴新单于虽与苏武没有宿怨，但骨子里不服汉朝、时刻想要刁难汉臣的心理从未改变，面对汉使的请求公然撒谎说苏武早就死于北海了。汉使遵从苏武之前计谋，说天子在上林苑打猎，射下一只大雁，雁足上系着苏武写给天子的书信，知道苏武还在才派他来接回。单于惊愕莫名，完全相信了汉使的说辞，以为真的是上天帮助苏武，这才同意送还苏武。始元六年（前81）春，苏武回到阔别十九年的京师长安，百姓人等闻讯而来夹道欢迎苏武回乡，皇帝嘉许苏武忠贞不屈的气节，赐封苏武典属国。后来，汉室还帮助苏武赎回了他在匈奴所生的儿子，父子二人同朝为官，苏武牧羊的故事也被天下人当作励志传奇广为传唱，苏武成为民族气节与爱国精神的典范，为苏武文化的凝聚发展奠定了基础。

民勤县作为苏武文化的发源地，苏武牧羊的传说在这里有着领先全国的认可度，可谓底蕴深厚。主要流传的故事版本多达十几种，第一个就是关于地名渊源的传说。

民勤苏武山附近，有许多地名都冠以苏武的名字，并流传着与之相关的许多故事。民勤人口语中将土路称为"羊路"，意为羊群走出来的道路，相传为苏武牧羊时走的小路，民勤县苏武镇的前身，就叫"羊路乡"。苏武常常牧羊的山丘叫"苏武山"，山下的村庄索性就名"苏山"。苏武山上有"望乡台"，相传为苏武时常眺望故乡的高台，后来被野鸟群占据，民间又称"野鸽子墩"。山下有"蒙泉""龙潭"，传说是当年苏武打败祸害一方的恶龙夺回来的水源，苏武与他的羊群在此饮水。苏武山上修建有苏武庙、苏公祠，庙内供奉苏武持节牧羊的神像，四季都有乡民前来祭拜洒扫，香火一直都很旺盛。清代还在这里修建创办了苏山书院，建起了"景苏楼"，民勤原有"景苏镇"。山水不忘苏公情，文运常青沙乡人。民勤文风鼎盛、人才辈出，与苏武文化的浸润不无关系。

除此之外，民间流传的苏武故事还有苏武赤壁的传说。故事中说苏武滞留匈奴气节不改，他日夜思念故国、亲友，决心搬石垒台遥拜故乡。搬运石头的过程中把指头磨破了也不停歇，鲜红的血色染上石块，青石都变成了红石。下雨的时候，苏武的鲜血随着雨水流进石缝，流遍了山崖，整个山崖变成了赤红色。后来，人们就把这座红色的山崖叫作"苏武赤壁"，当地文人称其"苏子岩"。

鼠仓借粮也是流传甚广的苏武故事。苏武被流放人迹罕至的北海，饱受饥寒折磨，进入严冬时节，更加难以找到可供充饥的食物。一日，苏武在牧羊途中发现一棵草墩下面有只仓鼠探头探脑，看到苏武靠近钻洞而逃。顺着这个洞口刨下去，苏武找到了仓鼠的"粮库"，里面有一小堆野粮和草籽。苏武挖出鼠粮充饥，再一次从饥饿边缘捡回一条命。那个冬天，苏武向仓鼠"借粮"活了下来，度过了最难以忍受的饥寒岁月。北海边的碱滩上有种柴稞，每到秋季枝条上结出小小的豆荚类果实，捋去枯叶揉搓，除掉壳皮后有米粒似的碎小籽实，苏武发现后收集起来用以充饥。苏武给这种植物取名"碱柴"，后来民勤人发明出了籽实的另一种吃法，就是凉州小吃中赫赫有名的"沙米粉"了。所以，碱柴又叫"苏武草"。

西北荒地、荒山上有一种应用十分广泛的草叫芨芨草，过去人们经常拔回家扎成扫帚使用，农家鲜少有不知道芨芨草的，每年收割小麦打场的时候，芨芨草扫帚是必备工具。芨芨草是节秆类植物，绿叶时软脆易折不堪其用，等穗籽成熟变黄后又变得坚韧扎手，唯一用途就是扎扫帚。但在民勤当地的传说里，还有一种无节芨芨草，专为苏武而生颇具神话色彩。相传苏武牧羊每天不停行走，鞋子跑穿了只能光脚放牧苦楚难忍。苏武想编了草鞋来穿，先后用马莲、冰草、沙竹等植物试验，这些野草要么缺乏韧劲，要么太过锋利，没有一种适合编成鞋子。某一天，路过此地的神仙看到衣衫褴褛的苏武，便施展神通命令芨芨草自行收起节结，以供苏武编织草鞋。苏武看到没有节结柔软坚韧的芨芨草如获至宝，采集起来搓成绳子，缝补衣服，编织鞋子，派上了大用场。民间传说，只要是忠诚信义之人，就能在苏武山遇上这种灵异的无节芨芨神草。

民勤沙地里有一种藻类野菜，因为外形像极了头发丝，故称发菜，当地传说也与苏武有关。苏武身陷敌手其志不改，即便牧羊也始终手持或怀抱使节标志的旄旌。经年风吹雨打，使节上的旄缨脱落，苏武便剪下自己的头发作为替代。北海常年飞沙走石，一次次吹落旄缨，苏武就一次次剪头发补上。苏武的头发落在荒原上、草墩下，一束束、一丛丛，慢慢就长成了植物，还可以捡拾了用以充饥。苏武脱困返回长安时把这种酷似头发的食材带到了汉境，人们取其外形称为"发菜"，由此天下皆知。

民勤人喜食沙葱，气味如葱辛辣芳香，是夏季餐桌上必不可少的下饭菜，很多人家还腌渍储存，放到冬天食用。在当地民间，把这种野葱叫作"苏武菜"，与苏武挂了钩。更有永远舀不干水的鬼井子，坚比汉节的毛条，开花艳丽的沙生植物花棒、柠条等都有关于苏武的故事。甚至民勤多胎母羊也被传是由苏武而来，石羊河得名，支流黄羊河等都是苏武文化与苏武精神的产物。

苏武的传说在民勤世代传扬，民间口口相传中又陆续添加了新内容，形成丰富多彩、形式自由的苏武文化。苏武肩负和平使命出使匈奴，十九载风霜磨砺，身处逆境依旧不改其节、不堕其志，对国家忠贞不屈。这种崇高的爱国情操和不屈不挠的民族气节，坚韧不拔的钢铁意志，坚强求生的吃苦精神，激励和鞭策着勤劳智慧的中国人民勇往直前，奋发图强，成为中华民族不朽的精神垂范。作为苏武文化的源发地，民勤人民继承和发扬了苏武精神，把坚韧不拔、爱国爱家的品格一代代延续至今，并将继续流传下去，苏武精神已经成为民勤精神的象征，苏武文化也成了民勤文化的典型代表，是民勤县对外亮出的一张亮丽名片。

苏武牧羊的北海到底是哪里？这一话题近年来颇受社会关注。在2005年以前，人们普遍认为历史上的北海是今贝加尔湖一带，随着中国工程院院士、兰州大学教授任继周与张自和、陈钟两位学者撰写《苏武牧羊北海故地考》发表于《兰州大学学报》《武威日报》开始，北海即武威市民勤县的新兴理论引起争议。上述学者从七个方面论证了"民勤应为苏武北海牧羊故地"，但并不被广大群众所认同。笔者在撰写《武威传》时也多方研究考证，民勤即北海的观点确实略显牵强。读史书发现，公元前121年霍去病西征，河西走廊东端的武威至张掖以西广大土地就已经纳入中华版图。武威郡作为首先拥有郡名的地方，而武威县最早就设在今民勤县境内，郡治姑臧也在比较靠近武威县的休屠城。我们没有理由怀疑，二十年后苏武出使匈奴时，民勤不在汉朝管辖之内。史书上说苏武流放地北海人迹罕至、自然条件恶劣，且多数时候冰天雪地，这显然不是沙漠环绕的民勤气候。而匈奴人既然要流放苏武，且十九年使之无法与汉朝取得联系，肯定是选了远离汉境的不毛之地，绝不会放在民勤这块汉属土地上。即便民勤真的如学者考证所言，依然是匈奴占据，但相聚几十里就是汉朝的武威郡，苏武若在此地牧羊，又怎么会十九年都难以传个信息回汉朝？可见，这份论证在逻辑上是站不住脚的。

不过，对于名人故里的争夺近些年来日甚一日，就连"西门庆"这般人物的故里都有三个地方争相竞夺，遑论民族英雄苏武？我们固然要秉持"以史寻人"的观念，但也应当理解和支持地方上对历史名人与名人故事的挖掘与发扬。比起事不关己的漠然，热情积极地挖掘历史，挖掘传统文化，向世界讲述中国好故事更值得推崇。苏武文化和苏武精神，越多人重视，越多地方尊崇，才是真正的继承和发扬。

2011年3月，苏武传说被公布为第三批甘肃省非物质文化遗产代表性项目，属民间文学类，项目保护单位为民勤县文化馆。十多年以来，民勤县挖掘、搜集、整理苏武传说，成立苏武传说传习所，开发制作苏武传说沙雕文创产品四种、剪纸连环画文创产品两种，创作苏武传说连环画，录制苏武传说音频十余个，举办"苏武传说"书法美术大赛暨展览，编辑出版了《苏武传说》，苏武故事被改编成戏曲、舞剧等多种形式进行演出，受到了群众一致好评。

民勤县正在有计划地普查采录苏武的传说，对相关传说、戏曲、民歌等全面记录整理；组织恢复历史上形成的农历四月初八苏武山朝山会活动，尽可能恢复传统祭典仪式，形成文化活动惯例；对苏武文化进行全方位挖掘研究，整理出版苏武文化丛书；编写发行苏武的传说及相关文化通俗读本，开展进校园活动，在中小学生中进行宣传教育，使苏武传说、苏武精神、苏武文化后继有人，代代传扬。（注：本段文字来自民勤县文化馆记叙文章）

沙乡美食

每个地方都有祖辈传下来的传统吃食，承继着一代又一代人的根脉，串连起无数游子的乡愁。世事变迁，年轮画下岁月的印痕，历经时光淘漉，能够长久流传下来并使人念念不忘的，唯有爱与美食。爱，代表人类不同于低级动物，是精神层面的享受；美食，建立在生存基础之上的提炼升华，既是物质层面的享受，又兼具精神上的愉悦。事实证明，美食的诱惑是无差别颠覆性的，食为天。

进入新时代，生活水平逐步提高，人们仿佛也越发留恋贫寒日月里的食物了。于是，众多怀旧性餐馆和菜式遍及城乡之间，饕客们满足了味蕾的蠢蠢欲动，也捡拾起记忆中的点点滴滴，乡村的原味在日益丰富的餐桌上别具一格，重新闪现出美好耀目的光华。

民勤人记忆里，难忘的味道几乎都有沙漠的调和，譬如灰碱面。

碱面是民勤的地方特色美食，脱形于过去的灰面，合称灰碱面。仅听这一名号，便颇有风尘仆仆之感，从中就品出了"大漠孤烟直，长河落日圆"的意境。灰面的精华在于灰，这个"灰"字既有颜色的指向，也道出了它的本质。灰面中的灰，当地人惯称蓬灰，这个名字更是交代了主要的制作原料。在食用碱还没有普及的漫长年代里，蓬灰是民勤人做面食的必备搭档，没有蓬灰的面条就没有灵魂，也有失风骨。

青土湖

　　蓬灰需要烧制，原料是一种叫作蓬稞的野生植物。深秋时分，碱滩沙地里的蓬稞水分最足，枝条上状如松针的叶子掐一把，饱满的汁水就汹涌外冒，在缺水的沙漠里，这是一种生命的奇迹，也是大自然给予沙乡人民的馈赠。忙完了庄稼地里的活计，人们就要开始动手烧制蓬灰了。首先要去采摘蓬稞，挑最茂盛的蓬稞连根拔起聚在一处，然后选址掏窑。雨水多的年份，蓬稞长得郁郁葱葱，一株就能长出车轮大的一方苍翠来，胖嘟嘟肥嫩的枝条看起来特别水灵可爱。烧蓬灰的窑没什么特殊构造，选顺风处掏出个大坑来就能用，主要功能就是为了聚拢火力焚烧蓬稞时不至于四散乱流。蓬稞水分含量太足，本身却非常易燃，大株的蓬稞引燃后会爆发出放鞭炮的声响，燃烧后呈流质状半凝固液态，能保持高温流动形态。此时，用洁净的清水浇入其中，使其凝结冷却。浓烈的水汽中，植物焚烧的气味，与蓬稞中含有的碱性气体混杂其中，味道并不如何好闻。彻底冷却之后，液态蓬稞水凝结成块状结晶，蓬灰就烧制成了。质量上乘的蓬灰多呈青翠带灰的颜色，存放的时间久了内中碱性会有一定挥发，逐渐变成灰色为主略带青绿色。

烧制好的蓬灰起出来拿回家，做面条或蒸馍馍的时候只消拿几块搁水煮了，浑浊的水澄清后滤出来兑水和面即可，用量一般是面粉略黄为标准。兑入量的多寡，是主妇们长期做饭中所摸索积累出来的经验之谈，直接决定着主妇做茶饭手艺的水平高低。熬煮蓬灰还要注意一点，就是尽量使用专门的锅具，蓬灰中的碱会腐蚀锅子，煮不了几次一口锅就报废了。蓬灰在民勤饮食中有几百年的使用历史，过去不仅仅作为食品添加剂，还被用来洗衣服，除污效果十分不错。

灰面，即掺了蓬灰水制作出来的长面条，基本要求就是够长、够韧、劲道Q弹，而且必须以手擀面最为地道。西北人喜欢吃面，过去农家妇女几乎个个都是擀面高手，能将面团擀成薄如纸页、形似满月的大张面饼。擀好的面饼用固定方法对折几次，依据个人口味切成宽窄相宜的面条，提起来抖一抖就是坐等下锅的长面了。还有一种切面方式更为精细，是将面饼对折两次，沿着一侧拿菜刀一条一条裁切，特别讲究主妇的刀功。当地人将这种切面条的方式叫"犁长面"，顾名思义，就是类似犁铧进地笔直犁出沟壑的意思。犁长面也一样，菜刀下去，一手按着面饼作为卡尺随刀速而行，一根根粗细均匀的长面就躺倒在菜刀一侧了。自然，手法和经验稍有欠缺的话，犁长面很可能成为大型翻车现场，后来索性就被机器面取代了。这般精细烦琐，考验的是主妇的刀功和耐性，家里来了贵客才会做上一顿，是农家待客的最高规格。

民勤人的面条有很多分类，根据长短、形状、用料各有一个形意兼备的名字，擀长面无疑就是最为形象的一种。除制作灰面外，蓬灰还被广泛用在蒸馍馍上，武威名吃面皮子也离不开蓬灰来支撑筋骨。代表甘肃美食龙头老大的"兰州牛肉面"，更是缺不得蓬灰的助力。当然，不论是民勤灰面、武威面皮子，还是兰州牛肉面，最值得称道的肯定不是蓬灰，而是纯手工制作带给人们的一种温情。现在的面条全靠机械化加工，效率增加了，双手解放了，而食物与人的情感也淡漠了，品尝美食成了单纯的口腹之欲。加工方式的改变拉开了人与人之间的距离，生活中就缺少了一种烟火之气，世间的浪漫温情必然因此凉薄。"洗手作羹汤，唯愿余生长。"平凡的生活中，亲手做一餐饭，讨好味蕾，也丰盈灵魂，人生才会更有味道。

碱面取代灰面，是历史进程中的必然，毕竟食用碱更安全、更环保。民勤人逐渐不再去烧制蓬灰，相应地，擀面就更简易方便了。碱面出锅后色泽金黄，先搁凉水里过一遍面条会更加爽滑劲道，搭配上专门炒制的卤子或者配菜，加油泼辣椒和香醋，一碗地道的民勤碱面就可以端上餐桌了。经过长期实践，碱面最好吃的配菜非茄辣西莫属，即茄子、辣椒、西红柿混合炒出来的菜。如果有小芹菜加上一把提味，那就妥妥是绝佳美食了。小芹菜不放在菜里也可以，与辣椒切碎煮成醋卤再浇到面上食用，别有一番风味。

民勤是典型的温带沙漠气候，种植的小麦磨成面粉也与其他地方有所不同，更劲道一些。所以，民勤人对面食有着狂热的喜爱，就没有他们想不出来、做不出来的面食花样。特别是民勤手工挂面，饱含着劳动人民的智慧，融生活热情与阳光的热烈芬芳于一体，毫不夸张地说，已经达到了面食制作与食用臻至化境的一种极高境界。

手工挂面最初的创始人是谁已经不可考证，出于什么目的研发也是众说纷纭。在莫衷一是的传说与臆测中，与远途有关是得到大众认可的一种认知。相对军旅征战的故事，民勤手工挂面研发的初衷，倒更符合驼队远行所需。民勤人是丝绸之路上当之无愧的征夫，也许正是因为心疼家里人常年奔波在外，仅靠干粮充饥的辛劳，智慧的民勤人才有晒干面条给出门人携带的想法。干面条能够延长储存时间，里面加盐有效补充了长途远行中体内盐分的流失，休息的时候丢在开水锅里煮熟即食，简单又有营养，再不擅厨艺的人都能学会煮。在那些寒风凛冽、前途未卜的道路上，驼客们吃一碗热气腾腾的面条，一扫晦暗恐惧继续勇敢前行，家人的温暖与期盼就是他们归航的灯塔。

传统手工挂面的制作，需要将拉好的面条挑挂在房檐等高的位置，从地面上慢慢抻，缓缓托，靠自然下垂之力拉细拉匀面条，经过太阳暴晒定型后切割储存。因为这一独特的制作方法，便称之为"挂面"。根据个人喜好以面条粗细分类，又有"龙须面""韭叶面"等型号。龙须面以细、长为最，常被用作生辰时做长寿面来食用；韭叶面和粗一些的挂面，则更受劳动者喜爱，大家一致认为面条粗细直接关系着饱腹之感——细面条不扛饿。关于粗面条更耐饥的说法，民间普遍认同，究竟有没有科学依据还真不好下结论，只能是仁者见仁各取所需。

手工挂面历史悠久，在敦煌文献中发现了唐代即有挂面的文字表述，只不过那个时候是叫"须面"。此处的须面是否挂面还没有明确结论，但属于干面条的一种是不可否认的。学术界比较认可挂面出现于元代的说法，元代饮食书籍《饮膳正要》中明白无误地记载着"挂面"，这是中国有关挂面的最早记载，也是挂面作为后世快餐面食鼻祖的有力证明。当今随处可见的各类方便面，其创意来源还是挂面，人们从食用最初的油炸型方便面，到越来越健康少油的烘干型泡面，就是快餐面食逐渐回归挂面本身的转变。

清《食味杂咏》记载："北地麦面既佳，而挂面之入贡者更精善，乃有嫌其太细者。"这种过分细的入贡挂面，即银丝挂面，由元朝北方人首创。河西走廊在汉唐时期一度兴盛，河西四郡之繁华直逼京都长安，民勤作为武威下辖重要县区，工农、运输业都有很大发展，军事防卫更是重中之重。由于多种需要，手工挂面的制作与食用，在这里占有巨大市场，民勤也成为挂面之乡。

民间歇后语"吃挂面不调盐——有言在先"，生动形象地说明挂面制作中食盐的必要性，民勤手工挂面果真如此。以前磨面效率不高时，面条要想劲道就得加入大量食盐来增加韧性，做出来的挂面的确含盐量很高，煮一锅清汤挂面完全不用额外加盐，口味清淡的人吃起来还嫌咸。随着机械科技逐渐先进，以及小麦品种的不断改良，现在的面粉不用加盐也韧性十足，做出来的手工挂面品质自然更好。手工挂面是一门传统技艺，制作方法在很多地方已经失传，所幸民勤人继承下来了，才能为我们的餐桌保留下这一道独特的美食。

过去的乡村人家，每到过年前都要张罗挂面。去请挂面师傅一般还需打听一下对方在哪里，年前家家户户都要挂面，手艺精湛的师傅们行踪不定，早早就被十里八村请去了。见到师傅报上名号，约定好工钱，根据师傅手头上的活计挂号排队，按时准备好面粉、清油、食盐等所需原料，只消静等上门，师傅们如约而来。手工挂面既是手艺活儿，还是一项体力活儿，揉面和面、上架抻面都得一把子好力气，所以挂面师傅基本都是年轻力壮的农人，或者是老师傅带了年轻的徒弟来做。

过去的当地民间，挂面还有很多不成文的规矩，挂面时必须提前腾出一间空屋,在挂面期间,本家所有人未得允许不能进去,特别是女子更是坚决不许经手。据说,女人经手后,挂面时面条会稀烂抻不到架上,口味也会大打折扣。听起来没有半点科学依据的事情,偏偏民间颇为信服,每年挂面时,家里的女性会被约束"不越雷池半步",以免糟践了粮食,毁掉家里一番心血。毕竟,师傅挂一架面动辄就是一百斤左右面粉的标准,百斤面粉的挂面,条件好的人家还能拿得出来,小户人家只能两户或者三户才勉强凑足。做好的挂面是全家人未来一年里解馋、待客、人情往来的最大底气,谁也经不起胡乱糟践。

无独有偶,过去农村里还有榨油坊不让女子进入的规矩。理由与挂面一样,都说女子参与榨出来的油会坏掉。诸如此类技术性高的手艺都没有女性什么事。剔除封建思想中对女性的歧视,如此防备不过是为了防止偷师而编排出的可笑理由罢了。旧时代手艺人都讲究"传男不传女",关键性技术肯定是要教给男子,生怕女子学会了带去别人家,打破自家吃饭碗而已。

所以,经验老到的挂面师傅都是家传手艺,挂面工具由祖上传承而来,看起来比普通木棍油亮几分的面轴,很有可能已经传了几辈子人,是他们非常珍视的吃饭家伙什,轻易不让人触碰。岂知,很多中国传统技艺的失传,都是受这种思想制约,继而彻底湮灭了的。譬如手工挂面,如今的乡间也面临着后继无人的尴尬处境,也许若干年后,这门手艺也将不复存在,我们熟悉的家乡味美食又将减少一份了。

经过十多道工序细致加工,面团迎来高光时刻,与房檐等高的位置绷上铁丝架子搭起面轴,师傅们把醒发好的面团甩上面轴开始抻扯。凭借超高的经验与手感,面条在师傅们的手上逐渐拉长、变细、定型,主人家此时才有发言权,挂面的粗细可以提出要求。抻好的挂面接受阳光照射,面条里就有了阳光的味道,天气晴好时白日里晒,晚间连冻带冷风吹,很快就风干得差不多了。师傅们的最后一道工序就是下架切面,在他们的巧手中,几米长的挂面被截成尺余长短,整整齐齐绑扎成捆,然后收到簸箕或是纸箱里,放在阴凉通风处储存起来,他们的任务也就完成了。

结算了工钱,挂面师傅就被迫不及待的下一家人请走了,而已经挂好了面的人家在对师傅手艺赞赏认可之余,第一锅清汤挂面也便盛上饭桌了。糅合了阳光与面粉清香气味的挂面端上桌，过年的安排就随之提上日程了。割二斤肉，请一对门神，买半斤水果糖，一个不甚富裕却氛围满满的春节就足以令人眉开眼笑。很多时候，幸福很简单，不过一家人团聚，和和乐乐吃一碗饭就够了。人间烟火气最抚凡人心，这话不是没有道理的。

在民勤，还有一种特色小吃叫卜拉子，或称拨拉子。

这是一种兼容性超出想象的食物，只需要少量面粉，就能与任何菜蔬搭配制作，食用的时候随意扒拉了就能入口，始有"拨拉子"的形象名称。拨拉子做法很简单，野菜、花瓣、块茎类蔬菜等都可以制作。洗净的蔬菜拌上面粉，上锅蒸熟即可，根据个人口味加盐，或者加糖都很不错。拨拉子粗细粮搭配营养丰富、清淡可口，在过去还不富裕的年代，是最容易填饱肚子的一种饭食。依据时令不同，拨拉子的食材也有多种变化，从三月开始吃头茬苜蓿，四月吃榆钱或鲜嫩的野菜，五月吃幽香的槐花，六月菜地里的蔬菜都长起来，选择就更多了。到了冬天没有花叶蔬菜，土豆、甜菜又进了饭锅，咸香绵软的土豆拨拉子，香甜可口的甜菜拨拉子，咸甜各异美味相同，既能当干粮，又扛饿耐饥，深受喜爱。

后来生活条件日益提高，人们会在拨拉子出锅时炝上清油，纯植物油结合面粉的麦香、蔬菜的清香，一锅拨拉子美味十足惹人垂涎，就没有人不爱吃的。与过去不同，现今乡间吃拨拉子是一种情怀，纯纯为了解馋，年青的一代已经不大会做了，也只有上了岁数的人才偶尔做一顿，在美食中忆苦思甜，日子才会越过越有滋味，懂得知足即可常乐。不得不说，这也是民勤人的一种人生智慧啊！

民勤面食五花八门，外地人总会面对琳琅满目的面食感到晕头转向，只有当地人心里门儿清，在名目繁多的各种面食中清晰地划分出面食种类。在民勤人心目中，面食只有两种，一种是饭，一种是馍。饭，包括一切可以盛到碗里来的饭食，长短面条、水饺馄饨、搓鱼子、拨鱼子等；馍，则是大大小小、外形多样，平时家里常吃的，或是特殊节令供奉的，所有便于携带的干粮都在这个范畴。

在民勤，馍馍的制作也超出想象。从制作方法上有蒸、炸、烙、鏊之分，用料上分白面、黑面、玉米面、二合面、洋芋面、青稞面等各种可以用来做馍馍的面类；形状上馒头、花卷、菜盒子是常态，如"草花子脱皮袄"则是特色中的特色了；按节令供奉专用的又有正月初一接神的枣馒头，正月二十补天补地的煎饼，端午节的扇子馍，中秋节车辖辘大月饼，腊月二十三送灶神上天的灶干粮，以及婚丧大事上专用的馍馍……林林总总花样百出，就没有民勤人想不出来的创意，做不出的馍馍。

民勤馍馍一直采用传统发酵，与发酵粉做出来的馍馍有巨大差别。当地人自己制作的酵母，多用黄米泡软后磨碎加入发面晒成，使用时分时间适量兑入面粉缓慢起酵，蒸一锅馒头的面量就需要三四天时间来发酵。时间充裕的自然发酵，让馍馍具有天然抵挡发霉的优势，放在通风阴凉处比冰箱储存时间更长，也更安全，而且不会因为搁置时间长影响口感。

夏秋之际瓜果成熟时节，民勤人下地干活都带着自家的蒸馍，饭点一到随手摘了西瓜来切成两半，蒸馍泡进西瓜里吃就能饱餐一顿，美味不可言表。储存得当的民勤西瓜能够放到冬天还不腐不坏，冬季没有胃口时取上一个泡馍吃，瞬间食欲大起，开胃又败火，便当真实现了围着火炉吃西瓜的美妙意趣。

民勤人最引以为傲的馍馍，当属月饼。与现下超市售卖的月饼不同，民勤月饼是用发面蒸制的。超市卖的月饼，在乡间并不吃香，人们更多时候将之称为"点心"，是用来哄孩子的零食。只有他们自己做出来的，堪比车轮大小的馍馍才是正宗月饼。民勤月饼最大限度地保留了麦香原味，又超出了月饼的想象空间，毫无争议地入选了非物质文化遗产名录。

每到中秋前夕，主妇们花费数日时间发酵起来的面团暄软清香，摆好床板大的案板，做月饼就开始了。一般都是相熟的四邻约好了一起发面，一起蒸馍，这样能够在手续烦琐的月饼制作中互相帮忙。三五主妇说说笑笑中，有的负责擀面饼，有的专门抹清油，香豆粉、红曲、姜黄、胡麻，甚至玫瑰花粉也被用于月饼调色。一层面饼一层颜色，清油促使粉料的均匀着色，也防止两层面饼粘连，红绿间隔、粉紫相错，少则五层、七层，多者还有十几层，面饼叠加垒成面的守望塔，最后再用一块擀得薄如纸页的纯白面饼包上外皮，月饼就做成了。做多大规格，要根据蒸笼大小而定，直径五六十厘米的司空见惯，再大就需要专门定制的蒸笼了。做好的月饼醒发半小时左右,放热水锅上蒸制,完全蒸熟的时间取决于月饼的大小。

蒸熟的月饼趁热取出,放在铺了洁净秸秆的案板上晾起来,外皮上用专门雕刻的戳子蘸了食色点出月亮、星辰的图案,选最大、最圆的敬献给月亮,其余的不仅自己家里吃,还得留出走亲送礼的份额来。八月十五送月饼是传统礼节,带上自家蒸的月饼去走亲戚,远比超市里买那些华而不实的礼盒要更受欢迎。一块囫囵的月饼,切分开了能送好几份礼,切开的月饼颜色艳丽、层次分明,只看一眼就使人垂涎欲滴了。

民间有童谣唱:"天爷天爷大大下,月饼蒸上车轱辘大,老汉吃上把炕压塌,小伙子吃上把房跳塌。"八月十五望月而献,敬天敬地感恩大自然的赐予,没有什么比风调雨顺、国泰民安更值得守望的东西了。

同样属于节令专用的扇子馍在当地也是比较有特色,并传承深广的一种馍馍。民勤扇子馍,外形模仿古代团扇,本质还是花卷,内里卷了农家蔬菜植物磨成的色料,美观又好吃,色香味俱全。扇子馍每年端午节制作,祭祖专用。据说,这一民俗是祖上从江南搬迁过来定居民勤的移民为了缅怀先祖、追忆故乡特别设计制作的。馍馍做成扇子的模样,沿袭了南方人每到端午开始使用扇子的风俗,西北寒凉夏季较短不需要人手一把扇子,民勤先民便用这种独特的方式祭祖,显示自己不忘故土之意。

草花子脱皮袄,是民勤乃至河西走廊都久负盛名的特色面食,名称十分洒脱不羁而又异常俏皮。草花子脱皮袄,又叫草花子抖皮袄。草花子,在民间是乞丐的意思,过去乞丐满街跑,寒冷时节随便捡拾一件别人不要的破皮袄穿了御寒,抖擞或脱下来时满身都掉渣,邋遢又毛躁特别讨人嫌。我们已经无法考证这道美食名称的由来如何与乞丐扯上了关系,但美食当前,即便如此缺乏优雅的名称,也依然令饕客们趋之若鹜。如果单凭名字就能劝退吃货,又哪来名动饮食界的"叫花鸡",更不会有草花子脱皮袄了。

草花子脱皮袄的制作方法其实不难,也不用发面,直接拿开水烫面就能做。说来简单至极,一看就会,但真正要做得香甜可口,那也不是一朝一夕就能学会的,现在的年轻人十个里都找不出一个会做,且能把草花子脱皮袄做好的。还是得要厨艺精湛、经验丰富的主妇，才做得出这道面食的精髓。譬如烫面柔软程度，中间兑入凉水的时间点，面团醒发的掌握，以及如何卷香料再擀成面饼的方法，还有放进锅里烙制是什么火候……工序委实烦琐。说到底，草花子脱皮袄就是特色烙饼，但又与我们吃过的所有面饼完全不同，是流行于河西走廊一带的驰名面点。

草花子脱皮袄在古浪和张义堡等地还有一个别称，叫"油胡旋"，相对于草花子脱皮袄的名称少了几分俏皮与调侃，却更为接近这道面点的本质。顾名思义，油胡旋就是多油，制作或食用时层层盘旋之意。如果还有朋友不能从文字描述中想象其形，不妨照着千层饼的样子去看，也就有了大略相近之处了。而要真正了解，还需亲自畅游河西，于乡间灶头去寻觅一品美味不可。

民勤人钟情面食，也喜欢食肉。与河西走廊所有地区一样，民勤人对牛羊肉亦十分推崇，特别是对羊肉堪称偏爱。当地有"无羊肉不成宴席"的俗语，但凡待客必然离不开羊肉来支撑场面，宴席上哪怕有再多的佳肴，没有羊肉就少了灵魂。羊肉或清炖，或黄焖，或手抓，或整烤，根据宴席规格、宴客人数，选其中一二烹饪方法加工，上桌即为主菜。民勤人吃羊肉喜欢搭配蒜片一同食用，粗豪的汉子不耐烦蒜片之秀气，更乐意要一整头蒜自己剥来吃，固有"羊肉不吃蒜，香味少一半"的说法。自然，吃不惯羊肉的人对其多是敬而远之的，羊肉本身的腥膻也使得羊肉成了见仁见智的小众肉类，喜爱的爱之入骨，不喜者退避三舍。

民勤县与内蒙古阿拉善左、右旗接壤，历史上又是游牧民族聚居地，虽有大量中原移民迁入，但依然保留了很多少数民族生活习性。善食羊肉是不容置疑的一大例证，在少数民族的饮食习惯中融入汉族更为精细讲究的烹饪方法，是民族融合、文化兼容，并共同发展进步的充分体现。以民勤手抓羊肉为例，大块吃肉就是从游牧民族沿袭而来，生活在河西平原上的游牧民族，从两千多年前就开始在这里繁衍生息，他们不事农耕逐水而居，游牧习性注定了不可能与中原人民那样精细膳食，地域冷暖的差异和生产方式的区别，又让他们必须食用大量油脂丰富的肉类来维持体能。因此，游牧民族以肉食为主，以量大管饱来定义食物是否可口，简单剖解、开锅即食的手抓肉就成了日常主食。

当今民勤人还保留着手抓羊肉，并将之发扬为特色，既是对传统饮食文化的继承弘扬，更是对这份民族感情的珍惜与珍视。

古有驼客千里行商，今有民勤蜜瓜誉满天下。民勤人能够与人为善，广交四海宾朋，与他们骨子里的勤劳智慧相关，更多的还是性格里深植了这片土地赋予人包容开放之襟怀气度的结果。多一点坦诚接纳，少一些阴谋排斥，才是真正意义上的包容开放啊！

绝不让民勤成为第二个罗布泊

民勤县，全域面积约一点六万平方公里，占到了整个武威市的一半大小。然而，这块相对广阔的土地可耕作面积却少得可怜，仅占县域的二十四分之一。民勤县地质非常脆弱，中国第三、第四大沙漠巴丹吉林沙漠与腾格里沙漠环伺三面虎视眈眈，二十七万民勤人在此生息繁衍，相当于"虎口夺生"。

从两汉时宣示武功军威的宣威县，到明王朝远征驱逐鞑虏立地镇守的镇番卫，一路刀光剑影、兵戈烽烟，这块土地经历的不仅只有边关征伐，还要面对大自然的考验，风沙的鞭笞。民勤饱经风霜伤痕累累，像极了一名行走在战场上的负伤老兵。直到民国初期，终于有人透过战火看到了美好，以"俗朴风醇，人民勤劳"之含义，这块古老的土地有了一个崭新的名字——民勤。

改变的是名字，不变的依旧是现实。困守风沙之中摇摇欲坠，民勤负重而行早已千疮百孔，纵使人民勤劳，却终究难以填补土地过载生态持续恶化的巨大漏洞。

2004年，民勤土地荒漠化已达到百分之九十四，大面积的良田被风沙淹没，沙漠以每年五六米的速度向绿洲推进，沙尘暴的天气也越来越频繁。当地歌谣"三趟路口三趟沙，大风一起不见家"，是当时自然条件的真实写照。2009年，因为缺水，五十万亩人工和天然植被枯死，数万民勤人被迫搬迁，绿洲的南部，腾格里沙漠和巴丹吉林沙漠已经隔路相望，马上就要"握手言

武威市干部群众义务压沙植树

欢"完成合拢。专家预测，或许用不了多少年，这两个中国的第三大和第四大沙漠，就会在吞噬掉民勤绿洲之后融为一体，成为中国的第二大沙漠，届时，不仅对甘肃，也将对整个中国北方环境造成恶劣影响。2012年，美国《国家地理》杂志甚至报道：中国民勤将会在不久后从地图上消失。

  沙进人退还是人进沙退，此消彼长的较量没有硝烟，却抵得上任何一场惨烈至极的战争，只不过胜负双方由人与人，换成了人与自然。历史上所有的杀伐征战，同类之间生死相对时尚且有商量的余地，而面对大自然，人类毫无优势可言，注定了将会头破血流仓皇溃败。在这场没有争议一边倒的战争面前，许多人黯然退缩拱手让出了阵地，亦有人执着坚守到了最后，生命终结犹不忘示儿继续，把愚公移山的精神搬到了对抗风沙侵袭上。沙漠前沿，一代又一代沙乡人铁骨铮铮，誓死守卫着自己的家园，守护沙漠绿洲，流汗流血在所不惜。

  绝不能让民勤成为第二个罗布泊！这不仅仅是一句口号，也不单纯只是一个指示，而是二十万民勤人民、二百万武威人民、十四亿中国人民共同的决心。关注过治沙的朋友都认为民勤治沙是从二十一世纪才开始的，只有民勤人自己知道，对风沙的治理他们已经默默进行了半个多世纪。青土湖水域面积锐减，直到干涸的那段岁月，民勤人是怎样的欲哭无泪望水嗟叹。

民勤绿洲的生态恶化，最直观体现就是石羊河尾间青土湖的干涸。

地处石羊河下游的民勤绿洲，祁连山的雪水千百年来源源不断滋润着这里，沿途形成一个带状、水草丰茂的沙漠绿洲和一连串的湖泊，是一个宜牧宜农的绿洲粮仓，在河流末端，还形成了一个碧波万顷，烟波浩渺的大湖泊，青土湖。曾几何时，青土湖是仅次于青海湖的内陆湖泊，水域面积达到了四千多平方公里，占全域面积四分之一。随着生态恶化不断加剧，新中国成立初期也还有一百余平方公里。而到了二十世纪五十年代末，青土湖逐渐干涸，直至完全枯竭。从传说中的"白亭海"，到风沙滚滚寸草不长的荒漠，人们传言这块土地被上天诅咒了，抛弃了。

绿洲家园变成赤地荒漠，纵有再多的不甘心亦是徒劳，民勤人被迫搬迁，留给这片土地太多的眼泪。痛定思痛，倔强勤劳的民勤人擦干眼泪直面风沙，只为故土难离，还有一颗不愿服输的心。治沙人，这一特殊群体跃然而起，站在了与大自然之战的最前沿，在搏击风沙的艰苦战场上，一个又一个平凡的人名刻在了功劳簿上，一道又一道普通的身影倒下或站起，他们化身绿洲护盾，活成了人们眼里的英雄。然而，英雄的光芒之下，付出过怎样的艰辛和努力，苦痛辛酸只有他们自己知道。

"豁出一辈子，做好一件事。"是治沙英雄石述柱入党时立下的誓言。半个多世纪前，石述柱还是风华正茂大有可为的年纪，那个年代，农村青年固然没有太多选择，但即使做农民，也可以选一条相对不那么艰辛的路去走，或许就有改写命运的机会。然而，年仅十九岁的石述柱毅然决然投入治沙行列，他联合一群志同道合的年轻人，组成一支三十余人的治沙队伍挺进了沙漠。要想挖断穷根，就得治住风沙。理想很丰满，但治沙的艰辛也是前所未有的，压在这支青年突击队肩头的压力，是贫穷与风沙双重重担，它们相辅相成恶性循环，治不住沙人们无法立足就摆脱不了贫困，过不上好日子；贫困不除，风沙当前谁也没有信心与精力去沙漠里拼杀。所以，治沙人一边治理沙漠，一边还要想办法搞生产。

石述柱所在的宋和村是全县最穷最苦的地方之一,三面环沙耕地稀少,光秃秃的村庄鲜少有树木绿植,大风一起惨淡无比,真是半点希望都看不到。突击队在村东头的大沙河插风墙,埋沙障,挖树坑,栽树苗,可一场风沙刮过,所有辛劳转眼就荡然无存,令人又气又恨。队伍中自然有人动过放弃的念头,但不服输的石述柱硬是带头顶住压力坚持下来,村东头受挫,那就转战到村南边的张家大滩,种红柳,植沙棘,风沙毁掉一亩,我就多种两亩,看谁更狠!咬牙苦干六年,二十亩郁郁葱葱的林地,是治沙人用汗水与泪水浇灌的成就,也承载着他们的欢笑与信心。事实证明,风沙是能够打败的,他们继续治沙、扩大治沙规模的壮志雄心更加喷薄坚定。

1963年,还不满三十岁的石述柱当选为村党支部书记,他用坚定不移的实际行动和顽强不屈的治沙精神获得了全村人的信赖与支持。有了这样的带头人,宋和村的治沙热情空前高涨,经过考察大家一致决定在流沙最严重的杨红庄滩建一个林场。哪里最恶劣就先治哪里,石述柱带着村民们迎难而上,把根本不可能的流沙地紧紧掌控在脚下,抓住一切可以利用的时间栽树治沙。手指干成了铁爪,汗水洒成一条河,终于如愿筑起绿色屏障,彻底治住了这片沙漠。

也是在那个时候,甘肃省治沙试验站在宋和村附近成立。石述柱得知后,三天两头往试验站跑,请教技术人员,邀请他们进村调研,摸索出一套更先进、更高效的治沙方法,并从试验站引进毛条、花棒、云杉等新品种,为治沙植树提供了强有力的科技支撑。他对传统固身削顶的治沙方法进行了改进和补充,将黏土沙障与林木封育结合,使固定的沙丘反过来成为保护田地的屏障。这种新模式得到有关领导和专家的肯定,称之为"宋和样板",著名科学家竺可桢将其命名为"民勤模式"。德国、法国、以色列等十多个国家的专家也前来考察,他们由衷地称赞宋和村的治沙成果是个奇迹。

几十年来,石述柱带领宋和村村民在杨红庄滩共栽植白杨、沙枣、梭梭、毛条、花棒等防风固沙林七千五百亩,压设各类沙障八十多万米,固定流沙八千亩,新增耕地两千四百多亩,在茫茫风沙线上建起了一道长九公里、宽二点五公里的绿色屏障。

半个多世纪如风而过，岁月在石述柱脸上雕刻下年轮的印记，风霜也染白了他的发鬓。华发如雪，铁骨依旧，这位治沙老英雄至今还带领群众继续奋战在风沙线上，他说："只要活着一天，治沙队伍中就不能少了我石述柱。"

一部民勤志，半部治沙史。治沙人的精神也从未停止传承，石述柱只是众多治沙人中的一分子，在他身后还有很多人前赴后继，新时代的青年人还在治沙道路上奋勇向前。"要学红柳斗风沙，不学刺蓬随风刮。身在沙窝干革命，定叫沙滩开出花。"秉承大寨精神的铁姑娘治沙队；坚守沙漠十年，用互联网治沙的"梭梭爸爸"马俊河；建立"拯救民勤网"，发动和带领志愿者捍卫河西走廊生态安全的民勤学子韩杰荣；扎根沙海二十四载，用青春和汗水见证了荒凉大漠变成绿水青山的人民公务员姜莉玲；以及那些刻苦攻读走出沙乡，最后又义无反顾回到家乡去治沙的年轻学子……每一个执着身影的背后，都长起了一片片葳蕤苍翠的绿树，手心的老茧和汗水的咸涩，成就了绿洲梦，也让民勤精神坚不可摧。

经过不懈努力，民勤创造了中国式奇迹，森林草原覆盖率由原来的百分之三提高到百分之十八，各种耐旱植被已经在沙漠上生根发芽，荒漠化面积在逐年减少，沙漠止步，家园得保。绿色，是对治沙人最高的馈赠与奖赏。从即将消失的沙漠县到绿化县，民勤人用自己的脊梁固守了沙漠绿洲的葱茏，像一只铁拳楔入沙漠，有效阻挡了两大沙漠合拢，并将不遗余力地继续深入治理。如今的民勤绿洲又恢复了曾经的繁荣，青土湖重新蓄水，绿意盎然、水天一色，一个生机勃勃的新民勤正在复苏、成长。良田千顷，瓜果飘香，民勤又恢复了"瀚海明珠"的大美景致，尽管青土湖现有湿地面积远不足当初的十分之一，但我们可以看见，在生态建设的辉煌蓝图上，它正在由一点青绿逐渐洇染慢慢扩大。

民勤生态建设中最辉煌不朽的功绩有两项，一个是治沙，另一个就是水利。青土湖重现生机，民勤绿洲常青，都有赖于红崖山水库调节。红崖山水库修建于二十世纪五十年代，地处腾格里和巴丹吉林两大沙漠的包围之中，肩负了改善民勤生态为主，兼顾灌溉、防洪、供水的大型水利设施，是亚洲最大的沙漠水库。与凉州山川丘壑间的其他水库不同，红崖山水库的修建持续了几十年，规模与地质条件决定了这座水库的不同凡响。一代一代水利人和民勤人民一起建造守护，把性格多变的石羊河驯服在沙漠深处，我行我素了千万年的河流，在这里找到了它的最终归宿，乖巧地为人类服务，与人类成了好朋友。青土湖因为红崖山水库的水流注入，得以再展容颜，一百万亩良田有红崖山水库滋养年年丰收，沙漠也忌惮这方水库不敢轻举妄动，有了水的民勤人更是底气倍增，敞开肚量接受水的洗礼，焦渴了数百年的心田长满幸福花朵。因水而生，因水而亡。说到底还是那个人尽皆知的朴素道理：水乃万物之源。大自然是公平的，从不亏欠任何辛勤付出，也绝不容忍单方面无休止地索取，和谐共生需要相互珍惜、彼此扶助。

民勤的旅游资源非常丰富，富集了大漠、湖泊、森林、湿地等各种自然风光。正所谓靠山吃山、靠水吃水，深处沙漠的民勤人只能靠沙吃沙，还吃出了属于自己的特色来。

民勤西北部的沙漠中，坐落着中国最大的沙生植物园。此园建于1974年，占地一千余亩，是我国第一个具有北方荒漠特色的植物园。独特的大漠风光吸引了众多的游客，每年都有数以万计的游人来这里观光旅游，寻觅诗词中长河落日、大漠孤烟的千古意境。感受沙漠的滚烫，猜想荒漠掩盖之下的神秘，从一颗沙粒中捡拾历史，醉倒在古老的梦境中，风与沙也便少了些苍白，多了些情趣。民勤沙生植物园，是民勤人向沙漠进军的真实写照，集荒漠植物科研教学、技术交流与旅游观光为一体，以其独特的景观、丰富的文化内涵和不屈的民勤精神而成为大漠中一方胜景。

如果沙生植物园还不足以令您对沙漠印象深刻，那沙漠雕塑公园就必须要亲临感受一番了。沙漠雕塑公园位于民勤县东南的腾格里沙漠中，距县城约三十公里。沙漠雕塑，单从字面意思理解，很多朋友会以为是用沙子堆砌而成，实则不然。这里伫立着2018年至今，来自全球三十二个国家和地区共一百多件雕塑作品，这些雕塑以沙漠为创作思路，集中展现了大漠生态与人类之间的故事，有些作品内涵意义深远，艺术水准高超，观赏性与思想性俱佳，是非常珍贵的沙漠艺术作品。

不同于城市里灯光聚焦、环境幽雅的雕塑展览，沙漠雕塑直接暴露于天地之间，以大漠为展架，以日月星空打光烘托，利用沙漠中自然形成的沙坡、沙丘来布局摆放，展现作品艺术之美的同时，结合了沙漠生态文化理念，使得艺术元素与大漠风光相互衬托、彼此呼应，向游人奉上一场独特亮丽、震撼人心的视觉盛宴。

一百多件雕塑，若是放在城市展览馆中展出，可谓规模盛大，放进茫茫大漠稍显单薄。但是，正因为广袤与渺小、粗犷与细腻的强烈对比，特别凸显出了沙漠雕塑艺术的奇特之处。其中有一件命名为《梦》的作品，由钢材焊接雕出人类头部形象，雕塑头像的目光凝视着沙漠中一棵树苗，简单凝练地构成艺术组合，却深切地表达了民勤人民执着于沙漠变绿洲的梦想和生活在这片土地上的人以梦为马的诗意情怀，是一件十分有意义的雕塑艺术作品。

作品《美好的水滴》如同一颗巨大的水滴跌落大漠，取意水生万物，亦有珍惜水资源的含义，体现着民勤人对水的渴望，对沙漠治理的决心。相对于主题为现实意义类作品，《远方》中所体现的是比较抽象的一种概念。一匹马，一个人，轮回中的相遇相守，是万物平等、万物相融的自然法则下需要遵守的生命进程，过去与未来，自我与非我，时空尽头是循环，是回归，是与自然融为一体。

沙漠雕塑公园的艺术作品，必须亲临其境用心感受才能品出其中韵味，一次与一次的认知不同，一个角度有一个角度的写意，值得反复品味。沙漠雕塑公园地处偏僻，不过来到这里的游客还是趋之若鹜，凡是来此观光旅游者都会觉得不虚此行，雕塑艺术与自然景观在大漠里完美融合，蓝天黄沙相辉映，展示出强大的艺术感染力和视觉冲击力。

如果说沙漠雕塑公园是结合了民勤文化与大漠生态的杰作，那么，摘星小镇就是民勤人文与沙漠生态的另类融合。摘星小镇位于雕塑公园旁边地势平展的沙漠中，夜晚能够观赏浩瀚星空，视野极为开阔，能够在最大清晰度下观测星辰，取自"手可摘星辰"的含义。民勤摘星小镇是国内首个沙漠天文科普旅游景点，营地民宿建筑或为帐篷，或模仿飞行器外形，未来感与科技感十足，是亲子游必选的好去处。

到民勤旅游，看完了沙漠的震撼厚重，湿地的水天一色，不妨再去领略一下田园风光，找寻一点乡村的记忆。红旗谷生态旅游村，三雷镇乡村博物馆，都是怀旧满满的地方，乡愁绵长，乡愁也最使人挂肚牵肠，保留和守护乡村记忆不是对新时代的背叛，而是在幸福满足里忆苦思甜踔厉奋发，更上一层楼。

风沙治住，日子就越过越有滋味。民勤人终于有时间顾及诗情画意，丰富多彩的文化生活也便捡拾起来了。县城的广场上、乡村的巷道口，随处可见载歌载舞的热闹场景。民勤虽为小城，但有深厚的历史底蕴。什么是底蕴？浅显一些说就是历史传承，祖上传下来的东西多。文物古迹算一类，文艺传承也算一类。

民勤素有"人居长城之外，文在诸夏之先"之美誉，是闻名全省的文化之乡。民勤小曲戏是最具代表性的非物质文化遗产，是省级非物质文化遗产保护项目。据考证，民勤小曲戏最初的表现形式是由当地民间艺人以坐唱形式表演的小曲，起源于明初，形成于明代中叶，兴盛于清代和民国时期。新中国成立后，在民勤及西北地区广泛传承演唱，因为演出场地不受舞台效果影响，随处、随地就能演唱，在当地亦有"半台戏"的戏称，但与凉州半台戏又有所区别。民勤小曲戏兼容南北唱腔，有秦陇之音，还富有吴地腔调，服饰化妆却偏于西北传统，堪称"杂家集汇"。

民勤小曲戏，又称民勤曲子戏，流行于民勤城乡及西北部分地区，是一种曲牌体地方戏曲剧种。2008年被甘肃省政府公布为第二批甘肃省非物质文化遗产代表性项目，2020年入选第五批国家级非物质文化遗产代表性项目名录。《中国戏曲志·甘肃卷》载："民勤曲子戏虽称曲子戏，与甘肃东部、南部以及敦煌一带流行的曲子戏，实非一脉。"民勤曲子戏集民间音乐、舞蹈、美术、文学等诸多元素于一身，是中国西北地方戏曲的"活化石"。民勤小曲戏道白唱词使用民勤方言，诙谐通俗、风格活泼，具有相当深厚的民间基础，是当地群众最为喜爱的民间艺术。每逢演出，街头巷尾、庄户院落都是舞台，吹拉弹唱，数人帮腔，各显神通，笑声掌声喝彩声，场面非常热闹。

因为民勤特殊的双向移民史，民勤曲子戏从很早时候起便随着移民的脚步散播到了更远的地方，西北五省区民间，大凡驼队曾经到过的地方，几乎都有曲子戏的流传，民勤以外其他地区的曲子戏，特别是甘肃河西地区曲子戏和新疆曲子戏的形成发展过程中，民勤人又一次居功至伟，他们广泛地游走和搬迁对其产生的影响不可否认。民勤小曲戏表演风格独特，滑稽处极尽逗乐，严肃时声泪俱下，一颦一笑都是真实性情的流露。用当地人的话说：土是土了一些，但胜在传承不绝。它可能登不了大雅之堂，与大型戏曲没办法争辉夺彩，却正是民勤人、民勤这块土地的真实写照，坚持自我不事喧哗，踏实并执着地过自己想要的日子，默然相守寂静欢喜。

民勤县文化馆研究称：小曲戏经过六百多年的传承，知道戏名的有四百六十多种，先后记录留存的有上百种，现藏于甘肃省图书馆的民国时期潘富堂手抄本，已修复的四十多种大多为民勤小曲戏独有剧目。内容多以惩恶扬善、规劝孝道为主，寓教于乐、寓理于情，既诠释历史、反映现实和民俗风情，又传播社会经验，讲述人生哲理，深刻影响着人们的道德观念、思维方式、价值趋向，生动传递着中华民族的价值追求。

幸福安乐的新民勤站立在风沙之上，用皲裂黢黑的双手捧出一份甜蜜甘醇，为沙漠赋予不一样的味道。这是一代代民勤人艰辛奋斗，用血汗铸就的丰碑，那挺立在人心上的无字碑煌煌耀目，很多的名字掩埋在风沙之下鲜少为世人所知，只有沙乡人民永难忘却，他们为这天下太平平添了太多传奇，谱写了一曲绿色赞歌。看着如今生机勃勃的民勤，我们有理由相信，民勤以前没有成为第二个罗布泊，现在也不会重蹈覆辙，未来将持续努力恢复和巩固生态建设成果。大漠绿洲正在一点点扩大，向浩瀚的沙漠挺进一步，又一步……

WUWEI
THE BIOGRAPHY

武威传

古浪　第三章

古浪县城牡丹园

绿色誓言

2019年8月21日，对所有人来说这是一个再普通不过的日子，但对于古浪县八步沙林场的一群治沙人而言，却是值得铭记永远难忘的特殊纪念日。因为，这一天，敬爱的习总书记来到了八步沙林场考察。

八步沙，出门八步就是沙。这里地处黄河以西，祁连山北麓，腾格里沙漠南缘，是古丝绸之路河西走廊东端第一古城武威境内的沿沙区，也是全国荒漠化重点监测县之一古浪县主要的风沙口。从新中国成立起，八步沙就是狂风肆虐、黄沙滚滚的荒漠，当地歌谣唱："一夜北风沙砌墙，早上起来驴上房。"沙漠不断吞噬农田村庄，吃不饱饭已是常态，古浪成了全国深度贫困县。

为了让子孙后人吃饱肚子，为了守住庄稼地不被风沙掩埋，也为了一份根深蒂固的故土难离之情结，郭朝明等六位平均年龄超过五十岁的庄稼汉，毅然在承包沙漠的合同书上捺下手印，用鲜红的指印许下一个绿色的誓言，誓要给沙魔戴上笼头，让黄沙披上绿装。四十年来，以"六老汉"为代表的林场三代职工扎根沙漠、治沙造林，终于守得沙漠变绿洲，兑现了父辈的绿色誓言，创造了一个绿色奇迹。

人民群众无小事，一枝一叶总关情。这道重要生态安全屏障建得如何？林场职工生活是否有保障？总书记深深牵挂。

得知总书记要来的消息，郭万刚和林场职工们一早就在林场等着、盼着，激动之情溢于言表。上午十时四十分左右,总书记含笑走来,亲切地向大家伸出手。八步沙林场场长郭万刚激动地迎上去紧紧握住,好久都舍不得松开,职工们挨个儿和总书记握手。在这之前,他们谁也不敢想象,这双平常攥铁锹种树磨砺出一手厚茧子的手,能够与敬爱的总书记的手相握。年轻的第三代治沙人,一向能言善道的年轻的第三代治沙人,激动得说不出一个字来。总书记来看他们了,这是对八步沙林场几十年奋斗成果的肯定,是对治沙人的支持与关爱,更是八步沙永载史册的荣光啊!

在治沙人陪同下走进八步沙,看到郁郁葱葱葳蕤茂盛的林场草木,总书记欣慰而感慨。他说:"你们几代人几十年的坚守很不容易。你们就是当代愚公、时代楷模,要向你们学习。"总书记的贴心话,让八步沙钢铁一样坚强的汉子们红了眼眶,郭万刚差点就当场落泪。三代人治沙种树几十年,几多苦累,几多挣扎,那些酸甜苦辣只有他们自己体会最深。

二十世纪九十年代初,郭万刚捧着无数人眼红的供销社"金饭碗",家里虽然不是多么富有,但小日子过得潇洒快活。就因为"六老汉"当年捺下红指印时相互约定了"这一代人干不完让儿子来替,儿子干不完孙子接着干"的言语,他被迫辞去人人称羡的工作,接过父亲手中的铁锹走进了沙漠,一干就是三十年。从年轻力壮到华发满鬓,经历了地窝铺里安家、拿凉水泡馍当饭吃、变卖家产举家欠债遭人冷眼的艰苦岁月;也曾在长期苦闷、寂寞而艰辛的日子里有过动摇,不止一次想过逃离、放弃……但是,他最终还是坚守下来了,只为了父亲临终前的殷殷嘱托,一个把沙漠变绿的誓言。

听到总书记的勉励和肯定,郭万刚百感交集。这个淳朴的西北汉子,当地人口语中司空见惯的"老汉",更加信念坚定。他说不出华丽的辞藻,却深深明白过往的一切辛劳在这一刻都不算什么了,曾经被很多人冷嘲热讽的"疯子""傻子",终于有人理解,有人认可了,来自总书记的理解和认可,让他感动又感激。

正值秋季造林黄金时节,沙地里还有职工和附近村里的治沙群众在忙碌,总书记看到便走过去仔细询问:"这里治沙用的植物有哪几种?""乡亲们生活怎么样?"……大家认真做了回答,还为总书记演示如何压草方格。总书记看

昔日八步沙，今日处处绿

得兴致勃勃。

"我来试试。"习总书记俯身拉起了开沟犁，同群众一起干起来，不一会儿就在沙地上开出一道两米多长的直沟。

总书记平易近人，大家纷纷开上了玩笑："一看总书记就是'庄稼好把式'，是种过地的人。"

"我干农活这点力气还是有的。"总书记笑着和大家聊天。

现场一片欢声笑语。

从林场往回走，总书记对林场职工亲切地叮嘱："现在日子好了，还要把我们的生态环境保护好"，"要保重身体才能把沙治好"，"把日子过好，治沙就是为了更好的生活。"字字句句，汇成一股暖流，融入八步沙的草木沙粒，也流进了治沙人的肺腑，每个人心里都暖洋洋的。

习总书记在八步沙林场视察时强调："新时代需要更多像'六老汉'这样的当代愚公、时代楷模。要弘扬'六老汉'困难面前不低头、敢把沙漠变绿洲的奋斗精神，激励人们投身生态文明建设，持续用力，久久为功，为建设美丽中国而奋斗。"

"新时代愚公精神",鼓舞和激励着八步沙林场职工和武威市广大干部群众不忘初心、勇毅前行。习总书记视察甘肃三周年了,如今再次走进八步沙林场,切身感受了三年来这里突飞猛进的变化,在六道沟至十二道沟、麻黄塘等治沙区,昔日的黄沙泛滥彻底换了新颜,沙海都变成了花海。沙葱花粉嫩娇艳开得团团簇簇,顺着沙坡、沙梁、沙沟蔓延盛放,远远望去如梦似幻。

坐在浓绿的树荫下,郭万刚笑容满面地讲述他的治沙经。说起总书记走进八步沙,当时的场景他还历历在目。"习近平总书记勉励我们再接再厉、再立新功,至今回想起来,仍然倍感温暖和亲切,深受鼓舞和鞭策。按照习近平总书记重要指示精神,我们认真践行'绿水青山就是金山银山'理念,大力推进生态文明建设,努力为构筑国家西部生态安全屏障作出更大贡献。"郭万刚不无骄傲地说:"2019年9月份以来,我们已完成沙地生态植被修复及绿化面积五十五点二七万亩。目前,有十多万亩的沙漠里,沙葱花进入盛开期,整个沙漠变成了花海,非常漂亮!"

这三年里,八步沙林场牢牢记着总书记的嘱托和殷切期望,他们也向沙漠许下一个誓言,就是要把古浪县剩余的沙化土地治理好。

七点五万亩。没有进行过治沙实践的人很难想象是多大一块沙漠。1981年,当"六老汉"决心进军沙漠时,古浪县深受风沙侵害的人们却知道,那就是一块寸草不生的"死地"。几个老汉夸下海口要在八步沙治沙种树,简直就是一个天大的笑话。多少年来,很多古浪人上新疆、走宁夏,去奔好日子去了,只有傻子才死守着等饿死呢!这是曾经的八步沙周边村民们共同的认识。突然冒出来的六老汉治沙,自然就成了人们茶余饭后笑话的对象,没有人相信沙漠里能种活树,也没有人相信沙漠能让人治住。人进沙退,那是说梦话嘞!

在这种固有的思想意识下,即使古浪县试行"政府补贴、个人承包,谁治理、谁受益"的荒漠化土地治理政策,把八步沙作为试点向社会公开承包,也没人愿意报名。治理寸草不生的沙漠谈何容易?就算政府有补贴,多少年后才会有"收益"?政策出台后,基本没人响应。

活人,不能让沙子给欺负死!六老汉憋着一股不服输的劲儿揭了"皇榜"。当时，轰动全县。郭万刚是第二代治沙人的"带头大哥"，对父辈们揭榜治沙的过往知之甚深，那时他已经成年，正在朝着"万元户"的目标努力奋斗。如果不出意外，他完全能够通过自己擅长经商的头脑和年富力强的打拼，很快摆脱贫困过上好日子。可事与愿违，父辈们定下了"子承父志"的约定，面对年老体衰、一身顽疾的父亲，这个孝顺为先的汉子咽下委屈，一头扎进了八步沙接替父亲种树。第二代人陆续接班，纵有天大的理想，也必须信守诺言，老子干不动了儿子上，儿子干不完还有孙子呢！愚公精神，说到底就是劳动群众内心深处最朴素、最基本的一种诚信精神。

八步沙·六老汉·三代人。这个英雄的群体三代接续奋斗，先后在八步沙、黑岗沙以及北部沙区完成治沙造林二十五点七万亩。在林场的涵养下，全县风沙线后退了二十多公里，一个乔、灌、草结合的荒漠绿洲在八步沙延伸，书写了从"沙逼人退"到"人进沙退"的绿色篇章。

从六老汉捺下红手印的1981年算起到2003年，用二十二年的时间将八步沙七点五万亩全部治理完成；从2003年到2015年，用十二年的时间，主动承包治理了八步沙北面的黑岗沙、大槽沙、漠迷沙三大风沙口；2015年，他们又承包了八步沙八十公里外的麻黄塘沙丘，向十五点七万亩荒漠发起了挑战。就这样他们一步步、一亩亩、一方方完成治沙造林二十五点五万亩，封育管护面积四十一点四万亩，相当于再造了五个八步沙林区。完成通道绿化近二百公里，农田林网五千多亩，栽植各类沙生苗木四千多万株，花卉、风景苗木一千多万株。

如果说过去的三十八年的八步沙是扎根开花的积累阶段，那么，从2019年8月到现在的三年，就是八步沙厚积薄发井喷式发展的收获时期。2019年9月以来，八步沙林场完成沙地生态植被修复及绿化面积五十五点二七万亩。习总书记视察八步沙林场后，县上迅速行动起来，组织编制完成《古浪八步沙区域生态治理规划（2020—2025）》，已经省政府审核批复。规划以八步沙林区为中心，五年内新增沙地生态植被修复一百〇五万亩、沙产业经济林一千三百亩、示范基地三点四万亩，八步沙区域林草植被覆盖度达到百分之六十以上，新建治沙道路一百九十二公里。目前，已完成沙地生态植被修复任务的一半，沙产业经济林提前两年全额完成，示范基地面积也同样超额完成，治沙道路达到了一百一十公里。

在继续治好沙、种好树的基础上，八步沙林场还因势利导开发利用起八步沙的旅游资源。2019年11月14日，生态环境部命名八步沙林场为第三批"绿水青山就是金山银山"实践创新基地，成为甘肃首个"两山"实践创新基地。郭万刚为首的八步沙人抢抓机遇，积极衔接争取，于2020年6月开工建设八步沙两山实践创新基地项目，2021年6月揭牌运行。目前，累计接待单位团体六百二十个，游客九点二万多人次。实施林场办公区改造提升工程，建设面积六百平方米。八步沙"六老汉"治沙纪念馆申报为非国有博物馆免费开放。近年来，八步沙林场采取工程治沙与生物治沙相结合的措施，与中国扶贫基金会、蚂蚁金服集团对接合作，建成梭梭、花棒混交林两万亩，亿利集团完成防沙治沙项目三万亩，逐步探索出一条多主体、多层次治沙新路子。同时，有序推进退化林修复工程，完成退化林修复十万亩。积极争取实施"两山"实践创新基地建设项目，已完成游客服务中心、观光塔、泵房基础工程，地面部分施工正在进行。八步沙林场正在向集教育基地、休闲观光、沙漠旅游于一体的红色旅游基地努力。

正如习总书记来八步沙说的那样，治沙是要让沿沙区人民过上好日子。八步沙第三代治沙人的新目标，是向沙漠要效益，大力发展沙产业。郭玺是八步沙第三代人中的治沙致富能手，在他的主导下林区建设土鸡养殖基地一处，注册了八步沙"溜达鸡"等商标品牌，年可出栏一万多只，单只售价一百元左右，通过视频号等宣传带货后，八步沙"溜达鸡"供不应求，经济效益良好。还有在黄花滩移民区流转沙化土地一点二五万亩，完成梭梭接种肉苁蓉基地建设，八步沙出产的肉苁蓉今年刚刚开始收获，亩产效益就达六百元以上，未来随着成熟果实量产，沙产业效益必然能够大幅度提升。

老一辈光想着能够治住沙子，不要让沙子把村庄和庄稼地埋了，到了新一代手上，居然还能把沙地变宝地了，这在过去是不敢想的。对此，年青的一代笑言，这就叫"前人栽树后人乘凉"。如果没有前面两代人几十年打下的基础，变沙为宝也不可能实现。

据郭万刚介绍，如今的八步沙林场已经从当初的"六老汉"联户承包，发展成一个有二十名员工的集体林场，林场固定资产由2010年的两百万元增加到现在的两千多万元，职工年收入由原来的不足三千元增加到现在的七万元以上。治沙致富的誓言，在他们这一代手上终于也实现了。

如今的八步沙，每年都有三百多人参与到承包绿化工程中。治沙种树也告别了"人背驴驮"的原始方式，改为拖拉机作业、机械压沙、GPS定位、无人机巡林等一系列现代化手段，实现了科技、科学化。并且全面尝试"打草方格、细水滴灌、地膜覆盖"等新技术，从防沙治沙、植树造林到培育沙产业、发展生态经济，闯出了一条"以农促林、以副养林、农林并举、科学发展"的生存发展之路。

今年已经七十岁的郭万刚，仍然保持在林场的作息习惯，早上六点钟起床，晚上九点多才回家。在场部安排完工作后，总要到林场里转转。在他眼里，八步沙林场其实不大，若要徒步绕林场一周，从早到晚能走完三分之一。这与八步沙林场整体绿化工程量相比，只是五分之一的面积。治理的沙漠多了，郭万刚的胸襟和格局可不是一般人所能比拟的了。他的胸中藏有一片绿色的浩瀚大地，那里装得下好多个八步沙，也装着他熟悉的前人和后人，还有未来的盛大美景。他说："我最大的心愿是，盼望家乡的生态环境越来越好，让我们的山更绿，水更清，天更蓝。"

"八步沙不治，土门子不富。"流传在古浪县的歌谣这样说。中央党校教授徐临祥考察时提出一个观点，八步沙林场保护了周边十万亩农田免受风沙侵害，小麦每亩可增产五十公斤，增收就是五百万元。八步沙保护了干武铁路，308省道，西油（气）东输管道的畅通，其生态价值和社会价值同样无法估量。近年来，八步沙林场项目建设稳步增长，每年劳务费支出近千万元，为当地群众脱贫增收作出了积极贡献。

林草兴则生态兴，生态兴则文明兴。我们不能忘记治沙英雄，也有责任与义务给予他们应该拥有的荣誉。2019年3月29日，八步沙"六老汉"三代治沙人被中宣部授予"时代楷模"荣誉称号，先后获得国家九部委授予"最美奋斗者"称号，国务院授予"全国民族团结进步模范集体"称号，国家林业和草原局授予"全国绿化模范单位"称号，国家生态环境部授予"绿水青山就是金山银山实践创新基地"，国家林业和草原局授予"全国三北防护林体系建设工程先进集体"称号。2020年11月获得"第六届全国文明单位"；2021年3月获得第七届甘肃省人民政府质量奖；2021年6月，被中宣部命名为"全国爱国主义教育示范基地"……很多荣誉和奖杯、奖状，陈列在八步沙林场的治沙纪念馆里，给每一个参观者以震撼，也让我们对这个英雄群体肃然起敬，并充满信心与骄傲。治沙人是美丽家园的建设者，有他们的坚守和奉献，未来我们的国家必定繁荣锦绣越发美好。毫无疑问，他们是这个时代最可爱的人。

在武威市关于党的二十大宣讲会上，郭万刚作为发言代表说：回望走过的奋斗路。老人们在二十世纪创业时期，最艰苦的时候，他们为啥能初心不改、坚持治沙？就是有着基层党员对党的坚定信心。他们以党员为骨干力量，下决心向沙漠宣战，带领村民们干了一件先人们从来没有干过，也从来不相信能干成的事情。正如习近平总书记在八步沙林场调研时强调的那样："任何事业都离不开共产党员的先锋模范作用，只要共产党员首先站出来、敢于冲上去，就能把群众带动起来、凝聚起来、组织起来，打开一片天地，干出一番事业。"

八步沙林场第二代、第三代治沙人，从八步沙到黑岗沙，从干武铁路到甘蒙省界，接续奋战在风沙线上。如今，有国家对生态建设的政策支持，有全县人民的共同努力，古浪县的二百四十万亩沙化土地已有五分之四得到了治理，即将成为我国第三个彻底治理得以绿化的治沙奇迹。八步沙的治理成功，同时也为古浪县移民开发区提供了生存和发展的崭新家园！黄花滩移民开发区，富民新村等住宅点相继建成投入使用，山区的群众走出沟壑来到平原上住进整洁亮堂的新房子里，孩子们快乐地在新学校接受教育，每家每户都有肥沃的庄稼地以供耕种，农闲时还能就近到八步沙林场去打工赚取收入，移民点上一派安居乐业。

报告的最后，郭万刚由衷地说："只有在伟大的中国共产党的英明领导下，才能把沙洲变成绿洲，绿洲变成富洲。"是的，在任何行业、任何事业的奋斗中，党和国家就是我们的坚实后盾，是我们为之努力的底气和力量的来源。

八步沙新愚公

二十世纪七十年代,"一夜北风沙砌墙,早上起来驴上房"是甘肃省武威市八步沙的真实写照。为了保护家园,以郭朝明为首的八步沙六老汉,自发地组织起来治沙造林。后来又在八步沙植树造林的合同书上摁下了手印,誓将"欺负死人"的沙漠变绿,初见成效;以郭万刚为首的八步沙第二代治沙人,不但向沙漠要绿色,而且还要效益,他们成功了;以郭毅为首的第三代治沙人比起他们的父辈来说,更是"得寸进尺",绿色要、效益要,还把现代化的治沙设备开进了八步沙。半个多世纪以来,八步沙三代人带领群众治沙造林近四十万亩,植树四千多万株,让虎视眈眈、凶神恶煞的大沙漠倒退了十五公里。2019年4月,八步沙林场"六老汉"三代人治沙造林先进群体被中宣部授予"时代楷模"称号;2019年8月21日,中共中央总书记习近平走进了八步沙,正式将"八步沙"精神定位为当代愚公精神。

第一代治沙人的坚守让八步沙萌生了绿色的希望

八步沙,是腾格里沙漠南缘、武威市古浪县北部的一个风沙口。据说,一百多年前,这里只有八步宽的沙口子,所以叫作"八步沙"。还有一种说法,这里的沙子又细又软,人踩上去,脚就陷到沙里了,只能一步一挪地艰难"跋涉"，所以也叫"跋步沙"。随着气候干旱和过度开荒放牧，到二十世纪六七十年代，这里已是寸草不生、黄沙漫地。沙丘以每年近十米的速度向南移动，严重侵害着周边十多个村庄和两万多亩良田，给当地三万多群众的生产生活以及过境公路、铁路造成巨大危害。面对步步紧逼的沙丘和没有收成的沙坡地，不少人逃离家乡，走上了沿街要饭的道路。

八步沙的村干部郭朝明面对沙漠的挑衅，没有妥协，他开始寻找坚守的途径。于是，他每天都在风地里观察，同样的沙坡地，同样下的种子，为什么有的地方有一点点收成，而有的地方就没有一点点果实呢？时值秋天，沙坡地里种的是谷子。郭老汉决心找出影响收成的罪魁祸首。经过观察，郭老汉发现了新大陆。那有一点点收成的谷子地埂上都程度不同地长着蒿草、红柳等植物，风沙吹来时，那沙粒经过蒿草等植物的阻拦，都吹到空中去了，所以，谷穗上那少得可怜的果实安然无恙。翌日，郭老汉就把村民们召集起来开会，把自己的发现告诉了村民们。第二年，村民们按照郭老汉的要求在沙坡地的埂子上种了不少的红柳、骆驼刺、梭梭等沙生植物，没有植物可种的埂子上栽上了麦草、谷草等农作物秸秆。结果，这一年的庄稼长得格外的好，每亩沙坡地的产量居然突破了一百三十斤大关。这一发现，给八步沙的人们带来了希望。他们决心留下来守护家园，遏制不断恶化的自然环境。到了1981年，作为三北防护林前沿阵地，武威市古浪县着手治理荒漠，对八步沙试行"政府补贴、个人承包，谁治理、谁拥有"的政策。郭老汉经过十几年治沙种田的实践，对植树造林已经胸有成竹。所以，他毅然决然地揭下了上面贴出来的"皇榜"。

在郭老汉的影响下，石满、贺发林、张润元、罗元奎、程海也站了出来。六位老汉，四位共产党员。他们以联户承包方式，组建了八步沙林场。老汉们的想法很简单，既然郭老汉挑头了，那我们何不联合起来和这可恶的沙漠斗一斗？下定决心，要想方设法保住耕地和家园。"我们舍不得离开祖祖辈辈生活的这块地方啊，这可是我们自己的家园啊！我们自己不去管谁管？"在采访第一代唯一在世的治沙人张润元老人时，他激动地说。

就是这六位普普通通的八步沙治沙老人，被当地的人们亲切地称为"六老汉"。

郭万刚与郭玺喜看如今的沙漠花海

面对一眼望不到头、没有生机、没有水的沙漠，八步沙六位老汉只能用"一步一叩首，一苗一瓢水"的土办法和郭老汉治沙种田的诀窍栽种树苗。他们头顶烈日，脚踩黄沙，整日在沙漠中拼命，辛辛苦苦种上了近一万亩的树苗。可是，一春一夏过去，几场大风刮过，活下来的树苗连百分之三十都不到。这样的结果令六位老汉十分沮丧，但他们却没有因此而减弱守护家园的倔强。

一次次失败，一次次再尝试，一边多方打听求教，一边在沙地里反复摸索。一天，郭老汉终于提出了用治沙种田的方法植树造林。经过无数次的试验，他们终于找到了"一棵树一把草"的植树经验。就是栽树的时候，在树窝的风沙口埋上麦草就可以把沙子拦住、固定住，这样就把树苗保住了。在沙漠中，树就是希望。有了希望，老汉们更加坚定了信心："按照郭老汉治沙种田的办法植树造林，一定能行！"就这样，八步沙六老汉在沙漠里植树造林成功了。从那以后，"一棵树，一把草，压住沙子防风掏"的治沙办法就成了八步沙植树造林的技术指标。这个办法，使造林成活率达到了百分之七十以上。

第一代治沙人在八步沙植树造林成功了。为了把植树造林工作坚持下去，六老汉卷起铺盖住进了沙漠的地窝子里。没有灶，他们拿三块石头当灶，后来有了黄泥锅灶；伙食标准由开始的开水泡馍到后来的行面揪片子。大风一起，沙子刮到锅碗里，吃到嘴里把牙硌得吱吱响。功夫不负有心人。经过艰苦创业，努力奋斗，到第二代治沙人接班的时候，他们动员家里人"参战"，六户人家四十多口人齐上阵，已经把八步沙三分之一的沙漠治理完了。

第二代治沙人的创新理念让八步沙走上了共同富裕的道路

当黄沙肆虐的时候，八步沙人抱着护庄稼、保饭碗的质朴愿望，扛起共产党员应有的担当，不畏恶劣环境，无惧艰苦劳作，默默地用生命和汗水抵抗风沙的侵蚀，浇灌出了葱葱绿荫，不仅保住了自己的小家园，也守护了古浪的大家园，这才有了今天的黄花滩移民小区。他们的朴素情怀、坚定信念、勇往直前，点亮了治沙造林的希望之光，谱写了让沙漠披绿的生态壮歌。

以郭万刚为首的第二代治沙人，决心在第一代治沙人治沙造林保护家园的基础上，把植树造林提升到既能治沙造林保护家园，还能够让大家挣上钱的共同富裕的高度。

二十世纪八十年代末，只有三十岁的郭万刚接替父亲进入林场时，还在古浪县供销社端着"铁饭碗"，并不甘心当"护林郎"，一度甚至盼着林场散伙，自己好去做生意。他曾埋怨父亲："沙漠大得看都看不到头，你却要治理，以为自己是神仙啊！"然而，一场突如其来的沙尘暴，彻底改变了郭万刚。

1993年5月5日17时，武威市古浪县西北方向平地刮起"沙尘暴"，整个天地瞬间变得伸手不见五指。郭万刚当时正在林场巡沙，还没反应过来就被吹成了滚地葫芦，狂风掀起的沙子转眼将他埋在了下面。最终，郭万刚死里逃生。

第二天早上，一个消息传来：黑风暴致全县二十三名小学生死亡。郭万刚抱头痛哭，"因为风沙，我们连身边的娃娃都保护不了，我们还能干什么？"此后，他再也没有说过离开八步沙的话。

亲眼见到父辈们治沙之苦的贺中强也犹豫过。他当时觉得，做啥事都比治沙强。"早出晚归不说，日头最大的时候还要去巡护林子，为了个啥？"然而，父亲临终前的叮嘱，成为他一生坚守在治沙路上的信念。于是，郭万刚在八步沙林场场长就职演说中喊出了"八步沙不绿，我哪里都不去"的口号。

就这样，在老一辈治沙人的感召下，郭老汉的儿子郭万刚、贺老汉的儿子贺中强、石老汉的儿子石银山、罗老汉的儿子罗兴全、程老汉的儿子程生学、张老汉的女婿王志鹏陆续接过了老汉们的铁锹。"六兄弟"成了八步沙第二代治沙人。在第二代治沙人的队伍里，有一个幕后英雄，一直默默无闻地在为八步沙林场的发展工作着，他就是郭朝明的孙子郭毅。郭毅是大学生，为了八步沙的未来，他动员郭万刚招聘大学生到林场工作，而且还要把外出打工的兄弟们都动员回来，参与到八步沙治沙造林的工作中。郭万刚采纳了儿子的意见，把外出打工的侄子郭玺"请"回来成了林场第三代治沙人的代表之一。不仅如此，郭万刚还根据郭毅的提议，招聘来了大学生陈树军等年轻人。至此，六老汉，三代人，将治沙的接力棒手手相传，将绿色梦想铸成黄金信仰，将庄重誓言融入传世家风，把自己人生的精彩华章写在了八步沙。

"六兄弟"的治沙之路也绝非一帆风顺。二十世纪九十年代，由于国家三北防护林政策调整，加上连年干旱少雨，八步沙林场发展遇到了前所未有的困难。很多人甚至提议，干脆解散林场，但"六兄弟"不答应。郭万刚说："一提到散伙，当年父辈们的约定就在我们耳边响起。父辈们条件那么艰苦能干成的事，我们决不能放弃，更不能散伙。"对父辈们的承诺，让他们在最艰难的时候都没有卖过一棵树。郭万刚提议，在林场附近打井开荒，发展集体经济，贴补造林费用，通过治沙造林走向共同富裕的道路。

在浩瀚的沙漠面前，人的确显得格外渺小。然而，这些不服输的西北汉子，以十足的耐心、苦心、恒心与风沙作持久斗争。他们早上披星戴月出发巡护，夜里蜷进沙漠窝棚，每日步行达三十多公里，用坏的铁锹头堆满了整间房子。几经周折，通过贷款打井、开垦荒地，八步沙的治沙人终于走出困境，治理后的荒漠逐步有了经济效益。

数十年岁月如风而过，如今"六兄弟"也变成了老汉。但是，八步沙更绿了。据测算，八步沙林场管护区内林草植被覆盖率由治理前的不足百分之三提高到现在的百分之七十以上，形成了一条南北长十公里、东西宽八公里的防风固沙绿色长廊，确保了干武铁路及省道和西气东输、西油东送等国家能源建设大动脉的畅通。如今，郭万刚不仅在八步沙实现了共同富裕的梦想，还顺利地让第三代人在八步沙的治沙造林工作中显露出了头角。

习近平总书记强调，造林绿化是功在当代、利在千秋的事业，要一年接着一年干，一代接着一代干。八步沙人坚信，"今天种活一棵树，明天就会种活千万棵树"。他们以再造秀美山川的非凡勇气，以功成不必在我的博大胸怀，一代又一代接续奋斗，终将害人的八步沙变废为宝，将不毛之地变成了绿色家园。

第三代治沙人科技治沙让八步沙插上了腾飞的翅膀

说到第三代八步沙人，就不能不说说八步沙林场的人才引进。八步沙林场连续几年到高校引进大学生，并动员青年人回乡创业，为治沙事业注入新鲜血液，保证了林场后继有人。年轻人的加入改变了传统治沙思维，他们开办林下养殖场、开发梭梭嫁接肉苁蓉等新产品，运用新科技为治沙造林服务；开拓和开展了GPS定位、直升机巡林、机械化治沙造林等现代化治沙造林新模式。

如果说，前两代八步沙人的坚守、创新是一个撬杠的话，那么，第三代八步沙人利用科技治沙就是一个支点，撬动了沙漠变绿洲的伟大事业，也带来了脱贫致富奔小康的治沙经济效益。

如今的八步沙，就像一条防风固沙绿色长廊一样，将古浪县以及黄花滩移民区十多万亩农田紧紧抱在怀里。试想一下，如果没有八步沙治沙造林的成果，移民小区怎么可能出现在这里？在八步沙林场的带动下，周边农田亩均增产百分之十五以上，人均增收七百三十元以上。"有了绿色的八步沙，才有了今天的黄花滩！"

六老汉三代人在八步沙取得的成就告诉我们，当人类不爱护大自然的时候，大自然的惩罚是毫不留情的；当人类善待大自然的时候，大自然的回报往往又是毫不吝啬的。

在长达半个世纪的治沙实践中,八步沙六老汉三代人从最初"一棵树,一把草,压住沙子防风掏"的土办法,到创新应用"网格状双眉式"沙障结构,到全面尝试高科技治沙造林等新技术,再到因地制宜培育沙产业、勇于探索发展生态经济的闯劲和拼劲,走出了一条"以农促林、以副养林、农林并举、科学发展"的路子。

党的十八大以来,以习近平同志为核心的党中央站在中华民族永续发展的高度,坚定不移推进生态文明建设,使八步沙三代人治沙造林的事业迎来了新的春天。《西游记》里"点沙成金""指水化油"的梦想,在今天的八步沙实现了。

八步沙第三代人在继承前人坚守、创新的基础上,用科技发展的理念在实践中探索出了"公司+基地+农户"的产业发展模式,在黄花滩移民区流转的一点二五万亩土地上,种植梭梭嫁接肉苁蓉、枸杞、红枣等沙生作物。他们将科技治沙与产业培育、精准扶贫相结合,建立多方位、多渠道利益联结机制,运用科技发展致富,在八步沙人共同致富的基础上,让全县人民共同富裕。

"绿水青山就是金山银山",习总书记的教导使八步沙人对未来充满了信心,他们的目标正从最初的护卫家园向建设美丽家园转变。比如在郭毅这位高参的幕后指挥下,八步沙三代人发挥八步沙林区优势,发展林下经济,与周边农户合作成立了林下经济养殖专业合作社,修建鸡场养殖沙漠土鸡。同时,为了打造特色品牌,向外推广产品,第三代治沙人向省内外餐厅、酒店推销具有"八步沙溜达鸡"注册商标的沙漠土鸡,线上线下同时销售。经过努力,如今的"八步沙溜达鸡"不仅在当地家喻户晓,还走上了大都市大酒店的餐桌。

2018年底,八步沙第三代治沙人在网上衔接有关公益组织发布的治沙项目,争取到了一千多万元的公益治沙资金。他们还联系到一些社会公益组织和志愿者到八步沙治沙造林。在八步沙活跃着的两千多名生态建设工人中,有三百多名治沙志愿者长期坚持义务治沙。今天,八步沙的治沙力量越来越壮大了!

习近平总书记在视察八步沙时强调:我们要实现从富起来到强起来,就要把生态文明建设当作大事来抓，建设美丽中国。当前，生态文明观念日益深入人心，要继续发扬"六老汉"的当代愚公精神，再接再厉，再立新功，久久为功，让绿色的长城坚不可摧。

视察完八步沙后，习近平总书记指出，"建设生态文明，关系人民福祉，关乎民族未来"。多年来，以"六老汉"三代人为代表的甘肃各族干部群众，依托三北防护林等生态工程，以护卫家园、勇挑重任的担当，以不畏艰难、实干苦干的拼搏，以矢志坚守、接续奋斗的韧劲，艰苦奋斗、锐意进取，为生态环境治理和构筑西部生态安全屏障作出了重要贡献。当前，甘肃生态环境整体仍然比较脆弱，国土面积中百分之四十五属荒漠化地区、百分之二十八属沙化地区。作为地处生态保护前沿的甘肃，生态文明建设是必答题，不是选答题。我们一定紧跟"六老汉"三代人治沙造林先进群体足迹，用顽强的意志迎接挑战，用扎实的行动破解难题，一步一个脚印地推进工作，始终把建设生态文明、保护生态环境作为必须担好的政治责任和底线任务，不断提升生态文明建设水平。

传承悠久的古浪县

古浪县，为甘肃省武威市下辖县，地处河西走廊东端，为古丝绸之路要冲。

古浪县境内"金关银锁"古浪峡，"扼甘肃之咽喉，控走廊之要塞"，自古就以"驿路通三辅，峡门控五凉"的重要地理位置而闻名。三辅，在历史上属于陕西境内，而五凉包括整个河西走廊。可见，古浪地理位置何等重要。即使到了交通发达的现在，古浪县依然是控扼河西走廊的要塞之地，县境内道路通畅、交通便捷，连霍高速 G30 线、国道 312 线和兰新铁路纵穿南北，省道 308 线、316 线、营双高速公路、干武铁路横贯东西，凉古路、金古路、大海路、十条路等县乡公路与通村公路相互连接，形成密集交叉的公路网。

古浪县东南分别与白银市景泰县和武威市天祝藏族自治县相连，西北与武威市凉州区接壤，北邻腾格里沙漠，是青藏、蒙新、黄土三大高原交汇地带。这里历史文化悠久，早在四千多年前的新石器时代，就有先民繁衍生息。汉武帝元狩二年（前121）始置县，县名苍松，大约是因当时境内古树苍松茂盛之故。东汉时，苍松去"艹"字头，称作仓松，已失却草木丰茂之意。五凉时期更是直接改名为"昌松"，昌盛通达寓意虽好，与当初置县的初意已经完全背离了。昌松县名历经汉唐风云变幻，在西夏与蒙元的更迭中曾易名和戎，直到明初河西走廊回归中原统治，才改名为古浪，在此地设置卫所驻兵屯守，曰"古浪守御千户所"。史书记载，古浪得名取自藏语"古尔浪洼"，据传当时县境内有大河，本地人俗称黄羊沟，藏语名古尔浪洼。

换个角度去看，从县名的更易我们可以推测出一个结论，那就是古浪及其周边地域由水草丰富逐渐变成黄沙蔽日的历史变迁，这个过程缓慢而残酷，用时两千年。从最初的苍翠葳蕤到清末以来的荒漠化加剧，既是古浪生态恶化的演变，也是河西走廊，以及整个西北五省区生态环境逐步恶化的缩影。

自然，历史上的古浪县域并非我们现在看见的这个面积，而是包含了今天的凉州区、天祝县，还有白银市景泰县一部分在内的一大片地域。所以，西汉置县时，境内除苍松外，还有揟次、朴环二县，统归武威郡管辖。有趣的是，东晋太元十二年（387），后凉政权还曾将昌松郡改为东张掖郡，这也正好印证了张义堡曾为张掖县的历史。毕竟，张义堡与古浪县毗邻而居，在方言口语与民俗传统方面，这两个地方最为接近，几无分别。

古浪县地接乌鞘岭，于群山峻岭间劈道而通行东西，峡谷也就随着县名叫了"古浪峡"。古浪峡从古到今都是重要的交通要道，更是兵家必守关隘。隋唐时期，凉州都督郭震（字元振）还于峡口处修筑和戎城用以控扼吐蕃要路，抵挡吐蕃入侵。然而，和戎城最终也没能抗住盛极一时的吐蕃进攻，广德二年（764）后，昌松全境被吐蕃占据，改称洪池谷，成为吐蕃六谷部之一，历时二百四十余年。在此期间，发起于敦煌由张议潮领导的归义军收复河西十一州向唐王朝奉上战果，而凉州却因为吐蕃控扼了古浪峡，令张议潮久攻不下，使者朝贡唐王还得绕道宁夏去长安。古浪峡要隘的军事地位可见一斑。

除军事地位之外，古浪还有悠久的历史文化传承与风俗民情的积淀，特别在婚丧嫁娶方面，古浪县至今保留着久远的民俗传统。

在古浪，即便是当今自由恋爱结为夫妻，也必然少不了请媒人来进行婚嫁程序。一般由男方请媒人到女方家去说媒，也有女方请媒人的，但极为少见，讲究人家忌讳女方主动，一定要端起架子来等着男方上门提亲，不然就会被人笑话是上赶着嫁闺女，民间秉持"低头娶媳妇，抬头嫁女儿"的规矩。订婚时男方到女方家，互相探看，并互赠礼物，叫"对相"。订婚时男方由媒人及亲友陪同到女方家，去时要带二十个黄皮馒头，馒头要点上双点花，切忌使用白皮馒头。在古浪的诸多礼仪中，白皮馒头用于家常自己食用，配以红绿点花。既不点花，又是白皮馒头的，则在丧礼中作为祭奠上供之用。

男方去提亲要带"礼方子"，即一块背面染红的猪肉，必得是带肋排的完整一块，或二根或四根肋排，需为双数以示礼仪周全。过去生活条件差，两根带肉肋排的礼方子就全了礼节，随着生活水准的提高，两根规格的礼方子势必就显得小气了，会被女方家前来观礼的亲戚笑话。礼方子之外，还要带礼金、衣服、首饰、烟酒等。回去时，女方则回赠米面，取意为男方"添米添面"，还要回赠两个发面团，取"发家致富"之意。

女子出嫁时，要贴红纸对联，宴请亲朋邻居，亲朋则具礼赴宴。娶亲的车子前面悬挂一面由红纸糊面的笸箩，上面粘贴红纸条，写着"金毛狮子吼"这样的字眼。出门时水井处粘"青龙远避"的红纸帖，石头上粘"白虎远避"。这些讲究古意盎然，神秘而庄严，尽皆来自久远的风俗遗留。姑娘出嫁要摆宴席招待亲朋，还要由女方的亲戚陪送到男方家，陪送客人叫"西客"。"西客"取"稀客"的意思，为了区分女方家和男方家的客人避免造成混淆，相对应的就将男方家的客人称为"东客"。西客跟随新娘到了男方家，要比东客享受的待遇高，有专人负责接待管理宴席吃喝，还负责陪着聊天说话，所聊内容一般都是给男方家脸上添彩增光的趣事等。西客数量多少有定额，过去是男女客各八位，分两席招待，人员由女方家至亲构成，以舅舅、叔伯、婶娘、姑母、姨母等亲眷为先。以前的结婚议程农村规矩比城市里要讲究很多，西客必定会在新郎家留宿一晚，第二天招待后方可送客。如今婚宴都在酒店举行，倒是免了许多繁文缛节，虽然也有东客、西客的区分，但西客们参加完婚宴后当日就都各回各家不再留宿了。

变了的是待客方式，不变的还是婚礼风俗。在古浪，结婚仪式来自古老传承，兼容了南北方传统的婚俗，又演变为具有浓郁古浪特色的一套仪礼。新娘子什么时辰出娘家门，什么时间进婆家门，鸣炮迎接、祭拜天地是根据双方生辰八字测算的时间，每一个细节都要求尽善尽美半点马虎不得，皆求有个大吉大利的好彩头。新娘出门前，在娘家有一套"辞娘礼"，所言所行自有固定的规矩。到了婆家，进门前礼宾已经提前摆好了礼桌，上面放米面升子各一，米上插花，面上插银器，还要摆上清水碗、酒具、核桃、红枣等一应物品。传统婚俗中，新娘子从娘家出门开始到婆家举行拜天地之前，双脚再不能沾地，出门时由兄弟背着上轿，下轿时亦由兄弟亲自背着送上祭拜天地的红毡。古时有喜轿是这样的规矩，后来改成车马也是如此，直到如今受新时代婚礼影响，才改由新郎官或背或抱来完成，不再麻烦娘家兄弟。婚礼由专门邀请的礼宾主持，新婚夫妇站在红毯上，随礼宾唱喏拜天地，拜完天地后送入婚房。在婚房里还要进行一系列古礼仪式，结发、喝交杯酒、铺床等一整套议程结束才算是圆满。接下来就是花样百出的闹洞房环节，不外年轻人各种搞怪嬉闹的节目。

过去的农村，次日上午还要行"磕头认亲"仪式，新婚夫妻在所有亲朋见证下，对长辈们一一磕头行礼，新娘奉上事先准备好的礼物，而接受叩拜的长辈们依礼要给予祝福，并回赠红包给新婚小两口。磕头礼举行完，照常还是一顿丰盛的酒宴，之后西客们和新郎家商定好回门与"坐对月"的时间便告辞了。东客一方能喝酒的这时候就会摆上酒桌来"刁难"西客了。不同于新娘子头一天进门时客气谦逊的"迎风酒"，送行的酒是必然要分出个高下的。送客酒也叫"打擂台"，东客们用大小不一的各色器具摆出特殊的阵型，有"鱼跃龙门""凤凰展翅"等造型，西客们辞行须得破解酒阵才能顺利离开。破阵须得双方派出划拳高手一决胜负，输了的一方若是东客，要在西客的监督下喝光桌上的所有酒；如果是西客输了，同样要喝完桌面上的酒，男方家还会附赠至少两瓶以上白酒请其带回以示冒犯。这一风俗在斗酒趣味中不乏礼尚往来的礼仪，为婚嫁更添喜庆，深受当地人推崇。

人生在世，生老病死本为自然常理，但人们更乐意看到好的一面，希望自己长命百岁、富贵喜乐，很多人都不愿正视老死病弱，避讳谈及百年之后。可是，在古浪民间，对一个人身后事的处理是无比重视且敬畏的，也随之衍生出一系列传统的丧葬风俗。

当地把老人去世后所穿的殓葬服叫"老衣"，一般都在咽气前就事先穿好了。民间依循死者为大的基本原则，亡故之人穿好了老衣后抬下床铺叫"请"，安放在地上后一般不再挪动，逝者前方放置小桌上供一碗半熟的小米干饭，并点上长明灯，每天早晚要上香、烧纸、祭奠、哭灵。小米干饭碗越满越吉利，冒尖为佳，最后会随葬入墓，寓意此人来世不缺米粮。乡村人家遇到老人故去，全村人都会自发前来吊唁，而事主家则需第一时间打发儿孙报丧，在每一家大门口磕头，请乡邻们来帮忙。乡邻中总有通晓丧葬规制并德高望重之人，此时就会被邀请来主持整场葬礼的举办，这个角色非常重要，可以代表事主家全权处理葬礼期间的内外事宜，固有"大东"的尊称。包括停灵几天，请了道士来做法事才将其搬进棺木，称为"入殓"，又叫"大殓"。相对应地，在逝者未移至棺木入殓前就是"小殓"。

父母去世，子女及晚辈亲属都要戴孝，儿子必定剃光发须。这一丧俗来源于"身体发肤受之父母"之意。父母去世，儿子割肉剜心般痛苦不舍，只好将须发除去以报答父母的养育之恩。古浪至今还保留着古老的丧葬礼仪，很多悼亡仪式可以上溯到千年之前，满含儒家与道教相融合的孝道文化理念。有别于那些正宗道观里修行者，古浪，包括整个河西走廊，游走在丧葬白事上的道士们都并非真正意义上的道士，他们基本都是家传的特殊"手艺人"，为着养家糊口而承揽了"道士"的活计，平日里该务工的务工，该种地的种地，只有应承了别人家的邀请去主理发丧，才会穿起道袍当道士。这一特殊群体，长久存在于河西走廊的城乡之间，专司起经发丧悼送亡人，群众生活中不可或缺，但受身份所限又不大招人喜欢，是个重要而又讨嫌的苦力活儿。别看道士们出现在白事上备受尊重，办完葬礼脱下道袍后，人们就会对其避而远之了，毕竟谁也不愿意有一个整天忙于丧葬事的朋友。

古浪人对生命的敬畏是与生俱来的，从家中老人去世办丧事中到达巅峰。停灵期间一板一眼都有定规，便是表情与言语也受乡邻亲朋监督，父母去世孝子走路都需弯了腰、低了头而行，稍不注意就将被人诟病，认为其不孝。当地历来都有"孝子的头不是头"的说法，是指在整个丧事期间，孝子们磕头无数的意思。道士开经起，必有一名孝子安排在大门口"执勤"，披麻戴孝跪于大门一侧，凡有前来吊唁的亲友故交到了要磕头迎接，乡邻们来帮忙得磕头致谢，道士作法进进出出也要磕头迎送，父母灵前更少不了磕头祭拜……磕头，从来都是公认为最虔诚的礼节，五体投地是心悦诚服，是感激涕零，唯有如此才能显示出办事者的诚心与孝心。头颅与土地亲密接触的那一刻，人总能从大地之中汲取到一点什么，追忆父母的一生，反思自己的所为，就会倏然醒悟什么叫作"子欲养而亲不待"。父母去人生只剩归途，刻骨铭心的伤恸中泪水便决堤了。

"纸活"在丧礼上必不可少，有纸幡、纸人、纸马、金银斗、金银山、花圈之类，可多可少例无定数，全国各地大同小异，传承久远。但是，道场怎么做，做什么规格却有独特的一套章程。在道士的主持下，招亡、撒灯、跑桥、十献报恩、拜忏、放施、迁灵、掩棺、点主、启灵、发夯、绕棺等仪式组成了完整的一场丧仪。内中各个环节力求庄严，每一个仪式皆有古礼出处，没有万八千字难以尽述特色。值得一提的是，除古浪县域外，大山里的张义堡也完美保留着这套仪礼，这两个地方的人从方言、饮食到生活习惯高度接近。不过，这些古礼费时费力，当今城乡间已经开始简化相关程序，随着通晓丧仪的老人一一逝去，可以预见，若干年后很多仪式将会被彻底遗忘。

其实，与其隆重悼亡，不如生前尽孝。再怎么规模盛大的道场，也无法挽回已逝的亲情；再怎么有排场的丧礼，也比不上父母健在时一次的团聚。孝道的终极理念，必定是床前问疾侍奉，饭桌上有说有笑，闲暇时相伴，一家人相守的天伦之乐，而非逝去后的追悔莫及。

婚丧嫁娶，人的一生里所要经历的最重大的事情莫过于此。因为重要，便传承久远、古韵悠长。一片地域，一方水土，载得起历史传承就有了底蕴。除了古风韵味浓烈的各种传统风俗，方言也是构成深厚历史底蕴的重要组成部分。

凉州大地上最有特色的两大方言，一是民勤话，另一个就是古浪方言了。古浪方言发音接近普通话，与民勤"鸟语"形成鲜明对比。方言词汇的运用相当丰富，据不完全统计，常用的方言词汇大约有上千条。有些方言词汇非常形象，一目了然并极富趣味，如天门梁（天门盖）、鼻疙瘩（鼻子）、呼噜爷（雷）、犟绊筋（死板人）、老光棍（单身汉或赌徒）、凹奔子（长相看前额突出的人）等。还有一些用比喻手法构成的方言词汇，有着极强的表现力，如石娃子（碎石子儿）、挑担（连襟）、顶皮裤（替人顶罪）等。古浪方言中常有语序正好同普通话语序相反的词汇，颠倒了字眼却依然能表达出相同的意思，如言传、利麻、菜蔬、籽种、面情等。重叠式的词汇就更有意思了，听起来萌萌哒，却十分形象，如形容新出锅的馒头说暄腾腾，小而可爱是尕几几，颜色鲜红叫红丢丢，天色将亮未亮为麻乎乎；名词中的重叠词也多，有裆裆裤、把把糖、酒盅盅、尕手手等。另有一部分颇具规律的词缀式词汇，多见于贬义的口语中，常用词缀包括鬼、虫、货、胎、贼、怂。古浪人习惯用这些字眼作前、中、后缀，形成了许多惟妙惟肖别具特色的方言词语，如精灵鬼、糊涂鬼、讨厌鬼、便宜虫、瞌睡虫、破烂货、次货、囊包胎、懒荒胎、尿床胎、赌博贼、精贼、瞎怂、坏怂，等等。非常值得一提的是，古浪人说话惯常用"子"和"儿"的尾音，这与老北京话看起来比较相似，但北京话中的尾音是卷舌音，而古浪话的尾音却是结结实实的平舌音，尾音咬字清晰，发音掷地有声，已经超脱了传统意义上的尾音。如高帽子、张点子、洋昏子、二杆子、神昏子，石子儿、枪子儿、鸡儿、猴儿等。

方言是代表了地域性，又充分反映民俗传承的一种特殊语言。武威是众所周知具有深厚历史底蕴的城市，在这片土地上，丰富的方言、俚语构成了异彩纷呈的大美凉州，也存在"百里不同音"的语言特色。如"站了"（zhàn liǎo）这个词汇，在凉州区、古浪县、民勤县、天祝县，分别代表着四个意思。凉州区方言片，要求别人暂时等一等就说"站了"，而民勤人听到"站了"，则是原地趴下的意思，天祝人认知当中又是跑掉或快跑了。只有古浪人，方言中的"站"的确就是立定站住的意思。当地曾有笑话，说凉州、民勤、天祝三县的民兵共同参加训练，指挥员是个古浪人，队伍正在行进过程中，指挥员突然用方言发令："站了（立定）！"队列中马上出现三种不同反应，凉州人踟蹰着站下，民勤人急忙卧倒，天祝人一溜烟地跑远，而指挥员则蒙了。这个笑话诙谐地调侃了武威方言的特点，使人不禁捧腹。

方言之外，古浪人对亲眷的称呼也是一大特色。他们把爸爸叫爹爹，姑母和姨母不分亲疏，统称叫孃孃；姨夫、姑父又一并叫姑爹爹；祖父与外公都是爷爷，却要分个里外，祖父是爷爷，外祖父是外爷爷。伯父、叔父按着排行来叫，行几就是几爹，对应地，婶婶就成了几婶或几妈，还有叫几娘的，都是婶母的专属称呼。

  在古浪，不听话的孩子是"狼吃的"，吵架叫嚷仗，打架是打锤，瞎折腾叫作胡日鬼；背心叫作夹夹子，棉袄叫作主尧子，上衣叫作马褂子；形容不着边际说玄天冒料，调皮叫不识闲，小病说毛骚，得了大病是疼哈料；就连传闲话也有俏皮的说法，是磨道里的驴娃儿听哈了个帮声……古浪方言不一而足，配上千百年传承下来的音调，就是独一无二的地域特色。必须承认，古浪方言的形成糅合了很多语言元素沉淀而来，这里面既有古词新语，又有南北相融，是这片地域长久处在丝绸之路上吸收和消化了很多东西而结出的硕果，是历史给予我们的馈赠和烙印。

红色古浪

2019年8月，习近平总书记考察甘肃时说：新中国是无数革命先烈用鲜血和生命铸就的。要深刻认识红色政权来之不易，新中国来之不易，中国特色社会主义来之不易。西路军不畏艰险、浴血奋战的英雄主义气概，为党为人民英勇献身的精神，同长征精神一脉相承，是中国共产党人红色基因和中华民族宝贵精神财富的重要组成部分。我们要讲好党的故事，讲好红军的故事，讲好西路军的故事，把红色基因传承好。

西路军故事，广泛流传在河西走廊武威至张掖沿线，作为西路军进入河西走廊的第一站，古浪县留下了太多西路军事迹，在炮火硝烟里，西路军用鲜血和生命点燃了星星之火，给人民群众开启了一道通往新中国的希望之门。

1936年10月，中国工农红军第一、第二、第四方面军经过万里长征胜利会师于甘肃会宁地区，由徐向前、陈昌浩率领的红四方面军（九军、三十军、五军及骑兵师和妇女先锋团等部队）主力，奉中央命令，西渡黄河，配合兄弟部队（一方面军）执行宁夏战役，部队西渡黄河后，由于战局发生了变化，宁夏战役已无法执行。11月6日，河西红军总指挥部根据中央要求，制定了《平（番）大（靖）古（浪）凉（州）战役计划》，意在此地灭敌立足。从此河西红军便开始踏上了进军河西走廊的艰苦征程。

红四方面军三十军、九军、五军以及总部直属部队共两万余人，在靖远

红军西路军古浪战役纪念馆

虎豹口河段西渡黄河，准备发起宁夏战役建立河西根据地，以打通苏联外援通道。如执行这一作战计划，红军立足河西，连接河东，形成与东北军于学忠、王以哲部互为犄角的军事态势。如此一来，红军正好借用地势向西防御，就地发展，也不至于犯险远征古浪峡。这对才经过长征、元气大伤、装备和给养状况极为糟糕的红军方面而言，稳住阵脚，远比犯险远征来得靠谱。

然而，河西局势与河东局势相互关联。而河东，正处于红军与东北军、西北军通联、协调而博弈国军精锐胡宗南、关麟征等部关键时刻，随机调整变动极大。11月8日，胡宗南、关麟征在河东发起猛烈攻势。可能出于战略牵制方面考虑，河东方面电示过河部队主将陈昌浩、徐向前，决意放弃宁夏战役计划，要求过河部队向凉州前进，集中兵力打敌，各个击破之。于是，西路军如要完成这一战略目标，犯险进攻古浪峡，也就成为西路军进军河西走廊的必然前提。

河西红军分三个纵队向河西走廊进发。古浪是历代兵家必争之地，也是红军西进的必经之路。三十军为第一纵队，由军长程世才、政委李先念率领，为右翼，由一条山直插大靖；九军为第二纵队，由军长孙玉清、政治委员陈海松率领，为左翼，由镇虏堡经干柴洼、横梁山向古浪县城挺进；五军为第三纵

408

队,由军长董振堂、政治委员黄超率领,经吴家川等地,在三十军右侧跟进,总指挥部从赵家水出发,随三十军行动。于11月9日进入古浪境内。

11月11日,红军西进至古浪大靖时,中央军委电令红四方面军河西部队改称为西路军,并成立西路军军政委员会,领导党政军工作。任命陈昌浩为西路军军政委员会主席兼总政委,徐向前为副主席兼总指挥,王树声为副总指挥,李卓然为政治部主任,李特为参谋长。西路军正式组成,遂继续西进。

是日,三十军在击退敌人沿路拦阻后,经新堡子、马家磨沟、裴家营抵大靖。守敌骑五师步兵旅祁明山部,在大靖城南门进行骚扰,被红军迎头痛击,龟缩城内闭门不出,红军再未攻城,还把敌伤俘人员治疗后,送至南城门,由敌方收领回去。随后,红五军也到达大靖,两军夜住农村或城外。

12日,三十军继续向西挺进,当晚,占领土门堡(今土门镇)。敌工兵营不战而逃,所余残部三百余人被红军包围在夹道的苏家墩子上,敌人在孤军无援和红军军事、政治攻势下,工兵营营长马有明率部投诚。红军为了实现停止内战,联合抗日的诚意,将俘虏按其个人志愿,或放回归队或资助回家。其中有二百多人参加了红军。此时,五军也抵达土门。敌人主力正被红九军吸引在古浪山区一带。这两支部队一面进行休整,一面开展地方工作,筹集给养,发动群众支援红军。

14日,在土门大庙(今土门卫生院),召开群众大会,总政治部主任李卓然到会讲话,宣传中国共产党的抗日政策,揭露蒋马罪行。会后各行各业开张营业,公买公卖,秩序井然。红军"斜财不拿,横财不动,不近闺秀"的严明纪律、军风和高尚的道德情操得到了广大人民群众的拥护和支持。尔后,三十军、五军、总部于11月16日先后陆续从土门出发,经武威,于18日抵达永昌境内。

短短一周时间,红军在古浪进行了三次惊心动魄的战役,用鲜血铸就了红色古浪。这三次战役由九军作为主力与敌周旋,分别是:干柴洼突围战、横梁山阻击战、血战古浪城。

干柴洼突围战

11月9日，九军经干沟乱泉台子冲破敌马彪和大鱼沟马元海防线，进抵干柴洼，守敌骑兵第五师第一旅第二团马福仓（绰号札胡子）部，经交战，败退逃窜于旧寺沟、西岔等处，红军占领了干柴洼（今干城村）。

干柴洼四面高山，中间低洼，军事上易攻难守。九军指挥部根据这里的地形特点，在村东的娘娘庙岭，山城沟梁制高点和北面古城子滩修筑工事，布置防线，阻击敌人。

敌前线总指挥马元海率领马彪骑兵第一旅、马元海骑兵第二旅、骑五师第一旅马禄部、第二旅韩起禄部、一百师三百旅六百团马全义部以及互助、乐都等县民团一万余人，尾追而来。在干柴洼东侧的山城洼等处，向红九军发起进攻。九军在娘娘庙岭等处，不断组织火力，坚守还击。马元海命令部队、民团死拼硬攻，反复冲击，死伤累累。至晚间，干柴洼仍攻不下，马元海不得不将部队撤至大鱼沟一带。

11日，敌集全力，步骑合战，在数架战斗机协助下，从南面的直沟、东侧的山城洼、西面的白土豁岘三面进攻干柴洼红军。敌人仗着人多马壮，骄横猖獗，死力拼杀，多次更替冲锋。红军利用地形地物，抓住有利战机连续出击，一次又一次地给敌人以杀伤，双方互相冲杀，战斗极为激烈，形成拉锯战。直到中午，红军阵地岿然未动。下午二时许，敌又发起全线进攻，利用骑兵迂回穿插，三路进攻，企图围歼红军于干柴洼。同时数架战斗机向我红军阵地投弹滥炸，掩护敌军进攻，红军组织各种武器强力还击，数次与敌展开肉搏战，一时娘娘庙岭的阵地失控，防守部队被敌人压回村子。敌军占领了娘娘庙，继续往村子俯冲，向军部直压过来，情况十分严重。此时，军长孙玉清、政委陈海松率领司令部全体人员和交通队一起上阵，把敌人压回去，就在这万分危急关头，军部一科科长刘培基率领机关人员英勇抵抗，与敌展开了殊死搏斗，接连打退了敌人的三次进攻，在第三次冲锋时，刘培基不幸头部中弹，光荣牺牲。在这千钧一发之际，二十五师迂回于敌后，夺回娘娘庙岭制高点，向敌发起冲锋。敌阵霎时大乱，弃马逃跑，红军夺得战马四十余匹，乘胜骑马反击。敌军见状，连尸体也顾不上收拾就败退而去，这才给军部解了围。激战中，敌骑兵第五师第二旅旅部军医主任张玉克被红军击伤，青海南部边区警备司令部骑兵第一旅司令部副官长苗玉清被击毙。打死打伤马军民团一百多人，敌全线崩溃。马元海见事不妙，命令部队且战且退，战斗一直持续到傍晚才渐渐平息。

此役，红军伤亡二百多人。当晚，九军以二十七师为后卫，阻击尾追之敌，掩护主力撤离干柴洼，向横梁山进发。由于撤离仓促，一些较重的伤病人员，一时难以随部队转移，隐蔽在当地群众家里，敌人二次进村后将他们全部杀害。干柴洼突围战是红军过河以来第一次挫折。

横梁山阻击战

干柴洼受挫，使红九军意识到了马家军的凶悍与残暴，但为了给兄弟部队争取宝贵的西进时间，红九军将士在横梁山一带寻机痛击追敌。

横梁山位于干柴洼和古浪城之间，山峦起伏，沟壑纵横，地形极为复杂。红军进至横梁山时，马元海率马家军从干柴洼追来，企图与红九军决一死战。马元海率领大批骑兵部队顷刻而至。为此，军长孙玉清、政委陈海松决定在地势险要的横梁山一带设伏，给予追击的敌军以重创。上午十时左右，敌人冲进了红军的伏击圈，军长孙玉清一声令下，红军迅速出击，打得敌人晕头转向，慌忙退向磨石沟、二廊庙、铁城台等地。然而，此次战斗打击的只是马家军的前卫部队，由于红九军在干柴洼战斗中消耗了大批弹药却没有得到及时补充，因此无法延续火力，对马家军的后卫部队并没有造成多大杀伤。

当天晚上，马元海组织人马对红九军宿营地实施夜袭，试图抢占制高点。这时素有"夜袭常胜军"之称的红九军对偷袭的敌军给予重创，打退了敌人多次冲锋。在数次冲锋被击退后，马元海部再也不敢追击，红九军得以暂时摆脱追军，于是趁着夜色沿横梁山脉向古浪县城方向推进，但此时的部队已经是十分的疲惫不堪。

横梁山阻击战，虽然可以算是西路军西进途中又一次较大的胜利，击毙敌军官三十余人，士兵民团近四百人。但难以后继的红军也付出了相当大的代价。

血战古浪城

红九军一举占领古浪城，马步芳得知这个消息后，异常震惊，立刻命令马元海部二万余人攻击古浪县城，同时从兰州方面出动空军支援。面对三倍于己的敌军，孙玉清将防御重心放在了南北两面的山头，并以主力部队红二十五师、二十七师分别扼守城西南方向和城东北方向。

战斗打响之后，马家军利用步骑兵采取疯狂的人海战术攻击前进，古浪县城陷入一片火海。战斗一开始，敌人即以优势兵力夺取城外制高点，守卫红军一个团大部伤亡，敌军遂将红九军兵力全部压进城内。

随后，马家军利用骑兵优势猛攻城垣，敌军的骑兵如潮水般涌入城内，雪亮锋利的马刀无情地砍在红军将士身上，很多战士倒在血泊里。红九军将士在弹药消耗殆尽的情况下，用木棍、大刀、长矛、石块与敌展开了惨烈的白刃战。双方经过反复争夺，最终马家军败退而去，红九军虽然守住了县城，但是却死伤惨重。

在遭受重大伤亡的情况下，军长孙玉清见部队难以支撑，被迫弃城突围，后在红三十军二六八团的接应下撤离古浪县城，向凉州方向进发，避免了更惨烈的后果。在这次战役中，红九军参谋长陈伯稚、二十五师师长王海清、政委盛修铎、二十七师政委李德明、原教导师政委易汉文、骑兵团团长黄高宏等二十多名团以上干部均在战斗中牺牲。自此，作为西路军第二主力的红九军再也没有恢复元气，因此西路军后期的主要战斗仅仅依靠红三十军苦苦支撑，古浪血战也成为西路军走向失败的转折点，最终饮恨祁连。

中国工农红军西路军所属各部队，是经过中国共产党长期教育并在艰苦斗争中锻炼成长起来的英雄部队。西路军征战千里河西走廊的近半年里，把自己的命运与中华民族抗日救亡大义紧密联系在一起，以昂扬的斗志勇敢地承担党所赋予的光荣任务，与国民党马步芳、马步青反动军队及民团作战百余次，牵制甘、青两省的十几万国民党军,从战略上有力策应了河东红军和友军。特别是后期在极端困难危急的情况下,始终以群众利益为先,体现人民军队的优秀品质和本色。不幸被俘的指战员们,坚信共产主义崇高理想,不屈从于马家军阀的威胁和利诱,坚韧抗争,保持了共产党人的忠贞气节。西路军在战斗和停留过的地区建立苏维埃政权,惩恶济穷,播下了革命火种,对河西后来革命斗争和党建工作的发展产生了深远影响。

西路军面对各种艰难险恶的环境,表现出压倒一切敌人、战胜一切困难的革命英雄主义气概,靠着英勇牺牲、不屈不挠的革命意志,孤军征战,奋力拼杀,留下许多可歌可泣的英雄事迹。

西路军将士在极其艰苦的环境中,在极端困难的情况下,以气壮山河的大无畏精神,与数倍于己的国民党正规军和地方民团浴血奋战,形成了忠诚理想、坚定信念,顾全大局、服从命令,生命不息、战斗到底,团结一致、同仇敌忾,顽强不屈、忍辱负重为主要内容的西路军精神。这种精神,是中华民族百折不挠、自强不息的民族精神的最高表现,是保证我们革命和建设事业从弱小走向强大的精神力量。西路军精神在中国革命史上有着特殊而又重要的价值和意义,是中国共产党人宝贵的精神财富,也是西路军留给中国人民的宝贵精神遗产。

古镇大靖

史学界向来有"八千年历史看甘肃"的观点，是说甘肃历史悠久、底蕴厚重。而甘肃的底蕴在哪里？当然要往河西走廊探寻。作为古丝绸之路上最重要的交通孔道和古代贸易集散地，河西走廊曾经是强汉啸傲天下的铁臂巨擘，支撑起一半的盛唐繁华，戍守着大明王朝的半壁江山。肩挑边关月，包容四海风。几千年来，在东西文明的汇集交融下，这里积累了丰厚的文化沉淀。从古河西四郡到当代五地市，每一座城市都有讲不完的故事，看不完的风光，吃不够的美食。

亘古雪峰、葳蕤森林、辽阔草原、瀚海戈壁、灵泉妙境、七彩山色……除了大海，河西走廊集聚了所有自然景观。山水苍茫，日月常新，历经岁月调色天地气象万千，沧海桑田，城市也就具有了灵魂，或古朴静美，或热烈畅意，古韵犹在，风华无双。这就是古城、古镇的引人入胜处。

甘肃拥有很多文化底蕴深厚的古镇，陇南文县的碧口、陇中通渭的马营、陇东华亭市的安口、河西古浪县的大靖，曾并称为甘肃的四大古镇。

大靖镇地处古浪县东部，南依祁连山东端余脉，北临腾格里沙漠南缘，曾为丝绸之路北路、河西走廊东线重镇，是全省四大古镇之一。2006年，大靖镇被列为甘肃省第一批历史文化名镇，2007年被确定为第三批中国历史文化名镇。

古浪大靖财神阁

  大靖镇自汉唐开源辟土、置县设郡，明清扩修城郭、防守经营至今，自古就有"扼甘肃之咽喉，控走廊之要塞"之称，是历史上兵家必争之地，亦为古代丝绸之路上的一颗明珠。史料显示，四千多年前，就有人类在大靖镇所在地域生产劳动，繁衍生息，留下了高家滩、老城、三角城等人类文化遗址。

  到了汉武帝时期，大靖的古称名为"朴环"，商贸活动已经相当活跃。作为河西走廊最东端的朴环，南面有苍茫的祁连山雪水润泽，北面是肥沃的绿洲平原，被汉军收复后，成为中原移民的最佳选择。移民的到来，不仅为这一地区带来了先进生产力，更重要的是推动了中原文化的普及。

  唐代初期，朴环易名为"白山戍"，北面可以抵挡突厥的军队，南面则是防御吐蕃的屏障，是凉州地区重要的军事要地之一。宋代初期，大靖境内被吐蕃占领，虽然当时名为北宋西凉府属地，但实际上是吐蕃自置官吏统治。吐蕃六谷部败落后，又由西夏直接统御，并不受两宋王朝节制。直到明初，河西走廊整体被冯胜收复，这里才重新回归中原王朝辖领。而这一时期，大靖的称谓是"扒里扒沙"，一个极具民族特色的名字。蒙语的"扒里扒沙"是什么意思无人知晓，但从汉字字面来看，人们更相信这里与沙漠有关，与风沙有关，与生存有关。扒沙，这个地名让人再一次想起八步沙的名头，同样也再一次证明，古浪县沙化危害存在了太久。

大靖的得名，来源于明王朝时的一次重要战役——"松山扒沙"之战。明万历二十六年（1598）盘踞在大小松山（今天祝松山滩和古浪昌灵山一带）百年之久的鞑靼阿赤兔部集结兵马，时而骚扰地方，过往商旅苦不堪言。时年三月，巡抚甘肃兵部尚书田乐、总兵达云雄集西宁、庄浪（今永登）、甘州（今张掖）、凉州（今武威）、镇番（今民勤）等数路军旅，征讨阿赤兔部。三月首战告捷，九月大获全胜。从此，阿赤兔余部缩踞北部沙漠，不敢卷土重来。松山扒沙战役后，明廷改"扒沙"之名为大靖。

史书对大靖镇的地理位置的描绘简明扼要："控贺兰之隘，扼北海之喉，用以独当一面，而使凉镇无东西之虑者，不啻泰山之倚也。"但人们更加在意的却是当地流传的一句俗语："要赚黄金白银子，走趟大靖土门子。"地方史志中的大靖是这样的："民户多于县城，地极膏腴，商务较县城为盛。"这里驼户、脚户、车户久盛不衰，商运发达，北达包头，南抵兰州、西安。客商运出当地特产，如发菜、旱烟叶、麻黄等，运进布匹、茶叶、瓷器等。其中山陕商人最多，为大靖的商贸发展作出了巨大贡献。

土门子，就是现在的土门镇，与大靖一起享有盛名。走上土门镇街头，两侧鳞次栉比的商铺挨挨挤挤，虽然只是一条长不过数百米的小街市，还没有四街八巷的分布，但这里的繁华使人惊讶。特别是到了节庆前后，土门街上车水马龙异常热闹，人们购物逛街摩肩接踵，间或遇上了熟人和亲朋必得打招呼寒暄几句，隔着老远也能聊上很久，耳边所闻到处都是说笑声、吆喝声，一派车水马龙。与大靖镇一样，土门子也曾以种植罂粟而富足繁荣、远近闻名，其历史可以追溯到明晚期，直到新中国成立后逐步取缔查禁，才杜绝了这里长达数百年的罂粟种植史，大靖土门子也随之归于平淡。新中国成立前后天灾人祸不断，富庶超越县城的传奇古镇不复当年，与众多遭受风沙侵袭的城镇一样，

416

她在漫漫黄沙里艰难求生、踔厉奋发。时隔半个多世纪，经过大靖人不懈的努力，古镇容颜焕发，终于找回了几分当初的盛景。

从现存的各种史志资料中显示，新中国成立前后的大靖周围山川及昌灵山一带，曾经存在多处布局考究的庙宇建筑，城内宗祠神庙、民居衙府辐射四周。主要建筑有大龙宫、文昌楼、清真寺、文昌阁、财神阁、青山寺、大靖参将衙署等十几处，多为明代遗存。这些建筑真实地记录了大靖古镇曾经的辉煌繁盛。种种原因使然，大靖古建筑遭到毁损，如今仅存的只有财神阁、关帝庙、青山寺、古长城烽燧和几段旧城墙与昌灵山的部分庙宇了。怀古追思，不外战火摧残与岁月洗礼，人为的原因和自然风蚀的作用下，大靖之古已所留不多。

大靖镇街道纵横，楼阁相望，其最显著的特色是以财神阁为中心，向四周辐射，但南北轴线呈弓形状，东西轴线笔直如线，呈箭状，暗喻弯弓射箭之意，故自古至今人们称其为"弓形街"。古镇在里城、外城之外，又有"衙门巷""大寺巷""井院巷""福寿巷"等，整个形貌既有古朴传统的街市风格，又有桑舍相间、林木蓊郁的园林特色。

财神阁的始建年代有两种说法：一种称其建于明代，修缮于清康熙年间；另一种则说财神阁始建于清康熙五十七年（1718）。明代还是清代的争议留给史学家去研究考证，呈现在世人面前的是一座形似关楼的古建筑，它矗立于大靖镇中心十字路口，气势雄浑、古色古香。大靖财神阁因为造型奇特，结构精巧，已被收入《中国建筑学》一书，供相关专业的学子们去临摹参考。

财神阁以十六根通柱撑起构架，共有上下三层。二楼四面敞开，分别题写着四块匾额——北为"峻极天市"，南为"恩施泽沛"，东为"节荣金管"，西为"永锡纯嘏"。相比于很多复古或翻修的古楼，大靖财神阁的匾额要更有文化内涵和文学审美。三楼安阁门，阁中便是财神老爷的塑像了，财神笑容可掬、一脸富态，深情款款地凝视着街市之上的人来人往，仿佛正在物色他的目标人选，以便为其赐予富贵财禄……当地群众供奉财神比信仰其他神明更甚，他们都相信大靖的富庶繁荣皆由财神老爷赐予。人与神总有千丝万缕的牵绊，岂知财神阁能够保存至今，与当地人全力维护也是脱不开关系的。到底是神保佑了人,还是人保护着神,又有谁说得清楚呢?

大靖镇有以财神阁为中心的老城区街道,分为四条街,东有东平街,南有中和街,西有西靖街,北有达公街。如果取前三条街名中间字看,"平""和""靖",都寄寓着平安中和之意。唯有北街,叫达公街,是纪念曾在此征战过的明朝一代名将达云而设,这与凉州城里的达府街是一个含义。

古镇之古,一在古代建筑留存、二在传统风俗保留,三便是历史文化沉淀。经过上千年的传承与发展,大靖镇的民俗传承已经融入民间文化,成为传统文化的重要构成部分。在大靖,除传统的社火、元宵灯会、秧歌等民间文化外,念卷也广泛深入地流行于民间。而产生于民国年间,反映青年男女恋爱悲情的长篇叙事民歌《甘冬儿和杨达儿》,更是入选了甘肃省级非物质文化遗产名录。

到大靖古镇旅游,一定要去的地方必然是昌灵山,位于大靖东面。昌灵山素有西北"小武当"之称,是河西走廊有名的道教圣山。千里河西走廊,几乎所有的山都源出祁连,昌灵山也不例外,系祁连山东麓北端的独立山体,山形聚集挺拔,高耸巍峨。祁连山为神话传说中昆仑所在,是西王母的道场。所以,当地有很多关于西王母的传说,昌灵山传说是西王母赴宴随手丢弃的一个用绿宝石雕琢的玉佛手化成。故而,昌灵山灵秀天成,山上古柏参天,泉水清冽,是不可多得的人间妙境。正所谓"山不在高有仙则名",昌灵山上建有庙宇多处,佛道两家都有供奉,为这方山水平添了许多禅意空灵。每到盛夏酷暑,山间鸟语花香、清凉幽静,是当地人休闲避暑、参禅品茗的好去处。

昌灵山树木多为原始生长,因地处寒凉之地,多以耐寒耐旱树木为主。林业资料中介绍,这里生长的云杉,是青海云杉最北的生长点,而距离这片葱郁的森林不远,就是浩瀚的腾格里沙漠了。大靖人文历史颇有底蕴,崇尚文化也乐于钻研,题匾"昌灵滴翠"就是最好的证明。在茫茫腾格里沙漠边缘,昌灵山毓秀苍翠,正如一滴翠色嵌入沙海,"滴"字活泼灵动,形象而俏皮,既展示了人们对家乡山川形胜的无限赞美之情,也隐隐透露出他们誓要守卫这点滴青翠不被沙漠所侵害的决心,真是文韵与意趣兼备。

腾格里沙漠不仅仅是大靖的噩梦,在古浪县、武威市,甚而整个河西走廊，风沙一直都是困扰和阻碍城乡发展，破坏生态气候的一大痼疾。风沙猛如虎！一代又一代大靖人，在黄沙的虎视眈眈下捍卫着自己的家园，在风沙中拼出了一片富饶的绿洲。脱离了人们深恶痛绝的罂粟种植，远离了战火烽烟，车马萧萧的古老辙痕已经被光明坦途所取代，而大靖依然还是那个膏肥腴丰的玲珑宝地。每到收获季节，大靖平原上处处阡陌纵横，麦浪滚滚、瓜果飘香，大靖人用汗水与恒心在茫茫瀚海中开辟出的金色米粮川，是人人称道明珠一般耀目的丝路古镇。

大靖南面，群山逶迤，山石狰狞，山势最为险峻处便是素有"一夫当关，万夫莫开"的大靖峡口，又称"大峡口"。大峡口东西两侧双峰对峙，直插云天，峡谷谷底逼仄幽深，流水淙淙，泛着雪白的浪花，随着陡急的山势奔涌而下……"高峡吐玉"的意义就在此吧。不过现在大峡之上修建了大靖峡水库，库水幽深清澈，有一小山伸进水库，犹似乌龟探头，名曰龟山，实乃当地一大景观。

西面，是一片隆起的高原，古长城残迹分明，被朔风灼伤的烽燧清晰可见。这片古塬可谓大自然赐给大靖人民的又一大福气。大靖老百姓每吃一粒，啖一口，都不忘这片古塬，他们觉得古塬遍地黄金，只要你辛勤地耕耘，就有幸福的好日子。因此他们凭借上苍的额外恩赐，利用便利的交通，发达的商贸，明事理，善经营，将日子过得红红火火。

悠久的历史，造就了大靖独有的文化艺术和特色饮食。至今，具有地方特色的青稞子、酿皮子、手工挂面、黄米稠饭等食品依然深受人们喜爱，闹社火、扭秧歌、念宝卷、元宵灯会等地方传统文化艺术，以及庙会、朝山等民俗活动久盛不衰，进一步繁荣了城乡文化市场。

现在308省道、营双高速公路和金色大道为大靖的发展提供了十分便利的交通条件，大靖小城镇建设日新月异，商贸文化更加繁荣，市场已初步呈现专业化。尤其是2011年武威城乡融合发展核心区规划将大靖定位为副中心和连接兰白经济圈的节点城市重点建设，为这座历史文化名镇的商贸发展带来了前所未有的机遇，为其注入了新的活力。

说起大靖烩菜，相传与一段历史有关。明代万历年间，有一次战事吃紧，将士们马上要出征，为了快速让将士们饱餐一顿，为首的火头军灵机一动，将所有食材烩成一锅。因菜品齐全，汤醇味厚，融众味于一锅，吃得将士们饱嗝连连。大家一致认为这道美味做法简捷，吃法痛快，因此以后每次出征，总要做这样的大锅烩。渐渐地，烩菜在大靖周边流传开来。

大靖烩菜肉类齐全，佐料丰富，荤素食材烩聚一锅，和平相处，各显其味，各彰其形，色泽多样，汤味醇正，不油不腻，香气扑鼻而来，吃则满口生香。每逢传统节日或婚丧嫁娶，大靖烩菜都作为一道招牌菜招呼亲朋好友。人们可在一碗烩菜中吃出春夏秋冬，吃出四邻乡情，吃出人生况味。

WUWEI
THE BIOGRAPHY

武威传

第四章
天祝

天祝草原

别样天祝

天祝藏族自治县，是新中国成立后由敬爱的周恩来总理亲自命名的第一个少数民族自治县，也是武威市乃至整个河西走廊诸地中最富有传奇色彩与民族历史文化的县域之一。

华锐部落历史悠久，其属地在历史上除以当今的天祝藏族自治县为主外，还有其他地区。经过历史变迁，现在还称华锐部落，或有华锐遗风的地区中长居民族除藏族外，还有汉族、土族、蒙古族、裕固族、回族等其他民族的群众。因为多民族长期混居，居地内有着丰富多彩的多元文化形态。

据有关专家学者研究，古华锐部落广泛分布在包括今青海省湟水北的乐都、互助、大通、门源和甘肃省的肃南县东部、天祝、永登等县。他们的分布地带在地图上清晰可见，从古到今基本都是沿着大通河与湟水流域世代繁衍生息。正所谓一衣带水，因着河流，甘青两省自来亲厚，让华锐部落的遗风犹如河流一般长存，各地藏族同胞之间亲如一家地保持着交往。

因为少数民族历来不重视修史的缘故，华锐的称谓究竟始于何时，今天已经难以考定了。据学界有关研究推论称："古代羌人和现今藏族的渊源，人们虽有不同的解释，但从各种古籍（如西夏文《掌中珠》）、传说、古地名及古部落名称等来看，古羌人与藏族具有相同的语言，青海羌人为藏族族源之一，似可以定论。"看得出来，此说只是一种还没有获得确凿史实的可能。值得信服的记载是:"汉朝时,大通河、庄浪河、湟水流域分布着先零羌、罕开羌、日勒羌、当煎羌、烧何羌等。"据此可以证明,远在两汉时期,华锐属地便是包括今天的乐都、互助、门源、肃南县东部、天祝、永登等县在内,华锐部族分布在大通河、庄浪河、湟水这三条河流域。可见,华锐部落的崛起之地就在西北,而他们与汉代的羌人有着极深的渊源。羌,是汉代对西北少数民族的统称,这个大的称谓里,有古藏族在内的多个民族分支。也许,这也是揭开和证明"羌藏一家"之说的一种历史解读。而从华锐是"英雄的部落"这一语义的文化内涵来分析,我们不禁猜测这里在很久远的古代或许曾是一个群雄争霸的地方,有可能是某一个氏族部落或者是部族在战争中获胜,而受到其他部落崇拜臣服才有了华锐之名。自然,这仅仅只是一种推断,到底是什么渊源还有待考证,也有可能无法得出结论而沦为千古谜题,为历史多添一段悬疑和空白。

在这三条河流域中,坐落在大通河流域的大通十三位山神是最为有名的一组山神。《大通十三位山神之烟祭》一文中说:他们"是护持福善的十三位酋长","是以牧区十三座高山命名、闻名的大战神而被迎请"。此说无疑有两层含义,一是他们生前是大通河流域的十三个部落的部落头人即酋长;二是他们死后是以大通河流域的十三座山峰命名,加封的山神,被他们各自所管辖部落的后人们祭祀和崇拜,被视为保护各自部落群体的大战神。

当今,在祭祀和崇拜这些山神的群体信仰活动中,并不因为有了新的地域区划而把他们各自信仰者一一隔开,一旦到了一年一度惯定的祭祀日期,信仰者们照旧带着各种祭品,到各自要祭祀的山神跟前参与各项活动。

藏族古代史上曾有以凉州为中心的六谷番部地方政权的记载,这是藏族史家们都清楚的。凉州六谷番部是现代天祝藏族的雏形,是由西藏本土军旅将士、东迁之部落、"温末"起义的奴部和平民,同本地羌、小月氏、吐谷浑、汉等民族融合而成。前述十三位山神就坐落在这六谷当中的大通河谷,其中的拉布桑山神与大通河仅有二公里,信仰者对它的崇拜活动是我近两年调查论述的重点。拉布桑山神属于朵仓部落,该部落分八个支系,藏语称之为"巨参杰"。在新的地域区划中,该部落八支系早已分属甘、青两省,但崇信拉布桑

马牙雪山下的骑士

山神的群众并不因之而置若罔闻，他们每到一年一度的农历六月十五，都纷纷赶到它的坐落处——甘肃省天祝藏族自治县朱岔乡玛科村的拉布桑神山之顶，在拉布桑山神的拉布则宫前，非常有序地参加各项祭祀崇拜活动。

关于华锐这个名字的由来，主要有以下两种说法：一是相传远古时期，在阿尼玛乡雪山脚下生活着两兄弟，哥哥叫"阿秀"，弟弟叫"华秀"，分别是两个部落的首领。后来两兄弟带领部落迁移北上，人们把哥哥阿秀所属的领地叫作"阿柔"，即今天的青海省海北州祁连县，弟弟华秀部落迁徙的地方则是今天的华锐地区；另一种说法是，早在吐蕃王朝松赞干布和赤松德赞时期，曾先后向唐蕃边境今华锐藏区派驻守军。而今天的华锐藏族就是当时戍守边关将士的后裔。因当时吐蕃军队强悍尚武，骁勇善战，因此被冠以"英雄的部落"，于是，"华锐"因此而得名，并沿用至今。

正是由于吐蕃后裔的背景和对传统文化较好的保存，华锐藏族方言构成了其独特的色彩，因而与安多其他地区的方言有较大的差异。华锐方言保存了大量的古藏语词汇，例如，古藏语"囊"表示"有"的意思，而其他藏区已经少有使用或正在消失，但华锐方言中的使用还是非常普遍的。整体上华锐语音还是属于安多方言区，但有不同于其他地区的发音法。整个华锐方言的发音，从前、后加字和上下加字的发音非常清晰、分明，形成了独特的方言发音特点，所以华锐藏语是古藏语之说。

华锐历史悠久，文化灿烂，人杰地灵，在各个历史时期都有一些能者伟人，肩负十分重要的历史责任，其功绩彪炳千秋，光耀古今。华锐藏族具有独特的生活习惯，千百年来流传下来的饮食、宗教、婚嫁、服饰、节日等文化，独树一帜，光彩夺目。

同为古华锐部落的一员，天祝县的藏族同胞与其他地区有相同或相似的传统民俗，亦有不同或特别之处。藏族崇尚山神，把牦牛视为山神的使者或化身。特别是白牦牛，在藏人心目中象征着神圣和纯洁，人们是要顶礼膜拜的。所以，在天祝，甚至很多信奉藏文化的地区，人们只蓄养贩卖黑牦牛，并作为主要的肉食供应来源，对白牦牛却从不侵犯。在藏人看来，牦牛全身都是宝，除能够食用的牛肉、牛奶、酥油等，牛骨可以做装饰品，牛角不但能够入药，还用于礼祭与屋内摆件，而牛毛被广泛用于毛织衣物，牛皮的用途则更多，可以做靴子、帽子、大衣等。

在我国，少数民族基本都有本民族的特色保留，特别是在衣饰方面独领风骚，仅凭外形打扮就能在人群中脱颖而出，其民族属性让人一目了然。

华锐藏族在长期的生产生活中，形成了自己独特的服饰文化和审美观以及服饰制作技艺。华锐藏族服饰，一般有便装和节日装、男装和女装之分。夏天一般穿布制长袍或白褐衫，脚穿皮靴或便鞋，头戴礼帽或尖顶帽，女性多半戴黑布头巾；冬天穿白板皮袄和搭面皮袄，头戴狐皮帽、毡帽或"四片帽"，脚穿皮靴或褐腰皮棉鞋。华锐藏族服饰中衬衣是一个重要部分，一年四季不可缺少的服饰，颜色大多为白色。华锐藏族的衬衣通常是两种领子样式，一种为大领，一种为小领，通常会用好看的缎面和水獭皮包边，有较强的层次感，起到一定装饰效果。老年装一般在皮袄上用黑或蓝布做面，用白或蓝皮做领。在喜庆佳节时，穿用绸缎、毛料、氆氇等原料缝制的长袍，其大领、袖口、衣边镶有织锦、水獭皮、豹皮等装饰，系上五彩腰带，脱出右袖，显示出较强的华锐特色。

华锐藏族女性的辫饰，也是一大民族特色。华锐藏族女性辫饰大体上分为两种：一种是未婚女子的辫饰，一种是已婚妇女的辫饰。未婚少女的辫饰一般较为简单，通常是梳理成碎辫或一根长辫放入辫套置于背后。已婚女性的辫饰较为复杂多样，辫饰通常分为两部分，一部分是辫筒，另一部分被称为"依玛阿热"。依玛阿热又被称为"三片子"，一片背于背部称为"依玛"，用黑色平绒为底，用彩色缎面包边，用贝壳、白海螺、圆形骨片以及银牌等装饰而成。其他两片称为"阿热"，斜挂于左右两胯外侧，与背部的"依玛"用彩色绸缎连接。在两边的辫子上挂上用珊瑚串成的发饰链"许日加格"，再把镶有宝石的银牌项饰"盖坚"，戴到脖子上，显得非常庄重、富贵。

华锐藏族的婚俗文化，在五十六个民族中也别有风采。华锐藏族婚俗较多地保留了藏族古代的文化元素，内容丰富，特色鲜明，程序复杂，是一套完整的优秀传统习俗，是华锐藏族文化的精粹和浓缩。婚俗从提亲、讲彩礼、梳头、送亲、迎亲、接马、婚礼到结尾，程序环环相扣，歌声不断，颂词滔滔，逗笑连天，热闹非凡。一个个合乎古俗的细节，一个个迭起的高潮，构成了一部民风特别浓郁的交响曲，一部喜气盈盈的爱之华章，一片欢歌笑语的喜庆海洋。

华锐藏族民间文化源远流长，独具一格，各种非物质文化遗产遍布整个华锐地区，其中许多非物质文化遗产和文化形态有着极高的历史价值和优秀的艺术创造力。然而，在现代文明的冲击下，华锐藏族的民族语言、民族习惯、民族传统及华锐藏族特有的民族文化被遗忘、淡化和丢失，导致华锐藏族文化严重缺失。因此，抢救华锐藏族的非物质文化遗产迫在眉睫，亟待拯救。

在民间流传着这样的共识：草原民族都有天生的好嗓子。华锐藏族也不例外。不论男女老少，他们拥有一副上天赐予的金嗓子，唱起民歌来每每声惊四座，仿若天籁之音。而他们的歌曲，大多来自祖辈的口口相传，有着非常久远的历史。

在漫长的历史发展过程中，华锐藏族放牧于高山，劳作于平川，对山而歌，面河而吟，歌声响彻于奔驰的马背上，响彻于迎亲的山道上，响彻于待客的帐篷里，创造出了独树一帜的华锐藏族民歌。

华锐藏族民歌，包罗万象，浩如烟海。从表现手法上讲，充分应用比喻、夸张、联想、双关语等修辞手法，语言形象、生动、鲜活、朴素、明快，具有广泛的群众性，而且具有可诵、可唱、可舞的特点；从体裁上分，可分为"勒体"和"谐体"两种，前者是口语化，后者是文字化。从另一种角度讲，民歌又可分为家曲和山曲两大类，也叫"道扎"和"拉伊"。

"道扎"就是家曲，可以在家里唱，任何场合都可以唱，男女老少可以在一起唱，长辈和晚辈也可以在一起唱。"道扎"可分交热（见面歌）、切次尔（醒世歌）、卡扬（赞歌）、强依（酒歌）、卡木次尔（逗趣歌）、扎西（祝福吉祥歌）、真兰（思恩歌）。赞歌又分抓道（赞帐房歌）、哲道（赞酒场歌）、葛道（赞客歌）、钦道（赞家歌）、实道（赞妇女歌）、珍道（赞成就歌）。另外还有歌唱生活的歌，如《白绵羊歌》《青稞歌》《骏马歌》；歌唱历史的《创世纪》《珠东论战》；唱婚礼的《迎宾歌》《哭嫁歌》《祝酒歌》；更有叙事长歌《拉央与银措》《格萨尔王》《白天鹅与鸳鸯》《孔雀》等，被誉为藏族民间文化艺术中的一朵奇葩。

为了拯救、挖掘、传承和发扬华锐藏族的民间文化艺术，让华锐这个英雄部落重新进入人们的视野，延续华锐藏族的千年文明，很多人在为之而努力。甘肃省非物质文化遗产代表性项目，华锐藏族服饰制作技艺省级传承人徐英就是其中之一。

过去，当地藏族同胞在气候寒冷的高原上过着逐水草而居的游牧生活，大多喜欢穿用羊皮缝制的藏袍，宽大的藏袍耐磨保暖，白天束带为衣，夜晚解带当被。在那时，徐英的祖母就凭着自己娴熟的手艺，在牧场农区走村串乡，缝制藏袍。当时祖母为了养家糊口，主要是走路或骑马去给当地的有钱人家或者牧民们缝制藏服来换取生计，养家糊口。

后来，徐英的婆婆继承了祖母的经验和手艺，在当时的天祝县城安远镇开办一家藏服加工店，开始了华锐藏族服饰的制作与加工。徐英介绍，她的婆婆是华锐藏族服饰制作传承的第二代传承人。她特别热爱做华锐藏族服饰，一直不间断地制作华锐服饰有二十多年时间。

2000年，徐英从婆婆手中接手了华锐藏族服饰制作的传承之责。徐英深知，华锐藏族服饰历经千余年的传承、交流、交融和发展，形成了有别于其他涉藏地区的独特风格，只有读懂它，才能在一裁一剪、一针一线中让古老的华锐藏族服饰重现光彩。一件藏袍的制作，从最初的量身、裁剪到最后成衣，要经过多道工序，每一道工序都需要精雕细琢。每一件藏袍，徐英都力求从款式、颜色各方面达到完美，更加符合现代人的审美观。

徐英有一个志向，她说：现在华锐藏族服饰、服装制作的人比较少，坚守传承技艺非常艰难，作为非物质文化遗产代表性的传承人，希望把民族的传统文化传承下去。

功夫不负有心人，在近二十多年的坚守中，徐英的付出也收到了丰盈的回报。2011年，她被评为"甘肃省非物质文化遗产代表性项目华锐藏族服饰制作技艺省级传承人"，荣膺天祝县"华锐名匠"荣誉称号。但更令徐英感到欣慰的是，侄女谢秀姐不仅学到了华锐藏族服饰传承手艺，还在2016年被评为"武威市非物质文化遗产华锐藏服市级传承人"。

如今，在党的民族政策光辉照耀下，天祝各族儿女正在建设生态美、产业优、文化兴、百姓富的幸福美好新天祝的道路上昂首阔步。华锐藏族民歌、则柔、华锐藏服等省市县级非物质文化遗产也得到了有效保护和传承，持续焕发出多彩的光芒。

藏医藏药历史悠久，相传在公元前三世纪，就有了"有毒就有药"的说法。早在远古时代，生活在西藏高原的居民在同大自然做斗争中逐步认识到了一些植物的性能及其用于治疗的经验，在狩猎过程中，又逐渐知道了一些动物的药理作用。历史记载藏医已有二千三百多年的历史，对世界屋脊上的藏族人民的生存、繁衍生息、生产力发展等方面作出了巨大贡献。

华锐藏医藏药是藏医药学的一个组成部分，它在全面继承藏医药学的基础上，根据地理、人文、文化等方面的不同特点，不断发展、创新，形成了鲜明的特色。华锐藏医特别重视非药物的心理疗法、火疗、放血疗法等。在忠于三因学说的基础上，吸取了一些中医理论，因此，许多名老藏医都具备一定的中医知识。

十一世纪藏医药传入天祝藏区，十五世纪开始兴盛，多数佛教寺院都设有教授藏医药的"曼巴扎仓"。因此，寺院里和华锐藏族民间出现了许多著名的藏医，如章嘉·若贝多杰、旦正加、华锐阿丹、洛藏久美丹贝嘉措、牛全拉、当智等，他们都是华锐藏医藏药界的杰出代表，是华锐藏医藏药的奠基者和继承者。在传统藏医药学的滋润下，又不断汲取中医药学、近代医方医药学等众多医药学的精华，历经几百年的探索发展，逐步形成了具有鲜明特色的现代华锐藏医藏药。

今天，华锐藏医藏药在人们的防病治病方面仍发挥着重要的作用，特别在心脑血管、风湿类疾病、消化系统疾病等方面，为无数的患者解除了病痛。在疗法上，华锐藏医除了重视非药物的心理疗法、火疗、放血疗法外，还注重药浴疗法。在制药工具上，华锐藏药制作中所用的工具有石锅、石臼、石碾、铜锅等，其中对石制工具的材质有很高的要求。

在华锐藏医药中，不得不说的是药浴。浴身保健在西藏有着悠久的历史，从吐蕃时期流传下来的故事传说中，就有"熏香沐浴"的说法。《四部医典》中说，沐浴"除垢去臭息体热，壮阳增力并延年"，还将西藏传统的水浴、药浴、熏浴、蒸气浴、日光浴合称为"健康五浴"。每年的藏历七月，是一年中最好的沐浴时节，此时雨季刚过，河水转清，水温回暖，大部分植物停止了生长，到处是一派成熟景象。据说这个时候天上的药神要到大地来采药，一颗名为"噶玛堆巴"的星星就是药神的化身，这颗星一年中仅出现在初秋的七个夜晚，凡经这颗星光照耀的水皆成甘露，此时入水洗浴，能祛除疾病和罪孽，故而也称药水浴。

华锐药浴疗法起源年代无从查考，它综合了水浴、药浴、熏浴、蒸气浴的特点，形成了一整套理论体系和操作规程。藏药浴中最普通的"五味甘露汤"，就是将圆柏叶、黄花杜鹃叶、水柏枝、麻黄、丛生黄菊五种药用植物放在一起煎煮成汤，用其水气熏洗身体，具有清热解毒、活血化瘀、益肾壮腰的功效。为了扩大藏药浴的治病范围，历代藏医们经过不懈的努力探索和临床实践，在藏药浴这一领域，已研制成功多种配方，分别针对五脏六腑的疾病和关节、皮肤、神经等病症进行治疗和预防。

在藏区还有一个十分有趣的现象，那就是藏家遍地是卓玛。前些年，一首《卓玛》流行于大江南北，藏族女孩卓玛就成了无数人心目中的高原女神。其实，藏地处处皆有卓玛，生活在天祝藏区的女孩子也一样，叫卓玛这个名字的比比皆是。这有什么特别的说法呢？还得从藏族民俗说起。

天祝县藏族同胞基本都有两个名字，一个汉名，一个藏名。女孩常见名有卓玛、德吉、拉姆、措姆、央金、央宗、曲珍、卓嘎、次仁、索朗。男孩起名常见的有：次仁、扎西、旺堆、顿珠、多吉、加措、格桑、索朗、桑珠、罗布。

这些名字都是有吉祥喻义的好词，比方说罗布，就是宝贝的意思，次仁是长寿的意思，扎西是吉祥的意思，可以看出就是单纯的藏语发音。而有些名字则来源于佛教，比方说卓玛。这样一个重复率相当高的名字，完全取自藏传佛教，卓玛代表着一位女神，在藏传佛教中叫度母神，地位类似于观音。还有卓嘎是白度母，拉姆是仙女，多吉是金刚。

度母是度脱和拯救苦难众生的一族女神，同时也是藏传佛教诸宗派崇奉的女性本尊群。因此二十一位度母在藏族地区被广大信徒或百姓普遍敬拜，有着极大的吸引力。藏族百姓的心目中，度母还是一位最亲近信众的女菩萨，能帮助世人实现种种愿望。因此，凡事都愿求助于她，以得到救助和庇护。1989年，布达拉宫维修开工前，拉萨哲蚌寺、色拉寺的四十余位高僧和布达拉宫的常住僧人，汇集朗杰扎仓大经堂内，历时七日，专门念诵大藏经《甘珠尔》一百〇八部和《度母经》十万遍，以为开工前的礼佛供养与禳灾祈福。

每逢秋冬农闲时，许多村庄都要举行集体诵念《度母经》的宗教活动，以求寨兴民安。信众每日吟诵的经文或颂词，主要是《度母经》和与其相关的祈文咒语等，特别是女性信徒尤甚。如此便形成一个取名现象，即藏家遍地有卓玛了。

另外，天祝县藏族群众不吃鱼，这是他们的旧俗。华锐藏区的其他地方没有一一考证，不知道这一风俗是否相同。关于藏族人不吃鱼的传统有很多种说法，在天祝流传最广泛的一种说法是与他们的宗教信仰有关。藏族人认为鱼是天神的使者，人死后通过水葬将肉身奉献给神的使者，灵魂便能得到升华，下一世会有一个比较美满的人生。所以，他们不会食用鱼类。就跟回民不吃猪肉，满人不食狗肉一样，禁食鱼肉是藏民的民族风俗，给予尊重便好，倒也无须大惊小怪。

今古乌鞘岭

当古丝绸之路成为遥远的过去，遗留给世界的只剩传奇与故事，多少古镇黯淡了刀光剑影，驼铃声声中时光跨越两千年，形成了一段华彩昭昭的灿烂历史。新与旧交相辉映，很多古镇依然延续了丝路的传说，譬如武威。今天的武威，依然是新丝路经济带上的重镇。兰新、干武铁路、G30、金武高速、G312国道贯穿全境。2006年，中国最长的铁路隧道之一——兰新线乌鞘岭隧道建成通车，直线翻越天然屏障，欧亚大陆桥通道上的"瓶颈"最终被消除。

丝绸之路是指起始于古代中国，连接亚洲、非洲和欧洲的古代路上商业贸易路线。丝绸之路起于西汉都城长安（东汉延伸至洛阳）。丝绸之路是一条东方与西方之间经济、政治、文化进行交流的主要道路。它的最初作用是运输中国古代出产的丝绸，故而称之为丝绸之路。丝绸之路一般可分为东、中、西三段，而每一段又都可分为中、南、北三条线路。其中东段是由长安到玉门关、阳关，三线均从长安出发，经由不同路径在武威、张掖等地汇合，再沿河西走廊至敦煌。而综观整个丝绸之路的线路可以看出有着"丝路咽喉"之称的河西走廊是丝绸之路最重要的一段。

河西走廊是中国内地通往新疆的要道。东起乌鞘岭，西至古玉门关，南北介于南山（祁连山和阿尔金山）和北山（马鬃山、合黎山和龙首山）间，长约九百公里，宽数公里至近百公里，为西北—东南走向的狭长平地，形如走廊，因其位于黄河以西，故称河西走廊。因为河西走廊特殊的地理位置，促使其成为丝绸之路的黄金段。河西走廊保存下来的以敦煌文化为代表的历史文化遗存是华夏文明的重要载体，具有不可替代的历史地位。

有人形容乌鞘岭，用文学化的语言说其地理位置于整个中国版图而言既是咽喉，又是结界，倒也颇为形象。

在中国地理版图上，狭长似一把如意的甘肃，是地貌最多元的省份。它被黄土高原、内蒙古高原、塔里木盆地、青藏高原、四川盆地包围，在地势第一二级阶梯边缘；气候区划上，甘肃跨越干旱、半干旱、半湿润、湿润区，兼有中温带、暖温带、亚热带，跨季风区与非季风区；水文方面，它既是外流区第二长河黄河流域的组成部分，又拥有内流区词条的第二长内陆河——黑河。自然景观方面，甘肃拥有沙漠、戈壁、森林、草原、草甸、湖泊、河流、冰川、山地、高原、河谷；文化景观方面，它是农耕文明与游牧文明的枢纽地带，是多种宗教、多种文化、多个民族的聚居地。

甘肃拥有多个重要地理坐标，比如，省界附近绵延的祁连山，是地势一二级阶梯分界线，是两百毫米年等降水量线，是内流区与外流区分界，河西走廊与柴达木盆地的分界，甘肃省与青海省的分界线，也是西北地区与青藏地区的分界。

不过，最中枢的位置，是一条体量并不大的山脉——乌鞘岭。如果给各种地理区划在西北地区找一个结点的话，那一定是它。

乌鞘岭，是黄土高原西部起点，是内流区与外流区的分水岭，是季风区与非季风区的临界点，是河西走廊与陇东的地标。它以东不远处，就是省城兰州所在。这里是全省的咽喉和结点，它天然地划分了甘肃的"南方"与"北方"。

自古以来，乌鞘岭为河西走廊的门户和咽喉，古丝绸之路要冲，系军事要地，地理位置十分重要。兰新铁路、甘新公路（312国道）都从乌鞘岭穿山而过。穿山公路和铁路是近些年才有的便利，过去在乌鞘岭隧道还没有修建时，过乌鞘岭依山傍岭蹒跚翻越，还要受天气影响，道路异常难行。特别是在冬季下了雪后，公路崎岖陡峭处绝难通行，是名副其实的天堑，严重阻碍着河

绝美雄奇乌鞘岭

西走廊的发展。

　　为了让天堑变通途，新中国成立初始便规划修建乌鞘岭隧道，毛泽东主席对此也十分关心，并亲笔题写"庆贺天兰路通车，继续努力修筑兰新路"的锦旗予以鼓励。这幅珍贵的题字现收藏于中国中铁"开路先锋"文化展览馆。

　　1953年，第一代乌鞘岭隧道投入建设。在那个肩扛手抬的年代，三万筑路大军虽然英勇，却受制于落后的技术，不得不采取展线的形式，让兰新铁路在山涧绕来绕去翻越乌鞘岭。七座越岭隧道中，最长的乌鞘岭隧道只有九百六十七点八米。这条隧道虽然无法和今天动辄数千米的大型隧道相比，但在当时已经是一项了不起的壮举，大大节省了河西走廊通往坦途的时间，铁路通行的安全系数也大幅提升。饶是如此，在此后的五十年间，第一代乌鞘岭隧道成为一道奇观，无数穿越乌鞘岭西去东往的行人记忆里都有一份难忘的相似经历。那时候，火车翻越乌鞘岭需要两个车头，一个拉，一个推，火车两头同时吐着浓烟，像老牛拉车一般在陡峭的弯道上艰难地攀爬，扑哧扑哧的声音仿佛火车在费力喘息。乘客们从车窗伸出头去看，经常能看见蜿蜒山道上的火车扭动着钢铁躯体缓慢行进的景象，使人禁不住担忧，唯恐它忽然爬不动倒退了怎么办？要知道，铁道沿线就是万丈深的沟壑，仅是看火车爬行就足以让人胆寒了。

那时的乌鞘岭铁路上，处处都有惊奇。你会遇到正在保养铁道的铁路工人，分明是七八月的酷暑天气，但工人们穿着军大衣在干活，外面的气温可想而知。如果运气够好，还会遭遇六月飞雪的奇景，不远处雪峰晶莹剔透，山顶积雪经年不化，在雪花飘舞的乌鞘岭山丘间穿行，一边吃着雪糕，一边欣赏雪域景致，那种心情无与伦比。在乌鞘岭铁道上会车，也是一大震撼。假如你对面呼啸而来的列车正好处于下坡路段，就会观赏到"火车倒挂"的惊心动魄。火车像一条倒挂着的绿色巨兽，从远处陡峭的山坡上风驰电掣般俯冲而来，看着它飞速行过人们总是忍不住揪心，真担心它会不受铁轨的制约放飞自我。两车擦身而过，呼啸声里地动山摇，带着尖锐的风声、气流声一路狂飙，倏忽间已然远去，而车上的人仍然心有余悸。这番惊险刺激的经历便永久刻在了记忆深处，永难磨灭了。因着行路之难，那些年代里很多人都非常抵触走这条道路，但经过河西走廊这是必经之路，也只能硬着头皮、闭上眼睛，强忍着胆寒而过了。

直到2003年，第二代乌鞘岭隧道（即兰新铁路兰州至武威二线乌鞘岭隧道）才开始建设。这次修建的隧道全称"乌鞘岭特长隧道"，为单洞单线设计，全长二十余公里，当时被誉为亚洲第一长隧。虽然大量采用了机械化作业，但很多机械设备还依赖于进口，没有完全实现国产，智能化、自动化水平与现在相比还不够高。乌鞘岭特长隧道在多达十几个工作面同时作业的情况下，历时三年多于2006年8月实现隧道双线开通。第二代隧道贯通运行之后，列车以每小时一百四十公里的速度穿越乌鞘岭仅需十五分钟，可谓翻天覆地的大变化。从此，穿越乌鞘岭再也不必担惊受怕，"火车倒挂"的惊险景象彻底消失，天堑总算真正变成了通途。

中国铁路建设与发展日新月异，在此基础之上，益发成熟和先进的隧道建设技术应用于乌鞘岭，速度与激情再次征服乌鞘岭天堑。2019年开工建设的第三代乌鞘岭隧道，全称"新乌鞘岭隧道"，位于既有乌鞘岭特长隧道东侧偏上，呈平行之势，是兰张三四线铁路控制性工程，设计时速二百五十公里，全长十七点一二五公里，最大埋深九百五十二米，计划工期四年。

该地段岩质软弱、岩体破碎，存在多种地质风险。中铁三局在建设过程中始终贯彻环保理念，处处彰显科技含量。施工采用悬臂掘进机、湿喷机械手、自行液压仰拱栈桥、衬砌台车等高精尖国产化机械设备，实现了机械化减人、自动化换人、智能化无人的目标；管理过程引入BIM建模、VR体验、智能监控等先进技术，确保了安全质量可控。其中，自主研发的激光断面扫描程序能够有效监控开挖过程中整个隧道的收缩变形情况，一旦发现异常，及时提醒施工人员采取措施进行加固。

由于隧道地处生态保护区，中铁三局建设者采取了多种措施保护生态环境。对于施工的废水，新建污水处理站加以净化。另外，利用既有的斜井，减少了开挖，同时在各个洞口植树绿化，减少水土流失。所有隧道里出来的砟子，全部运到保护区之外的弃砟场存放。目前，新乌鞘岭隧道已经贯通并通过了评估验收，很快就能全面通车。届时，将实现省会城市兰州与武威之间2小时即达的高速时代，古老的河西走廊也将由此接入全国高速铁路网，形成由内地经河西走廊通往新疆的高铁大动脉，有助于加强陆桥通道与京兰通道的连接，完善甘肃省西部地区高速铁路网布局，极大地促进沿线区域经济和文化交流协调发展。

在乌鞘岭第一个兰新铁路二线隧道2006年贯通时，当时的名称是：乌鞘岭亚洲第一铁路隧道，世界第二，仅次于石太客专太行山隧道和吕梁山隧道。乌鞘岭隧道的修建，不仅是打通东西经济命脉的重要工程，也浓缩了中国铁道发展历程的缩影。七十年沧海桑田，中国中铁人前赴后继、锐意进取，以更加智能高效的技术手段，在茫茫乌鞘岭上铸就了一座座不朽丰碑，让丝绸之路恢复昔日荣光的同时，也为中国铁路的发展持续贡献着中铁智慧和力量。

历史上西汉张骞出使西域，唐玄奘西天取经，都曾经过乌鞘岭。这里不仅有天苍苍野茫茫的草原风光，而且丰美的水草还为畜牧业生产提供了优越条件。司马迁所著的《史记》中，首次提到古西戎之地"畜牧为天下饶"。班固所著的《汉书》记载："地广人稀，水草宜畜牧，故凉州之畜为天下饶。"天祝由于有着得天独厚的大草原，所以自古畜牧就颇为发达。《五凉志》载："番族依深山而居，不植五谷，唯事畜牧。"曾出现过"牛羊塞道"的繁荣盛况。

今天的天祝草原仍是甘肃省的主要牧区之一，所产的岔口驿马，为全国名马之一；天祝白牦牛、高山细毛羊更是名闻全国。

天祝地势险要，古时为军事要塞。乌鞘岭东望陇东，西驱河西，历来是兵家必争之地。汉、明长城在乌鞘岭相会，蜿蜒西去。

汉霍去病率军出陇西，击匈奴，收河西，把河西纳入西汉版图，修筑令居（今永登县西北）以西长城，经庄浪河谷跨越乌鞘岭。汉长城在天祝境内可见的有三处，均为夯土版筑，经千年的风雨侵蚀，多已成土埂。沿长城有多处烽燧，多倒塌，现仅存一座。

立于古烽燧下，朔风猎猎，昭示着沧桑变迁。风起处细听，金戈铁马如在耳边。汉将军挥戈驱马踏破乌鞘岭关隘，直捣匈奴，乌鞘岭长城就是这段历史的见证。它颇有八达岭长城的气势，虽然是夯土墙，而且已经风化、倒塌，但留下的残垣断壁，仍可见旧时的宏伟景象。这里的长城是万里长城中海拔最高的一段。由于极端恶劣的自然环境和落后的生产工具等条件，当年在乌鞘岭上修筑长城的艰难程度可想而知。乌鞘岭是青藏高原、黄土高原的交会地，多砂石、少土，更少黄土。筑长城所需的黄土大多从外地运来。到了明代，汉长城已经倒塌，明朝廷再次修筑新长城。乌鞘岭上的明长城在马牙山的映衬下十分醒目，被列为省级文物保护单位。

在乌鞘岭东西两边山脚下，分别有两座古城，岭北为安远，岭南为安门。安门古城依岭边地形而建，东西长一百三十米，南北宽一百米，城门向南，现存残墙已成为两米高的土埂，建于汉代。安门古城紧靠汉长城边，向西过河就是金强驿。汉代这一带长城之外为羌族居住，在这里设城是为守护长城的军队所设的住所。历史上东西往来的商旅征夫及游子使者，均需在这里交验文书，方可通过，是内地和河西地区的安全屏障。

安远古城在乌鞘岭北现安远镇，据《秦边纪略》记载，安远堡亦称打班堡，为凉州与庄浪的分界，"且肘腋皆番，河山所隔皆夷，可可口诸番为夷编氓久夷"，四周边都是少数民族居住，设立军堡，以长城为依托，通过烽火台与安门城相呼应，防止入侵，也为丝绸之路往来提供保障。两城地理位置十分重要。

据考证，唐代在凉州设六府，其中之一的洪池府就设在安远。安远古城西北方可可口达坂下，有一城称番城，还可以辨其轮廓，为吐蕃所筑。向西过可可口经抓喜秀龙通青海，两城相距十公里，应是当时两军对垒的地方。番城毁于何时无从考证。安远古城，宋为安远砦，明为安远驿，清为堡，有驻军。宋代时，驻军于离安门古城十公里的马营城，安远古城遂被废弃，元、明、清各朝均未启用。乌鞘岭下的两座古城，以乌鞘岭为战略关隘，在历史上的重要性不言而喻。安远古城现仅存一面残墙，墙高五米，宽三米，南北长一百八十米，可见当时的规模。

乌鞘岭历来是经营河西的屏障，岭南的安门村和岭北的安远镇历来是戍兵扼守、"两面相御"的营地。同时它的地理、地形、气候十分复杂。周围的马牙雪山、雷公山两山均高于乌鞘岭海拔一千多米，终年积雪，严寒甚烈，寒气常侵乌鞘岭，形成东西壁立的高山严寒气带。《古今图书集成》职方典第五百七十七卷说："乌鞘岭虽盛夏风起，飞雪弥漫，寒气砭骨。"

"地扼东西孔道，势控河西咽喉"说的就是乌鞘岭的地理位置之特殊。清代人有诗云"一峰红日一峰雪，半岭黄昏半岭明"，尽言乌鞘岭的气候多变。自古以来，人们一直都视翻越乌鞘岭"难于上青天"，然而，这里却是西去的必经之路：西汉张骞出使西域，唐代玄奘西天取经，都是翻越了这个被人誉为"河西走廊门户"的重要关口。山上年均气温在零下二点二摄氏度左右，气候变化无常，环境极为恶劣。史书中很早就有"盛夏飞雪，寒气砭骨"的记述。

乌鞘岭东望陇东，西驱河西，历来是兵家必争之地，地理位置十分重要。历史上有"得乌鞘岭者得河西"之说，若要割据河西走廊，必先守好乌鞘岭。魏晋十六国时期，河西地区先后出现了前凉、后凉、南凉、北凉和西凉五个地方割据政权。而姑臧城就是前凉、后凉和北凉的都城，乌鞘岭（时称"洪池岭"）防卫地位十分重要。376年，前秦苻坚派军西征前凉时，曾一度被阻截于此。

乌鞘岭地势险要，在金庸著作《书剑恩仇录》中，就有"乌鞘岭口拼鬼侠，赤套渡口扼官军"的章回，曾这样描写乌鞘岭的险要："一边高山，一边尽是峭壁，山谷深不见底"。

因为险要，乌鞘岭自然也在汉、明两代修筑长城防御工事时被充分利用。始筑于汉元狩三年（前120）的汉长城为夯土版筑，经千年的风雨侵蚀，多已成土埂，沿长城有多处烽燧，多倒塌，现仅存一座。此处的明长城则大部分保存较好，筑于明万历二十七年（1599），墙体也均系夯土版筑。乌鞘岭长城属于万里长城中海拔最高的一段。

乌鞘岭从来都不是独立的存在，从古到今，这座具有界碑意义的山脉始终与河西走廊连为一体，既是河西走廊的发端和屏障，亦是河西走廊的标志与荣耀。我们说河西走廊，必然包含乌鞘岭，就像秦岭之于陕西。因为秦岭耸峙隔绝寒凉，才有关中平原的富庶安定；因为乌鞘岭扼守屏蔽纷乱，才有河西走廊的得天独厚。有学者提出观点认为，河西走廊虽然是个地理名词，但是我们现在对河西走廊的认识定位，其重点是要落实到历史文化上，对于河西走廊地区来说，在宋代之前的历史当中，河西地区的地位可以说是仅次于当时的政治经济文化中心长安、洛阳。国学大师陈寅恪就曾经多次指出，隋唐时期的政治制度很大程度上来自河西，因为十六国南北朝时期中原动荡，长年战争，经济破坏，文化学术也被扫荡一空，唯处西北一角的河西较为安定。由于政治安定，经济富庶，河西成为十六国南北朝时期中原世家大族逃避政治灾难的首选地，大量的内地移民给河西带来了中原先进的文明，学者云集，人才辈出，因此，河西的儒学传统没有中断。

从这个角度去理解，河西走廊也可以说是世界四大文明的交汇地。事实上，纵观中国历史，自汉代以来，河西走廊即是中西文明交流的中心。可以毫不夸张地说，在河西的历史文明进程中，中国传统文明与外来文明的融合从未停止过。这种融合表现在宗教、文化、艺术、服饰、饮食、音乐、舞蹈等各个方面，非常广泛。因为著名的丝绸之路沿河西走廊而过，这也是这条错综复杂的世界文明之路从走向上讲最为规整的地区。随着入华的来自中亚地区的粟特九姓胡人的进入，河西走廊成为商业民族粟特胡人重要的聚居地，沿着走廊重镇沙州（敦煌）、瓜州（安西）、肃州（酒泉）、甘州（张掖）、建康（高台）、凉州（武威）一线，形成入华胡人定居的文明景观，入华的九姓胡人对中华文明的贡献之大，不可小看，因为商业始终是推动社会发展的重要动力，而在这个过程中，伴随商业进入的是宗教、文化、艺术等各个方面的社会文明。

河西自古即是民族活动的大舞台，汉代以前是月氏、乌孙、匈奴角逐的场所，后来匈奴强大起来，赶走了月氏人和乌孙人。汉代之后曹魏十六国时期，据河西魏晋墓出土画像砖反映，这里活动着鲜卑人、氐人、羌人、卢水胡人、龟兹人、西域胡人、中亚粟特人等众多的民族，共同构成河西多民族杂居的史实。到了隋唐五代宋时期，吐蕃人、吐谷浑人、仲云人、温末人、蔡微人、于阗人、吐火罗人、粟特人、回鹘人、突厥人等都曾生产生活在河西这块独特的土地上，为河西多姿多彩的历史文化注入了新鲜的血液。有唐一代，河西重镇凉州一度胡人达七成以上，文献记载凉州大小十城，胡居七城，汉人仅占三成不到，可见少数民族在河西的数量之多，以至于五代宋曹氏归义军时期，敦煌当地的统治者曹氏家族即为中亚粟特移民的后裔，但是曹氏完全汉化，自称族望为亳州的谯郡曹氏，虽然实际上完全独立于瓜沙二州之境，但形式上曹氏积极地奉中原王朝为正朔，是河西各民族长期汉化的结果，也表明了河西一直以来以汉文化和汉民族为主体下的多民族共存的特征。这一特征一直延续到其后的西夏、蒙元时期。因此，可以看到河西灿烂的历史文化，是以汉民族为主体下的多民族共同的结晶。

古代河西走廊的繁荣，完全得益于丝绸之路的开通。中国货币和外国货币共同作用于丝绸的贸易，贸易又拉动了餐饮业、旅店业、服务业，进而拉动农业、畜牧业、手工业等各行各业，就使河西走廊日趋发达。古代的武威类似现代的深圳，是开放的前沿，也是经济最活跃的地区。敦煌壁画上的繁荣景象也是河西走廊的真实写照。哪里的商业发达，哪里的经济就发达。丝绸之路是当时中国商业最发达的地区，也是经济最活跃的地区。

河西走廊的没落是明清以后的事。由于航海业的发展，造船技术得到改进，海运能力提高，运输比陆地上的骆驼更为方便，所以陆运转向海运，丝绸之路就萧条了，河西走廊也就萧条了。河西走廊的经济没落了，但其军事战略地位越发重要。明代中晚期，国家疆域内缩，河西走廊成了西北最前沿阵地，乌鞘岭修建长城正是基于防范鞑靼、吐鲁番等民族的入侵，依仗长城之坚固与其进行长期征战对峙。

我们今天研究华锐部落历史，追溯藏族的形成与发展脉络，势必要从整个河西走廊中所有民族发展史中去探寻，其源头至少能够上溯到两千年前的汉代，也就是河西走廊纳入中华版图开始的时间。自汉以来，由于异质文化因子的不断介入，使河西多民族文化处于长期变动之中，文化杂糅与整合过程持续发生，促使原来性质不一的河西地域文化趋于均匀与一致，并为新的民族文化的进入以及更高层次上的多民族文化的交流与整合奠定了基础。

在凉州大地上流传着一句独特的歇后语：西番子的牦牛——只认一顶子帐篷。意思是说当地藏民养殖的牦牛只认自家，比喻某个人一根筋认死理。这句话里的西番子专指天祝县生活的藏人，番子之称历史久远，根据史料研究，应该形成于明代。

蒙元时代，河西走廊进入了一个"碾碎民族差别"的重要时期，河西历史上曾经活跃的各个民族名称至此从历史书籍中消失，表明河西民族文化融合较历史上的任何时期都要彻底。明清以降，河西走廊各民族被统称为"番"，名称的统一表明民族文化地域复合体已经形成。唯一的差别就是在"番"之称下，有"生番"与"熟番"之别，"生番"又称"黑番"，是指那些位居深山，语言、服饰、风俗还保留有较多本民族特征的民族；而"熟番"又称"黄番"，是指那些近汉边，其居住、服饰、语言、风俗与汉族相差无几的少数民族。河西多民族文化交流与整合的这种地域指向性与有序性变化，正是历史时期河西走廊多民族文化交流与整合在时间上、地域上扩展的某一个历史域度。

历史上河西地域分分合合，统治民族代有更替，促使河西文化不断地发生分异与重组。尤其沿着祁连山分布居住的草原民族，在这一过程中经受了多民族间不断冲突与融合，对形成现在我们看到的多民族文化体系影响巨大。包括以儒、释、道文化为主的汉文化体系，回族、哈萨克族为代表的伊斯兰文化体系，以及由藏族、蒙古族、裕固族等构成的藏传佛教文化体系在内，构成了中华民族丰富多彩的多元文化，天祝不啻为了解不同民族之间文化差异的宝库之一。同时，这里也是了解中华民族形成、融合与发展的历史活教材，成为培养中华民族文化认同感的区域。

今天，丝绸之路变成了旅游观光之路，中华民族寻根之路。西北经济腾飞需要新丝路的助燃，离不开丝路文化提供营养。站在巨龙一样的乌鞘岭上放眼天下，我们不禁感叹这山河锦绣、美景如画，马牙雪山直插云天，金强河飘然出尘，天祝草原秀美绮丽……飘荡了两千年的空气里浸润着汉唐遗风、明清气味，在新时代的快车道上，天祝正扬鞭奋蹄大步前行，迎接崭新的未来。

天祝古寺

天祝县古寺众多，最为著名的要属天堂寺。天堂寺，为天祝十四寺院之首，天祝县的名称也是取其天堂寺和祝贡寺首字。天堂寺鼎盛时僧侣达千余人，以戒律严明、高僧辈出、规模宏大闻名于藏区。千佛殿中有世界之最的宗喀巴大师木雕坐像，高二十三米。寺后绝壁石洞，为宗喀巴大师弟子华锐坚参巴参禅圣地。寺院四周群峰环抱，林木葱郁，大通河从寺前蜿蜒流过，山清水秀，气候湿润，极具瑞祥。

关于天堂寺的来历，据《天祝史话》记载，为了使藏传佛教的思想在这里有一个正统的发展理由，传教者为它披上了一层更为神秘的面纱。元朝至正二十年（1360），大通河里生有一条恶龙，经常兴风作浪，危害四方，生灵涂炭，民不聊生。藏传佛教第四世噶玛巴若贝多杰路经此地，当地民众就请求活佛为民除害，降伏恶龙。活佛作法降妖后，在大通河旁的扎西滩修建一百〇八座镇龙塔。此地遂得名"却典堂"，意为宝塔滩。

从此，藏传佛教格鲁派逐渐在这里兴盛起来，古老的苯教寺院遂变为格鲁派寺院。

2007年4月10日，在天堂寺附近，老百姓发现了一块表面直径长五点一米，宽四点九米，侧高一点九米，重四十点九吨，似"龟驮宝盆"，又似"龙护宝盆"的巨大奇石，一时间在当地引起轰动，并被藏学专家初步认定为古老

天祝县天堂寺

佛经中记载的由大通河河神供奉佛祖、天堂寺佑寺山神阿弥热高保护的"聚宝盆"。

此奇石石质为花岗岩,从河中当时的位置南侧看去,形似一乌龟背负一莲花状宝盆,盆内注水,酷似一巨型砚台;从西侧看去,似一卧牛;从北侧看,似一神龙守护着一朵莲花。其莲花状的凹槽内,有两颗圆形石头,人称作"龙眼石"。这块奇石周围有两块与之匹配相合的石头拱卫,一块属于"靠背石",另一块是与其颈部非常吻合的凹槽,被称作"枕头石"。

据佛经记载,天堂寺有一奇宝,即由大通河河神供奉给佛祖的"美玉聚宝盆",该寺高僧世代相传此聚宝盆由大通河沿岸十三位佑寺山神之一——阿弥热高山神护卫。每逢枯水季节,阿弥热高神山下的大通河段水面就会有寿龟驮宝盆的奇石显现,僧俗群众无不顶礼膜拜,认为是地方兴盛祥瑞之兆。

天堂寺是学修五部四续经学的学院式大寺,共有经堂佛殿十三座,装有一颗红枣大的古迦叶佛佛骨装的释迦牟尼佛像和装有舍利佛指骨的菩提宝塔等许多世间稀有的法物和数万函经典。寺内有大量的塑像、雕刻、壁画、经典、法器及木版印刷、手抄的藏文经典和历史资料。寺院存在的后期,常有不少云游僧人驻足学经,清末有两位德国人在此地研读佛学,可见该寺当时在国外也有影响。

宗喀巴大殿，又称见解脱大殿、千佛殿，为使宗大师智慧之光永照人间，在多识仁波切发心主持下，修建了高为三十五米的宗喀巴大殿，其中有堪为世界之最的高二十三米、宽九点五二米的木雕镀金宗喀巴大佛像，此像在雕刻过程中，曾出现放光等奇迹。殿中还有四千尊铜佛及二十一尊木像，蔚为壮观。

时轮学院由一生历任清道、咸、同、光四代国师的九世东科呼图克图于1840年创建，每年农历三月中旬举行建坛修供时轮大法会，除此之外，还有农历六月密集修供法会、七月普明坛超度法会、八月胜乐修供法会等。

释迦牟尼殿始建于十八世纪初，由五世东科活佛主持建造。殿中主佛释迦牟尼身高五米多，是用香泥所塑镀金像，工艺精湛，栩栩如生，胸间藏有鸡蛋大一颗迦叶佛舍利。十九世纪中叶西康仁波切在佛祖像上加上金冠，改成报身佛，藏语称"觉"。

据史料记载，天堂寺是历史上号称"黄河北部地区五大古寺"的寺院之一，盛世常住僧人八百多名，号称"天堂八百僧"。在极盛时期，天堂寺有佛殿十座、经堂四十座、活佛府邸十七座、庄院六百多处、僧舍四余间，寺院面积一千余亩，僧众最多时有一千多人，一直是西北地区佛教活动的重要场所，也是修学并举的格鲁派寺院。内设显宗学院，就是参尼扎仓和时轮学院，分别开设般若、中观、释量、戒律、俱舍显宗五部和密宗学科，具有修业、升级、考核、学位职称等一整套完整的修学制度。

天堂寺周围群山拥绕，形成八宝形状，与《噶当宝典》中预言的观音圣地完全相符，在这殊圣的吉祥宝地，建造了许多的殿堂，也留下了许多殊圣的奇迹。

天堂寺最隆重的是每年正月间的毛兰木法会，尤其是正月十四日，众多的教徒、游客涌入寺院，观看跳欠（宗教舞），十五晚上规模盛大的灯节，人们可以观赏到制作精巧的各种灯式和艺术珍品——酥油花。

据《天祝县志》记载，历史上天堂寺曾出过许多高僧，如清朝乾隆时期的国师章嘉若贝多吉和土观却吉尼玛，都曾在此寺受启蒙教育。甘青地区藏传佛教的大部分寺院在历史上多次遭到战乱的破坏，但由于天堂寺的地理位置险要，加之章嘉国师和清代四朝国师东科活佛的直接保护，天堂寺是建寺三百余年唯一未遭兵劫和地震破坏的古寺之一。

天祝众多寺院中，若论传奇非石门寺莫属，因为这间寺院与一个传奇人物有关，他就是六世达赖喇嘛仓央嘉措。六世达赖在宗教传承方面建树不多，他的身世与遭遇非常坎坷，被选中成为"转世灵童"那一刻便已经沦为宗教政治的牺牲品。与其他年幼的灵童不一样的是，仓央嘉措在被选中时业已有了自己独立的思想，他一度想要反抗命运，最终还是没能成功脱离宗教桎梏。因此，这位"活佛"十分叛逆，他把所有的苦闷尽数发泄在诗文里，用诗歌申诉，用诗歌反叛，以诗歌闻名天下，直到现在在诗坛依然有超然的地位，受无数粉丝崇拜，他的诗歌也被许许多多后来人模仿、借鉴、引用。

在天祝有关史志中说，仓央嘉措三十九岁时来到石门旧寺担任寺主，于1727年营建新寺，一直到六十四岁圆寂时共主持新旧两寺寺政长达二十五年。这与正史记载多有出入。正史里记叙，康熙四十五年（1706），仓央嘉措在押解途中，行至青海湖滨时圆寂。而石门寺新寺是1721年修建，据说是由仓央嘉措亲自选取地址，出资并主持了新寺的修建工作。如果这段记叙是真实的，那么就证明，十五年前所谓的六世达赖圆寂一定另有隐情。仓央嘉措一生传奇无数，圆寂便是其一。

在另一部书中称，六世达赖仓央嘉措被拉藏汗废黜后，于1706年被送往京师，次年行至青海湖畔时，他只身遁去，押送人员向清帝谎报仓央嘉措在途中病逝。一场公案，从此结束。此后仓央嘉措化名为阿旺曲扎嘉措，巡礼甘肃、青海、四川、西藏、尼泊尔、印度、蒙古、北京等地。其间六世达赖喇嘛在甘肃省天祝藏族自治县境内创建了石门新寺（藏语称嘉荣大寺），并亲自任法台二十五年之久。此外还兼任天祝县的东大寺等甘青两省华锐藏区十二座寺院的堪布。

石门新寺，过去有很多名称，如崇山寺、大宝寺、永远广宗寺、嘉荣大寺等，位于天祝藏族自治县县城西南十五公里的石门沟口处。这里又叫石门峡，修建有一方水库，因着地名便称为石门峡水库，于群山之间氤氲出一片灵秀。"两岸青山相对出，孤帆一片日边来。"李白盛赞的天门山与石门峡当有一比。两座相对而立的陡峭悬崖牢牢守卫着一方世界，峭壁中间一条溪流倾泻而出，有二龙戏水之气势，又宛若石门洞开，故取名石门。石门新寺坐落于此，山水环抱之中静谧淡然、庄严古朴。周边的群山，与寺院俨然一体同生相互映衬。没有寺院的加持，山势将失却一份禅意；没有山势耸峙守护，寺院也将毓秀大减。当初仓央嘉措之所以选中这里作为新寺的寺址，必定也是喜爱这块怀抱山水、灵蕴天成的宝地了。以寺院为轴心瞭望群山可见：前山似右旋海螺，后山如巨象卧眠，东山像佛经叠起，西山似宝幢竖立，西南山顶俨如莲花盛开，端得神奇。再看前山三叉口处的两座小山丘，两两而对形成一双金鱼相濡以沫之状，十分可爱，并兼具祥瑞之意。当地的信众说，从高空俯瞰能够看见群山呈现的莲生八瓣，以及轮王七宝与八瑞相的奇景。究竟如何，却是无缘得见，更无从佐证。大约，这是信众们对寺院和仓央嘉措出于一种极致膜拜而增添的传奇吧。据说，在石门的悬崖峭壁上，曾经有一尊明朝永乐年间雕刻的弥勒大佛像，但现在已经无从追索了。

石门新寺的前身即石门旧寺，距离石门新寺朝上两公里处，初建年代在何时至今没有明确定论，很多人认为应该在明朝中晚期，也有人认为是更早的元代就有了这间寺院，史料中没有确切记载无从考证。随着石门新寺的建立，这里相对破旧、狭小，便于区分就称作石门旧寺，还有图钦寺等称谓。资料中说旧寺鼎盛时期僧人达到一千余人，同一时期内出了八十多名拉让巴格西。拉让巴格西，是中国藏传佛教格鲁派格西最高学位，由藏传佛教学经僧人钻研佛经通过相关答辩而取得，相当于各大学府中获得相关专业的博士学位。在考取拉让巴格西之前，还有三个等级，分别是多让巴格西、林斯格西和措让巴格西。石门寺的僧人能够考取八十多名拉让巴格西，可见这里底蕴深厚、佛法兴盛。

据说，石门寺历史上还被列入过安多十三大寺之一。在一些资料上有所混淆，有说安多十三寺的，也有写成霍尔十三寺的。虽然都没有确切的史实为依据，但通过地域分布来看，安多十三寺之一的说法更准确一些。安多是一个地名，又叫安多藏区，其范围广阔，包含今天的四川阿坝州一部、甘肃甘南州、天祝藏族自治县、青海玉树藏族自治州等地。这些地域分布在藏区边缘地带,享有盛名的藏传佛学院拉卜楞寺就在甘南州,而拉卜楞寺毫无争议便是安多十三寺中的翘楚。如今的安多地区,更多指的是青海安多藏区,所以,天祝石门寺如果曾被列入安多十三寺之一是很有可能的。再来看霍尔十三寺,霍尔也是一个地名,位于西藏康巴地区。霍尔原本是一个拥有蒙古族血统的藏地家族,在五世达赖,也就是仓央嘉措的前一任时期,发愿修建十三座格鲁派寺院。建成甘孜寺、大金寺等康巴地区比较著名的一系列寺院,霍尔十三寺就是这么来的。从地域远近划分一看便知,把天祝石门寺说成霍尔十三寺之一显然是错误。

仓央嘉措是藏族最著名的诗人之一,他所写的诗歌驰名中外,不但在藏族文学史上有重要的地位,在藏族人民中产生了广泛深远的影响,而且在世界诗坛上也是引人注目的一朵奇花异葩。引起了不少学者的研究兴趣。藏文原著有的以手抄本问世,有的以木刻版印出,有的以口头形式流传,足见藏族人民喜爱之深。汉文译本公开发表和出版者至少有十种,或用整齐的五言或七言,或用生动活泼的自由诗,受到国内各族人民的欢迎;英文译本于1980年出版,于道泉教授于藏文原诗下注以汉意,又译为汉文和英文。汉译文字斟句酌,精心推敲,忠实准确并保持原诗风姿,再加上赵元任博士的国际音标注音,树立了科学地记录整理和翻译藏族文学作品的典范。仓央嘉措在藏族诗歌上的贡献是巨大的,开创了新的诗风,永远值得纪念和尊敬。

仓央嘉措十四年的乡村生活,又使他有了大量尘世生活经历及他本人对自然的热爱,激发他诗的灵感。他不仅没有以教规来约束自己的思想言行,反而根据自己独立的思想意志,写下了许多缠绵的"情歌"。他的诗歌约六十六首,因其内容除几首颂歌外,大多是描写男女爱情的忠贞、欢乐,遭挫折时的哀怨,所以一般都译成《情歌》。中文译本海内外至少有十种,国外有英语、法语、日语、俄语、印地等文字译本。

也许正是由仓央嘉措带给了雪域无尽的诗意,天祝县自来诗风浓郁,涌现出很多优秀的诗人和诗歌作品。诗人们以雪山、蓝天、草原、河流、骏马、羊群入韵,歌唱美好生活,赞颂万物生灵,看透人生又热爱生命。在天祝,随手撷取便能成诗,抓喜秀龙的柔软绿茵赋予诗人以柔情,马牙雪山的冰雪圣洁洗髓伐骨使人心境轻灵通透，乌鞘岭的巍峨，大通河的阔达，涤荡着天祝人的精神世界，让生活在这里的人骨子里就生就了诗意。他们才华满腹、歌喉天成，兴之所至张口即来，满目青山绿水皆能入诗，放眼牛羊雪峰尽可为曲，继承华锐遗风又兼容汉家文化，在日新月异里创造着别样天祝的大美情致。

天祝是藏传佛教兴盛的地方，小小的县城就有诸多藏传佛寺存在，很多还是数百年底蕴积累的寺院。备受尊崇的天堂寺、极具传奇的石门寺外，县域内还有华藏寺、毛藏寺、红沟寺等比较有名的寺院，而且很多地名与寺院名称融为一体。

华藏寺，即今天祝县城的坐落地。这里原本只是一个雪域小镇，因为华藏寺直接得名，素有"藏乡之眼"的雅称，在整个河西走廊都很有名气。华藏寺有六百多年的历史，在清代时还被封为护国寺院，由朝廷拨付专项资金供养寺内僧侣，受石门寺管理。时过境迁，现在的华藏寺更多时候在人们认知当中指县城，而不是一家寺院了。过去风光兴盛僧人云集的古寺，逐渐回归淡泊宁静，除非佛教重大节日还在延续举办法会等活动，平常日子里只是作为一方古迹供人们参观游览。不过，和所有的寺院一样，华藏寺也从来不缺信众瞻仰膜拜，当地藏族同胞和其他民族信奉佛法的善男信女，会时常前来上香礼佛，保持着一定的香火供奉。

除此之外，华藏寺还是一个曾经拥有过古老文明的地方，境内有上古时期脊椎动物化石遗址，有汉代长城和明长城的残留遗迹，西夏古城、栗家庄汉墓群等很出名的历史名胜。夏末秋初，是华藏寺一年里气温最适宜、风景最优美的时节，届时绿草清波，天朗风和，小城里的车水马龙与山野间的牛羊满坡相映成趣。在终年积雪亘古晶莹的雪峰掩映下，这方天地既有现代化气息，又有乡野清新的旷达美丽，一静一动浓妆淡抹，处处都是景致，入眼又入心，是不可多得的旅游胜地。

红沟寺，位于天祝县大红沟镇的青山绿水间。大红沟风光秀美，远山近水，林海莽莽，有"凉州后花园"的美誉，是武威人夏日里避暑休闲的必选佳境，亦是很多网红趋之若鹜的打卡胜地。红沟寺建立于此，便多了一份红尘烟火之气。红沟寺延续和继承了藏传佛教寺院的建筑风格，寺内装饰布置呈现出浓郁的藏地特色。据说红沟寺始建于唐朝末年，在最鼎盛时期有两百多喇嘛在此修行，香火一直都非常旺盛。

这座寺院的地理区划属于天祝县境，但与哈溪镇和凉州区张义镇相毗邻，深受汉族群众所尊崇。特别是土观三世活佛曾经在红沟寺修行，他的灵骨舍利还供奉在寺内土观佛主尊的泥胎塑像里，所以，红沟寺在当地享有很高的宗教地位。而红沟寺也是整个甘肃省唯一一座以土观佛为主尊的寺院。

土观活佛，又称土观呼图克图，第一世活佛原为青海佑宁寺、塔尔寺法台。从第二世起，被清政府康熙帝册封为呼图克图，此后每一世都承袭这一封号，与章嘉活佛同为清驻京八大呼图克图之一。呼图克图是清政府授予蒙、藏地区喇嘛教上层大活佛的封号，蒙语翻译后指"有福"或"有寿"的意思，引申为"福寿双全的圣者"。在西藏地区，呼图克图的地位要低于班禅和达赖，但于华锐藏区而言，却是最有名望的活佛的一种身份象征，意味着极致的荣耀与不可置疑的地位。

土观三世·罗桑却吉尼玛出生于今天的天祝藏族自治县松林乡，六岁时被认定为转世灵童继任前世法统成为活佛。土观三世在乾隆年间曾进京面见皇帝，受到乾隆帝赏识，非常具有威望。土观七世也在天祝县古城出生，曾于马家军统治西北时期，为保护拉卜楞寺作出过杰出贡献，深受华锐藏区人民爱戴。

毛藏寺，坐落在天祝县的深山之中，位于天祝藏区最高峰卡哇掌大雪山下，海拔四千八百七十四米。有"露水里生长出来的寺院"的毛藏寺，比之红沟寺要少了许多喧嚣。寺院始建于清初，清末期有所毁损，民国时修复重建。藏传佛教寺院很显明的一点就是建筑与装饰风格，所以，只要来到毛藏寺前不用人介绍就能一目了然，确定这间寺院的确是正宗的藏传佛寺。有毛藏寺坐镇护佑，寺院名称理所当然也就成了这里的地名。毛藏终年气候寒凉，夏日极短，冬季经常因为大雪封山，月余不能通车都很正常。

饶是如此，毛藏寺在一年四季里也不缺访客，其中一部分是慕名而来参观的旅游者，更多的还是周围村镇中的善男信女。华锐部落的遗风飘荡在天祝的沟沟岔岔之中，高海拔地域的人们常年受紫外线侵袭，肤色有别于平原川区的群众，哪怕他们汉语流利，哪怕脱下民族服装，依然很容易从人群中一眼就认出他们。传说当年萨迦班智达曾在毛藏寺西边的一处山顶岩洞修行，后来这处洞穴就被奉为护法神殿。而离此不远的山沟里还有一处岩洞，据说是莲花生大师修行的地方。诸般神迹之地，亦有信徒们时常前来礼拜瞻仰。藏地信奉山神，这里的山也就有了封号，并相应有神话故事流传。

山上云遮雾罩古木参天，静谧冷清犹如神话里的仙境，山下远远望去就是群山环抱中的张义堡川。张义民谣中唱"大佛手指磨脐山"，民间传说磨脐山是一面巨大的磨盘化成，下面藏着无数黄金麦粒，还有拉磨的金马驹。这座被镀上金色传说的山峰就在毛藏寺正前方，山势远观形如磨盘，登顶去寻，亦有类似磨脐眼的巨大凹坑在山的中间，令人不禁感叹造物之神奇。磨脐山周围的七座山峰构成了"七辆草车"的另一个传说。古老的神话里，这满载的七车粮草经过磨脐山的碾磨，都将变成金粉贮藏起来，因为金粉太多，满溢了的就随着山下的雪水流进河道了。天祝县的深山里，至今还遗留着淘金客们的故事。过去的数百年间，黄金的发现打破了原本的安静祥和，雪域高原上演着一幕幕金色与血色交缠的戏码，有人满载而归，有人却长眠在此，那些不远千里前来寻觅财富想着一夜暴富的淘金客们，使得山峰满目疮痍。好在，噩梦终于醒来，如今山川林木重归安宁，洗去人为强加给这里的铜臭之气，天地便恢复了最初的纯净秀美。绿水青山就是金山银山啊！

天祝寺院很多，有十四寺之说。祝贡寺、东大寺等也很有传承，脚步未触者笔墨亦难以企及，只能以待来日再行踏访。

有人说：世间所有的相遇都是久别重逢。而我说：世间一切的邂逅都是前缘既定。人的一生当中，所见所到处都是宿命牵绊的必然结果。生于斯长于斯者也未必能够踏遍家乡的每一寸土地，领略得到山水草木间蕴含的富足灵气，又何苦远行去羡慕远在千山万水的景致呢？不若就从眼前开始，现在就出发，逐一去探访用心去感受，终会发现美丽心生爱恋。人生何处不青山！世间风光无限，但是，没有什么会比眼前的风景更真切，更值得珍惜。

乌岭十八寨

乌鞘岭有很多传说，一大部分具有神话属性，还有一部分则是基于历史编写而成的传奇故事。譬如下面这段节选：

乌岭严寒，天气是一日三变的，早上穿着棉袄还嫌冷，中午时分又如同伏天里般炎热，晚间更是寒风刺骨，常常是白天还艳阳高照，早起一开门却满地银霜落了雪。当地人歌谣唱：早穿棉袄午披纱，晚上围着火炉吃寒瓜。寒瓜是乌岭氏族人种植的一种圆形瓜果，大如人首，外皮翠绿内里鲜红，吃起来香甜可口。

乌岭人信奉一种神教，不与外界过多接触，所以他们一直很神秘。乌岭内部的传统，历任大头领都是从十八寨中角逐竞争的，胜者为王谁也没有意见。因此，随着现任头领卓尼年龄的增大，一部分不服管束的青壮汉子便蠢蠢欲动，企图取而代之。

而马腾与乌岭的交集完全是一个巧遇。当时，他正打定主意要往西凉来投奔张鼎太守建功立业，便说服母亲，带着安图从天水郡出发，途经陇西、金城等地一路向西而来，虽然难免风餐露宿但也算顺遂。到乌岭脚下时，安图告诉他，翻过乌岭再行三日就能到西凉府城了。马腾听了心里松快，看看天色已晚。心想，也不急于夜里赶路，就决定在乌岭

抓喜秀龙草原

脚下的一户人家借宿一晚，翌日再走。

　　马腾少年老成，但毕竟没有孤身长途跋涉的经验，更不了解乌岭这地方的天气变化，当晚恰巧就遇上了寒流。西北风呼啸着刮过窗棂，大雪洋洋洒洒很快积了厚厚的一地。这刚刚才立秋的天气，竟然下起了大雪？这乌岭的天气也太奇怪了！安图见主人出门赏雪，高兴地跟了出来：这一路走马观花过来，唯独这乌岭的怪异气候给我们留下了深刻的印象。马腾点点头，表示同意。于是，两个人有说有笑，兴冲冲地爬上山，欣赏夜里的雪景。

　　乌岭地势奇崛，多有奇观。马腾主仆尽兴贪看，不知不觉间已经走出农家很远。他们踩着皑皑白雪，"咯叽咯叽"到了一处幽深的峡谷里。这时候，风停雪住，一轮满月高挂天空，皓皓银辉洒在满山谷的积雪上，即使在夜晚，反射出的光华也十分灿烂，映照的雪谷亮如白昼。他们出门时穿的有点单薄，下雪的时候没有感觉到冷，现在雪停了，也许是在雪地里站得久了，才感觉到了冷。

　　隔着一道矮山坡的雪地里有两队人马正在酣斗。马腾并不知道，这是乌岭十八寨的其中两个部族按照早前约定好的时间，趁十五月圆夜偷偷来这里决斗的。

乌岭有约定俗成的规矩，当大头领的武力不足以服众时，就选定一个日子，和各部族最优秀的勇士进行角斗，以选出新一任的头领。可是，这一任的头领卓尼，明明年过半百了却还不肯服老，死死霸占住大头领的位子，这就引起了其他部落的不满。在这些部落里，有多少年轻人垂涎着大头领的交椅呢！毕竟哪一个寨子出了大头领，在资源分配上就能为本部争取到更多的利益，不能任由他卓尼部一家占尽好处啊！

卓尼强悍，已经当了快三十年的大头领了，积威已久容不得其他人挑衅，这些年更是一手遮天，试图废除乌岭的传统，想把头领传承的方式换成世袭罔替，这就更激起了其他部族的非议。卓尼无子，想把大头领的职权交给自己的女儿卓云，一个小丫头，十八寨怎么能接受？所以，即便在卓尼的压制下，乌岭人明面上不敢反抗，却在暗地里进行着部族之间的激烈角逐，优胜者为继任大头领，再由继任大头领带着大家群起推翻卓尼。

今夜十五，正是乌岭反对派秘密进行角逐继任大头领的日子。之所以选中这条山谷，是因为这里距离卓尼部比较远，他们再大的动静也不会被发现。新头领人选将在今夜诞生，好武力的乌岭人拭目以待。可是，这么重大的事情，却被两个不知道哪里冒出来的小子打扰到了，脾气暴躁的野狼寨头领索哈负责维持斗场秩序，他便带人去探查。他们必须谨慎，倘若被卓尼知晓此次行动，刚愎的卓尼不会轻易罢休的，势必会让乌岭陷于混战，他们这些人也就性命堪忧了。

……

马腾在云崖寨养伤，一养就是大半年。倒不是他的伤势有多难治，而是卓尼父女的苦苦挽留，他们总有各种借口和理由，让马腾走不开。比如请马腾教授寨里人学识字，比如让马腾逐个参观十八寨的不同风貌，那些寨子往往隔着一道又一道的山谷，一去一回就得好几天的工夫。还比如，当日马腾遭遇的野狼寨，是氐族人的聚居区，而要杀他的那些人是氐人索哈和他的族人，因为不服卓尼领导的氐人首领索哈已经被大头领亲手射杀，野狼寨现在十分驯顺。而马腾无意之中与索哈的打斗，给卓尼指引出了反叛者的方位，才让卓尼率领部将把有反叛之心的那群人一网打尽。

……

来见卓云的有三位寨主，分别是风来寨孟央、雪鹰寨朵吉，还有比较偏远一些的羌巴寨阿尔克，三个人都是乌岭比较有话语权的老牌寨主。

按照乌岭的一贯传统，年纪渐长的寨主们往往都特别有危机感，因为年富力强的年轻人会向他们发出挑战，一旦寨主的武力值不足以震慑寨民的时候，他就会被取而代之。但是，自从卓尼当大头领后，尤其是他年纪大了后还不肯让贤，并对乌岭的公选规则做出更改，用武力强行压制各寨服从自己的时候，那些跟他年纪差不多的寨主其实也是暗中高兴的，谁不希望在高位上多待几年，好争取和享受到更多的资源？

那些年卓尼之所以能够独霸乌岭，跟这些寨主的推波助澜也是有着莫大干系的，比如孟央和阿尔克等人就是。他们能够直到现在还稳坐各自寨里的寨主位子，一来是自身的确有能力，二来也与当年卓尼做出的改革有着很大的关系，这才让他们在卓尼死后多年，还一直保留着一个无人撼动的地位。自然，当年卓云能够坐上大头领的宝座，其中马腾鼎力相助是一方面，这些人当时没有公然出来争夺或者反对，也算他们对卓尼的一种回报。

三人年长，从辈分上又是与卓尼同一时期的人，在卓云面前都是叔伯长辈。虽然卓云是大头领，但在这几位面前并不能以头领自居，见他们进来，卓云起身相迎……

以上是取自历史小说《西风破》（陈玉福著）中关于乌鞘岭的文学故事叙述。在书中，乌鞘岭的崇山峻岭间分布着十八个村寨，他们由汉族、羌族、氐族等多个民族构成，在雪域高原恣意生活，构成了一个神奇而多元的小世界。这部小说引人入胜的一点还在于，主角是历史名将马腾马超父子。众所周知，西凉马超乃三国时期蜀国五虎上将之一，马超麾下有一支骁勇善战的部队，足以搅动三国风云，杀得曹操割须弃袍，而其中人员皆来自羌族。根据史学界研究,古羌一族很有可能在后来的民族融合中,裂变为包括藏族在内的多个少数民族。由此可以得出一个结论,即古羌族是西北各民族的共同源流。这样的发现为我们研究少数民族构成与演变,提供了有力佐证。

另外,书中对乌鞘岭给予了浓墨重彩的书写,从地理地貌到风土人情都有历史复刻,对马超当年所率的西凉骑兵出自乌岭十八寨这一史实也进行了故事性的还原,很有看点。华锐部落起源,一直以来都是个谜,如果看了这部小说能够从中有所启发倒也不失为一种美谈。

武威大事记

新石器时代晚期

公元前3300年至前2050年 据从武威市马家窑文化遗址考古发现的石刀、石斧、彩陶杯、盆、钵等文物,说明在五千多年前,武威市一带已有人类活动。

夏商时期

约前二十二世纪末至约前十一世纪 河西走廊为西戎驻地。

西周时期

前1134年至前771年 河西走廊属西戎驻地。

东周时期

前770年至前221年 河西走廊属戎地。

秦

前221年至前206年 河西走廊属月氏、乌孙地。

西 汉

建元二年（前139） 汉武帝派张骞第一次出使西域，经陇西，过黄河进入河西走廊，被匈奴所扣。元光六年（前129）逃出匈奴地界继续西进。

元朔三年（前126） 汉武帝改雍州曰凉州，以其金行，土地寒凉故也。凉州由此得名。

元狩二年（前121） 汉骠骑将军霍去病率骑兵万余，出陇西，直抵河西。经过几个大的战役，匈奴大败。河西地区自此归入西汉版图，西汉王朝开始向河西移民，并通过屯田，逐步开发河西。

元鼎六年（前111） 从武威、酒泉郡中分设张掖、敦煌郡。

元封五年（前106） 汉武帝置凉州刺史部。

东 汉

建武十二年（36） 汉光武帝以梁统为太中大夫，姑臧长孔奋为武都郡丞，并以睢阳令任延为武威太守。延到任后，除暴安民，兴修水利，以利农耕。并立学官，令属官子弟受业，择其优者而用之。

汉安二年（143） 九月以后，凉州部分地区多次发生地震，山谷坼裂，震毁城寺，死者甚众。

三 国

黄初元年（220） 魏文帝曹丕从雍州分出一部分复置凉州，州治由冀城（今甘谷县）移姑臧（今武威市）。姑臧为凉州治所从此始。

西 晋

泰始六年（270） 鲜卑族首领树机能反，凉州大乱。

建兴二年（314） 二月　自立年号为永安，是为前凉。

东 晋

永和十年　前凉和平元年（354） 正月　张祚自称凉王，改建兴四十二年为和平元年。

太元三年　前秦建元十四年（378）九月　前秦凉州刺史梁熙遣使入西域，扬秦威德。

太元十一年　后凉太安元年（386）十二月　吕光自称使持节、侍中、中外大都督，督陇右河西诸军事、大将军、凉州牧、酒泉公。建都姑臧，国号凉，史称后凉。建元太安（一说大安），并将从西域请来的高僧鸠摩罗什安置在姑臧。

义熙元年　后秦弘始七年（405）　后秦王姚兴以鸠摩罗什为国师，奉之如神，亲率群臣及沙门听鸠摩罗什讲佛经，又命其翻译西域《经》《论》三百余卷，大修塔寺，沙门坐禅者常以千数。

义熙八年　北凉玄始元年　南凉嘉平五年（412）　北凉沮渠蒙逊即河西王位，改元玄始，由张掖迁都姑臧，在天梯山凿石窟、造佛像，大兴佛教。

南北朝

北魏泰常五年　北凉玄始九年　西凉永建二年（420）十月　北凉沮渠蒙逊灭西凉，西凉王李歆被杀，其母尹氏被俘，置于姑臧窦融台上。唐时把窦融台改称为尹夫人台（民间俗称"皇娘娘台"，今凉州区金羊镇皇台村，遗址不存）。

北魏正始三年（506）七月　凉州地震有声，城门崩。

隋　朝

开皇元年（581）　吐谷浑进攻凉州，隋主遣行军元帅乐安公元谐等步骑数万还击。

义宁元年（617）七月　武威鹰扬府司马李轨举兵反隋，攻占河西诸郡，自称大凉王。

唐　朝

武德元年　大凉安乐元年（618）十一月　凉王李轨称大凉皇帝，改元安乐。

贞观十三年（639）十一月 唐宗室女弘化公主嫁吐谷浑王慕容诺曷钵。

开元二年（714） 河西节度使郭知运献《凉州大曲》于长安，受到玄宗赞赏。

广德二年（764） 凉州被吐蕃占领。历时九十七年。

大和三年（829） 著名诗人李益卒。李益，姑臧人，长于七绝，有《李益集》传世。《全唐诗》辑李益诗二卷。

五 代

后周显德元年（954） 河西节度使申师厚被逐，凉州地方政权落入六谷吐蕃之手。

北 宋

景祐三年 西夏大庆元年（1036） 党项族在凉州建立西凉府（治今武威市）。两年后，李元昊称帝，国号夏，史称西夏。从此凉州及河西走廊被西夏统治，历时一百九十余年。

绍圣元年 西夏天祐民安五年（1094） 西夏重修凉州护国寺，并立《凉州重修护国寺感通塔碑》。碑现存武威市文庙，为全国重点文物保护单位。

南 宋

淳熙三年 西夏乾祐七年（1176）秋七月 河西诸州旱，蝗大起，食稼殆尽。

宝庆二年 西夏宝义元年（1226）三月 河西诸州旱，民无所食。七月，成吉思汗领兵攻西凉府，西夏守将降，西凉府为蒙古汗国占领。

淳祐四年（1244） 蒙古汗国西凉王阔端，致书西藏佛教萨迦派领袖萨班，邀请这位高僧来会晤。萨班接受邀请，并带上自己的两名侄子及随员前往凉州。

淳祐六年（1246） 萨班一行抵凉州。

元朝

泰定三年（1326）十二月 凉州发生地震，持续数年，损失惨重。

明朝

洪武九年（1376）十月 设立凉州卫，治所在今武威市凉州区。

成化十九年（1483）重修凉州海藏寺。

崇祯十六年（1643）李自成部将贺锦西征，占领了凉州，并设官治理。

清朝

雍正四年（1726） 在武威城北府门内（今武威市政府家属住宅楼处）设武威县儒学。

嘉庆十五年（1810） 武威著名学者张澍在大云寺发现了西夏碑，即《重修护国寺感应塔碑》。

光绪十六年（1890）凉州电报子局成立。

光绪二十年（1894）武威举人丁春华改良农业，试种棉花。

宣统元年（1909）武威设官银钱局，为武威设银行之始。

中华民国

民国元年（1912）十一月 中国国民党武威县分部成立。

民国三年（1914）五月 武威县南山发现唐弘化公主墓志铭。

民国十六年（1927） 农历四月二十三日凌晨五时二十分，武威古浪一带发生里氏八级大地震，震中烈度为十一度。古浪县城几乎所有房屋倒塌，伤亡三千八百余人，死亡牲畜二点八万余头。武威县毁房四十五点八四万间，压死居民三点五四万多人，牲畜二十二万多头，名胜古迹大部分被毁坏。六月十七日夜，被大地震堵塞的杂木河大渠渠口积水破堤而下，冲没农房村寨一百三十三处，学校十一所，淹死村民七百九十余人，淹死牲畜一点九六万多头（只），并淹没冲毁大量农田。

民国十八年（1929）从元月一日起，镇番县改名为民勤县。

民国二十年（1931）国民党陆军骑兵第五师（师长马步青）驻防武威。

民国二十一年（1932）武威推行保甲制度。

民国二十二年（1933）十二月二十六日　马步青在武威西大街（今大什字西侧）修建了电灯厂，安装一台十二千伏蒸汽发电机组。

民国二十七年（1938）三月　李德铭在武威先后发展段源、刘大武加入中国共产党，并正式建立中国共产党武威县支部，李德铭任书记。

同年，中共中央组织部派李振华回甘肃工作。受甘肃工委的委派，李振华到武威巩固和发展党的组织，建立了中共武威临时县委，李振华任书记，李德铭、刘大武分别任组织委员和宣传委员。

民国三十二年（1943）首次绘成《武威城市详细图》。

民国三十四年（1945）武威县政府颁布了第一部地方性林业法规——《武威县保护树株办法》。

民国三十七年（1948）二月　甘肃省政府在武威设立示范甜菜制糖厂，并购进一批英国甜菜籽种。

民国三十八年（1949）四月二十六日　中共中央西北局报经中央批准，成立中国共产党武威地方委员会，王俊任书记。辖武威、永登、景泰、古浪、民勤、永昌六个县委。九月三日，永登县解放。十二日，景泰县解放。十三日，古浪县解放。十六日，武威县解放。十七日，中国人民解放军武威军事管制委员会成立。十九日，永昌县解放。二十三日，民勤县解放。

中华人民共和国

1949年

10月1日　武威分区机关干部及武威县各族各界群众，在城区集会，庆祝中华人民共和国诞生。

1950年

5月23日　甘肃省政府撤销张掖分区，将张掖、山丹、民乐三县划归武威分区，并将景泰县并入靖远县。至此，武威分区管辖武威、永昌、民勤、古浪、永登、山丹、民乐八县及天祝自治区。

6月19日 甘肃省人民政府决定：并入靖远县的景泰县仍保持原县建制，由武威分区领导。

1951年

7月24日 中共武威地委作出《武威专区土地改革实施计划与实施办法（草案）》，决定在全区（除天祝区及其他少数民族地区）广大农村实施土地改革。到1952年4月底，除天祝自治区及其他县的二十三个少数民族乡以外，全区所有汉族乡均胜利完成了土地改革。

1952年

2月5日 甘肃省第一个农业生产合作社——永昌县焦家庄农业生产合作社正式成立。1955年12月23日，根据中共甘肃省委批示精神，焦家庄农业生产合作社转为高级农业生产合作社。

1953年

11月10日 按照中共中央1953年10月16日《关于实行粮食的计划收购与计划供应的决议》精神，全区开始实施粮食统购统销，即：农村向余粮户实行粮食计划收购（简称统购），对城市居民和农村缺粮户实行粮食计划供应（简称统销）。

12月23日 天祝自治区改称为天祝藏族自治县。

1954年

2月11日 全区大部分地区发生地震，山丹的部分地区震级较强，损失较大，死三十六人，伤一百三十八人，房屋倒塌一千九百九十二间。

9月15日 第一届全国人民代表大会第一次会议在北京召开，武威代表薛万祥出席了大会。

12月5日 兰州—乌鲁木齐—阿拉木图铁路铺轨到武威车站。

1955年

1月5日至13日 中共武威地方第一次代表会议召开。出席大会的代表一百二十二人，列席十一人。地委书记徐宗望在会上作了题为《积极领导，稳步前进，保证农业生产互助合作运动健康发展》的报告。

1956年

4月 甘肃省人民委员会从上海招收的知识青年二百〇七人分配到武威。经一中、武威师范设速成班培训半年后,分配到城乡小学任教。

1957年

2月22日 古浪县民权乡农民赵积章出席全国农业劳动模范代表会议,受到毛泽东、周恩来等党和国家领导人的接见。

1958年

5月20日 中共甘肃省委决定在武威黄羊镇成立甘肃农学院。

9月21日 中共甘肃省委、省人民委员会决定,将西北畜牧学院和甘肃农学院合并为甘肃农业大学,校址武威黄羊镇。

10月 中央政治局委员、国务院副总理、国防部部长彭德怀元帅来武威视察。

是月 动工兴建红崖山水库,库存总容量九千九百三十万立方米,为亚洲最大的沙漠水库。

1959年

1月 国务院水利部在古浪县召开全国水能利用现场会议。全国十三个省(区)的五十余人参加。

1960年

12月3日至5日 中共中央西北局在兰州召开书记处扩大会议(简称"西兰会议")。会议着重讨论甘肃省农村人口外流、浮肿、死亡的问题。会后全省采取措施抢救人命。武威被列为抢救重点县。

1961年

3月 西夏碑被国务院公布为第一批全国重点文物保护单位。

11月25日 国务院决定恢复武威专区,又于12月15日恢复古浪县建制。恢复后的武威专区辖武威、民勤、永昌、古浪四县和天祝藏族自治县。

1962年

1月1日 中共武威地委和武威专员公署开始办公。

是月 恢复武威军分区。武威军分区辖武威、天祝、古浪、民勤、永昌五个县人民武装部。同时成立中国人民武装警察部队武威专区武装警察大队。

1964年

12月 全国第一座大型沙漠水库——红崖山水库在民勤县建成。

是年 武威地区石羊河机构林场在民勤小坝口成立,开始从事规模化治沙造林工作。

1966年

3月 中国人民解放军第五航空学校由山东济南迁驻武威。

1969年

9月22日 武威雷台汉墓出土铜奔马及铜车马仪仗俑。1983年铜奔马被国家旅游局定为中国旅游标志。

10月 武威专区革命委员会改为武威地区革命委员会。

1971年

12月12日 中共甘肃省委决定,抓好二十五个重点县,作为商品粮基地,其中有武威、民勤两县。

1973年

11月16日 地委决定,成立地委办公室、组织部、宣传部、统一战线工作部。同时成立地区革命委员会工业交通办公室、财贸办公室。当月,武威地区第一届贫下中农代表大会召开。

1974年

3月 民勤沙生植物园开始筹建。这是全国创建的第一座具有北方荒漠地区特色的植物园,后发展成为全国沙生植物科研、教学和国内外学术交流的活动场所。

1976年

1月8日 地委作出《关于进行党的基本路线教育的安排意见》,决定在全区开展党的基本路线教育运动。

10月2日 中共甘肃省委决定将黄河水引至景泰、古浪两县的景电二期工程上马。

1977 年

7月27日 中国林业科学院在武威召开六省区治沙学术讨论会,共有二百多名代表参加了会议。

是年 民勤县被国家列为"三北"(西北、华北、东北)防护林体系建设重点县。

1978 年

8月 武威地区成立落实政策领导机构和办事机构,并组织力量对历次政治运动,特别是"文化大革命"运动中受到迫害、处分的干部群众进行甄别、平反、落实政策。

8月17日 冬青顶电视差转台动工修建。工程于9月竣工试播,10月1日正式转播。

12月2日 武威地区行政分署成立。

1979 年

7月1日 国务院决定将阿拉善右旗交由内蒙古自治区管辖。至此,武威地区辖六县。

1980 年

5月8日 甘肃省治沙研究所在武威成立。

1981 年

2月 永昌县划出武威地区,归入新设金昌市。至此,武威地区辖五个县。

1983 年

7月5日 武威县桥坡农民股份有限公司成立。这是改革开放后,全国第一个农民股份有限公司。

9月3日至10日 甘肃省首次百货民贸商品交流大会在武威举行。

1985 年

4月15日 国务院批准撤销武威县,设立武威市(县级)。

6月19日 召开武威市成立庆祝大会。

5月14日 景泰县划归白银市管辖,至此,武威地区辖三县一市。

1986 年

12 月 8 日 国务院公布武威市为全国六十二座历史文化名城之一。

1987 年

1 月 1 日 国务院批准武威市为对外开放城市。

11 月 5 日 经甘肃省人民政府批准,兴建甘肃濒危野生动物繁育中心。该中心建在武威八十里大沙,占地十七万公顷。

1988 年

1 月 14 日 武威葡萄酒厂建成试产,这是全区第一家葡萄酒厂。

12 月 27 日 武威行署批准设立景电二期工程古浪灌区建设指挥部。

1989 年

1 月 26 日 武威市荣获"全国粮食生产、交售先进市"称号,武威市清源西庄村六组农民李景银获"全国售粮模范"称号。

1990 年

4 月 28 日 武威地区电力局 220 千伏变电站竣工并投入运行。这是甘肃省第一个自己设计、自己施工的 220 千伏变电站。该电站建成运行后,将担负武威、金昌、张掖等地的供电任务。

10 月 15 日 古浪县在景电工程总干渠南北分水闸召开了有两万多人参加的总干渠全线通水庆祝大会。

1992 年

8 月 12 日至 13 日 中共中央总书记、中央军委主席江泽民视察武威。在离开武威时,题写了"银武威"三个大字。

1993 年

4 月 4 日 武威地区首家企业集团公司——甘肃省凉州区皇台集团公司在甘肃凉州皇台酒厂宣告成立。

5 月 5 日 下午四时四十分,武威地区出现了历史上罕见的沙尘暴天气。最大风力九至十级,最大风速二十五至二十八米/秒,能见度为零,持续时间两小时以上。风暴造成重大损失:死四十四人,伤二百六十五人,伤亡丢失各类牲畜三万七千四百五十八头(只),十三点三三万公顷农作物受灾,估计直接经济损失一点三七亿元。

1995 年

1月5日 经农业部批准，武威市城东区工业小区被命名为全国乡镇企业东西合作示范区。

1月8日 武威市举行庆功表彰大会，表彰甘肃省皇台酒厂。该厂生产的皇台酒、凉州古酒、皇台贡酒在美国巴拿马万国博览会上荣获特别金奖和金奖。

1996 年

8月 国家文物局认定青铜器"马踏飞燕"、仪礼简、医药简、王杖诏书令册、木雕六博俑、彩绘铜饰木轺车、"白马作"毛笔、彩绘泥塑像、木缘塔、铜牦牛为国宝级文物。

11月 武威文庙被国务院确定为全国重点文物保护单位。

1999 年

5月9日 武威市南城门楼修复工程开工，2000年9月30日主楼竣工，2001年全部建成。

9月21日至23日 全国第五届葡萄科学研讨会在武威召开。

11月 总投资四点八八亿元，把黄河水引至景泰、古浪的景电二期工程竣工。该工程提水扬程六百〇二米，提水量十八立方米/秒，要浇灌景泰土地二十二万亩，古浪土地三十万亩，荣列"中华之最"。

2000 年

1月12日 武威市被国家双拥领导小组命名为"双拥模范城"。

2001 年

3月5日 民勤引黄工程正式通水。该工程东起景泰县五佛寺，西到民勤县红崖山水库，流经景泰、古浪、武威、民勤四县（市），流程二百六十公里，属跨流域调水工程。

5月9日 国务院作出关于同意甘肃省撤销武威地区设立地级武威市的批复。《批复》指出：一、同意撤销武威地区和县级武威市，设立地级武威市。市人民政府驻新设立的凉州区。二、武威市设立凉州区，以原县级武威市的行政区域为凉州区的行政区域。区人民政府驻东大街。三、武威市辖原武威地区的民勤县、古浪县、天祝藏族自治县和新设立的凉州区。

5月31日　凉州百塔寺保护维修工程开工典礼在武威市百塔寺遗址举行。

6月　国务院公布武威雷台汉墓、百塔寺、天梯山石窟为全国重点文物保护单位。

2002年

8月21日　甘肃武威首届"天马"国际文化旅游节暨经贸洽谈会隆重开幕。

2003年

3月16日　百塔寺景区建设全面展开。

2005年

12月28日　接国家旅游局通知，武威市被正式批准为"中国优秀旅游城市"。

2006年

2月24日　全方位、立体式反映十三世纪初发生在武威"凉州会盟"这一历史事件的影片《月圆凉州》，在前不久第56届柏林电影节放映后，又于2月24日在联合国总部进行全片放映，这也是中国电影第一次在联合国总部放映。

2月25日　省政府在武威市凉州区西营灌区隆重举行石羊河流域重点治理暨应急项目启动大会。启动大会的召开，标志着石羊河流域重点治理工程进入了全面实施阶段。

5月30日　凉州贤孝、河西宝卷被国务院公布为全国第一批非物质文化遗产。民勤县瑞安堡被国务院公布为全国第六批重点文物保护单位。

2009年

7月23日　武威火车站改造工程开工建设。武威火车站新站站房建设总投资一点一二亿元，建筑面积一万〇五百五十平方米，可同时容纳三千人候车。

2010年

11月11日　武威城西片区基础设施建设暨体育馆开工奠基仪式在西片区举行，标志着武威城西片区建设进入实施阶段。

2011年

3月30日 杨家坝河景观治理工程开工建设。

6月6日 海藏湖生态治理工程开工建设。

2012年

10月26日 "中国葡萄酒城"命名仪式在武威隆重举行。

12月28日 武威市人民医院整体搬迁一期工程开工奠基仪式在武威新城区举行。整体搬迁项目占地面积二百六十亩，设计床位一千六百张，总建筑面积二十五万二千〇三十平方米。

2013年

3月12日 武威市天马湖景观治理二期工程开工建设。

2016年

1月1日 《武威日报》载，生物芯片北京国家工程研究中心甘肃分中心及国家卫计委医药生物工程技术研究中心生物治疗合作单位在甘肃省武威肿瘤医院挂牌成立。

2月6日 甘肃省医用重离子加速器装备产业技术创新联盟启动会暨第一届理事会议在武威市召开。省政协主席冯健身出席会议并为甘肃省医用重离子加速器装备产业技术创新联盟揭牌。

3月2日 教育部、财政部印发了《关于公布"国家示范性高等职业院校建设计划"骨干高职院校建设项目2015年验收结果的通知》，武威职业学院国家骨干院校建设项目顺利通过教育部、财政部验收。

4月8日 武威保税物流中心进境木材集中监管区开工建设。

4月10日 "一带一路"建设与武威发展研讨会召开。此次研讨会以"开放、开发、合作、发展"为宗旨，以"共建一带一路、推进互利共赢"为主题。

2017年

2月10日 武威市被省政府命名为甘肃省中医药工作先进市。

5月30日 武威市全面取消政府还贷二级公路收费。

6月10日 "一带一路"题材的大型电视纪录片《鸠摩罗什》在武威城区鸠摩罗什寺开。

7月9日 首列兰州至武威"凉州文化号"旅游专列成功开行。

8月9日 市脱贫攻坚领导小组会议召开。会议讨论审定了《关于调整加强全市脱贫攻坚帮扶工作力量的意见》，安排部署了对全市开展深度贫困乡镇村百村万户大走访大调研活动有关事宜。

8月12日至13日 "中国梦·中华龙"第三届中华龙文化论坛暨全国龙文化书法摄影大赛在武威市举办。

8月23日至24日 徐兆寿长篇小说《鸠摩罗什》首发式在武威市举办并召开作品研讨会。省作协主席马步升，"甘肃小说八骏"之一弋舟等出席会议。

2018年

1月1日 "天马党建"微信公众号正式上线运行，与"天马党建"门户网站、手机APP客户端构建形成"一网一微一端"立体传播云平台。

2月25日 省公航旅集团来武威市考察项目，就雷台文化旅游综合体项目规划、北仙高速公路建设等项目相关合作事宜与武威市进行深入座谈对接，并达成合作共识。

5月26日 武威重离子治疗中心举行重离子治疗系统临床试验启动仪式。标志着我国第一台自主知识产权的重离子治疗系统在注册上市和产业化发展道路上迈出新的关键一步。

5月27日 《凉州讲坛》第四期在市体育馆开讲。北京大学中文系教授、博士生导师，著名评论家、文化学者张颐武教授应邀作《丝路文化、边塞诗与中国精神》主题演讲。

9月5日 中央电视台年度慈善人物盛典"慈善之夜"，古浪县八步沙治沙六兄弟荣膺"CCTV年度慈善人物"。

10月26日 武威雷台文化旅游综合体项目开工建设。

2019年

6月30日 兰州至张掖三四线铁路中川机场至武威段控制性工程——新乌鞘岭隧道进场开工，标志着兰州至张掖三四线铁路正式进入建设阶段。

9月25日 唱响新时代奋斗者之歌——"最美奋斗者"表彰大会在人民大会堂举行，古浪县八步沙林场"六老汉"三代人治沙造林先进群体被授予"最美奋斗者"称号。

2020年

1月3日　武威市新闻传媒集团挂牌成立。

1月23日　武威市新型冠状病毒感染的肺炎疫情联防联控工作领导小组第一次会议召开。武威市第一批支援湖北医疗队九名医护人员集结出征，驰援武汉共同抗击新冠肺炎疫情。

12月13日　总投资近二十一亿元、一期投资近十一亿元的武威伊利绿色生产及智能制造示范应用一期项目建成投产，填补武威乳业加工制造空白，形成"1+6"乃至"1+N"奶产业集群发展格局。

2021年

3月13日　由中央广播电视总台和民政部联合摄制的《中国地名大会》第二季第八期聚焦武威，通过天马行空、古韵之州、生态沙漠三组节目展演，向国内外展示武威。市委常委、市委宣传部部长梁朝阳热情推介武威，八步沙"六老汉"三代人治沙造林先进群体代表展示全域生态文明建设取得的丰硕成果。央视名主持人鲁健、北京师范大学教授康震为武威作详细精彩的介绍点评。

10月8日　中共中央、国务院印发《黄河流域生态保护和高质量发展规划纲要》。武威市古浪县八步沙林场治沙经验被写入纲要，并向全国推广。

11月5日　第八届全国道德模范座谈会和颁奖仪式在北京举行，古浪县八步沙林场党支部书记、场长郭万刚被授予第八届全国道德模范荣誉称号。

2022年

7月8日　由中国作家协会和《长篇小说选刊》等单位主办的武威籍著名作家陈玉福长篇小说《八声甘州之云起》研讨会隆重举行。中国作家协会党组成员、副主席吴义勤、中国作协副主席闫晶明等领导和国内著名评论家、文艺理论家、大学教授以及文学爱好者等数百人参加了研讨会。

12月22日　智慧武威"城市大脑"和"天马行"APP上线运行，是基于云计算、大数据、物联网、区块链、5G技术、人工智能等新一代信息技术构建的支撑经济、社会、政府数字化转型的开放式智能服务管理平台，也是智慧武威建设的重要基础设施和综合应用工具。

2023 年

3月16日 2023年《凉州讲坛》（第一期）在武威职业学院菁英厅开讲。浙江大学历史学院教授、博士生导师冯培红应邀作了题为《五凉史研究的回顾与展望》的主旨演讲。

4月28日 2023年首届武威沙漠公园文化旅游节启动仪式举行。

5月19日至20日 "5·19中国旅游日"甘肃分会场主题日暨全省文化旅游消费促进活动组织"双百"旅行商开展考察活动在武威雷台景区举行。来自全国各地的"双百"旅行商、金牌导游及旅游网络运营商等嘉宾受邀走进武威市五凉文化博物馆、武威雷台汉墓、武威文庙、天梯山石窟等景区景点，共同感受中国旅游标志之都、国家历史文化名城、中国优秀旅游城市和中国葡萄酒城的魅力，体验武威悠久丰厚的历史文化，了解武威珍贵的文化遗存，感受历史和现实精彩碰撞，人文和自然相互胶着，旅游和文化深度融合。

7月22日 武威籍著名编剧陈玉福编剧的电影《八步沙》获甘肃省电影最高奖锦鸡奖特别奖。

参考书目

《唐诗三百首》，上海文化出版社，2022年版

《河西走廊》，甘肃教育出版社，2019年版

《黄沙飞雪》，华文出版社，2023年版

《河西走廊方言与地域文化研究》，中国社会科学出版社，2021年版

《河西走廊史前考古调查报告》，文物出版社，2011年版

《河西走廊人居环境保护与发展模式研究》，中国建筑工业出版社，2010年版

《河西走廊常见植物图鉴》，科学出版社，2019年版

《武威历史文化研究》，读者出版社，2022年版

《武威地区西夏遗址调查与研究》，社会科学文献出版社，2016年版

《纪念凉州会谈770周年学术研讨会论文集》，中国藏学出版社，2012年版

《凉州金石录》，甘肃文化出版社，2022年版

《凉州宝卷》，甘肃人民美术出版社，2014年版

《武威地区志》，武威市地方史志编纂委员会编，方志出版社，2016年版

《武威简史》，武威县志编纂委员会编，1989年版

《甘肃武威汉简》，胡之编，重庆出版社，2008年版

《中国历史文化名城——武威》，顾鉴明、阮涌三，中国铁道出版社，

2010 年版

《文庙揽胜》，周建华，甘肃文化出版社，2002 年

《武威西夏碑整理研究》，杨才年、严复恩，读者出版社，2021 年

《话说五凉》，徐兆寿、李元辉，甘肃人民出版社，2020 年

《武威非物质文化遗产概览》，武威市地方志办公室，新华出版社，2012 年 8 月

《武威史话》，郭承录主编，甘肃文化出版社，2005 年 5 月

《武威文史》，潘发艺主编，政协武威市委员会文体委员会，2011 年 3 月

《古诗话凉州》，武威县志编纂委员会，内部刊印，1985 年 5 月

《凉州年鉴》，凉州区志编委会办公室，甘肃民族出版社，2018 年 11 月

《民勤县志》，民勤县志编纂委员会，兰州大学出版社，1994 年 5 月

《古浪县志》，古浪县志编纂委员会编，1996 年，甘肃文化出版社

《天祝县志》，天祝藏族自治县志编纂委员会，甘肃民族出版社，1994 年 10 月

《天祝年鉴》，天祝县地方志编纂办公室，甘肃民族出版社，2018 年 11 月

《穿越丝绸之路与你重逢（读者丛书）》，读者丛书编辑组编，甘肃人民出版社，2019 年

《凉州府志备考》，（清）张澍辑著，武威市市志编纂委员会校印，1986 版

《汉书》，（东汉）班固著，谭新颖主编，漓江出版社，2018 年 9 月

《后汉书》，（南朝）范晔，中州古籍出版社，2018 年 9 月

《新唐书》，（北宋）欧阳修、宋祈等，中华书局出版发行，2013 年 9 月

《中国国家人文地理·武威》，世纪春城，中国地图出版社，2020 年 1 月

《凉州文化》，凉州文化研究院，内部刊印，期刊

《武威天梯山石窟》，敦煌研究院、甘肃省博物馆编著，文物出版社，2000 年 9 月

后记：青春作伴好还乡

《武威传》是我的第二部城市传记文学作品，上一部是《张掖传》。本书出版在即，很多人问我，作为一个武威籍的作家，为什么先写了张掖，反倒把自己的家乡放在后面？我回以简单的一个词——近乡情怯。这种复杂的感情源自何时已经说不清了，但烙印在记忆深处的场景每每于午夜梦回时反复出现，不断冲刷着心海。就像某种阵痛，那样地有规律，那样地使人煎熬，周而复始疼痛叠加。

我承认自己不是一个善于管理情绪的人，半辈子也没有学会放下与忘记，朋友调侃我的青春期太长，或许是的，否则怎么依旧在成长中自我挣扎？隔一段时间就会情不自禁地翻出过往细细咀嚼，然后在苦痛中重新架构自己，剥离掉怯懦软弱，捡拾自信阳光，淬炼更为坚硬的骨骼。这个过程是疼痛而矛盾的，但我没办法不去重复它。一切的根源，都来自这片土地，和生活在这里的人们，不论是过去还是现在。家乡的印记太深，深刻到那些曾经被鄙视、被打击，无奈中妥协和咬牙逢迎的经历，随着年轮增加而愈发刻骨铭心。苦难能够催人奋进，但是，也让人心伤难愈。即使远离，背负一份乡愁漂泊千里之外又如何？铭刻在骨子里的东西无法磨灭，对于记忆里的那幢老房子，那片小河滩，那些臃肿而麻木的身影，永远都难以释怀，又爱又恨。

诗词里的乡愁是唯美的，缠绵悱恻、缱绻留恋，对家乡亦如对父母，爱重有加孺慕情深。诗词里的家乡也是美好的，花红柳绿温柔可亲，门前是家人笑迎嘘寒问暖，送别时千叮万嘱牵肠挂肚。我想，能够写出那些诗句的人，一定不似我这般内心凄惶急于逃离。当今特别流行一句话：父母在人生尚有来处，父母去人生只剩归途。事实正是如此，父母在才有家乡，父母逝去就只剩故乡了。家乡从很早开始于我而言是凉薄惨淡的代名词，没有小桥流水温言软语，更没有割舍不下的骨肉亲情手足难分，有的不过是三岔河边那座伫立的坟包。父亲佝偻着的脊背与粗粝如老树皮一样的手掌，以及母亲跨越省界去讨米救命摔断了的腿脚，定格了我的整个童年。及至少年时期，在风沙弥漫的农田里弯腰劳作，寒冷吹彻裤管时，看着手脚上流血的疮疤，这片天地便顿时面目可憎起来。很多年以后我才知道，这般爱恨交加的矛盾情思，叫叛逆。而这叛逆期，在我身上尤其绵长，直到现在还时时发作。

蠢笨如我，在人际关系的处理上常常手忙脚乱，知我者会说一句书生意气，不知者愤愤而去撇嘴冷嗤。少年时在老家的地头，我说长大了要当作家，同伴们诧异之后爆发的嘲笑还回荡耳际。一个不具备上学、参军和招工资格的"狗崽子"居然妄想当作家？在那个年代是何等狂妄！可母亲说好好念书才能过上好日子，在念书的路上，我便风雨兼程半刻都不敢停歇。后来，选择了出走他乡。离开困顿了几十年的河西走廊，看着车窗外快速后退的浑黄山体，那一刻如释重负。人生在世不称意，明朝散发弄扁舟。年轻的心无所畏惧，坚信山的那边一定是锦绣前程，而家乡只是残破的一块包袱皮，扔了便再也没想过找回来。那时候，并未意识到一种情结已经在心底深处悄然暗结，太多的磨难充斥胸膛，美好也得黯然失色。

迟钝如我，计较如我，离开家乡后辗转奔波忙碌经年，与那里的人事丝丝缕缕逐渐斩断，唯一的牵绊怕也就是族中有老人过世，报丧的消息会迟而滞地通过电话线传来了。至于电话里自报家门声称同族的人，很多时候是对不上号的，久违的乡音竟是那么虚幻缥缈，仿佛隔着一个世纪，甚至更久的岁月中抑扬顿挫，熟悉又陌生。而我的家乡话，早已说不出记忆中的调子，咬不准少时的发音了。对此我很懊恼，深埋心底的家乡情结觉醒，使我感到突然的惶恐。诗人们说：小时候拼命想要逃离，而长大了想回却回不去的地方是老家。原本以为这辈子都再不可能有交集的那块破旧包袱皮，还是在不知不觉中捡拾回来了，原来，过往的所有努力，都是在缓慢并耐心地织补它，纵然伤痕累累终究还是补全了。

纠结了半辈子，到最后才发现，人生不过是与自己和解的过程，曾经痛恨过的、抱怨过的，被人看轻或忽视过的、诋毁或质疑过的那些东西，都变得无足轻重，家乡早已物是人非，没有人记得你受伤后的眼泪，委屈中的挣扎，明白不明白的人，爱过的、恨过的人都已经变作一座座坟茔，尘归尘土归土了。其实，有些事情委实不必太在意。年过半百才解开心结，该庆幸抑或批判？我不知道。但私心里总有补偿的想法。到底向谁补偿？为什么补偿？补偿什么？又是一个个令人迷惘的问题。直到接下撰写《武威传》的创作任务。

《武威传》早于《张掖传》制订撰写计划，然而，当真正着笔书写，从浩如烟海的城市史料里翻翻捡捡时，这片土地数千年的底蕴震撼了我的心灵。半生嫌弃逃避的家乡，原本是可敬可亲值得骄傲自豪的，它的凉薄被人为赋予标签，才会产生曾经的彼此辜负。这个世间，没有什么是比认清事实本身相互取得谅解更让人百感交集的了。埋首书案，突然就胆怯起来，家乡这个字眼与武威这座城市，厚重得能够压弯一个人的脊梁，自负著作等身，却找不到此时此地可以准确表达思想和情感的语言，这是作家天生的敏感使然，是个人情绪在作祟。我频繁地去三岔河滩，在父母的黄土坟包前清理杂草碎石，不远处的铁道上列车呼啸来往飞速远去，还有一泻而下的河水，与当年载着我出走时一样决绝。可我清楚，世事湮灭，天地已是今非昔比。而我，竟从来不曾深刻理解过这里，从未真正走出青春期的沉郁。

也许，河西走廊本来就过于沉重，乡愁也过于伤感，我下不了笔并非不肯和解，而是这杆笔载不动太多感情。我决定先写《张掖传》。在创作《张掖传》的时候，慢慢沉下心来，得益于翻阅了许多史书、史料，触摸一座城市的脉搏，这是必须要用心去做的一件事。城市与城市之间是有差异的，正如人和人也是千差万别，城市赋予人性格，人又支撑起城市的气质。河西走廊的几座城市形似孪生，但各有气韵。张掖温柔宽厚充满母性，武威则硬朗阳刚宛如父亲，西北汉子身上所体现的性格特点，在武威都能一一找到对应。

天马故里、五凉都会，马背上驰骋的铁血岁月里，武威铿锵昂扬从未屈服，笑看一场又一场粉墨登台，那匹戏谑尘世洒脱不羁的马就是凉州气质的最好诠释。一方城池，一片天地，一杯烈酒，一匹宝马，还有一个人，在一本书里相汇相融，数千年风云激荡，花非花、雾非雾，剪不断、理还乱，历史的谜题与猜想很多都没有标准答案。区区几十万字毕竟不可能面面俱到，即便案头成摞的史料如山，摹写这座城市也依然是管中窥豹，粗浅的勾勒只是临摹了他的轮廓，在前人的基础上融入了自己的情感与思考而捡取聚拢的一点皮毛。城市是有灵魂的，对此我深以为然。武威的底蕴深厚，过往丰富，在漫长的沿革中经历了那么多人事变迁，必然有所铭记，也有所遗失，如何取舍很使人困扰。删繁就简还是因循旧例？城市传记与地方志书肯定不一样，但又都建立在史实的基础上，唯有"史学精神文学表达"的指导思想能够给予方向。

《武威传》延续了上一部传记的书写风格，还是以时间线为串联描摹城市形貌。有所不同的是，这本书摒弃了神话传说的内容，从河西四郡初建作为开端，尽可能以确凿的历史记叙为蓝本，用文学的语言理出城市脉络，加入了一些书写者自己的见解与思想。与上一部书的目标是一致的，致力于向读者呈现通俗化有趣的历史读物。所以，《武威传》的结尾处也是在红旗漫卷新中国成立时戛然而止，往后的故事还须有志者接力传承。

完成《武威传》的创作，我有种脱胎换骨的欣然之感，心底里那点耿耿于怀荡然无存。与古老的城市相比，与浩瀚的历史相比，人类何其渺小，又何其自负？真正的成长不是年龄的累加，而是拥有独立而坚强的人格和思想上的成熟。这里的成熟，特指豁达通透，放下过去直面阳光。创作《武威传》是命运给了我一个契机，一个告别狭隘、迈向广阔人生的机会。一方水土一方人，生于斯长于斯，人与城市的关系应该是相互包容相互成就，而不是各自为营彼此亏欠，纵然曾经厌恶抵触，又哪里需要谁来补偿谁？此心安处是吾乡。家乡的意义此时有了答案，人的心灵也就有了最好的归宿。

武威是一座古老的城市，这是既定的认知，从两千年前甚至更久远的岁月论起；武威还是一座朝气蓬勃的城市，这却是站在历史的角度而言。人类的历史比这颗星球的历史晚了无数个岁月，在浩渺的宇宙中，我们生存的星球也不过是沧海一粟，尘埃一粒。较此来看，矗立在河西走廊上的这座城市还十分年轻。这片古老而年轻的土地上，人类创造了一段历史，辉煌与落寞交替，战火与烈马共鸣，覆灭又重生，黑暗并黎明，人的欲望和思想催生出家国情愁，让城市个性饱满万古流芳。

谷水流，流到潴野头。生活在谷水流域的武威人，从来都是倔强而精明的。休屠王被浑邪王诛杀，机关算尽痛失祭天金人；苏武持节不降，倔强成一座山峰孤守大漠边城；五凉更迭，擅于经营的君王们，宁愿沉醉在偏见和固执里也不愿醒来；就连那位异族的大德高僧，在武威的气韵里熏陶久了，也难免沾染这份倔强，留下一片顽舌不腐不朽；河西节度使奉于唐明皇以《凉州大曲》，目的只为凭此豁免罪责保住荣华富贵；才子李益最是头铁，陷于党争被编排成浪子纨绔，负心薄幸的骂名一背就是上千年；凉州词那么宏阔悠远，说不尽铁血边关的慷慨，春风寒凉琵琶弦断，公主梦碎家山不在，武威就成了游牧民族跃马纵横的草场；凉王阔端软硬兼施与萨班凉州会盟，偌大的西藏补全了版图上的那块缺角，一并收入囊中的还有佛门僧侣的皈依与赞美；杨家将的故事嫁接于宋人身上，是时势所迫，也是另一种家国情怀，凉州的山川河坝被冠以姓氏，更是别样的精忠报国；武威城中当众解决内急的那个落魄举子说"武威城里没有人"，将愤世嫉俗演绎到了极致，让武威人惊愕之余开始觉醒；那一面红旗啊，从古浪峡一路飘扬而过，枪林弹雨中武威迎来了崭新的黎明……武威的故事说来话长！

武威是豪放而悲情的。西凉乐舞盛放于唐宫夜宴，失却了原本应该具备的刚劲柔韧，武威的内在与靡靡之音格格不入，困囿于宫廷远不如走向民间更能引人入胜。于是，西凉乐舞成为中华传统文化的重要组成部分，影响遍及华夏诸多领域，并通过丝绸之路反流，从河西走廊走向更远的地方传唱天下。黄沙吹老岁月，吹不弯马背上挺立的脊梁，古台倒下又筑起，雄心一片的英雄，在刀光剑影中醉卧沙场，武威的味道是垆头酒熟香飘丝路，河西走廊在商贸经略与军事重镇之外又多了一个"河西酒廊"的戏称，烈酒让城市阳刚倍增，这里的人们多的是大男子主义。女子是城市婉约的那一部分，宝马配英雄固然威风凛凛，缺了钢铁化为绕指柔的温情，凉州词也将失却底色。古台安放了肉身，安放不下尹夫人的灵魂，山河破碎心将何往？战争带给人的，自古都只有离乱悲痛，失了祁连山的匈奴人悲声连连，五凉文化亦是战火中偏安一隅的幸存，武威的近代史更是血泪斑斑。

　　武威是包容开放的。从逐水而居到半耕半牧，从汉代移民充边垒砌长城，到明初的大槐树移民建堡立寨，这座城市都敞开怀抱欣然接受，数十个民族在武威融合共生，鸡犬相闻阡陌相连，长城圈起来的偌大地域内，大家都是乡亲。大凉州之大，是海纳百川的包容；驼队载着丝绸走出去，带回的异域胡风，凉州一并欢迎。来者是客，胡汉相亲，胡椒、胡萝卜、胡姬、胡服、胡乐，慢慢就变成了城市的一部分，武威因此斑斓别致。哪怕坚固如信仰的佛教，在这里也要经过汉化再传向中原。天梯山的石窟被史家奉为鼻祖，众多寺院禅刹、碑刻遗迹生生在武威的硬朗中凿出一线慈悲，豪情万丈的城市不得不收起锋芒，学会了内敛低调。有谁能说得清，那匹表情微妙的马，狂野的筋骨之下，有没有一丝佛性渗透呢？

　　城市无言，但人做不到缄默忽视。武威早该有传，却蹉跎了这么多年，是在等某一个人来书写。我信宿命，缘起缘灭必然有时间起止，天时地利人和还得恰如其分。如若再早十年，或是再晚十年，大约这本传记的作者未必是我，也不会让我有这么多的认识与体悟。《武威传》犹如一场及时雨，不但抚慰了一颗游子的心灵，还鼓励我走进久违的家乡重新爱上这里，它治愈了我，希望也能治愈如我一样的读者。这个世间，总有一个人会跋山涉水为你而来，只要热爱生命，一切都在意料之中，区别只在于来得早还是晚。

　　由衷感谢"丝路百城传"编辑部和诸位编委们的青眼相顾，感谢中国国际出版集团、新星出版社的领导、编校设计排版等各位老师在稿件审校和装帧设计排版等工作中的精心付出。同时，感谢与我并肩携手为本书创作出版呕心沥血的程飕先生，感谢武威市志办、各县区地方志工作者提供的参考书籍。还要感谢陈玉福工作室的小朋友们，对本书一如既往地初校和支持。最后，谨以此书献给我家乡的父老乡亲，愿每一个出生、成长于武威的人气质里都有这座城市赋予我们的豁达包容、善良纯真。

陈玉福
2023 年 3 月 23 日于武威市陈玉福工作室